ESTRATÉGIA EMPRESARIAL
&
VANTAGEM COMPETITIVA

Djalma de Pinho Rebouças de Oliveira

ESTRATÉGIA EMPRESARIAL & VANTAGEM COMPETITIVA

Como estabelecer, implementar e avaliar

9ª Edição

SÃO PAULO
EDITORA ATLAS S.A. – 2014

© 1988 by Editora Atlas S.A.

As duas primeiras edições deste livro traziam o título:
Estratégia empresarial: uma abordagem empreendedora.

1. ed. 1988; 2. ed. 1991; 3. ed. 2001; 4. ed. 2005;
5. ed. 2007; 6. ed. 2009; 7. ed. 2010; 8. ed. 2012; 9. ed. 2014

Capa: Roberto de Castro Polisel
Composição: Set-up Time Artes Gráficas
Ilustrações de João Zero

Dados Internacionais de Catalogação na Publicação (CIP)
(Câmara Brasileira do Livro, SP, Brasil)

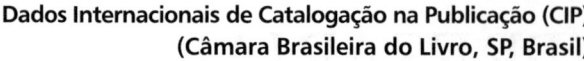

Oliveira, Djalma de Pinho Rebouças de
Estratégia empresarial & vantagem competitiva: como estabelecer,
implementar e avaliar / Djalma de Pinho Rebouças de Oliveira.
– 9. ed. – São Paulo: Atlas, 2014.

Bibliografia.
ISBN 978-85-224-9247-3
ISBN 978-85-224-9248-0 (PDF)

1. Planejamento empresarial 2. Planejamento estratégico I. Título.

01-0102
CDD-658.4012

Índices para catálogo sistemático:

1. Empresas : Planejamento : Administração executiva   658.4012
2. Estratégia empresarial : Administração executiva   658.4012
3. Planejamento estratégico : Administração executiva   658.4012

TODOS OS DIREITOS RESERVADOS – É proibida a reprodução total ou parcial, de qualquer forma ou por qualquer meio. A violação dos direitos de autor (Lei nº 9.610/98) é crime estabelecido pelo artigo 184 do Código Penal.

Depósito legal na Biblioteca Nacional conforme Lei nº 10.994, de 14 de dezembro de 2004.

Impresso no Brasil/*Printed in Brazil*

Editora Atlas S.A.
Rua Conselheiro Nébias, 1384
Campos Elísios
01203 904 São Paulo SP
011 3357 9144
atlas.com.br

À
Heloísa

*"O amor não consiste em
duas pessoas olharem uma para a outra;
mas em olharem juntas na mesma direção."*

Antoine Saint-Exupéry

Sumário

"Os homens dotados de vivo senso de imaginação raramente desistem antes de encontrar a solução de seus problemas."

Andrew Carnegie

Prefácio, xvii

Estrutura do livro, xxi

1 CONCEITOS BÁSICOS, 1
    1.1 Introdução, 3
    1.2 Conceito e evolução da estratégia empresarial, 3
    1.3 Utilização das estratégias pelas empresas, 12
    1.4 Características básicas do executivo estrategista, 15

Resumo, 31
Questões para debate, 32
Caso: Questão do nível de importância do estabelecimento e aplicação das estratégias na CNA Indústria e Comércio S.A., 32

2 METODOLOGIA DE ESTABELECIMENTO E IMPLEMENTAÇÃO DAS ESTRATÉGIAS NAS EMPRESAS, 35
    2.1 Introdução, 37
    2.2 Etapas do processo de estabelecimento e implementação das estratégias nas empresas, 38
        2.2.1 Formulação das estratégias empresariais, 40
            2.2.1.1 Estabelecimento das estratégias empresariais alternativas, 47
            2.2.1.2 Escolha das estratégias empresariais, 49
        2.2.2 Implementação das estratégias empresariais, 54
            2.2.2.1 Administração da resistência às estratégias empresariais, 57
        2.2.3 Avaliação e acompanhamento das estratégias empresariais, 67
    2.3 Interligações das estratégias empresariais com outras questões estratégicas da empresa, 75
        2.3.1 Interligação com o planejamento estratégico, 76
        2.3.2 Interligação com a administração estratégica, 86
        2.3.3 Interligação com o pensamento estratégico, 89
    2.4 Interligação das estratégias empresariais com os projetos e planos de ação da empresa, 93
    2.5 Interligações das estratégias empresariais com outros instrumentos administrativos, 99

Resumo, 102
Questões para debate, 102
Caso: Estabelecimento e implementação da estratégia básica na Multiprodutos Comércio e Representações Ltda., 103

3 COMPONENTES, CONDICIONANTES, NÍVEIS DE INFLUÊNCIA E NÍVEIS DE ABRANGÊNCIA DA ESTRATÉGIA EMPRESARIAL, 107

    3.1 Introdução, 109
    3.2 Modelo básico de análise da estratégia empresarial, 110
    3.3 Componentes da estratégia empresarial, 112
    3.4 Condicionantes da estratégia empresarial, 115
        3.4.1 Ambiente empresarial, 115
        3.4.2 Diagnóstico e realidade da empresa, 132
    3.5 Níveis de influência da estratégia empresarial, 144
    3.6 Níveis de abrangência da estratégia empresarial, 145

Resumo, 146
Questões para debate, 147
Caso: Abordagem e amplitude da estratégia na Contract Industrial S.A., 147

4 ESTABELECIMENTO DA VANTAGEM COMPETITIVA DA EMPRESA, 151

    4.1 Introdução, 153
    4.2 Modelo básico de análise da posição competitiva, 153
    4.3 Estruturação do sistema de informações estratégicas, 155
    4.4 Estruturação de cenários estratégicos, 165
        4.4.1 Vantagens e precauções no uso dos cenários, 176
        4.4.2 Interligações que facilitam a estruturação dos cenários, 178
        4.4.3 Cenários estratégicos alternativos, 180
        4.4.4 Técnicas de estabelecimento de cenários, 190
            4.4.4.1 Classificação dos cenários, 191
            4.4.4.2 Técnicas gerais para o estabelecimento de cenários, 193
            4.4.4.3 Técnicas específicas para o estabelecimento de cenários, 203
            4.4.4.4 Técnica consolidada de estabelecimento de cenários, 221
    4.5 Estruturação dos fatores críticos de sucesso da empresa, 225
    4.6 Estabelecimento e aplicação das vantagens competitivas, 231

Resumo, 244
Questões para debate, 245
Caso: Estabelecimento da vantagem competitiva na Alpha Consultoria Ltda., 246

5 TÉCNICAS AUXILIARES PARA O ESTABELECIMENTO E IMPLEMENTAÇÃO DAS ESTRATÉGIAS NAS EMPRESAS, 249

    5.1 Introdução, 251
    5.2 Aplicação das técnicas estratégicas, 252
    5.3 Técnicas estratégicas para análise dos negócios atuais, 259
        5.3.1 Matriz de portfólio de negócios, produtos ou serviços do BCG, 260
        5.3.2 Ciclo de vida do negócio, produto ou serviço, 290
        5.3.3 Impacto das estratégias de marketing no lucro – PIMS, 297

        5.3.4   Matriz de atratividade de mercado, 308
        5.3.5   Modelo de avaliação das possibilidades de negócios de McKinsey/
                GE, 320
        5.3.6   Modelo de Lorange e Vancil, 323
        5.3.7   Matriz de desempenho de produtos, serviços ou negócios, 329
        5.3.8   Modelo de análise do processo dos negócios, 333
        5.3.9   Modelo da massa crítica, 334
        5.3.10 Matriz do custo e valor, 335
    5.4 Técnicas estratégicas para análise de novos negócios, 337
        5.4.1   Modelo do retorno e risco, 337
        5.4.2   Matriz da política direcional da Shell, 340
        5.4.3   Matriz de Petrov, 343
        5.4.4   Matriz de Booz-Allen, 347
        5.4.5   Modelo de Abell, 350
    5.5 Técnicas estratégicas para o estabelecimento de vantagens
         competitivas, 362
        5.5.1   Matriz do posicionamento competitivo, 362
        5.5.2   Matriz do perfil do negócio de ADL, 365
        5.5.3   Matriz de análise da carteira de negócios de Hofer e Schendel, 371
        5.5.4   Matriz de liderança , 374
        5.5.5   Modelo de Porter, 376
        5.5.6   Modelo integrado de análise de posição competitiva – MIP, 394
    5.6 Análise integrada entre as diversas técnicas estratégicas, 399
Resumo, 402
Questões para debate, 403
Caso: Dúvidas com a abordagem estratégica básica na TV News, 403

6   TIPOS DE ESTRATÉGIAS EMPRESARIAIS, 407
    6.1 Introdução, 409
    6.2 Tipos genéricos de estratégias empresariais, 409
    6.3 Estratégias para compra de empresas, 417
    6.4 Estratégias para venda de empresas, 421
    6.5 Estratégias para fusões de empresas, 422
    6.6 Estratégias para alianças de empresas, 424
    6.7 Estratégias para globalização de empresas, 427
    6.8 Estratégias para diversificação de negócios, 429
Resumo, 438
Questões para debate, 438
Caso: Estabelecimento das estratégias na Madeiral Papel e Celulose S.A. após sua
    reestruturação, 439

7 SUGESTÕES PARA O ESTABELECIMENTO E IMPLEMENTAÇÃO DAS ESTRATÉGIAS E DAS VANTAGENS COMPETITIVAS NAS EMPRESAS, 443

7.1 Introdução, 445
7.2 Sugestões para o momento anterior ao estabelecimento das estratégias e das vantagens competitivas, 445
7.3 Sugestões para o momento do estabelecimento das estratégias e das vantagens competitivas, 448
7.4 Sugestões para o momento da implementação das estratégias e das vantagens competitivas, 451

Resumo, 451
Questões para debate, 452
Caso: Implementação e avaliação da estratégia básica na ZYX Serviços Ltda., como sustentação de sua vantagem competitiva, 453

Glossário, 455

Bibliografia, 465

RELAÇÃO GERAL DE FIGURAS

1.1 Escolha de uma estratégia pela empresa, 5
1.2 Características da decisão estratégica, 8
1.3 Formulário de estabelecimento da estratégia empresarial, 10
1.4 Características do executivo irracional, 17
1.5 Características do executivo estrategista, 20
2.1 Processo global de estabelecimento e implementação das estratégias empresariais, 39
2.2 Variáveis no processo de otimização de uma empresa, 62
2.3 Aspectos da mudança planejada nas empresas, 63
2.4 Controle e avaliação da estratégia empresarial, 68
2.5 Níveis de decisão e tipos de planejamento, 76
2.6 Rede escalar de objetivos e estratégias, 88
2.7 Esquema do pensamento estratégico, 91
2.8 Fases do projeto, 95
2.9 Estratégias empresariais e planos de ação, 99
2.10 Estratégias empresariais e qualidade total, 100
2.11 Estratégias empresariais e sistema de informações gerenciais, 101
3.1 Componentes, condicionantes, níveis de influência e níveis de abrangência da estratégia empresarial, 110
3.2 Impacto da oportunidade e da ameaça na expectativa da empresa, 119
3.3 Impacto do ponto forte e do ponto fraco na expectativa da empresa, 133
4.1 Modelo básico de análise da posição competitiva, 154
4.2 Orientação estratégica, 156
4.3 Eficácia empresarial e processo estratégico, 164
4.4 Cenários estratégicos, 170
4.5 Análise das variáveis dos cenários, 171
4.6 Construção dos cenários estratégicos, 175
4.7 Estruturação de cenários estratégicos alternativos, 184
4.8 Análise de tendências dos propósitos, 185
4.9 Avaliação de competência para os propósitos, 185
4.10 Análise da capacitação estratégica, 187
4.11 Análise combinada de cenários estratégicos, 194
4.12 Fatores críticos de sucesso e estratégia empresarial, 226
4.13 Identificação e análise dos fatores críticos de sucesso, 227
4.14 Empresa e o setor competitivo, 234
5.1 Curva de experiência, 262
5.2 Premissas da matriz do BCG, 263
5.3 Matriz do BCG de crescimento e participação de mercado, 268
5.4 Matriz do BCG ideal, 275
5.5 Estratégia de portfólio e máximo crescimento sustentável, 277
5.6 Análise da concorrência, 278

5.7   Matriz detalhada do BCG, 279
5.8   Identificação da categoria de produtos e serviços na matriz do BCG, 282
5.9   Identificação de tendências pela matriz do BCG, 283
5.10 Estruturação de informações não controláveis, 285
5.11 Estruturação de informações controláveis, 285
5.12 Estruturação do processo decisório para matriz do BCG, 286
5.13 Relatório do nível de ROI e do fluxo de caixa, 305
5.14 Relatório de análise estratégica, 306
5.15 Relatório de otimização estratégica, 306
5.16 Matriz de índices financeiros, 307
5.17 Matriz de atratividade de mercado, 309
5.18 Distribuição dos negócios na matriz de atratividade, 310
5.19 Avaliação dos pesos dos fatores inerentes à atratividade de mercado, 313
5.20 Resumo da análise da atratividade de mercado, 316
5.21 Resumo da análise da posição do negócio ou da empresa, 316
5.22 Estratégias alternativas na análise de atratividade, 317
5.23 Estrutura de negócios de Mckinsey/GE e multifatores de avaliação, 322
5.24 Estrutura bidimensional entre atratividade do negócio e força competitiva, 323
5.25 Ordenação para o tratamento das informações pelo modelo de Lorange e Vancil, 324
5.26 Interação entre o conjunto de projetos e as unidades organizacionais, 325
5.27 Modelo de Lorange e Vancil, 329
5.28 Matriz de desempenho do produto, serviço ou negócio, 330
5.29 Ilustração sobre a alternativa de uma decisão, 331
5.30 Avaliação do desempenho do produto, serviço ou negócio, 332
5.31 Avaliação do processo dos negócios, 334
5.32 Análise da massa crítica, 335
5.33 Matriz do custo e valor, 336
5.34 Modelo do retorno e risco, 338
5.35 Avaliação do retorno e risco do negócio, 339
5.36 Matriz da política direcional da Shell, 341
5.37 Avaliação da política direcional, 342
5.38 Estrutura de formulação de estratégias baseadas na tecnologia, 343
5.39 Matriz de Petrov, 346
5.40 Matriz de Booz-Allen, 347
5.41 Modelo tridimensional de Abell, 354
5.42 Matriz do posicionamento competitivo, 363
5.43 Matriz do perfil de negócios de ADL, 367
5.44 Estratégias baseadas na matriz de ADL, 368
5.45 Zonas de opção estratégica, 369
5.46 Configurações alternativas de portfólio de negócios, 370
5.47 Análise dos negócios alternativos, 371
5.48 Matriz de análise da carteira de negócios de Hofer e Schendel, 372

5.49 Análise de Hofer e Schendel de negócios específicos, 374
5.50 Matriz de liderança, 375
5.51 Relações-chaves entre os elementos da estratégia competitiva, 378
5.52 Contexto da formulação da estratégia competitiva, 379
5.53 Processo de formulação da estratégia competitiva, 380
5.54 Forças que regem a concorrência no setor, 381
5.55 Três estratégias genéricas de Porter, 393
5.56 Insumos do modelo integrado de análise de posição competitiva – MIP, 396
5.57 Indicação do nível de rentabilidade, 397
5.58 Indicação da situação de mercado, 398
5.59 Estrutura do perfil ideal do MIP, 399
5.60 Alocação das técnicas estratégicas no processo de planejamento estratégico, 402

RELAÇÃO GERAL DE QUADROS

2.1 Níveis de gravidade do fator, 53
2.2 Níveis de urgência do fator, 53
2.3 Níveis de tendência do fator, 54
3.1 Processo decisório para expansão da capacidade, 132
4.1 Fontes e aplicações de dados e informações, 161
4.2 Critério para estabelecimento dos cenários mais otimistas e mais pessimistas, 187
4.3 Cenários estratégicos alternativos, 188
4.4 Análise comparativa dos fatores críticos de sucesso, 228
4.5 Análise dos pontos fortes e fracos da empresa diante da concorrência, 241
4.6 Análise das oportunidades e ameaças diante da concorrência, 242
4.7 Análise das vantagens competitivas, 243
5.1 Algumas estratégias no CVP, 292
5.2 Medidas de atratividade de mercado e posição do negócio, 311
5.3 Avaliação da atratividade de mercado, 315
5.4 Nível de atratividade de mercado, 315
5.5 Dimensões do modelo de avaliação das possibilidades de negócios, 321
5.6 Relação entre a posição tecnológica e a situação do setor, 349
5.7 Dimensões e critérios de segmentação do modelo de Abell, 352
5.8 Principais características das estratégias de definição do negócio da empresa, 356
5.9 Estudo comparativo entre as técnicas estratégicas, 400

Prefácio

"O verdadeiro analfabetismo é a falta de curiosidade; a curiosidade é a essência da cultura."

Goffredo Parise

A decisão de escrever este livro está correlacionada à falta de referências bibliográficas, principalmente na língua portuguesa, que atendessem aos executivos de empresas e profissionais do ramo – planejamento estratégico, administração estratégica e estratégia empresarial –, bem como aos professores e alunos de cursos de graduação e pós-graduação, na reciclagem e nos ensinamentos desses importantes instrumentos administrativos que são a estratégia empresarial e a vantagem competitiva.

Quando lancei o livro *Planejamento estratégico: conceitos, metodologia e práticas*, também editado pela Atlas, procurei *ocupar o espaço vazio* no que se refere, principalmente, a uma metodologia lógica e estruturada de desenvolvimento e implementação do planejamento estratégico nas empresas.

Entretanto, o assunto *estratégia empresarial*, que é abordado no Capítulo 6 do referido livro, é extremamente amplo e mereceu a edição de um livro específico; e, como a essência das estratégias é consolidar as vantagens competitivas das empresas, esses dois assuntos são abordados de forma interativa.

O assunto *estratégia empresarial* é, seguramente, o mais complexo entre as diversas partes do processo de planejamento estratégico nas empresas (visão, valores, missão, objetivos, estratégias, políticas etc.). E, também, o mais *carente* nas empresas, quando se considera qualquer questão com abordagem estratégica.

Com base nessa situação, decidi tratar as questões da estratégia empresarial e da vantagem competitiva sob três aspectos básicos:

   a) Explicar, detalhadamente, como os profissionais das empresas podem estabelecer, implementar e avaliar as estratégias nas empresas; ou seja, apresentar a abordagem prática das estratégias nas empresas.

   b) Explicar, minuciosamente, como as estratégias empresariais interligam-se com outras questões estratégicas (cenários, processos estratégicos etc.), bem como se decompõem até as questões tático-operacionais (projetos, planos de ação etc.). Ou seja, apresentar toda a interligação existente desde as questões macro e estratégicas, até as questões micro e operacionais. Essa abordagem possibilitou levar as questões estratégicas ao *dia a dia* das empresas.

   c) Explicar, pormenorizadamente, como os profissionais das empresas podem estabelecer, implementar e avaliar as vantagens competitivas de forma interagente com as estratégias empresariais; ou seja, apresentar toda a interligação das duas partes do processo estratégico quanto ao diferencial competitivo de cada empresa.

Acredito que com esses dois livros sobre o assunto, e mais o livro *Administração Estratégica na Prática*, em que apresento o processo estratégico interligado com o modelo de gestão, a estruturação organizacional, o processo diretivo, o processo de mudanças, bem como o acompanhamento e a avaliação de resultados, tenha contribuído para, efetivamente, proporcionar uma abordagem completa aos interessados nas questões estratégicas das empresas.

E, tendo em vista situar o conteúdo deste livro na realidade do empresário e do executivo, principalmente o brasileiro, a abordagem deste livro é prática, colocando o executivo numa situação de *fazer as coisas acontecerem*. Essa não é uma situação *nem fácil nem difícil*, mas representa uma postura empresarial que é a mais gratificante, a mais realizadora e a mais necessária para os executivos e demais profissionais das empresas.

Djalma de Pinho Rebouças de Oliveira

Estrutura do livro

"A centelha inspiradora é essencial. Sem ela as estratégias desintegram-se e viram estereótipos. Mas a transformação da centelha em estratégia bem-sucedida requer método, disciplina mental e trabalho duro."

Kenichi Ohmae

O conteúdo deste livro, alocado em sete capítulos, está perfeitamente estruturado, facilitando o entendimento dos assuntos abordados de maneira interligada.

O Capítulo 1 apresenta o conceito do termo *estratégia*, incluindo sua evolução e aplicação pelas empresas, bem como as características básicas do executivo estrategista, para que você possa efetuar uma autoavaliação neste contexto.

O Capítulo 2 apresenta uma metodologia que pode ser utilizada pelas empresas no processo de estabelecimento e implementação das estratégias; ou seja, trata do *como* aplicar a questão estratégica nas empresas.

O Capítulo 3 aborda os componentes, condicionantes, níveis de influência e níveis de abrangência das estratégias nas empresas; ou seja, trata da amplitude e do conteúdo das estratégias empresariais.

O Capítulo 4 trata da questão da vantagem competitiva, como resultante da estratégia estabelecida e implementada. Para facilitar o entendimento, é apresentada a interligação do processo de estabelecimento das vantagens competitivas com o sistema de informações estratégicas, os cenários e suas técnicas, bem como os fatores críticos de sucesso da empresa.

O Capítulo 5 apresenta algumas técnicas que podem auxiliar no processo de estabelecimento e implementação das estratégias nas empresas, inclusive de forma interativa com as vantagens competitivas. Esses dois assuntos, analisados de forma interligada, representam os grandes *lances* estratégicos de toda e qualquer empresa.

O Capítulo 6 apresenta alguns dos principais tipos de estratégias que os executivos podem considerar para compra, venda, fusões, alianças e globalização, bem como para o caso da diversificação dos negócios.

O Capítulo 7 apresenta algumas sugestões para melhor estabelecer e implementar as estratégias e as correspondentes vantagens competitivas nas empresas.

A estruturação geral do livro, bem como o resumo das interações entre os diversos capítulos pode ser visualizado na figura a seguir:

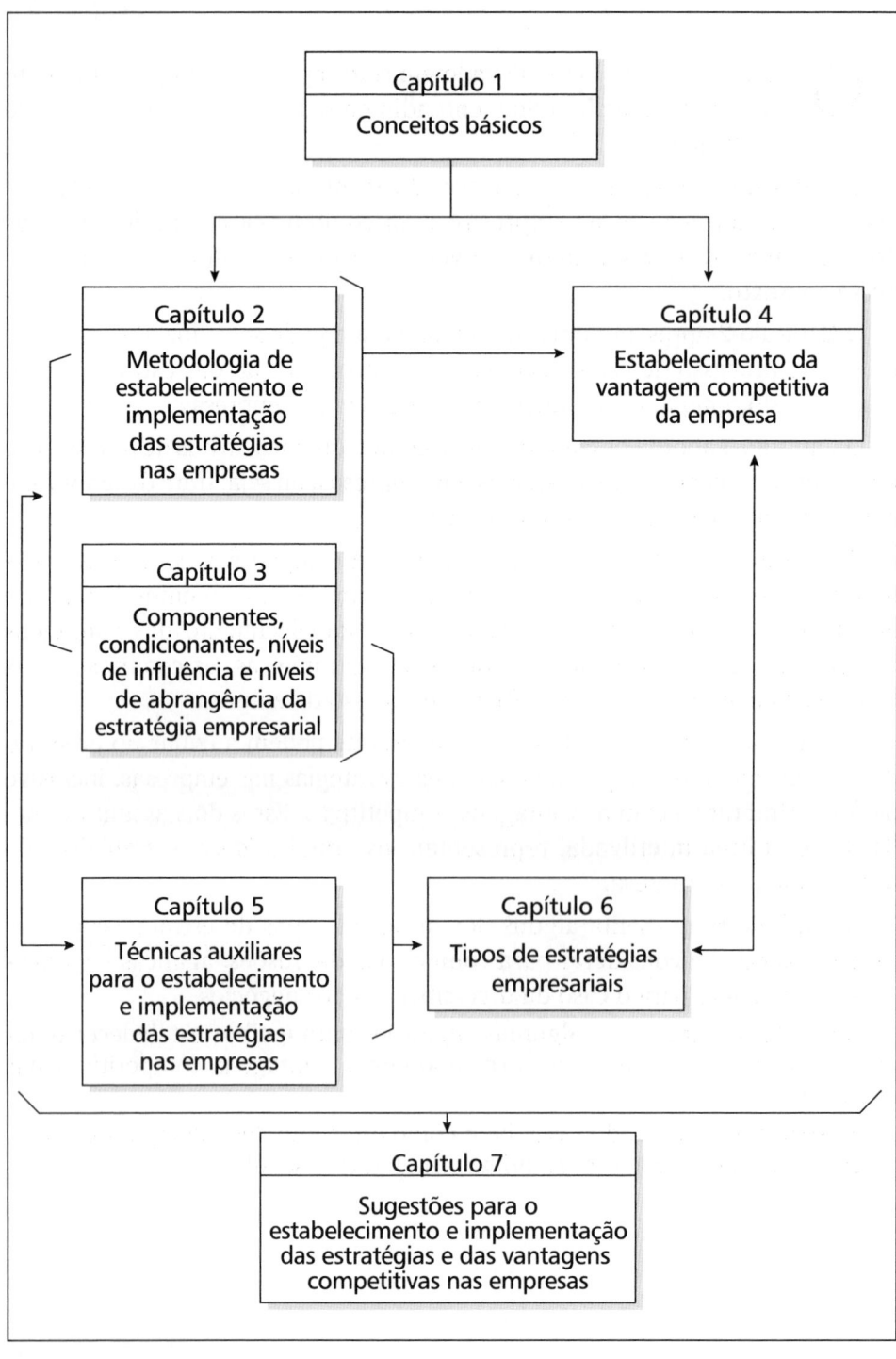

Ao final de cada capítulo, são apresentadas algumas questões para debate, bem como um *caso* resumido, os quais servem para melhor consolidar o entendimento dos assuntos abordados.

E, finalmente, temos o glossário dos principais termos utilizados, para homogeneizar conceitos, bem como as referências bibliográficas que foram utilizadas para proporcionar melhor sustentação a esta obra.

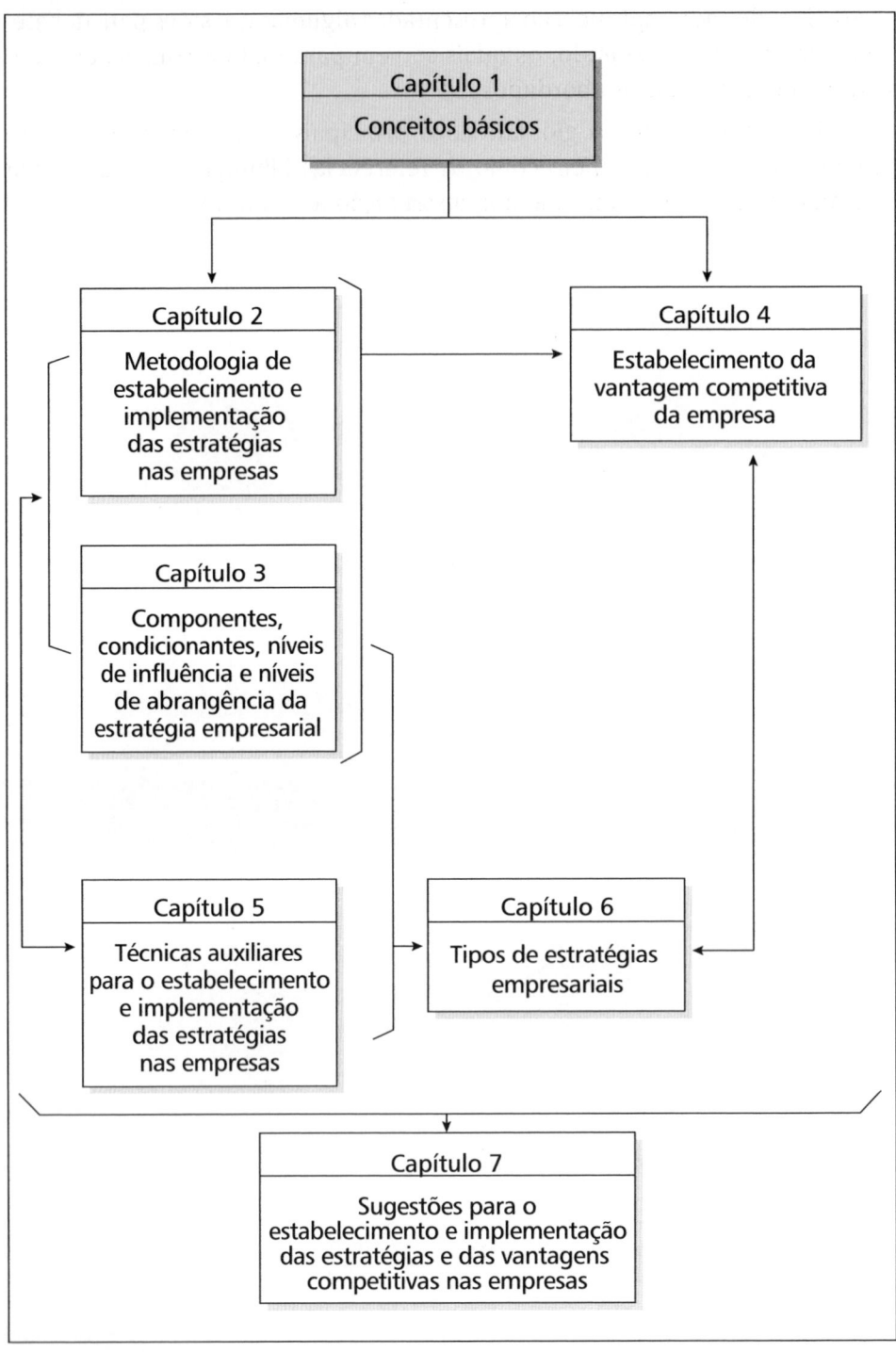

1
Conceitos básicos

"As pessoas devem mostrar-se decididas quanto ao que não farão; só deste modo serão capazes de agir, com vigor, quanto ao que devem fazer."

Mêncio

1.1 INTRODUÇÃO

Neste capítulo, são apresentados vários aspectos que possibilitam o entendimento da conceituação, evolução e utilização das estratégias pelas empresas, bem como algumas das principais características do executivo estrategista.

O entendimento dos vários conceitos apresentados neste capítulo auxilia o seu enquadramento nos conteúdos dos capítulos subsequentes, dentro de um processo evolutivo, gradativo e sustentado de conhecimentos estratégicos.

Ao final deste capítulo, você estará em condições de responder a algumas questões, tais como:

- Qual o real significado do termo *estratégia empresarial*?
- Como tem sido a evolução dos estudos das estratégias empresariais?
- Como os executivos das empresas podem utilizá-la da melhor maneira possível?
- Quais as principais vantagens e precauções na utilização das estratégias empresariais?
- Quais as características básicas do executivo que tem forte abordagem e atuação estratégica? Como você pode se autoavaliar nesse contexto?

1.2 CONCEITO E EVOLUÇÃO DA ESTRATÉGIA EMPRESARIAL

A finalidade das estratégias empresariais é estabelecer quais serão os caminhos, os cursos, os programas de ação que devem ser seguidos para se alcançarem os objetivos ou resultados estabelecidos pela empresa.

O conceito básico de estratégia está correlacionado à ligação da empresa ao seu ambiente, o qual é externo e está fora de seu controle; e, nessa situação, a empresa procura definir e operacionalizar estratégias que maximizem os resultados da interação estabelecida.

Conforme poderá ser entendido ao longo deste livro, a estratégia está correlacionada à definição e ao balanceamento otimizado da interação de produtos ou serviços *versus* segmentos de mercados proposta pela empresa em dado momento.

Ansoff (1977, p. 87) apresentou uma frase de autor desconhecido quanto ao conceito de estratégia: "é quando a munição acaba, mas continua-se atirando, para que o inimigo não descubra que a munição acabou". O significado dessa frase serve para demonstrar a grande importância que a estratégia apresenta, inclusive no caso das empresas.

Você deve saber que a palavra *estratégia* significa, literalmente, a *arte do general*; deriva da palavra grega *strategos*, que significa, estritamente, general. Estratégia, na Grécia Antiga, significava tudo o que o general faz... Antes de Napoleão, estratégia significava a arte e a ciência de conduzir forças militares para derrotar o inimigo ou abrandar os resultados da derrota. Na época de Napoleão, a palavra *estratégia* estendeu-se aos movimentos políticos e econômicos, visando a melhores mudanças para a vitória militar (Steiner, 1979, p. 237).

Estratego correspondia a um cargo de Estado na antiga Atenas. Antes de uma batalha, o estratego subia até um ponto mais alto, para olhar onde aconteceria o debate e *enxergar* a batalha antes que ela acontecesse, imaginar quais seriam as alternativas e possibilidades de ataque, de defesa e de fuga. Portanto, a estratégia visa sempre à antecipação e à visualização do futuro e como chegar, da melhor maneira possível, até ele.

Em termos militares, segundo Von Bülow (1807, p. 21), a estratégia é a ciência dos movimentos guerreiros fora do campo de visão do general, e a tática é a ciência dos movimentos guerreiros dentro do referido campo. Outros autores mencionam que a estratégia cuida de como dispor os exércitos, e a tática de como lutar. Entretanto, deve-se considerar que, no contexto empresarial, as batalhas e os inimigos não são sempre claramente identificáveis.

Numa empresa, a estratégia está correlacionada à arte de utilizar adequadamente os recursos tecnológicos, físicos, financeiros e humanos, tendo em vista a minimização dos problemas empresariais e a maximização do uso das oportunidades identificadas no ambiente da empresa. É por isso que as estratégias devem apresentar efetiva interligação com os projetos das empresas, conforme evidenciado na seção 2.4.

Quando se considera a estratégia empresarial, ou seja, a escolha de um caminho de ação para toda a empresa, deve-se fazer a seguinte pergunta-chave: "que destino devo dar à empresa e como devo estabelecer esse destino?" Esquematicamente, essa pergunta pode ser colocada como na Figura 1.1:

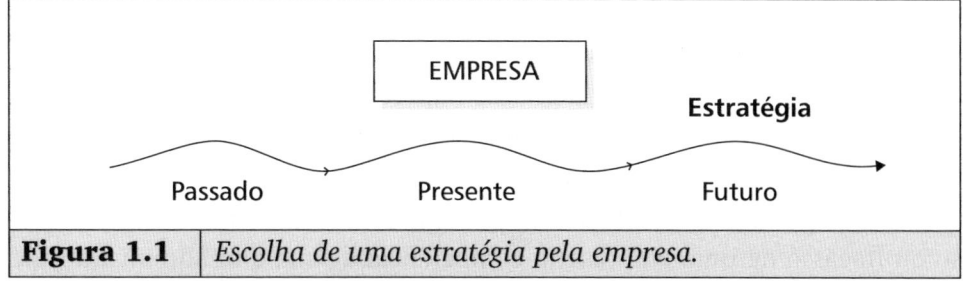

Figura 1.1 | *Escolha de uma estratégia pela empresa.*

A Figura 1.1 mostra que, por meio de um caminho sinuoso, que pode ser planejado ou não, a empresa chega ao presente em determinada situação, que deve ser avaliada como base de sustentação para se traçar um caminho futuro.

A avaliação desse processo é feita pelo confronto entre os pontos fortes e fracos – internos e controláveis – da empresa, de um lado, e de suas oportunidades e ameaças – externas e não controláveis – proporcionadas por seu ambiente, de outro lado.

Dessa avaliação deve resultar a postura estratégica, que é o ponto de partida para traçar o caminho direcionado aos objetivos estabelecidos e escolhidos entre as opções estratégicas que a empresa consegue identificar como preferenciais ou as mais adequadas em determinado momento.

Portanto, a estratégia empresarial é o ajustamento da empresa ao seu ambiente, em geral em constante mutação, quase sempre com a empresa alterando suas próprias características, tendo em vista esse ajustamento. Assim, todo processo de implantação e acompanhamento das estratégias empresariais ocorre em circunstâncias de constantes mudanças.

A estratégia não deve ser considerada como um plano fixo ou determinado, mas um esquema orientador dentro de um fluxo de decisões.

A estratégia deve ser sempre uma opção inteligente, econômica e viável. E, sempre que possível, deve ser original e até ardilosa; dessa forma, constitui-se na melhor arma de que pode dispor uma empresa para otimizar o uso de seus recursos, tornar-se altamente competitiva, superar a concorrência, reduzir seus problemas e otimizar a exploração das possíveis oportunidades que o ambiente possa proporcionar à empresa e essa tenha condições para usufruir.

A importância da estratégia para a empresa pode ser entendida mediante comentário do General Robert E. Wood, da Sears, Roebuck & Company, que foi um grande estrategista. Dizia ele (Chandler Jr., 1962, p. 235) que "a empresa é como a guerra em certos aspectos; se a estratégia adotada for correta, muitos erros táticos podem ser cometidos, e a empresa ainda sairá vitoriosa".

Entretanto, não obstante sua grande importância para a empresa, a estratégia não tem recebido a devida atenção dos executivos, o que se espera, seja amenizado com a leitura e análise deste livro.

A estratégia não é, evidentemente, o único fator determinante no sucesso ou fracasso de uma empresa; a competência de sua alta administração é tão importante quanto sua estratégia. A sorte pode ser um fator importante também, apesar de, frequentemente, o que as pessoas chamam de *boa sorte* ser, na realidade, resultado de boa estratégia. Uma estratégia adequada pode trazer extraordinários resultados para a empresa cujo nível geral de eficiência e qualidade decisória seja apenas médio.

Com base no anteriormente exposto, deve-se considerar, com igual nível de importância, o ponto que se espera alcançar, e como se pode chegar a essa situação desejada. A fim de enunciar o que a empresa planeja conquistar ou aonde quer chegar, é importante expressar o que ela espera fazer com respeito ao seu ambiente, que é onde estão os fatores não controláveis pelas empresas.

Quanto à forma de chegar à situação pretendida, é importante que os executivos tenham sempre em mente a satisfação das necessidades de grupos significativos que cooperam para assegurar a existência contínua das empresas. Os principais grupos são consumidores, fornecedores, investidores, acionistas etc.

A chave do sucesso de uma empresa é a habilidade da alta administração em identificar as principais necessidades de cada um desses grupos, estabelecer algum equilíbrio entre eles, e atuar com um conjunto de estratégias que permitam a satisfação de cada grupo. Esse conjunto de estratégias, como modelo, identifica o que a empresa tenta ser.

Uma empresa pode ou não ter uma ou mais estratégias explícitas, mas, seguramente, tem um perfil estratégico, que se baseia nas principais ações que adota, e na forma como define seus propósitos ou segmentos de atuação, bem como sua postura estratégica perante o ambiente empresarial. Infelizmente, grande número de empresas não tem ou não sabe quais são suas estratégias.

Diante desse panorama, muitas empresas de sucesso não estão conscientes das estratégias que sustentaram seu sucesso. É bem possível para uma empresa alcançar um sucesso inicial, sem real conscientização de suas causas; entretanto, é muito mais difícil continuar bem, ramificando-se em novos empreendimentos e negócios, sem a apreciação exata do significado de suas estratégias básicas.

Pode-se considerar que essa é a razão por que muitas empresas estabelecidas fracassam quando se empenham em um programa de aquisição de outra empresa, diversificação de produtos ou expansão de mercado.

As estratégias empresariais estão inseridas em um contexto de decisão estratégica. Ao longo deste livro, são abordados alguns aspectos que podem auxiliar os executivos das empresas em seu processo de decisão estratégica. Entretanto, nesse ponto, é válido debater alguns itens básicos inerentes à decisão estratégica nas empresas.

Pode-se considerar que uma decisão estratégica ocorre numa situação com sete características: senso crítico, interdependência sistêmica, incerteza, risco, criatividade, iniciativa e conflito.

O senso crítico está correlacionado ao fato de que uma decisão estratégica envolve tal amplitude e complexidade de variáveis, que o executivo da empresa deve ter senso crítico para melhor tratar com essas informações.

A interdependência sistêmica está correlacionada ao fato de que a decisão do executivo deve considerar os vários aspectos e fatores que estão influenciando essa decisão, dentro de um todo sistêmico; ou seja, os vários fatores externos ou não controláveis pela empresa e os fatores internos ou controláveis pela empresa, identificados no diagnóstico estratégico, devem resultar numa *malha estratégica* que operacionalize a análise de todas as interligações viáveis.

A incerteza está correlacionada ao fato de a decisão estratégica, basicamente, trabalhar com possibilidades e não probabilidades. Salienta-se que essa incerteza obriga que a estratégia empresarial se volte decididamente ao estudo ambiental – ou externo ou não controlável – e delineie situações alternativas.

O risco é consequência da incerteza inerente ao processo da decisão estratégica. Quanto maior a turbulência no ambiente da empresa, maior o nível de risco envolvido na decisão estratégica. Entretanto, as realidades internas também influenciam o nível de risco, pois quanto piores o sistema de informações e a capacitação e habilidade de seus executivos, maior o nível de risco envolvido na decisão estratégica.

A criatividade está correlacionada ao fato de o executivo necessitar, constantemente, ajustar, corrigir e melhorar as hipóteses utilizadas para a tomada das decisões estratégicas, consolidando situações inovadoras perante o mercado e as empresas concorrentes.

A iniciativa está correlacionada ao fato de que uma decisão estratégica pressupõe o executivo colocar sua empresa *para a frente*; portanto, exige otimizado nível de iniciativa por parte do executivo.

O conflito está correlacionado ao campo de competitividade onde ocorrem as decisões estratégicas, pois quando essas ocorrem, a empresa está procurando consolidar um nível de vantagem competitiva perante seus concorrentes, tendo em vista o mercado que está sendo disputado pelas empresas concorrentes.

As sete características que são partes integrantes da decisão estratégica podem ser visualizadas na Figura 1.2:

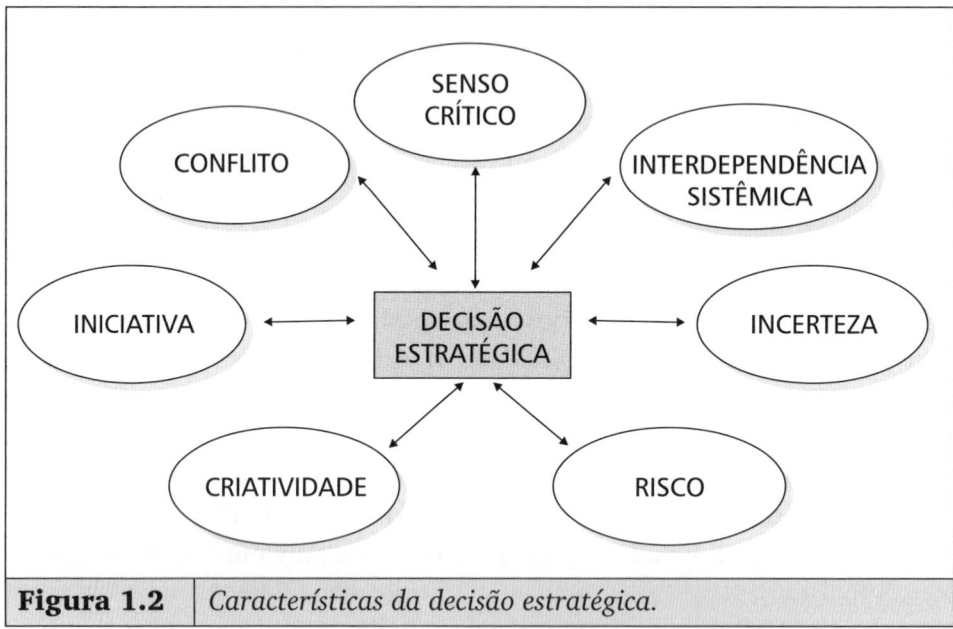

Figura 1.2 | *Características da decisão estratégica.*

Antes de apresentar aspectos mais específicos sobre a estratégia empresarial, é válido abordar algumas definições desenvolvidas por especialistas do setor, os quais definem a expressão *estratégia empresarial* de diferentes formas:

- movimento ou uma série específica de movimentos feitos por uma empresa (Von Neumann e Morgenstern, 1947, p. 79);
- determinação de metas básicas a longo prazo e dos objetivos de uma empresa, bem como a adoção das linhas de ação e aplicação dos recursos necessários para alcançar essas metas (Chandler Jr., 1962, p. 13);
- conjunto de objetivos e de políticas importantes (Tilles, 1963, p. 113);
- maneira de conduzir as ações estabelecidas pela empresa, tal como um maestro rege sua orquestra (Wrapp, 1967, p. 13);

- conjunto de decisões que determinam o comportamento a ser exigido em determinado período de tempo (Simon, 1971, p. 79);
- conjunto de objetivos, finalidades, metas, diretrizes fundamentais e de planos para atingir esses objetivos, postulados de forma que defina em que atividades se encontra a empresa, que tipo de empresa ela é ou deseja ser (Andrews, 1971, p. 28);
- manutenção do sistema empresarial em funcionamento, de forma vantajosa (Rumelt, 1974, p. 28);
- conjunto de objetivos da empresa e a forma de alcançá-los (Buzzell, Gale e Sultan, 1975, p. 116);
- futuridade das decisões correntes (Steiner, 1979, p. 5);
- plano uniforme, compreendido e integrado que é estabelecido para assegurar que os objetivos básicos da empresa serão alcançados (Glueck, Kaufman e Walleck, 1980, p. 9);
- processo de selecionar oportunidades definidas em termos de pedidos a serem atendidos e produtos a serem oferecidos (Pascale e Athos, 1982, p. 8);
- forma de pensar no futuro, integrada no processo decisório, com base em um procedimento formalizado e articulador de resultados e em uma programação (Mintzberg, 1983, p. 9);
- modo pelo qual a empresa procura distinguir-se de maneira positiva da concorrência, usando seus pontos fortes para atender melhor às necessidades dos clientes (Ohmae, 1985, p. 42);
- plano ou curso de ação de vital, intensa e continuada importância para a empresa, em sua totalidade (Sharplin, 1985, p. 6);
- busca de uma posição competitiva favorável em uma indústria ou setor, que é a arena fundamental onde ocorre a concorrência; e a escolha dessa estratégia competitiva está baseada no nível de atratividade da indústria e nos determinantes da posição competitiva relativa dentro desta indústria (Porter, 1985, p. 21);
- regras e diretrizes para decisão, que orientam o processo de desenvolvimento de uma empresa (Ansoff, 1990, p. 93);
- padrão ou plano que integra os objetivos maiores de uma empresa, suas políticas e sequências de ações em um todo coeso (Quinn, 1992, p. 5); e

- programa amplo para definir e alcançar as metas de uma empresa, sendo a resposta da empresa ao seu ambiente através do tempo (Stoner e Freeman, 1995, p. 141).

Para definir a expressão *estratégia empresarial*, podem-se considerar a identificação e a interação das palavras-chaves das diversas definições apresentadas, as quais podem ser resumidas em:

- posicionamento da empresa no ambiente;
- interação entre os aspectos internos – controláveis – da empresa e os aspectos externos – incontroláveis – alocados no ambiente empresarial;
- abordagem de futuridade ou antevisão de aspectos futuros;
- maneira de se alcançar um resultado ou objetivo; e
- formatação das principais ações da empresa.

Com base nessas palavras-chaves, pode-se utilizar a definição apresentada a seguir.

> Estratégia empresarial é a ação básica estruturada e desenvolvida pela empresa para alcançar, de forma adequada e, preferencialmente, diferenciada, os objetivos idealizados para o futuro, no melhor posicionamento da empresa perante seu ambiente.

Você pode estabelecer sua definição de estratégia empresarial; entretanto, não pode fugir muito das palavras-chaves apresentadas anteriormente.

Para o estabelecimento das estratégias empresariais, os executivos podem utilizar o formulário apresentado na Figura 1.3:

PLANOS	ESTABELECIMENTO DE ESTRATÉGIAS EMPRESARIAIS	DATA __/__/__	Nº
OBJETIVO/RESULTADO ESPERADO:			
ESTRATÉGIAS		JUSTIFICATIVAS	

Figura 1.3 *Formulário de estabelecimento da estratégia empresarial.*

Você pode estabelecer algumas estratégias para alcançar um determinado objetivo de seu interesse, utilizando o formulário da Figura 1.3; e depois debater com alguns conhecidos para ter uma autoavaliação de seu raciocínio estratégico.

As estratégias empresariais têm três fundamentos essenciais (Ansoff, 1977, p. 24):

- turbulência ambiental, mediante a caracterização pelo nível de mudanças avaliado dentro de uma escala de graduação, dependendo das características das atividades básicas da empresa;
- estratégia adotada, que são as decisões já tomadas que levam a determinada posição competitiva no futuro. Estratégia e turbulência ambiental devem ser coerentes e, caso exista hiato entre ambas, é necessário adaptar-se a estratégia; e
- capacitação, para lidar com as mudanças ambientais e para posicionar a empresa, de forma que alcance, da melhor maneira, seus objetivos. Capacitação é o caminho de menor resistência, porém pode ser, também, o caminho mais longo; por isso, nem sempre a empresa pode esperar que sua capacitação esteja totalmente desenvolvida. E, quando a capacitação não é adequada, tem-se um segundo hiato que exige desenvolvimento pessoal e profissional dos indivíduos e das equipes de trabalho, tendo em vista consolidar relacionamentos eficientes, eficazes e efetivos.

Os elementos básicos da estratégia empresarial são:

- os objetivos a serem alcançados;
- as políticas que orientam ou limitam as estratégias a serem desenvolvidas; e
- os projetos, com os diversos recursos da empresa alocados em suas atividades sequenciais, para concretizar os objetivos definidos, dentro dos limites estabelecidos pelas políticas.

A estratégia teve forte ênfase no uso militar e consolidou, neste campo, o cenário ideal para identificar as dimensões essenciais para a estratégia de sucesso (Quinn, 1980, p. 8).

A estratégia empresarial pode ser analisada sob o enfoque dos cinco P's: plano (*plan*), estratagema (*ploy*), padrão (*pattern*), posição (*position*) e perspectiva (*perspective*) (Mintzberg, 1996, p. 86).

Os dois primeiros P's servem de sustentação para conduzir a estratégia de sua abordagem tradicional para a abordagem de estratégia emergente, a qual consolida a situação em que a estratégia pode efetivar-se em uma empresa de maneira não consciente, ou mesmo sem ser formulada.

Como plano, a estratégia é algo consciente e estruturado, representando a sua formalização na empresa.

Como estratagema, a estratégia é algo ardiloso para enfrentar um concorrente. Um exemplo de estratagema pode ser a construção de uma nova fábrica, não como uma estratégia para conquistar novos mercados, mas para *tirar do concorrente* a vontade de expandir seus negócios.

Como padrão, a estratégia é orientativa para as ações que devem ser desenvolvidas pela empresa.

Como posição, a estratégia deve interligar os aspectos externos – não controláveis – e os aspectos internos – controláveis – da empresa, consolidando uma situação de operacionalização da estratégia.

Como perspectiva, a estratégia consolida-se como a *personalidade* da empresa; é sua maneira de ser, e como a empresa visualiza o mundo.

Os cinco P's da estratégia empresarial devem atuar de forma interligada, buscando sinergias em todos os seus aspectos.

Verifica-se que a inovação é intrínseca à estratégia; e a inovação é a única questão permanente às mudanças nas empresas, sendo impossível pensar em inovação, renovação e perenidade sem as pessoas, as quais são fundamentais para a otimizada qualidade do processo estratégico das empresas.

1.3 UTILIZAÇÃO DAS ESTRATÉGIAS PELAS EMPRESAS

O intenso aumento do nível de concorrência entre as empresas, provocado, principalmente, pela globalização, pela forte evolução tecnológica e pelo maior nível de exigência dos clientes, tem levado à intensificação e à maior qualidade no uso de estratégias pelas empresas.

Os modernos modelos de gestão exigem, em elevada intensidade, o delineamento e operacionalização de fortes estratégias que consolidem vantagens competitivas reais, sustentadas e duradouras para as empresas.

O debate e o entendimento do nível de utilização das estratégias pelas empresas pode ser facilitado por sua correlação com os estágios evolutivos das empresas.

As empresas, em seu processo de evolução, passam por uma sucessão de estágios; e cada estágio tem duas fases específicas e consecutivas: a fase de análise e desenvolvimento do negócio e a fase de consolidação e aprimoramento do negócio, sendo que o estágio de evolução e a respectiva fase devem orientar a escolha das estratégias básicas a serem adotadas pela empresa.

A fase de análise e desenvolvimento do negócio começa com cada novo estágio do ciclo de evolução da empresa, explorando o negócio definido em um estágio anterior. O enfoque é otimizar a orientação estratégica básica, procurando aumentar a eficiência, eficácia e efetividade da empresa. A fase termina com o esgotamento do potencial de evolução do estágio, e, se a empresa pretende continuar a evoluir, deve entrar na fase seguinte, que é a fase de consolidação e aprimoramento do negócio. A fase de análise e desenvolvimento do negócio é considerada, normalmente, de médio ou até baixo risco, porque nela são feitos, na maior parte das vezes, somente ajustes internos na empresa, visando a maior eficiência operacional, sendo que eventuais erros são difíceis de acontecer e podem ser corrigidos sem grandes consequências para os resultados da empresa.

A fase de consolidação e aprimoramento do negócio, começa quando o potencial de evolução do estágio estiver esgotado, e a empresa quiser continuar a evoluir. Para isso, ela precisa redefinir sua missão e seu negócio. Nesse caso, o enfoque é mudar a orientação estratégica básica, procurando aumentar a eficiência e eficácia da empresa e, portanto, exige a definição de uma nova orientação estratégica básica para a empresa e, consequentemente, a entrada num novo estágio de crescimento. Essa fase é considerada de alto risco, porque nela são feitos ajustes fundamentais na relação da empresa com seu ambiente à procura de maiores eficácia e efetividade. Como os ajustes são externos, eles não estão inteiramente sob controle da empresa, dependendo da aceitação dos consumidores, reação dos concorrentes etc. Com isso, eventuais erros são muito mais fáceis de acontecer, e as consequências, bem mais graves. Um erro na redefinição da missão ou do negócio, geralmente, acarreta grande prejuízo e, não raro, risco da própria sobrevivência da empresa.

A análise do estágio de crescimento da empresa proporciona identificação da estratégia básica. Portanto, é outra maneira genérica de classificar as estratégias da empresa (ver seção 6.2).

De forma evolutiva, uma empresa pode ter as seguintes estratégias:

a) Acumular gradativamente os recursos: isso porque a maioria das empresas é gerada por um ou mais empresários que acumulam recursos financeiros e técnicos para iniciar um empreendimento e vencer as barreiras à entrada do negócio escolhido.

b) Usufruir uma oportunidade de mercado: isso porque o executivo sabe que todo negócio é iniciado com a exploração de uma oportunidade identificada pelo empresário no mercado. A habilidade de evitar o rápido esgotamento da oportunidade e sua ampliação até um negócio estável representa o sucesso dessa estratégia.

c) Explorar determinado nicho de mercado: nessa situação, o executivo deve estar ciente de que a maioria dos negócios começa com a exploração de um nicho de mercado, e, para crescer, deve vencer a barreira do esgotamento desse nicho, isto é, expandir para além do nicho considerado. Considera-se nicho o segmento de mercado onde a empresa tem representatividade quanto aos produtos e serviços oferecidos.

d) Explorar todo o segmento do mercado: pois, conforme o negócio vai crescendo, a empresa vai explorando todo o mercado, até encontrar a barreira imposta pelo esgotamento do mercado. Quando chegar nesse ponto, a empresa, para continuar a evoluir, precisa então diversificar sua atuação, basicamente com o lançamento de novos produtos e serviços.

e) Explorar os negócios com sinergia: isso porque a maioria das empresas procura iniciar sua diversificação explorando negócios com sinergia. Portanto, a empresa pode, então, continuar a evoluir até o esgotamento dos negócios com sinergia.

f) Explorar os negócios sem sinergia: pois a empresa que quiser evoluir, depois do esgotamento dos negócios com sinergia, deve orientar sua diversificação, explorando negócios sem sinergia. O executivo deve considerar que a barreira a esse tipo de crescimento é o esgotamento da capacidade administrativa da empresa (adaptado de Porter, 1986).

A formulação da estratégia empresarial é um processo criativo e interativo de *cima para baixo*, e vice-versa.

De maneira figurativa pode-se considerar que o processo de formulação de estratégias depende de como dirigimos o nosso carro; no caso específico, a nossa empresa. Todo carro tem um para-brisas grande e um retrovisor pequeno, porque passado é referência e não direção. No entanto, algumas empresas – não inovadoras –, têm um pequeno para-brisas e um grande retrovisor. Essas ficarão ultrapassadas e não conseguirão recuperar o seu processo evolutivo, principalmente quando não tiverem capacitação profissional e tecnologia que sustente esse processo de reversão.

1.4 CARACTERÍSTICAS BÁSICAS DO EXECUTIVO ESTRATEGISTA

Antes de elencar as possíveis características de um executivo estrategista, é válido analisar as atitudes que um executivo pode apresentar perante o delineamento das estratégias da empresa. Uma forma dessa situação corresponde a uma adaptação de alguns aspectos desenvolvidos por Ackoff (1974, p. 22).

Um executivo pode apresentar as seguintes atitudes perante os aspectos estratégicos da empresa:

a) Atitude inativa, na qual o executivo evidencia as seguintes características básicas:
- está satisfeito com a situação atual;
- apresenta estilo conservador de administração;
- procura estabilidade e sobrevivência para si e para a empresa;
- vai continuar a viver como sempre viveu, pois julga que a situação atual é a melhor de todas as possíveis;
- considera as mudanças sociais e ambientais como ilusórias, superficiais e temporárias e, portanto, não precisa preocupar-se com elas;
- normalmente, despende muito esforço para manter as coisas como estão;
- assume uma posição somente quando forçado;
- normalmente, trabalha com comitês sem responsabilidade estabelecida, e que, portanto, *não levam a nada*;
- seleciona os meios pela viabilidade, independentemente dos fins que proporciona;
- para ele, os fins devem ser adaptados aos meios;
- quer o que pode obter, em vez de tentar conseguir o que deseja;
- administra *por crise* e, dentro dessa situação, simplesmente *tapa os buracos*;
- reage às ameaças sérias e não às oportunidades que o mercado proporciona para a sua empresa;
- não acredita que os problemas têm solução; e
- *navega com a maré sem balançar o barco*.

b) Atitude reativa, na qual o executivo apresenta as seguintes características básicas:

- prefere um estado anterior ao atual, pois acredita que as coisas vão piorando ao longo do tempo;
- apresenta alta resistência às mudanças e, portanto, tenta desfazer mudanças já feitas;
- apresenta estilo reacionário de administração;
- apresenta a seguinte justificativa: "eu já tentei isso e não funcionou", a qual representa uma das piores situações em um processo decisório;
- normalmente, toma decisões com base na experiência em anos e na intuição, ou seja, não se preocupa com a sustentação e a qualidade do decisor;
- não gosta de complexidade;
- gosta de recriar o passado; e
- *tenta nadar contra a maré, de volta a uma praia familiar.*

c) Atitude proativa, na qual o executivo apresenta as seguintes características básicas:
- planeja para o futuro, e não o futuro em si;
- quer otimizar a situação, e acredita que pode conseguir isso;
- lida antecipadamente com os problemas;
- orienta-se mais pelas coisas do que pelas pessoas;
- preocupa-se com as oportunidades e ameaças ambientais, as quais são externas e não controláveis pela empresa;
- aloca e administra os recursos dentro do sistema foco do problema e, portanto, não tenta influenciar outros sistemas no ambiente empresarial;
- lida com os produtos – resultados finais – e não com os produtores – as causas ou *entradas* – das diversas situações apresentadas pela empresa;
- apresenta estilo liberal de administração;
- normalmente, preocupa-se mais com o futuro a curto e médio prazos;
- geralmente, não se preocupa com a implementação dos planos; e
- *navega com a maré, mantendo o direcionamento tradicional.*

d) Atitude interativa, na qual o executivo apresenta as seguintes características básicas:
- prepara o futuro e acredita que pode fazê-lo. Portanto, é idealizador ou procura aproximar-se dessa situação;
- projeta um futuro desejável e estabelece maneiras de torná-lo realidade;

- para ele, o futuro só depende do que se faz entre agora e depois;
- procura autodesenvolvimento, autorrealização e autocontrole;
- acredita que pode mudar qualquer aspecto do sistema, tais como estrutura organizacional, funcionamento da empresa, pessoas, recursos;
- tenta introduzir mudanças cooperativas nos sistemas vizinhos, quer estejam dentro ou fora da empresa;
- acredita que pode manipular os produtores de problemas, bem como seus efeitos;
- preocupa-se com o planejamento para um período de tempo mais longo; e
- *tenta redirecionar a maré.*

Não é intenção, neste livro, simplesmente analisar qual a atitude mais adequada do executivo diante das questões estratégicas da empresa. É muito mais importante que cada um faça esta autoanálise, de forma realística, para saber em que atitude está enquadrado; todavia, verifica-se que, para algumas das atitudes apresentadas, as questões estratégicas não se enquadram como importantes.

Outra forma interessante de o executivo se autoavaliar é por meio das características do executivo irracional, conforme apresentado na Figura 1.4:

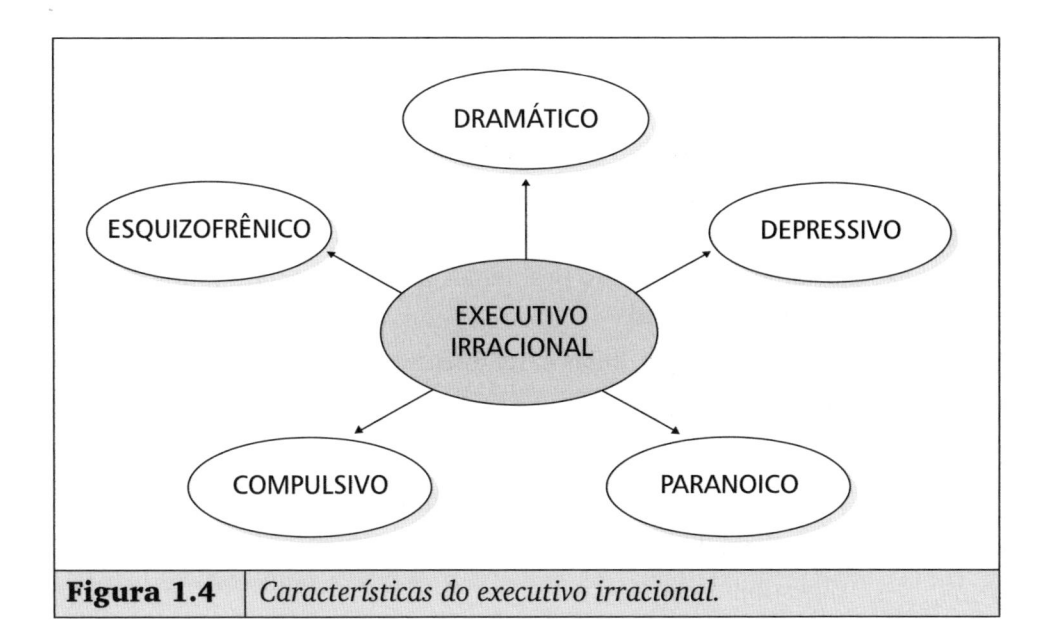

Figura 1.4 | *Características do executivo irracional.*

Verifica-se que as características do executivo irracional são:

- Executivo depressivo, cujas características básicas são:
    - sentimento de culpa;
    - sentimento de inutilidade;
    - autorreprovação;
    - preocupação em não alterar o ritmo dos acontecimentos; e
    - aparência excessivamente pessimista.
- Executivo paranoico, cujas características básicas são:
    - desconfiança dos outros;
    - excesso de preocupação com *motivos ocultos*;
    - falta de confiança em quem quer que seja; e
    - distorção da realidade, tendo em vista confirmar suas suspeitas.
- Executivo compulsivo, cujas características básicas são:
    - perfeccionismo;
    - preocupação com detalhes triviais;
    - necessidade de dominar e controlar tudo;
    - orientação para si próprio; e
    - indecisão provocada pelo medo.
- Executivo esquizofrênico, cujas características básicas são:
    - não envolvimento com os assuntos pessoais e profissionais na empresa;
    - entendimento de que a realidade não oferece satisfação, consolidando situação de plena angústia; e
    - isolamento, causando problemas para tudo e para todos, inclusive para si próprio.
- Executivo dramático, cujas características básicas são:
    - autodramatização;
    - excessiva expressão de emoções;
    - desejo de receber atenções e de impressionar;
    - superficialidade; e
    - sugestibilidade.

Um dos principais problemas é a inadequação da autoavaliação por parte do executivo, criando uma situação utópica, irreal e inadequada. Por outro lado, talvez, muitos executivos, ao fazerem a barba matinal e olharem no espelho, perguntem para sua imagem refletida no espelho: "Existem executivos mais estrategistas do que eu?" Se o espelho não for mentiroso, provavelmente a resposta seja "alguns", porque não são todos os executivos da alta administração das empresas que podem ser chamados de estrategistas. Esse *status quo* é um privilégio de poucos.

Quais são as características básicas que tornam em executivo um estrategista?

Existe dificuldade natural em identificar essas características, mesmo porque elas sofrem influência contingencial. Entretanto, para facilitar o presente estudo, e também para provocar debates, são apresentadas, a seguir, as principais características do executivo estrategista visualizadas por este autor.

Você deve analisar cada uma delas, fazer uma real autoavaliação sobre seu enquadramento, ter ampla reflexão e, finalmente, estabelecer as ações que poderá operacionalizar, tendo em vista sua otimização quanto às características apresentadas.

As principais características do executivo estrategista são:

- ter atitude interativa perante as questões estratégicas da empresa;
- saber administrar as turbulências que ocorrem no ambiente das empresas;
- estar voltado para o processo de inovação;
- ter adequado processo de tomada de decisões e de estabelecimento de prioridades;
- ter capacidade administrativa para consolidar e perpetuar o negócio ao longo do tempo; e
- ter um processo adequado de controle administrativo e de autocontrole.

Essas características podem ser visualizadas na Figura 1.5:

Figura 1.5 | *Características do executivo estrategista.*

(Diagrama: EXECUTIVO ESTRATEGISTA no centro, conectado a: ADMINISTRAR TURBULÊNCIAS, ATITUDE INTERATIVA, INOVADOR, CONTROLE, CAPACIDADE ADMINISTRATIVA, PROCESSO DE DECISÕES E PRIORIDADES.)

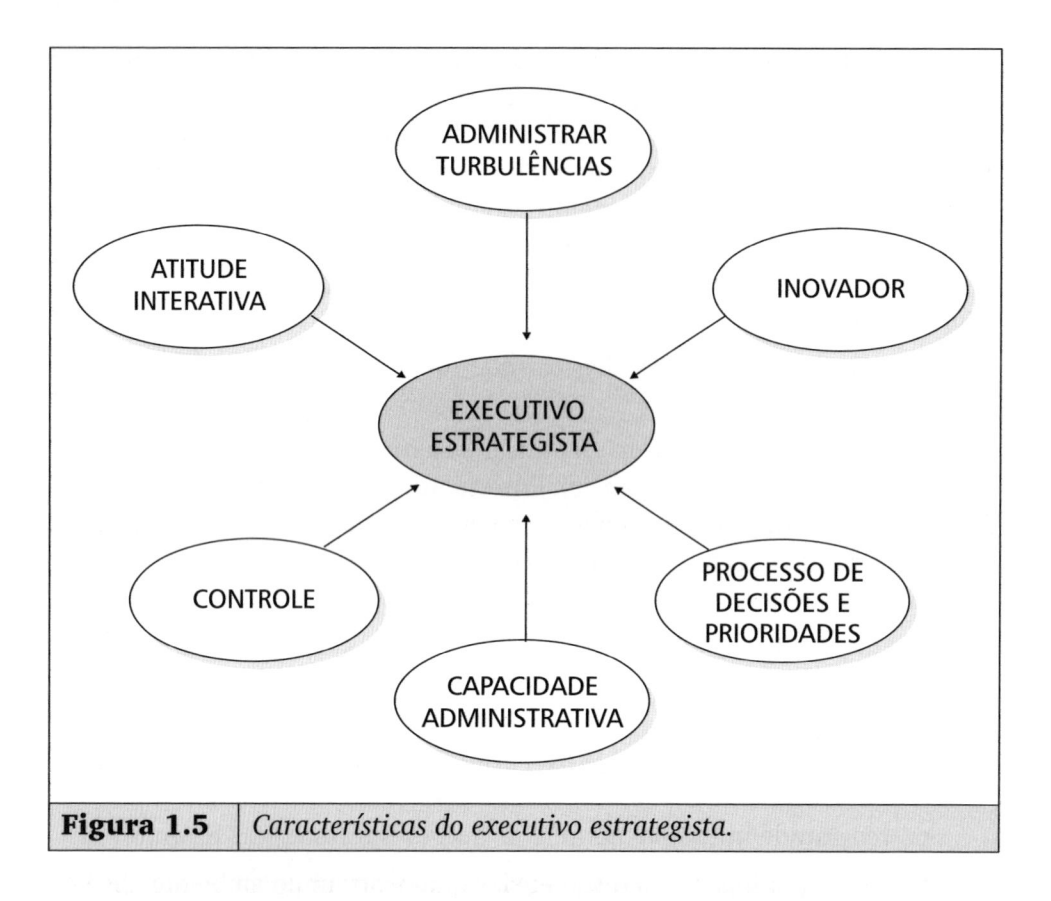

A seguir, são apresentados os detalhes necessários sobre cada uma das seis características básicas do executivo estrategista:

a) Ter atitude interativa perante as questões estratégicas da empresa

Sobre esse aspecto, não será considerado seu detalhamento, pois é muito mais importante o executivo *pensar* sobre as atitudes que podem ser adotadas diante da estratégia empresarial, conforme anteriormente apresentado – atitudes inativa, reativa, proativa e interativa –, tendo em vista alcançar uma situação de pensamento estratégico, conforme apresentado na seção 2.3.3.

b) Saber administrar as turbulências ambientais

O executivo deve dar enfoque nas ações, estratégias e oportunidades que as empresas podem, devem e precisam operacionalizar. Deve, também, concentrar as ações, estratégias e oportunidades na ordem inversa, ou seja: aquilo que um executivo precisa fazer vem em primeiro lugar; depois, aquilo que ele deve fazer e, finalmente, o que pode fazer.

Nos próximos anos, durante os quais os executivos terão de mostrar, de forma cada vez mais intensa, eficácia, eficiência e efetividade, e tendo em vista a turbulência ambiental, será, portanto, tarefa básica do executivo assegurar a sobrevivência de sua empresa, garantir sua solidez e força estrutural, para manter sua capacidade de suportar golpes contrários, adaptar-se às transformações súbitas e aproveitar as novas oportunidades oferecidas.

Toda turbulência é, por definição, irregular, não linear, errática, mas isso não impede que as causas sejam analisadas, previstas e administradas. Normalmente, uma época turbulenta é perigosa; e, entre todos os seus perigos, o maior é a tentação de se negar a realidade.

Entretanto, uma era de turbulência é também um momento de grandes oportunidades para aqueles que compreenderem, aceitarem e explorarem as novas realidades. É, acima de tudo, uma época de oportunidades para lideranças estabelecidas nas empresas.

Com certeza, haverá grande importância na necessidade de os tomadores de decisões de cada empresa enfrentarem, face a face, a realidade empresarial e ambiental, bem como resistirem à tentação de seguirem aquilo que todos *já conhecem*, ou seja, a tentação das certezas do passado, certezas essas que estão prestes a se tornarem as superstições do futuro.

E, como base de sustentação a todo esse processo, o executivo deve administrar os fatores críticos de sucesso da empresa – ver seção 4.5 – com vista no futuro, estabelecendo políticas e estratégias de crescimento e desenvolvimento que incorporem algum meio de distinguir entre expansão sadia e mera *gordura*, fugindo de algumas situações que você tem visualizado em empresas e mercados, tanto no Brasil como no mundo.

c) Estar voltado para o processo de inovação

Os executivos estrategistas devem, também, estar voltados para o processo de inovação, a qual necessita de alguns fatores básicos, como senso de oportunidade, agressividade, comprometimento, qualificação das pessoas e flexibilidade para usufruir oportunidades que passaram despercebidas em um primeiro momento.

Os riscos de percurso são minimizados, não por controles detalhados, mas pulverizando-se esses riscos entre vários projetos e planos de ação, mantendo baixos os custos iniciais e incentivando a tenacidade, flexibilidade e capacidade dos executivos da empresa.

Esses executivos também devem estar atentos às barreiras mais comuns para a inovação, principalmente em seu contexto estratégico, como:

- isolamento dos altos executivos da empresa, quanto aos aspectos táticos e operacionais que podem influenciar suas ideias e o processo criativo para a inovação tecnológica; ou mesmo, um isolamento aos fatores ambientais correlacionados à referida inovação;
- inaceitação dos *criativos* e *idealizadores*, considerando suas ideias como lunáticas, utópicas e irreais;
- visão *curta*, quanto ao período de tempo que uma inovação pode alcançar;
- avaliação *objetiva demais*, quanto aos resultados imediatos do processo de inovação, esperando resultados milagrosos a curto prazo;
- tentativa de *forçar a barra*, quanto aos resultados esperados, quando o ideal é apresentar um espírito de *pesquisa pura*; e
- inexistência de incentivos e de processos de controle e avaliação adequados, o que agiliza o descrédito na inovação.

Para enfrentar essas situações, os executivos podem adotar algumas estratégias, como:

- estar voltado para a busca, bem como para o desenvolvimento de oportunidades ambientais ou externas;
- estar adequadamente estruturado para a inovação, pois os executivos precisam pensar, cuidadosamente, a respeito de como a inovação se encaixa em sua estratégia, e então estruturar suas tecnologias, conhecimentos, recursos e compromissos empresariais;
- estar com apoio motivacional, político e psicológico para o desenvolvimento da inovação, procurando, inclusive, administrar as possíveis resistências que podem surgir;
- estar estruturado para trabalhar com questões complexas e interativas; e
- estar disciplinado para aceitar a inovação, pois o executivo estrategista deve estar ciente de que a inovação tende a ser individualmente

motivada e oportunista, provocando resposta por parte dos envolvidos, bem como é tumultuada, não linear e interativa em seu desenvolvimento. Os executivos podem planejar os rumos e objetivos gerais, mas, provavelmente, ocorrerão inúmeras surpresas; e o grande *lance* é como os executivos trabalham essas surpresas.

Os executivos precisam entender e aceitar as realidades tumultuadas da inovação, aprender com as experiências de outras pessoas e empresas, e adaptar os aspectos mais relevantes dos outros às suas próprias práticas e culturas administrativas.

Com um entendimento de alto nível, visão, comprometimento com soluções, genuína estratégia de resultado, contexto empresarial flexível e incentivos apropriados para os reais inovadores, um número muito maior de empresas pode inovar, para atender às rigorosas exigências da concorrência entre as empresas de um mesmo ramo de atuação, ou mesmo para a possível preparação para adequada entrada em outros setores de atuação, que sejam mais promissores a médio e longo prazos.

Os executivos devem saber que as empresas inovadoras demonstram excepcional habilidade em responder, continuamente, a quaisquer tipos de mudanças nos ambientes onde elas atuam; em suma, inovam globalmente sua própria cultura, sem perder a sua *personalidade* administrativa.

Os atributos que caracterizam as empresas inovadoras e de alto padrão são (adaptado de Peters e Waterman Jr., 1983, p. 18):

- firme disposição de agir;
- estar ao lado e junto do cliente por meio do conhecimento das necessidades, atendimento, qualidade e confiabilidade;
- ter autonomia e iniciativa de atuação;
- ter produtividade por meio das pessoas – respeito ao indivíduo –, com base em um processo de confiança;
- ter profissionais orientados por valores, princípios e políticas;
- ater-se ao conhecido e não procurar *aventuras* desnecessárias onde não existam objetivos bem definidos;
- ter formas de decisão e atuação bem simples e equipes dirigentes pequenas; e
- ter instalações flexíveis simultâneas, sendo, ao mesmo tempo, centralizadas e descentralizadas.

d) Ter adequado processo de tomada de decisão e de estabelecimento de prioridades

Uma das características mais significativas do executivo estrategista é a adequada tomada de decisões, seja ela no âmbito estratégico, tático ou operacional. Todavia, entre o que o executivo sabe ou o que supõe saber, e o fazer, ou seja, a prática efetiva, existe enorme distância.

Visando proporcionar uma reflexão sobre esse assunto, são apresentados alguns aspectos que o executivo estrategista deve evitar:

- não distinguir entre o que pode e o que não pode ser mudado. O que quer dizer: ou dar *murro em ponta de faca*, ou ficar resignado diante de situações cuja possibilidade de mudança está a seu alcance;
- uma variante do problema anteriormente citado é o envolvimento em situações para as quais não se tem conhecimento, autoridade ou poder de decisão;
- gastar tempo em decisões improdutivas ou irrelevantes. Segundo uma das conhecidas leis de Parkinson, o tempo gasto com a tomada de decisão é inversamente proporcional à importância do assunto;
- ser reativo antes que proativo ou mesmo interativo. Estar sempre a reboque dos acontecimentos, *apagando incêndios*. Por trás disso, além da imprevidência, evidentemente, pode estar o mito de que o bom executivo está sempre esbaforido, em atividade contínua e febril;
- lamentar, mais do que buscar soluções. É oportuno lembrar Henry Ford: "Não procure defeitos; procure soluções." Queixar-se qualquer um sabe;
- quando diante de informações desagradáveis, usar mecanismos psicológicos, tais como rejeitar, negar, evitar e distorcer, antes de enfrentar os fatos;
- tomar decisões em função de análises apressadas e superficiais e, a partir da decisão tomada, passar a julgar todos os fatos que vierem a ser considerados posteriormente. Assim, aqueles que vierem em reforço da decisão tomada serão elogiados e aqueles que forem contra serão criticados, operando-se mecanismo inverso em relação à alternativa que não foi escolhida. Isso transforma o executivo num torcedor da solução que escolheu, antes do que em alguém que procura analisar objetivamente os fatos. Esse tipo de atitude dá origem aos chamados conflitos ganha *versus* perde, tão comuns nas empresas.

De qualquer forma, é oportuno lembrar Bertrand Russell, para quem "o julgamento adiado é uma das mais importantes descobertas deste século";

- não descrever a situação de forma adequada, buscando fatos, coletando informações pertinentes de forma que caracterize todos os fatores pertinentes. E, como consequência, não se definindo adequadamente a situação-problema, ou seja, aquela que se quer mudar;
- não separar causa de efeito, não identificando corretamente o que sejam um e outro e, consequentemente, procurando os efeitos e não as causas do problema identificado;
- optar imediatamente por uma solução, sem antes ter formulado um conjunto adequado de alternativas. A melhor solução de que se dispõe é tão boa quanto a melhor alternativa formulada;
- confundir alternativa com solução. A alternativa é um meio de que se dispõe para se alcançar determinado objetivo ou resultado;
- discutir alternativas sem formulá-las adequadamente, considerando todos os pressupostos explícitos ou implícitos, bem como todo o conjunto de consequências de cada alternativa;
- decidir sem estabelecer critérios ou ter consciência dos critérios efetivamente utilizados, não considerando também o conjunto de fatores limitativos existentes;
- apresentar incapacidade de administrar-se a si próprio, sua vida familiar, seu tempo e suas prioridades. Como uma pessoa que não sabe cuidar da própria vida, pode tomar decisões que afetam outras pessoas?;
- ter incompetência na escolha de seus subordinados e menosprezo pelo trabalho de equipe;
- aceitar desempenho medíocre de si próprio e dos que o cercam, sob quaisquer pretextos;
- *encantar-se* com o sucesso de sua carreira, como se esse fosse um fim em si mesmo;
- não planejar adequadamente a implantação da decisão tomada, inclusive com o estabelecimento de mecanismos de controle;
- não estabelecer forma adequada de comunicação entre os que tomaram a decisão e aqueles que vão implementá-la, o que faz com

que a solução efetivamente implementada seja diferente da solução inicialmente adotada;
- ao passar para uma nova fase do processo decisório, não verificar a consistência entre as etapas já percorridas. Isso porque, em cada etapa, podem surgir informações que invalidem as etapas anteriores. Assim, por exemplo, ao se planejar a implantação da decisão, pode-se ter acesso a fatos que mostrem a inviabilidade da solução adotada;
- acreditar que exista alternativa que não tenha pontos negativos e, consequentemente, não explicitá-los;
- não elaborar planos contingenciais, os quais possibilitam mudanças rápidas de rumo, para o caso do aparecimento de fatos e situações imprevistas;
- decidir, sem antes ter definido o processo pelo qual a decisão deveria ser tomada. Rejeitar a necessidade e a importância de se obedecer a um processo, ou seja, a um conjunto de etapas previamente estabelecidas;
- não utilizar, adequadamente, o pensamento divergente e o convergente, ou seja, a alternância entre a criatividade, a análise, a síntese e o julgamento. O inadequado emprego simultâneo dessas diversas formas faz com que não se efetue corretamente nenhuma delas;
- querer impor as decisões em situações em que há grande discordância, envolvimento de riscos elevados e grande incerteza;
- apresentar soluções imediatistas e simplistas, com base em visões de curto prazo e desconsideração de todos os elementos envolvidos; e
- desconhecer que a efetividade de uma solução é consequência do resultado de sua qualidade por sua aceitação. Assim, uma solução excelente que não tenha aceitação, terá pouca ou nenhuma efetividade (Wanderley, 1986, p. 2).

Considerando o processo de fixação de prioridades, deve-se lembrar que, muitas vezes, o executivo da empresa pergunta a si próprio: "Por onde devo começar?" Para muitos executivos, a pergunta não tem nada de mais. Para outros, tal indagação pode ser o início de uma grande angústia.

Há executivos que tomam decisões, aparentemente, sem qualquer esforço, com muito mais segurança, e parece que sempre acertam. Será que essa afirmação é verdadeira?

Também são conhecidos executivos que agem com lógica, racionalizando tudo, registrando todos os seus passos, exercendo completo domínio sobre os acontecimentos e, quando se espera aquele sucesso, tudo se desmancha num retumbante fracasso. Qual a razão desse acontecimento?

Na vida, tudo acontece de modo correlacionado, mesmo que não se tenha noção disso.

Isso tudo ocorre num modelo de gestão ineficiente e ineficaz, em que a dúvida, o desconhecimento da realidade, o medo e a insegurança formam o quadro dos principais motivos para o impasse ou o erro nas decisões quanto à indicação de prioridades.

Se o executivo tem algo a realizar, convém sempre lembrar que não se está sozinho no mundo e que, certamente, é necessário levar em conta diversos fatores que influenciam o negócio considerado. E, como são variados esses fatores, pessoas, leis, costumes, eventos, clima, enfim, um número praticamente infinito de condicionantes externos, entre eles há um que é totalmente imprevisível: o acaso.

No entanto, também existem os fatores condicionantes internos, que atuam dentro da cabeça dos executivos. São os condicionamentos psicológicos, como medos, inquietações, dúvidas, limitações culturais, físicas, de saúde ou idade. Na verdade, mesmo que tenha poder e domínio sobre um mundo de coisas, o executivo relaciona-se com fatores internos e externos, que muitas vezes o surpreendem e fazem mudar seus planos previamente estabelecidos. E essa interação entre fatores internos – controláveis – e externos – não controláveis – é que caracteriza a abordagem estratégica nas empresas.

Portanto, quando chega a hora de o executivo fixar alguma prioridade, tem de levar em conta todos esses fatores, e muitos outros, que só a experiência ensinará ao longo do tempo.

Muitos profissionais dedicaram-se ao estudo da ordenação de prioridades, da tomada de decisão e do planejamento, sempre pesquisando o comportamento humano, as influências do ambiente empresarial e, até mesmo, as probabilidades de fracasso ou de sucesso para a iniciativa prevista.

Um desses estudiosos foi René Descartes, francês, profundo estudioso de matemática, que, após cerca de 23 anos de reflexões, observações, pesquisas e elucubrações filosóficas, publicou, em 1637, o *Discurso sobre o método*, obra que se tornaria a marca de uma corrente filosófica, de um modo de ver a vida e de atuar nela: o cartesianismo.

O pensamento cartesiano emana da dúvida sistemática, que somente pode ser levantada com o apoio de quatro regras assim formuladas (foram feitas as adaptações necessárias, considerando os executivos atuando nas empresas):

- regra da evidência, pela qual o executivo não deve aceitar nenhum fato como verdadeiro, enquanto não for reconhecido com tal, por meio da evidência, ou seja, deve evitar a precipitação e a prevenção;
- regra da análise, que estabelece que o executivo deve dividir cada uma das dificuldades em tantas partes quantas forem possíveis, para melhor resolvê-las;
- regra da síntese, pela qual o executivo deve considerar que, na elaboração de seus pensamentos, é necessário avançar sempre por degraus, do mais simples ao mais complexo, do conhecido para o desconhecido; e
- regra do controle, a qual estabelece que o executivo deve fazer enumerações tão completas e gerais quanto possível, para que tenha certeza de nada omitir.

e) Ter capacidade administrativa para consolidar e perpetuar o negócio ao longo do tempo

Quando da análise de um espírito estrategista apresentado por um executivo, não se pode esquecer de que, depois dessa análise, deve-se considerar a capacidade administrativa para consolidar o negócio. Ou seja, o ideal é ter uma capacidade empreendedora, tais como valores do pioneiro, espírito empreendedor e inovador, competência e seriedade nos primeiros passos de criação da empresa, junto com uma administração profissional competente e estruturada, racionalizando e engrandecendo a capacidade de realização do pioneirismo.

O executivo que tem valores diferentes dos predominantes em sua sociedade ou cultura terá dificuldades constantes de agir de acordo com seus valores, pelas resistências que vão desenvolvendo-se contra suas ações e problemas emocionais constantes – dissonância cognitiva –, se ele esquecer seus valores e agir de acordo com os da sociedade ou da empresa.

Esses valores, ou escala de valores, do grupo de comando ou estrutura do poder que domina a empresa, têm enorme importância no estudo da formulação de estratégias empresariais, porque essas e, mais fortemente, as escolhidas e implementadas, são influenciadas, predominantemente, por aqueles valores, já que são esses que influenciam, de maneira mais acentuada, a escolha dos objetivos da empresa.

É válido considerar que os executivos brasileiros enfocam, em seus primeiros passos, as verdades imutáveis do desenvolvimento organizacional, a saber:

- o êxito de uma empresa depende da força de sua cultura e da clareza de seus objetivos;
- que essa mesma cultura e esses objetivos se convertam em forças poderosas de renovação em todos os níveis da empresa, e não simplesmente de uns poucos; e
- a pujança de uma empresa depende do desenvolvimento da capacitação e da habilidade dos profissionais que a compõem.

Verifica-se que o desenvolvimento organizacional procura consolidar, nas empresas, um processo de mudança planejada, em que as possíveis resistências sejam minimizadas. Ver detalhes na seção 2.2.2.1.

Entretanto, quando o executivo estrategista quer tirar o máximo de contribuição da equipe diretiva da empresa, pode desenvolver algumas reuniões de trabalho, preferencialmente com constituição multidisciplinar.

Neste momento, deve respeitar, no mínimo, alguns princípios básicos para uma adequada reunião:

- marque início e fim para a reunião, respeitando os horários fixados. Não a interrompa;
- escolha os participantes certos para a reunião e envie-lhes, antecipadamente, a pauta, para poderem familiarizar-se, em tempo, com os assuntos a serem tratados e, consequentemente, todos estejam capacitados para contribuírem com seus níveis específicos de conhecimento;
- informe a todos quem são os participantes da reunião. Quantidade não quer dizer qualidade; aliás, quanto mais participantes, pior fica a reunião;
- não monopolize a reunião. Faça com que todos participem, mas que saibam quem está conduzindo o encontro;
- mantenha um clima descontraído, para evitar inibir o diálogo;
- seja pontual, respeitando os participantes;
- participe ativamente, perguntando, respondendo, criticando e sugerindo;

- não fale ao mesmo tempo em que outra pessoa estiver falando. Se for preciso, peça licença para interromper;
- colabore para que a reunião seja produtiva. Tire o máximo dela; e
- não provoque e não se envolva em reuniões *paralelas*.

O executivo estrategista deve dar a devida importância para essas reuniões, porque é o momento propício de *sugar* todas as contribuições e ideias que seus pares e auxiliares podem proporcionar para a empresa.

f) Ter um processo adequado de controle administrativo e de autocontrole

O executivo deve considerar, também, os aspectos inerentes ao controle administrativo e, inserido nesse, o autocontrole, que evita que as coisas simplesmente aconteçam, pois o controle, nesse caso, está ocorrendo antes do fato consumado.

Isso tudo porque ser líder não é apenas fazer com que os outros executem tarefas motivados, mas também é fazer com que os resultados cheguem, tão próximo quanto possível, dos objetivos anteriormente estabelecidos.

A função do controle administrativo coordena os componentes do planejamento e os componentes da estruturação organizacional. E, basicamente, possui dois níveis: o ideal, ou seja, os controles que estabelecem previamente o que deve ser esperado, e o real, ou seja, os controles que servem para avaliar o que aconteceu.

Dentro do ideal, encontram-se os controles estabelecidos no planejamento, tais como o que deve ser alcançado (objetivos), quando isso deve ocorrer (cronogramas), quanto isso deve custar (orçamentos) e como isso deve ser feito (diretrizes, estratégias e procedimentos); ou na estruturação organizacional, como relacionamento funcional (estrutura), autoridade e responsabilidade (definições), delegação (prestação de contas).

Dentro do real, o executivo trabalha com dados fornecidos pelos pares, subordinados ou terceiros, principalmente sob a forma de relatórios – escritos e verbais – que permitem a verificação de serviços e tarefas em execução e tarefas determinadas.

O controle ideal deve ser estabelecido com o conhecimento de toda a equipe, pois assim ela terá possibilidade de autocontrolar-se e permitir que os controles reais, se necessários, sejam oportunos, econômicos, completos e equilibrados.

Os controles têm formas variadas, tais como mapas, fluxos, gráficos, listagens, relatórios – curtos, médios e longos –, figuras simples, mas cabe ao executivo utilizar o que for necessário e, principalmente, criar o que lhe é conveniente, numa atitude que se pode chamar de liderança.

No desenvolvimento da liderança, o profissional, em suas atividades na empresa, verifica pessoalmente o serviço em andamento – inspeção pessoal –, onde obtém detalhes não incluídos nos relatórios de dados numéricos e escritos. É a obtenção do *feedback* pessoal que estabelece um sentimento para detectar, imediatamente, toda divergência dos padrões, bem como problemas potenciais.

Mais frequentemente do que a maioria das pessoas quer acreditar, as medidas corretivas tomadas pelos executivos a respeito de outros profissionais teriam sido desnecessárias, se os mesmos tivessem exercido melhor as atividades administrativas.

A falta de visão das funções administrativas permite a existência de atritos que ocorrem nas empresas devido às reclamações, problemas de moral, disputas de poder e posição envolvendo subordinados e chefias, que exigem a interferência dos executivos, para tentar controlar o comportamento dos mesmos.

O executivo atualizado, dinâmico, participativo, democrático – ou outro rótulo da atualidade – procura verificar seu papel pessoal no problema identificado; para tanto, analisa se sua empresa continua apropriada para os objetivos planejados, se especificou os cargos de maneira clara e lógica, se delegou autoridade e, pelo processo de descentralização, verifica também a responsabilidade de forma correta, bem como ele controla os componentes humanos e materiais de seu plano de trabalho e da empresa.

A finalidade do controle administrativo é evitar ou superar os obstáculos que dificultam o alcance dos objetivos. É uma finalidade positiva que todos os executivos e seus auxiliares devem buscar e apoiar.

RESUMO

Neste capítulo, foram abordadas as questões inerentes à conceituação, evolução e utilização das estratégias pelas empresas, bem como algumas das principais características do executivo estrategista.

Estratégia empresarial é conceituada, neste livro, como um caminho ou maneira ou ação estabelecida, adequada e, preferencialmente, diferenciada, para se alcançar os objetivos da empresa.

O nível de utilização das estratégias pelas empresas intensifica-se à medida que essas evoluem da fase de sustentação ou de análise e desenvolvimento do negócio para a fase de consolidação e aprimoramento do negócio.

As principais características do executivo estrategista são a atitude interativa perante as questões estratégicas da empresa, a administração das turbulências ambientais, a atuação inovadora, o adequado processo de tomada de decisões e de estabelecimento de prioridades, a capacidade administrativa para consolidar o negócio ao longo do tempo, bem como o adequado processo de controle administrativo e de autocontrole.

QUESTÕES PARA DEBATE

1. Pesquisar e debater outras definições do termo *estratégia*, com base em referências bibliográficas complementares.
2. Debater a questão do processo evolutivo da utilização das estratégias pelas empresas.
3. Com base no perfil estabelecido para o executivo estrategista, fazer uma autoavaliação – verdadeira! – e/ou do superior hierárquico.
4. Estabelecer e discutir outras características que o executivo estrategista deve ter.
5. Discutir, para determinada situação qualquer, os possíveis critérios de hierarquização em importância das características estabelecidas para o executivo estrategista.

CASO: Questão do nível de importância do estabelecimento e aplicação das estratégias na CNA Indústria e Comércio S.A.

A CNA Indústria e Comércio S.A. é, atualmente, uma empresa familiar, mas que, há dois anos, era uma empresa de sociedade de economia mista que foi privatizada, dentro do programa de modernização da economia nacional.

O ramo de atuação da CNA é de condutores elétricos e produtos de alta tensão, para os sistemas de geração, comercialização e distribuição de eletricidade.

Quando a administração da CNA era governamental, não existia maior preocupação no estabelecimento e aplicação das estratégias, pois afirmava-se que essa questão era de responsabilidade da Secretaria Estadual de Energia.

Nesse contexto, ocorria um *empurra-empurra*, em que nenhuma das partes fazia alguma coisa a respeito e nem se responsabilizava por nada.

Quando a CNA foi privatizada, a partir de um leilão, em que a família Botelho assumiu o controle acionário, houve a decisão de manter, inicialmente, a mesma equipe diretiva, o que, automaticamente, incorporava o mesmo modelo de gestão.

Passados seis meses, a família Botelho resolveu, com base nos resultados apresentados, trocar toda a equipe diretiva e parte da gerencial, mantendo apenas os gerentes das áreas *fins* da CNA, ou seja, das áreas de geração, comercialização e distribuição de energia.

Com base nessa decisão, ocorreu uma alteração do modelo de gestão, em que não só as questões estratégicas, mas também as organizacionais e as de avaliação, tornaram-se importantes. Inclusive, começou a ocorrer amplo debate da atuação diretiva da CNA perante as novas realidades de mercado que se estavam consolidando (forte concorrência, acelerada evolução tecnológica etc.).

Fernando Botelho, o patriarca da família, resolveu elaborar um plano de ação em que as questões estratégicas deveriam ser as primeiras a serem debatidas, acertadas e implementadas.

Entretanto, Fernando Botelho colocou uma premissa importante para esse plano de trabalho, que foi a manutenção da equipe gerencial das atividades *fins* (técnica, produção, comercial, aplicações). E mais, que essa equipe, com seus subordinados, tivesse elevada motivação e aprimoramento profissional.

Ao mesmo tempo, Fernando Botelho acredita que esse trabalho não deve ser desenvolvido em um período de tempo muito longo, pois a CNA precisa ter uma postura de atuação estratégica o mais breve possível (ideal: três meses). As outras questões – organizacional, avaliação e diretiva – podem ser resolvidas nos seis meses subsequentes aos três meses das questões estratégicas.

Mais outra coisa: que a resolução das questões estratégicas já esteja *preparando* os trabalhos subsequentes, ou seja, que ficasse evidenciada a interligação das questões estratégicas com as organizacionais, de avaliação e diretivas.

Com base nessas solicitações gerais da família Botelho, solicita-se que você faça um plano, o mais detalhado possível, sobre como a CNA poderá consolidar elevado nível de importância das questões estratégicas.

Para facilitar sua análise e posterior elaboração do plano, você pode acrescentar outras situações e informações para o *caso*, desde que respeite o apresentado no texto.

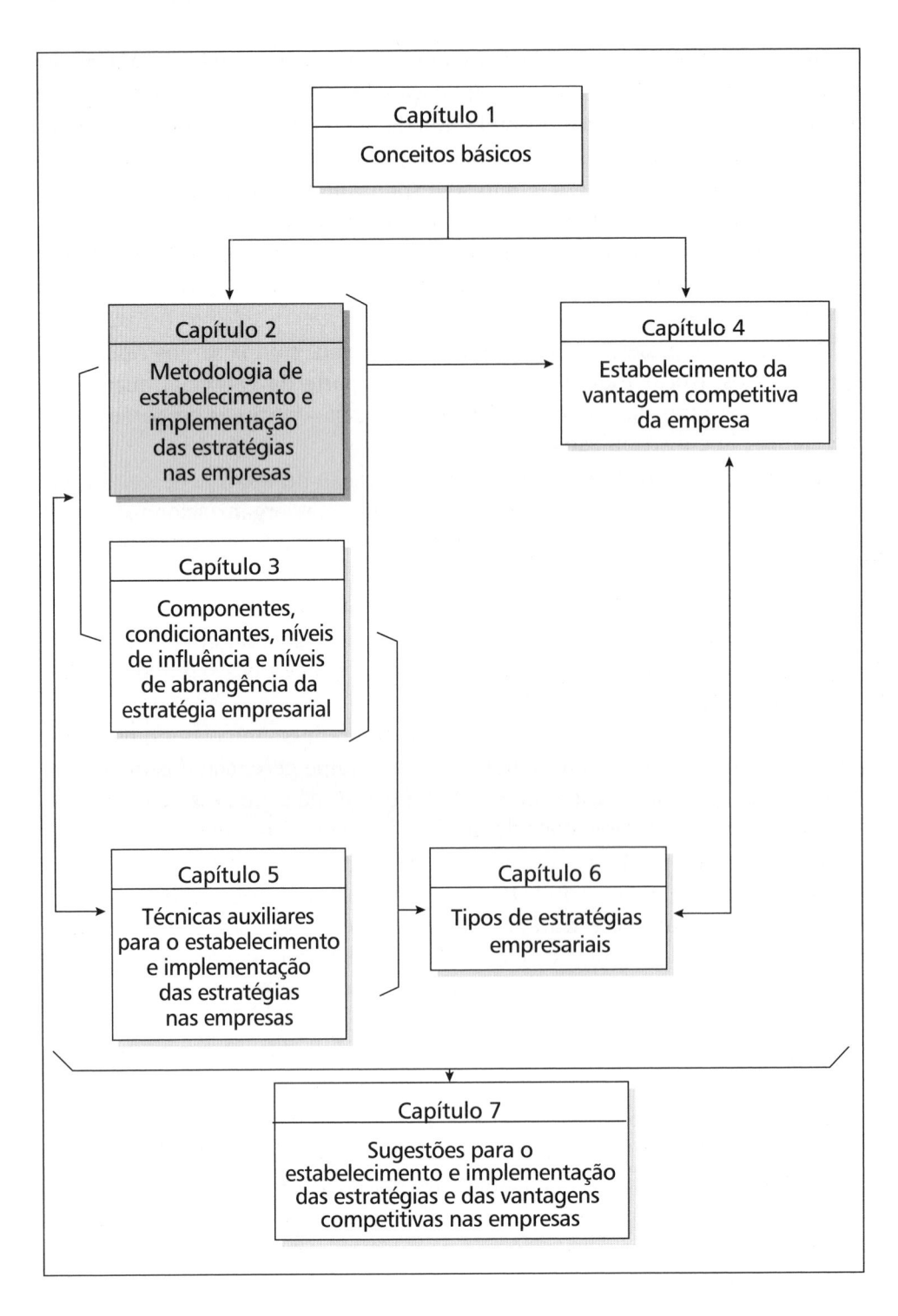

```
┌─────────────────────────────────┐
│         Capítulo 1              │
│      Conceitos básicos          │
└─────────────────────────────────┘
              │
      ┌───────┴───────────────────────┐
      ▼                               ▼
┌──────────────────┐          ┌──────────────────┐
│   Capítulo 2     │          │   Capítulo 4     │
│  Metodologia de  │ ───────▶ │ Estabelecimento  │
│ estabelecimento e│          │ da vantagem      │
│  implementação   │          │ competitiva      │
│ das estratégias  │          │ da empresa       │
│   nas empresas   │          └──────────────────┘
└──────────────────┘
```

- **Capítulo 1** — Conceitos básicos
- **Capítulo 2** — Metodologia de estabelecimento e implementação das estratégias nas empresas
- **Capítulo 3** — Componentes, condicionantes, níveis de influência e níveis de abrangência da estratégia empresarial
- **Capítulo 4** — Estabelecimento da vantagem competitiva da empresa
- **Capítulo 5** — Técnicas auxiliares para o estabelecimento e implementação das estratégias nas empresas
- **Capítulo 6** — Tipos de estratégias empresariais
- **Capítulo 7** — Sugestões para o estabelecimento e implementação das estratégias e das vantagens competitivas nas empresas

2
Metodologia de estabelecimento e implementação das estratégias nas empresas

"A coisa mais indispensável a um homem é reconhecer o uso que deve fazer de seu próprio conhecimento."

Platão

2.1 INTRODUÇÃO

Neste capítulo são apresentados os aspectos básicos para que você possa formular, escolher, implementar e avaliar, da maneira mais adequada possível, as estratégias empresariais.

Portanto, o conteúdo deste capítulo é de suma importância, pois de nada adianta você *bolar* uma excelente estratégia, se não souber administrar os aspectos básicos para sua adequada implementação e avaliação.

Espera-se que, ao final deste capítulo, você esteja em condições de responder a algumas perguntas, tais como:

- Quais os aspectos básicos a serem considerados na formulação das estratégias empresariais?
- Quais os aspectos básicos a serem considerados no delineamento das estratégias empresariais alternativas?
- Quais os aspectos básicos a serem considerados quando da escolha das estratégias empresariais?
- Quais os aspectos básicos a serem considerados na implementação das estratégias empresariais?
- Quais são os aspectos básicos a serem considerados para a minimização das resistências à operacionalização das estratégias empresariais?
- Como fazer e quais aspectos a considerar para o adequado processo de controle e avaliação das estratégias empresariais?
- Como você pode fazer a interligação entre as estratégias empresariais e o planejamento estratégico? E com a administração estratégica? E com o pensamento estratégico?
- Como você pode fazer a interligação entre as estratégias empresariais e os projetos e planos de ação da empresa?
- Como você pode programar e controlar as atividades dos vários projetos estabelecidos?
- Como você pode fazer a interligação entre as estratégias empresariais e outros instrumentos administrativos das empresas?

2.2 ETAPAS DO PROCESSO DE ESTABELECIMENTO E IMPLEMENTAÇÃO DAS ESTRATÉGIAS NAS EMPRESAS

O processo de estabelecimento e implementação das estratégias empresariais representa um dos aspectos mais importantes que os executivos da alta administração das empresas têm de enfrentar, e espera-se que o processo seja desenvolvido da melhor maneira possível, propiciando numa otimização dos resultados da empresa.

Este processo deve passar por 5 fases básicas:

Fase 1. Formulação das estratégias empresariais

Fase 2. Estabelecimento das estratégias empresariais alternativas

Fase 3. Escolha das estratégias empresariais

Fase 4. Implementação das estratégias empresariais

Fase 5. Controle, avaliação e acompanhamento das estratégias empresariais

Este processo pode ser melhor visualizado na Figura 2.1, que mostra as cinco fases, além de uma parte inicial que representa a sustentação básica para que o executivo possa iniciar a formulação da estratégia empresarial de forma adequada.

Verifica-se que essa base de sustentação é representada pela visão, que considera as aspirações, os valores e a ideologia básica da empresa, bem como por um diagnóstico estratégico, correspondente a uma análise interna da empresa e do ambiente empresarial, sendo este último externo e não controlável.

Esses aspectos devem estar *dentro* da missão da empresa e propiciar o delineamento dos cenários estratégicos, cuja análise integrada permite a identificação dos objetivos da empresa. A partir deste ponto, as estratégias empresariais podem ser formuladas.

Evidentemente, não se está considerando, neste caso, as macroestratégias, as quais podem ser formuladas antes do estabelecimento dos objetivos empresariais, conforme apresentado na seção 2.3.1. Entretanto, o executivo da empresa não vai ter maiores dificuldades em fazer essa interligação, pois o importante é entender todo o processo.

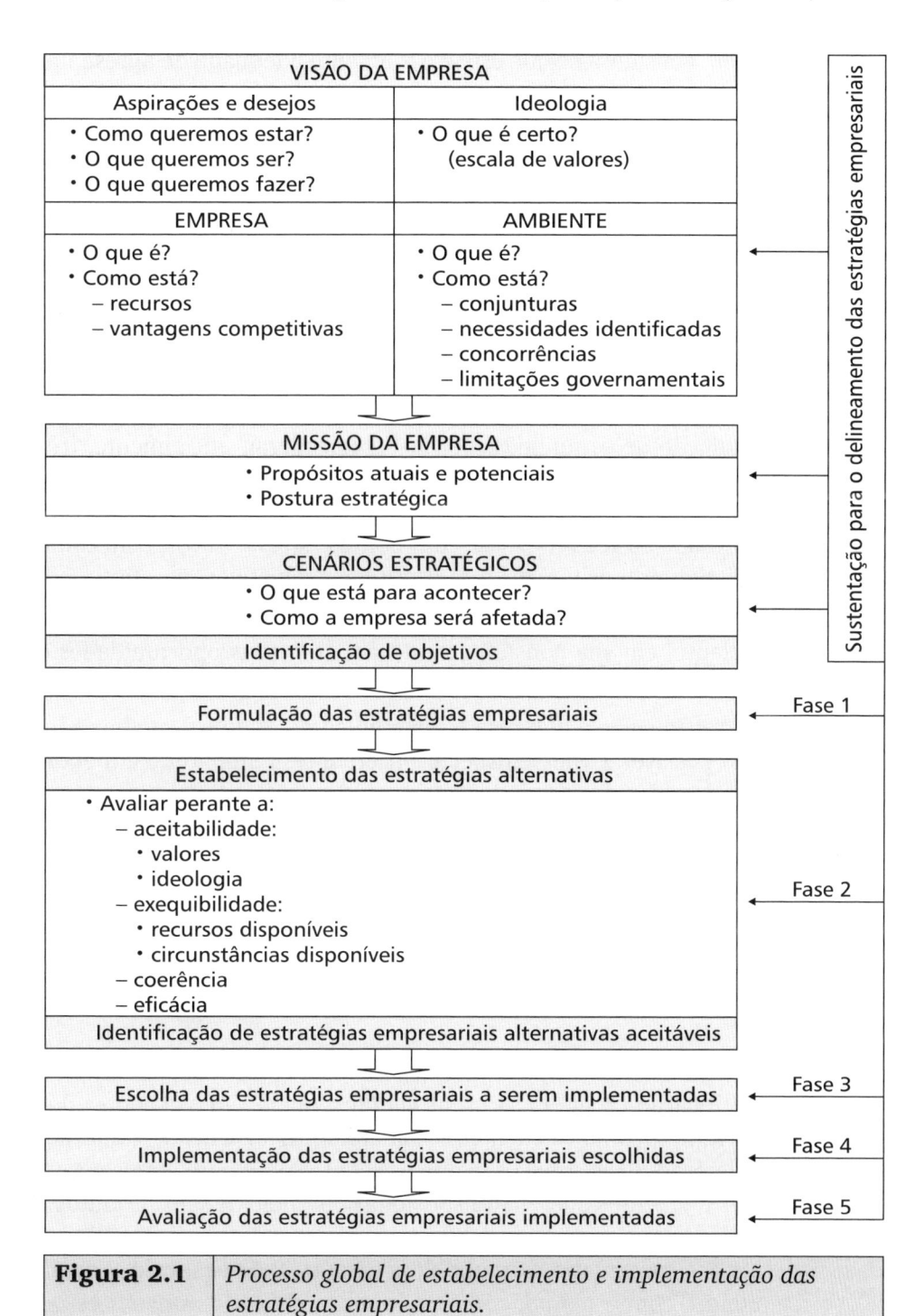

Metodologia de estabelecimento e implementação das estratégias nas empresas 39

VISÃO DA EMPRESA	
Aspirações e desejos	Ideologia
• Como queremos estar? • O que queremos ser? • O que queremos fazer?	• O que é certo? (escala de valores)
EMPRESA	AMBIENTE

• O que é?
• Como está?
  – recursos
  – vantagens competitivas
	• O que é?
	• Como está?
	  – conjunturas
	  – necessidades identificadas
	  – concorrências
	  – limitações governamentais

⬇⬇

MISSÃO DA EMPRESA
• Propósitos atuais e potenciais
• Postura estratégica

⬇⬇

CENÁRIOS ESTRATÉGICOS
• O que está para acontecer?
• Como a empresa será afetada?

Identificação de objetivos

⬇

Formulação das estratégias empresariais ← Fase 1

⬇

Estabelecimento das estratégias alternativas
• Avaliar perante a:
  – aceitabilidade:
    • valores
    • ideologia
  – exequibilidade:
    • recursos disponíveis
    • circunstâncias disponíveis
  – coerência
  – eficácia

Identificação de estratégias empresariais alternativas aceitáveis ← Fase 2

⬇

Escolha das estratégias empresariais a serem implementadas ← Fase 3

⬇

Implementação das estratégias empresariais escolhidas ← Fase 4

⬇

Avaliação das estratégias empresariais implementadas ← Fase 5

(Sustentação para o delineamento das estratégias empresariais)

Figura 2.1 *Processo global de estabelecimento e implementação das estratégias empresariais.*

Por outro lado, considera-se que este é o momento adequado de apresentar esse processo, pois você já adquiriu, neste momento, a conscientização básica do significado e da importância da estratégia empresarial.

A seguir, os aspectos básicos das cinco fases do processo estratégico, evidenciados na Figura 2.1, são apresentados com detalhes.

2.2.1 Formulação das estratégias empresariais

Representa a primeira etapa do processo considerado e envolve, entre outros aspectos, alto nível de criatividade por parte dos executivos das empresas.

Para a formulação de estratégias, devem-se considerar, inicialmente, três aspectos:

- a empresa, com seus recursos, seus pontos fortes e fracos, bem como sua missão, propósitos, postura estratégica, objetivos, desafios e políticas;
- o ambiente, em sua constante mutação, com suas oportunidades e ameaças; e
- a integração entre a empresa e seu ambiente, visando à melhor adequação possível, e, nesse aspecto, inserem-se a amplitude e a abordagem da visão dos executivos da empresa.

Esses aspectos podem ser mais bem esclarecidos por meio da análise dos condicionantes da estratégia empresarial (ver seção 3.4).

O processo de formulação das estratégias empresariais não é simples, pois considera, quanto ao aspecto ambiental da empresa, no mínimo, os seguintes aspectos:

a) Quanto ao mercado da empresa, podem-se considerar, na análise, a identificação de quem são seus clientes, quem são os clientes dos concorrentes, como os clientes escolhem entre fornecedores alternativos de produtos e serviços, o que os clientes procuram, quais necessidades os clientes querem ter satisfeitas por meio de seus produtos e serviços, de que outras formas podem ser satisfeitas as necessidades desses clientes, qual o tamanho do mercado, onde se localiza, como se alterará com o tempo, como pode ser modificado por suas estratégias ou pelas estratégias de seus concorrentes, como as mudanças podem ser conduzidas ou previstas, como pode o mercado ser segmentado, como o cliente faz sua decisão de compra, o que ele valoriza, quanto o cliente está disposto a pagar, por quais características o comprador do produto e serviço é também o consumidor final, quais canais de distribuição o cliente prefere, entre outros assuntos mercadológicos.

b) Quanto à concorrência da empresa, você pode considerar com quem a empresa compete agora, quem pode tornar-se seu concorrente no futuro, como seus concorrentes definem seus negócios, como eles veem os clientes, por que os clientes escolhem os produtos e serviços de seus concorrentes e não os seus, quais os concorrentes de maior sucesso, os mais ameaçadores, os mais vulneráveis e por quê, até que ponto os concorrentes estão engajados no negócio, quais os recursos que eles têm disponíveis, como eles estabelecem suas estratégias, que estratégias são avaliadas no âmbito de suas corporações, quais estratégias os concorrentes podem estabelecer, quando, em que direção e por quê, e que estratégia básica a nossa empresa deve adotar para influenciar as estratégias da concorrência.

c) Quanto ao ambiente econômico, social e político, você pode considerar a análise de quais regulamentos a empresa obedece, quais são as áreas suscetíveis de regulamentação, como podem as tentativas de regulamentação ser apoiadas ou desafiadas, quais são os índices e as tendências de crescimento econômico, qual é a taxa de crescimento da população e suas tendências de evolução, quais são as tendências dos fluxos migratórios, como se comportam os indicadores da mão de obra, como pode ser caracterizada a força de trabalho, se a empresa está operando acima ou abaixo da capacidade, que barreiras de entrada e saída existem, que restrições de importações ou exportações existem, entre outros assuntos de relevância estratégica.

Verifica-se, pelo resumo anteriormente apresentado, que o processo de formulação de estratégias empresariais não é simples, e nem poderia ser.

Existem algumas outras perguntas que podem ser usadas na formulação de estratégias (Gilmore, 1972, p. 12):

a) Quanto ao registro das atuais estratégias, o executivo da empresa deve responder a algumas perguntas, tais como:
   - qual é a atual estratégia básica para a empresa?

- que espécie de negócio a alta administração quer ter, levando-se em consideração os resultados esperados, tais como remuneração desejada do investimento, ritmo de desenvolvimento, participação no mercado, estabilidade, flexibilidade, inovação tecnológica?
- que tipo de negócio a alta administração julga que deveria ter, levando-se em consideração os seus princípios de gestão referentes à responsabilidade social e às obrigações para com os acionistas, empregados, comunidade, concorrência, clientela, fornecedores, governos e outros?

b) Quanto à identificação dos problemas apresentados pela atual estratégia:
- percebem-se, no setor, tendências que possam tornar-se ameaças e/ou oportunidades perdidas se for mantida a atual estratégia?
- a empresa está tendo dificuldade na execução da atual estratégia?
- a tentativa de executar a atual estratégia está revelando significativos pontos fracos e/ou fortes não utilizados pela empresa?
- há outras preocupações com relação à validade da atual estratégia? Quais?
- a atual estratégia já não é válida? Por quê?

c) Quanto à identificação do problema central da estratégia:
- a atual estratégia exige maior competência e/ou maiores recursos do que a empresa possui?
- ela deixa de explorar, adequadamente, a competência específica da empresa?
- falta-lhe uma vantagem competitiva real e sustentada?
- ela deixará de explorar oportunidades e/ou fazer frente a ameaças dentro do setor, agora ou no futuro?
- os vários elementos da estratégia são, internamente, incoerentes?
- há outras considerações referentes à essência do problema da estratégia?
- qual é, então, a verdadeira essência do problema da estratégia?

O desenvolvimento de uma estratégia deve remontar ao processo de uma análise do objetivo empresarial resultante da referida estratégia e incorporar, ao processo, a máxima aplicação de imaginação e criatividade.

Grande atenção deve ser dada ao problema para o qual se formulou a estratégia, porque nenhuma estratégia tem valor quando se refere ao problema errado, bem como elevada ênfase deve ser direcionada à criação e exploração das alternativas, pois o desenvolvimento de alternativas de estratégias, que tenham o máximo valor, é uma tarefa muito criativa. Deve-se compreender que é necessário usar a intuição dos executivos da empresa na formulação de estratégias de decisão.

A formulação da estratégia empresarial é complexa, pois depende de inúmeros fatores e condições que se alternam e se modificam incessantemente.

Mintzberg (1987, p. 72) aponta as seguintes características da formulação de estratégias nas empresas:

- a estratégia evolui e muda com o tempo, à medida que os executivos da alta administração tomam as decisões significativas para seu futuro, lançando novas luzes sobre o horizonte estratégico da empresa;
- a estratégia resulta de dois tipos diferentes de atividades inteligentes: algumas decisões estratégicas são motivadas por problemas impostos aos executivos, enquanto outras resultam da busca ativa em direção a novas oportunidades. No primeiro caso, ocorrem estratégias de solução de problemas e, no segundo, estratégias de procura de novas alternativas;
- as decisões estratégicas não são programadas e, muito menos, previstas com antecipação. Elas são tomadas quando as oportunidades e os problemas ocorrem. Nesse sentido, as decisões estratégicas são contingenciais e baseadas em juízo de valor, em que "cada caso é um caso";
- como não é possível prever, com clareza, quando os problemas e as oportunidades surgirão, torna-se extremamente difícil integrar diferentes decisões estratégicas em uma única estratégia explícita e compreendida por todos os profissionais envolvidos;
- os executivos da alta administração são pessoas preocupadas com muitas demandas e solicitações simultâneas e são, continuamente, bombardeados com informações, ideias e problemas. Ademais, o ambiente de formulação de estratégias é muito complexo, pois os executivos são incapazes de desenvolver, com profundidade, certas análises de questões estratégicas. Assim, o desenvolvimento de alternativas para resolver problemas e a avaliação das consequências dessas alternativas são, geralmente, conduzidos sem muita precisão;

- os executivos não têm programas definidos para lidar com o assunto de estratégia. Cada escolha estratégica é feita em diferentes contextos, com informações novas e incertas, e o executivo pode assumir estreita e bitolada direção para a qual tende a levar sua empresa, como também pode avaliar, impropriamente, as oportunidades de acordo com sua visão das situações que enfrenta. Quando surge um problema – e os problemas não são resolvidos apenas em termos de percepção, mas também de exigências e pressões –, o executivo costuma preocupar-se em reduzir as pressões que lhe afetam diretamente, o que pode levá-lo a apelar para algum outro meio conveniente de resolver o problema; e
- o executivo alterna-se entre a procura de oportunidades e a resolução de problemas. Entretanto, o primeiro aspecto ocorre com pouca frequência, e sempre que o executivo aproveita eficazmente oportunidades relevantes, seu entendimento da estratégia empresarial torna-se, cada vez mais, realista.

Por outro lado, para Keeney (1979, p. 26), a complexidade das estratégias está correlacionada aos seguintes pontos principais:

- existência de múltiplos objetivos hierarquizados e diferenciados na empresa;
- existência de objetivos intangíveis;
- horizonte de tempo correlacionado às decisões estratégicas muito longo;
- influência de diferentes grupos de profissionais da empresa, com atitudes e valores diferenciados;
- incidência elevada de riscos e incertezas;
- aspecto interdisciplinar, que envolve grande variedade de assuntos;
- existência de vários tomadores de decisão; e
- existência de *juízo de valor*.

À medida que os executivos da empresa têm conhecimento desses aspectos, o delineamento das estratégias empresariais torna-se mais adequado.

De forma mais resumida, e considerando a metodologia apresentada na seção 2.2, verifica-se que as estratégias empresariais são formuladas com base nos objetivos, desafios e metas estabelecidos, na realidade identificada no diagnóstico estratégico e respeitando a visão, a missão, os propósitos e a cultura da empresa. Fica evidente, entretanto, que as macroestratégias abordadas na seção 2.3.1 não se inserem nesse processo mais geral.

A essência da formulação de estratégias empresariais consiste em lidar com a concorrência; portanto, o executivo deve conhecer as forças que controlam a concorrência na indústria ou setor de atuação da empresa.

Porter (1986, p. 14) considera que as condições de concorrência em uma indústria ou setor de atuação dependem de cinco forças básicas, que correspondem a: ameaça de novos participantes na indústria, poder de barganha dos fornecedores, poder de barganha dos clientes, ameaça de produtos ou serviços substitutivos, bem como às manobras para conseguir uma posição entre os atuais concorrentes (representada pela força que a empresa impulsiona contra as outras quatro forças consideradas).

A potência conjunta das cinco forças determina o potencial máximo de lucro de um setor industrial. Mais detalhes sobre o modelo de estratégia empresarial de Porter são apresentados na seção 5.5.5.

Verificou-se que a formulação de uma estratégia empresarial deve, necessariamente, ser baseada num inventário dos recursos disponíveis, no planejamento de sua utilização em caso de implantação da estratégia e na especificação dos recursos não disponíveis internamente que precisam ser adquiridos no ambiente. Uma estratégia, para ser considerada viável, deve ser consistente com os recursos disponíveis, ajustável às modificações do ambiente empresarial e adequada, em termos de consolidação dos objetivos propostos pela empresa.

Portanto, a formulação de estratégias empresariais, visando sempre aos objetivos estabelecidos, é condição essencial para a própria viabilização do objetivo proposto, ou seja, se o objetivo é chegar a uma ilha e não se dispõe de nenhum barco, é preciso encontrar alternativas para que isso ocorra: alugando, comprando ou fretando um barco, navio, avião ou helicóptero, ou propondo-se a realizar trabalhos de limpeza no navio em troca de passagem, ou ainda construindo uma jangada, ou até, se possível, indo a nado.

Geralmente, a melhor maneira de formular uma estratégia empresarial eficaz é o executivo formular perguntas certas para o assunto em questão e ter respostas certas das pessoas certas, no momento certo.

A estratégia de uma empresa deve identificar-se com aqueles, na empresa, que devem conhecê-la. Isso não significa, necessariamente, que uma estratégia deva sempre ser escrita; se a estratégia não for escrita, deve ser claramente entendida por outros meios de comunicação. O importante é que a estratégia seja disseminada, entendida e incorporada pelos diversos executivos e profissionais da empresa.

Alguns outros aspectos que os executivos devem considerar, quando da formulação das estratégias empresariais, são:

- devem compreender os diferentes processos de desenvolvimento da estratégia empresarial, e saber quando e como aplicar cada técnica – ver Capítulo 5 – ao problema em questão;
- a estratégia deve ter uma ocasião propícia e não ser ilimitada no tempo. Uma estratégia ilimitada ou aberta pode proporcionar tempo aos concorrentes para atacarem essa estratégia ou resultar em seu próprio insucesso;
- a formulação da estratégia é um processo contínuo e não um processo desenvolvido em um programa cíclico. A pior situação é a alta administração de uma empresa se reunir por uns quatro dias, em um hotel, uma vez por ano, para estabelecer as estratégias da empresa;
- as melhores estratégias são aquelas estabelecidas para ajustar-se a determinada situação, empresa e modelo de gestão; e
- quanto maior for a empresa, mais estratégias terá de desenvolver. Nas grandes empresas, pode-se falar em uma rede escalar de estratégias, que vai desde as estratégias maiores, na alta administração da empresa, até as estratégias menores, que se transformam em táticas.

Quando da formulação das estratégias empresariais, deve-se tomar cuidado para não se cometerem alguns erros muito comuns inerentes a *estrategeopia* ou miopia estratégica.

Alguns destes erros são:

- estratégia do *execute-se*. Neste caso, um grupo pequeno de pessoas e de reduzido conhecimento da empresa e de seu ambiente estabelecem, de forma pura e simples, as grandes *decisões estratégicas* que, muitas vezes, levam a referida empresa ao caos. Fica evidente que se está, nessa situação, fazendo uma abordagem que considera um grupo *fechado* da alta administração que não interliga os acontecimentos externos com a realidade da empresa;
- estratégia da participação, na qual todos devem colaborar no desenvolvimento da estratégia empresarial. É o exagero total;

- estratégia do *status quo*, na qual *brilhantes* executivos estabelecem estratégias que provocam *violentíssimo* impacto na empresa, ou seja, as coisas continuam, exatamente, como atualmente estão;
- estratégia de *gaveta*, que é desenvolvida por executivos que sabem que as mesmas não servem para nada. Talvez, por essa razão, elas são, geralmente, estratégias medíocres. Alguns executivos fazem o maior *oba-oba* em cima de sua estratégia, e depois, por meio do senso crítico, percebem que aquela estratégia não tem nenhuma validade, e, então, a enviam *para a gaveta*;
- estratégia *estrangeira*, que é simplesmente importada de outra empresa para ser implementada na empresa considerada. Essa situação problemática não precisa de maiores comentários;
- estratégia dos *chutadores metidos*, normalmente delineada por assessores sem função definida e entregue para os outros executarem;
- estratégia dos *descamisados*, em que ninguém *veste a camisa* para levar a estratégia em frente. Mais detalhes sobre o comprometimento com a estratégia empresarial são apresentados na seção 3.3, quando da análise dos componentes das estratégias empresariais; e
- estratégia *estratosférica*, que corresponde à estratégia desenvolvida por um grupo de lunáticos, com intenções poéticas e filosóficas, que não tem nada a ver com a realidade da empresa e seu ambiente. É também denominada estratégia dos *olhos fechados*.

2.2.1.1 *Estabelecimento das estratégias empresariais alternativas*

Com base na análise interna, pela qual se verificam os pontos fortes e fracos da empresa, bem como na análise externa, pela qual são verificadas as oportunidades e ameaças, e tendo como alvo os objetivos estabelecidos, é possível a preparação de uma lista de estratégias empresariais alternativas.

Quando do estabelecimento de estratégias empresariais alternativas, o executivo deve procurar responder a algumas perguntas, tais como:

- quais as possíveis alternativas que existem para a solução do problema da estratégia?
- até que ponto a competência e os recursos da empresa limitam o número de alternativas que devem ser examinadas?
- até que ponto as preferências da alta administração limitam as alternativas estratégicas?

- até que ponto o senso de responsabilidade social e de ética da alta administração limita as alternativas?
- que alternativas de estratégias são aceitáveis?

O propósito básico é o estabelecimento de alternativas de estratégias que englobem as possíveis configurações da empresa, perante o binômio produtos ou serviços *versus* segmentos de mercados.

Para que tais configurações empresariais e estratégicas possam ser consideradas adequadas pelos executivos, é necessário que cada uma delas seja dimensionada de modo que:

- seja competitiva;
- tenha relações com as outras configurações, formando um todo mais forte e diferenciado; e
- seja possível de ser operacionalizada com recursos que estão à disposição da empresa, no momento considerado.

Assim, o conjunto de objetivos estabelecidos pela empresa pode ser alcançado por alternativas estratégicas. O problema está na determinação de seu apropriado conjunto de objetivos empresariais diante de sua capacidade de realização e de apropriadas estratégias empresariais, em face de seu conjunto de objetivos.

O ponto básico de avaliação de um conjunto de objetivos é o grau de risco a eles associados. Objetivos estratégicos muito ambiciosos resultam em dimensionamento inadequado de ativos, destruição do moral, além de criarem o risco de perder lucros anteriores e oportunidades futuras. Por outro lado, se forem pouco ambiciosos, produzem estratégias medíocres, desprezando, similarmente, as oportunidades de melhor aproveitamento dos recursos da empresa.

As empresas devem tirar vantagem das oportunidades de selecionar, entre as múltiplas alternativas estratégicas, aquela que lhes pareça a melhor, ainda que o processo de seleção possa ser complexo e impreciso. Uma vez que há ausência de um padrão absoluto, o valor de um curso de ação pode ser claramente avaliado, se for comparado com a perspectiva de outras alternativas.

Uma relevante característica de um método de formulação de estratégias pode ser o contínuo processo de múltiplos estágios de estreitamento do campo de alternativas, que reduz a lista final de alternativas a um número relativamente pequeno delas; algumas vezes, a única alternativa aceitável.

Outra característica pode ser a possibilidade de imputação de prioridades dos respectivos objetivos empresariais, desde que possam ser utilizados como pesos para computar completa escala de cada uma das alternativas restantes.

2.2.1.2 Escolha das estratégias empresariais

Um dos aspectos mais importantes no processo estratégico é a escolha de estratégias; normalmente, a que representa a melhor interação entre a empresa e o ambiente, mas que também contribua diretamente para a vantagem competitiva da empresa.

Algumas das perguntas que você deve responder, quando da escolha da nova estratégia empresarial, são:

- qual é a importância relativa de cada uma das considerações e dos aprendizados precedentes?
- qual é a alternativa que resolve melhor o problema de estratégia?
- qual é a alternativa que melhor se enquadra na competência e nos recursos da empresa?
- qual é a alternativa que oferece a maior e melhor vantagem competitiva para a empresa?
- qual é a alternativa que melhor satisfaz às preferências da alta administração?
- qual é a alternativa que melhor atende ao senso de responsabilidade social e de ética da alta administração?
- quais alternativas reduzem, ao mínimo, a criação de novos problemas?
- qual deve ser a nova estratégia empresarial?

O processo de escolha da estratégia a ser seguida deve receber amplos cuidados dos executivos das empresas. Essa escolha é o resultado de uma série de análises dos diferentes aspectos que compõem cada alternativa.

Como todas as circunstâncias vinculadas ao tema apresentam, em maior ou menor escala, aspectos políticos, esta fase implica, inevitavelmente, certa negociação entre as partes envolvidas. Essa habilidade de negociação é considerada, atualmente, uma das atitudes a serem desenvolvidas nos executivos da alta administração das empresas.

Geralmente, nesta fase da escolha da estratégia, problemas técnicos já devem ter sido solucionados; por outro lado, os de caráter político devem requerer atenção especial dos executivos das empresas.

A decisão supõe a escolha de uma orientação a ser seguida para a solução do problema, ou seja, somente neste momento a estratégia pode ser escolhida.

A estratégia empresarial escolhida deve equilibrar o risco mínimo com o máximo potencial de lucros, consistente com os recursos e perspectivas da empresa. Uma empresa com poucos recursos pode aceitar menor risco que uma com maior capacidade de sofrer perda. Existem alguns riscos que nem mesmo as grandes empresas podem suportar. Uma das finalidades principais da estratégia é equilibrar o risco e o lucro de forma apropriada.

De acordo com Steiner (1979, p. 33), os principais determinantes da escolha da estratégia são as aspirações do executivo-chefe quanto à sua vida pessoal, à vida de sua empresa como uma instituição e às vidas daqueles envolvidos na empresa. Seus costumes, hábitos e maneiras de fazer as coisas determinam como ele se comporta e toma as decisões. Seu senso de obrigação para com sua empresa decidirá quanto à sua devoção e escolha do assunto em que irá pensar. O sistema de recompensa, cujo estabelecimento e manutenção são de sua responsabilidade, será significativo em relação a como as pessoas reagem ao problema de desenvolvimento estratégico da empresa. Será sua a escolha de como o nível de capacitação de altos executivos da empresa será organizado.

Neste ponto, deve-se analisar *o porquê* uma estratégia foi definida de determinada forma; isto porque, depois de todas análises e estudos necessários para o estabelecimento de uma estratégia, existe um ponto em que o executivo, com o poder de decisão, estabelece qual estratégia deverá ser implementada.

A questão é "como a estratégia tomou esse caminho"? A explicação está nas orientações dos proprietários e/ou executivos da empresa, pois sua importância pessoal determina, entre outros, os seguintes aspectos:

- quais alternativas estratégicas serão escolhidas;
- quais recursos serão dispensados, quais serão obtidos e como serão utilizados;
- que espécie de escopo no binômio segmentos de mercados *versus* produtos ou serviços será visado; e
- qual será a vantagem competitiva da empresa.

Talvez se possa afirmar que as pessoas mais interessadas em obter reputação, poder e riqueza tendem a assumir visão relativamente de curto prazo da empresa, isto é, pensam em termos de lucros e realizações dentro de um a três anos. Elas também podem estar inclinadas a assumir grandes riscos e tentar mudanças substanciais.

Aqueles que já atingiram posições de poder e riqueza e que desejam apenas preservá-las tendem a ser altamente conservadores e a evitar mudanças. As pessoas motivadas por bajulação, estima e altruísmo podem assumir uma visão mais a longo prazo da empresa, mas tendem a ser mais cautelosas no que se refere a maiores mudanças ou riscos. Portanto, o mais alto poder de decisão participativo no processo de estabelecimento da estratégia é que dará seu *toque pessoal* ao assunto.

Outro aspecto a ser salientado é que o executivo deve estar atento ao fato de que, se a estratégia escolhida tiver efeito sinérgico, será muito mais poderosa.

> Sinergia estratégica significa que o efeito combinado de duas ou mais estratégias levará a um resultado maior que a soma dos resultados individuais das estratégias escolhidas.

Por exemplo, a introdução de novo produto na linha de uma empresa, juntamente com a realização de ampla propaganda, podem ter impacto benéfico sobre o total de vendas e lucros muito maior do que aquele propiciado pelos dois itens separadamente.

Da mesma forma, executivos jovens e cautelosos aprendem logo que a compensação e a promoção de indivíduos dentro da empresa chegam rapidamente para aqueles cujos horizontes de tempo e atitudes perante risco são compatíveis com os dos seus superiores. Assim, as motivações da alta administração influenciam o comportamento dos subordinados até a última escala da hierarquia.

Boa parte da literatura de administração preceitua que os objetivos da empresa deveriam ser: maximização dos lucros, maximização do crescimento com maximização dos lucros, maximização da capacidade de sobrevivência, equilíbrio dos interesses de vários grupos: proprietários, funcionários, clientes, público em geral, bem como crescimento, estabilidade, flexibilidade.

Infelizmente, nenhum desses conceitos oferece muita ajuda ao executivo na escolha entre alternativas vagamente definidas em situações únicas, parcialmente compreendidas, altamente incertas e específicas. Por mais que os executivos queiram lançar mão de computadores ou fórmulas matemáticas, inevitavelmente sua experiência, julgamento, desejos e estrutura de valores influenciarão o resultado do *jogo estratégico*.

Tudo isso fica numa situação mais complicada quando se lembra que, ao se defrontarem com escolhas difíceis, muitos executivos dão ênfase a um particular ponto de vista de uma área específica da empresa. O ponto de vista financeiro procura maximizar, por exemplo, o retorno de investimento e o valor de mercado das ações da empresa. Um ponto de vista contábil será melhorar a liquidez e a disponibilidade de crédito. O ponto de vista do executivo da área – ou com visão – de recursos humanos será a maior satisfação dos empregados. Para o executivo de vendas poderá ser o incremento do volume de vendas, participação no mercado e reputação com a clientela, e assim por diante. Pouquíssimos executivos apoiariam um critério único, a ponto de ignorar os outros.

Fica evidente que o ideal é um equilíbrio entre esses vários pontos de vista *funcionais*, ou de áreas específicas da empresa.

Uma maneira mais estruturada para a escolha das estratégias empresariais pode ser baseada em alguma técnica de análise decisória, tal como a técnica GUT (Gravidade/Urgência/Tendência), desenvolvida, em 1978, por Kapner e Tregoe.

Como as estratégias são formuladas com base nas análises externas e internas das empresas, tanto do momento atual como, principalmente, do momento futuro considerado, interligando-se todos os fatores controláveis e não controláveis identificados, uma proposta para a escolha das estratégias empresariais é que esse processo seja efetuado com base no nível de importância dos fatores de influência de cada estratégia formulada.

Nesse contexto, a técnica GUT, ou outra técnica de análise decisória, pode auxiliar – em muito – o processo decisório de escolha das estratégias por parte dos executivos das empresas. Entretanto, o executivo deve escolher uma técnica que propicie – e incentive – amplo debate de opiniões entre todos os participantes da equipe de trabalho, preferencialmente constituída de representantes das várias áreas de conhecimento da empresa.

Os aspectos básicos da técnica GUT adaptada ao processo estratégico são apresentados a seguir.

Considera-se de gravidade todo o processo ou atividade que afeta profundamente a essência, o objetivo ou o resultado da empresa, quando interagente com as necessidades e expectativas de seus clientes. Sua avaliação decorre do nível de dano ou prejuízo decorrente dessa situação. Para tanto, são feitas perguntas básicas, com a correspondente escala de pontos, conforme apresentado no Quadro 2.1:

Quadro 2.1 | *Níveis de gravidade do fator.*

PERGUNTAS	NÍVEIS
O dano provocado é extremamente importante?	5
O dano provocado é muito importante?	4
O dano provocado é importante?	3
O dano provocado é relativamente importante?	2
O dano provocado é de baixa importância?	1

Considera-se urgência o resultado da pressão de tempo que a empresa, negócio, processo ou atividade sofre ou sente. Sua avaliação decorre do tempo que se dispõe para atacar a situação ou para resolver a situação provocada pelo fator considerado. Para tanto, são feitas perguntas básicas, com os correspondentes níveis, conforme apresentado no Quadro 2.2:

Quadro 2.2 | *Níveis de urgência do fator.*

PERGUNTAS	NÍVEIS
Tenho de aplicar uma estratégia bastante urgente?	5
Tenho de aplicar uma estratégia urgente?	4
Tenho de aplicar uma estratégia relativamente urgente?	3
Posso aguardar?	2
Não há pressa?	1

Considera-se tendência o padrão de desenvolvimento da situação, e sua avaliação está correlacionada ao estado que a situação apresentará, caso o executivo não aloque esforços e recursos adicionais visando melhorar os processos para otimizar a interação da empresa para com as necessidades e expectativas dos mercados e dos clientes. Para tanto, deve-se responder as perguntas apresentadas no Quadro 2.3:

Quadro 2.3 | *Níveis de tendência do fator.*

PERGUNTAS	NÍVEIS
Se mantiver a mesma forma e intensidade de atuação, a situação vai piorar (crescer) muito?	5
Se mantiver a mesma forma e intensidade de atuação, a situação vai piorar (crescer)?	4
Se mantiver a mesma forma e intensidade de atuação, a situação vai permanecer?	3
Se mantiver a mesma forma e intensidade de atuação, a situação vai melhorar (desaparecer)?	2
Se mantiver a mesma forma e intensidade de atuação, a situação vai melhorar (desaparecer) completamente?	1

Após a identificação dos pontos de cada fator – pela multiplicação dos pontos obtidos nas análises de sua gravidade, urgência e tendência – pode-se estabelecer o nível de importância *teórica* de cada estratégia, pela interligação dos fatores externos e internos correlacionados.

2.2.2 Implementação das estratégias empresariais

Normalmente, a implementação de uma estratégia empresarial corresponde, por exemplo, a um novo produto ou serviço, cliente ou tecnologia, e exige alterações internas na empresa, tais como na estrutura organizacional, no sistema de informações e em alguns recursos. O executivo deve estar muito atento a isso, para evitar problemas quanto aos resultados apresentados pela nova estratégia empresarial escolhida.

Tregoe e Zimmerman (1982, p. 37) consideram que, quando uma empresa está confusa, ou mesmo com falta de enfoque estratégico, é possível que esteja com um problema estratégico; portanto, deve analisar seu "QI estratégico", respondendo a algumas perguntas básicas, que são apresentadas, de forma resumida, a seguir:

- a natureza e a orientação do negócio da empresa foram determinadas conscientemente?

- todos os executivos da alta administração têm a mesma visão e o mesmo nível de conhecimento do futuro rumo estratégico da empresa?
- a estratégia é suficientemente clara?
- a declaração da estratégia é usada como instrumento para as escolhas quanto aos futuros produtos e mercados?
- as deliberações estratégicas são tomadas considerando-se as tentativas de planejamento a longo prazo?
- a futura estratégia é claramente determinante daquilo que se planeja e está incluída no orçamento da empresa?
- as suposições formuladas sobre o ambiente empresarial são usadas para a fixação das estratégias?
- as estratégias influem nas decisões sobre aquisições, dotações de capital e novos sistemas a serem consolidados na empresa?
- as diversas unidades organizacionais da empresa têm estratégias claras e explícitas? Essas estratégias apoiam plenamente a estratégia global da empresa?
- o desempenho geral da empresa e de suas unidades organizacionais é periodicamente revisto, tendo em vista tanto a sua realização estratégica, como seus resultados operacionais?

Os dois autores consideram que, quanto mais numerosas forem as perguntas às quais você respondeu "não", ou às quais não pode responder "sim" com firmeza, maiores serão os problemas estratégicos da empresa.

Quando o executivo implementa uma estratégia, deve estar atento a cinco pontos (Hobbs e Heany, 1977, p. 8):

a) Antes de designar estratégias ambiciosas, ele deve estar certo de que não haverá grave sobrecarga funcional. Isso porque, o emprego de medidas para evitar esforços desnecessários nas ligações entre o plano estratégico e os atuais sistemas operacionais é sempre preferível a ter de usar corretivos após o fato.

b) Conter as *ondas de choque* da estratégia. Os executivos podem evitar alguns problemas de separação, isolando partes da empresa contra as *ondas de choque* da estratégia, sempre que novo curso estratégico é exigido; podem, também, insistir em que os defensores da nova estratégia compreendam as questões-chaves, levantadas por essa estratégia.

c) Dedicar atenção pessoal a importantes questões de integração. Para tanto o executivo deve:
- cuidar, pessoalmente, de problemas de interligação em base seletiva, estabelecendo um mecanismo para lidar com tais problemas antes que eles surjam, e depois controlar os recursos de importantes problemas de integração; e
- cuidar, pessoalmente, da ligação de seu centro de resultados com outros componentes – áreas, equipes de trabalho – da empresa.

d) Não dissolver sua equipe estratégica até que tenha identificado as ações que são seguidas do começo ao fim pelo nível hierárquico seguinte. O processo estratégico não deve tornar-se um fim em si mesmo, tão burocrático e desinteressante, que todos os participantes daquele processo desejem seu encerramento.

e) Comunicar-se de cima para baixo, e não apenas de baixo para cima na estrutura hierárquica da empresa; isso porque as decisões estratégicas afetam todas as unidades organizacionais da empresa.

De qualquer forma, a qualidade da implementação das estratégias empresariais é resultante de três vertentes:

- qualidade na formulação das estratégias – inclusive as alternativas;
- qualidade na escolha das estratégias básicas; e
- qualidade decisória e administrativa da equipe que cataliza e coordena a implementação das estratégias.

Muitas vezes, quando as estratégias não proporcionam os resultados esperados, joga-se a culpa na qualidade das duas primeiras vertentes; mas, o problema, geralmente, está na terceira vertente.

Quando da implementação das estratégias empresariais, deve-se considerar que, na maior parte das vezes, mais importante do que a qualidade da estratégia, é o movimento que a empresa pretende – e precisa – fazer, para alcançar os objetivos estabelecidos.

A boa formulação estratégica define o foco de atuação e apresenta uma proposta de valor, com simplicidade e propiciando o seu rápido e pleno entendimento por todos os profissionais envolvidos.

Deve-se evitar a situação em que a formulação estratégica se perde em um emaranhado de informações e análises – algumas importantes e outras nem tanto –, em que ocorre forte dispersão de foco e perda de tempo em debates inúteis. Por exemplo, se a empresa estabelece como foco estratégico a real e plena orientação para o cliente, deve ter informações e debates direcionados a algumas questões, tais como:

- além das margens – brutas e líquidas – dos produtos e dos serviços, deve-se saber as margens por cliente;
- além da participação de mercado, deve-se saber a participação junto aos principais clientes;
- conhecimento das reais necessidades – atuais e, se possível, futuras – dos clientes; e
- efetiva capacitação da equipe de contato com os clientes.

Essas são algumas questões que podem levar a empresa a um novo posicionamento perante os seus clientes, sendo que este novo posicionamento é que vai consolidar a implementação da estratégia empresarial. Naturalmente, todo esse processo deve estar interligado – e sustentado – pelos outros instrumentos administrativos da empresa, conforme apresentado nas seções 2.3, 2.4 e 2.5.

2.2.2.1 Administração da resistência às estratégias empresariais

Deve-se saber que de nada adianta ter a criatividade e o conhecimento necessários para delinear uma estratégia empresarial, se os executivos responsáveis por sua implementação não *vestirem a camisa* da referida estratégia, ou seja, não apresentarem nível adequado de comprometimento, conforme apresentado na seção 3.3. Portanto, os executivos devem saber que as mudanças empresariais necessitam do apoio dos funcionários envolvidos.

Os resultados de uma mudança mal planejada são conhecidos da maioria dos executivos: confiança abalada, moral baixo e, até mesmo, oposição drástica à mudança desejada e necessária.

Como evitar uma abordagem causal às mudanças? A resposta é a conscientização do fato de que nenhuma mudança pode ser empreendida com êxito, se o executivo não a sustentar em bases lógicas e psicológicas.

A base lógica é, geralmente, bem arquitetada e construída. Isso porque a maioria dos executivos avalia a situação tendo em vista políticas internas da empresa, métodos, sistemas, procedimentos e operações, e toma decisões a respeito de quais mudanças são necessárias para que se possa estabelecer uma melhoria efetiva, revê a situação, identifica as áreas de conflito, contempla possíveis soluções, seleciona aquela que lhes pareça a melhor e, em seguida, age, visando à implementação da mudança.

Tudo isso é bastante lógico e a maioria dos executivos está convencida de que a mera lógica da mudança a fará funcionar de maneira eficiente.

A base psicológica – ou seja, aquela que diz respeito, diretamente, aos executivos e suas possíveis reações à mudança proposta – não é, geralmente, tão bem arquitetada ou construída, daí resultando ansiedades, ressentimentos e descontentamentos, com a consequente resistência à mudança, por parte dos executivos envolvidos.

Uma abordagem lógica ao problema das mudanças e a construção de uma sólida base psicológica para a aceitação das estratégias empresariais, com um mínimo de resistência por parte dos executivos, requerem:

- identificação dos fatores causadores da necessidade de mudança, pois é necessário que os executivos identifiquem-se com o problema em questão. Dessa maneira, preocupam-se menos com a mudança introduzida, necessária à solução do problema considerado;
- confiança renovada e crescente, e, para tanto, os executivos devem ser aliviados de suas ansiedades, tensões, dúvidas, temores e sensação de que estão ameaçados pela mudança proposta, bem como pelos efeitos que essa poderia causar a si próprios e a seus cargos e/ou funções na empresa;
- comunicação estruturada e adequada, e, para tanto, deve-se informar, com antecedência, os executivos sobre a mudança. Daí a necessidade de comunicação por meio de uma linguagem inteligível, ouvindo-os, respondendo as suas perguntas da maneira mais franca possível e obtendo o máximo de informações, a fim de melhor esclarecer todas as dúvidas;
- participação efetiva, aproveitando as ideias dos executivos, bem como seus pontos de vista, sugestões e críticas relativas à mudança proposta e, neste caso, descobrir suas reações, no tocante a sua disposição e distribuição de tempo, dando-lhes a certeza de que têm voz ativa na mudança;
- interesse mútuo e fluido, mostrando que os executivos, bem como a empresa, só têm a ganhar com a mudança; e

- integralização e interação, sendo que, uma vez implantada a mudança, observa-se o impacto ou os efeitos causados nas operações, atividades e no moral dos executivos e demais funcionários, por meio de verificação periódica, fazendo as adaptações, se necessário.

A ameaça da resistência dos executivos às mudanças surge, geralmente, ou da incapacidade da alta administração de enfrentar problemas psicológicos pertinentes, ou de erros graves, cometidos na implantação de mudanças.

Na verdade, a ameaça da resistência por parte dos executivos tornou-se tamanho *bicho-papão* que, em algumas vezes, a alta administração da empresa tem desistido da ideia de propor uma mudança e a tem *congelado*. Essa não é, seguramente, a melhor maneira de renovar conhecimentos, processos, produtos e serviços, ou de melhorar o posicionamento estratégico da empresa no mercado.

À medida que isso ocorre, um executivo pode ser considerado culpado por faltar com uma de suas principais responsabilidades, ou seja, a de perceber rapidamente a necessidade de mudanças e de executá-las com a finalidade de beneficiar a empresa.

O instrumento administrativo que proporciona conceitos e métodos básicos para que o executivo possa minimizar as resistências às estratégias empresariais é o desenvolvimento organizacional, ou simplesmente DO.

> Desenvolvimento organizacional é a metodologia estruturada para se trabalhar proativamente com as crenças, atitudes, valores e a estrutura organizacional, de modo que o posicionamento estratégico da empresa esteja melhor sustentado pelos conhecimentos, capacitações e motivações de seus profissionais.

Com isso, o desenvolvimento organizacional objetiva aplicar o conhecimento da ciência do comportamento à moldagem dos processos de formação de grupos e das relações intergrupais, a fim de assegurar a eficiência, a eficácia e a efetividade da empresa, a partir da redução do nível de resistência aos processos de mudanças.

O desenvolvimento organizacional garante a permanência dos profissionais na empresa, bem como o otimizado alinhamento estratégico necessário para se consolidar o movimento pretendido pela empresa, gerando resultados acima da média do setor e vantagens competitivas interessantes.

Fica evidente que esse processo deve ter como base de sustentação alto nível de eficiência na gestão empresarial.

Por meio de adequado processo de aplicação da técnica de desenvolvimento organizacional, os executivos das empresas obtêm os seguintes resultados mais comuns no processo estratégico (Bennis, 1972, p. 14):

- desenvolvimento da competência interpessoal;
- mudança nos valores, de modo que os fatores e os sentimentos humanos sejam mais válidos para o processo estratégico;
- desenvolvimento de crescente compreensão entre e dentro das equipes de trabalho envolvidas, com a finalidade de reduzir tensões e atritos;
- geração de informações objetivas e subjetivas, válidas e pertinentes, sobre as realidades da empresa, bem como segurança do retorno analisado dessas informações aos usuários do processo estratégico;
- criação de clima de aceitação e receptividade para o diagnóstico e solução de problemas da empresa;
- estabelecimento de clima de confiança, respeito e não manipulação entre chefes, colegas e subordinados na empresa;
- maior integração entre necessidades e objetivos da empresa e dos profissionais que fazem parte da empresa;
- desenvolvimento de um processo de identificação dos conflitos, atritos e tensões, e posterior tratamento de modo direto, racional e construtivo.
- criação de clima favorável para o estabelecimento de objetivos, sempre que possível quantificados e bem qualificados, que norteiem a programação de atividades e a avaliação de desempenhos, de forma adequada e mensurável, das unidades organizacionais, equipes e indivíduos;
- desenvolvimento da empresa por meio do aprimoramento dos profissionais envolvidos nos vários sistemas inerentes a ela; e
- aperfeiçoamento dos sistemas e processos de informações, decisões e comunicações ascendentes, descendentes, diagonais e laterais.

Portanto, a capacidade de perceber, analisar e entender as mudanças e seus efeitos sobre os profissionais, a estratégia empresarial e a empresa; a de adaptar-se às exigências de novas realidades e, se possível, antecipar-se à chegada das mudanças e dos novos fatos são aspectos de suma importância para a qualidade administrativa da empresa, quando se considera o processo estratégico.

Naturalmente, considera-se, neste livro, a mudança planejada, e não outros tipos de mudanças que podem ocorrer na empresa, tais como:

- mudança por acomodação, por meio de uma série de pequenas mudanças de maneira não sistematizada com sucessivos esforços de adaptação, sem ter como base um planejamento coerente e estruturado;
- mudança por crise, na qual ocorre a mudança de emergência, visando apagar *incêndios*; e
- mudança de impacto, que decorre da ameaça de uma situação caótica e incontrolável, provocando uma mudança radical e revolucionária, com sacrifícios desastrosos e resultados questionáveis.

As empresas devem consolidar todas as partes do processo de planejamento estratégico – ver seção 2.3.1 –, pois a falta de qualquer uma delas pode criar determinados problemas no processo de mudança planejada para a nova situação desejada. Por exemplo, se faltar a visão, a empresa está em uma situação confusa; se faltarem valores e políticas, pode estar numa situação corruptível; se faltar missão ou estratégia, está numa situação dispersa; se faltar acompanhamento e avaliação, está em uma situação de dúvida; se faltar objetivo, está sem foco; se faltar projeto, pode aplicar mal os recursos.

Com base na conceituação do desenvolvimento organizacional e dos benefícios que pode apresentar para a empresa, é possível estabelecer algumas de suas características básicas, tais como:

- é uma estratégia educacional que visa a uma mudança empresarial planejada, geralmente considerando a empresa em sua totalidade;
- as mudanças, necessariamente, devem estar correlacionadas com as exigências ou necessidades da empresa, e não das pessoas;
- os agentes de mudança são, geralmente, externos ao sistema considerado e, nesse caso, não deve ser o executivo responsável pelo delineamento da estratégia empresarial;
- é necessário alto nível de relacionamento, colaboração e respeito profissional entre o agente de mudança e os profissionais envolvidos no processo de formulação e implementação da estratégia empresarial; e
- o agente de mudança deve ter muito clara e definida sua filosofia de atuação para com o trabalho a ser executado.

A técnica do desenvolvimento organizacional parte de determinadas premissas que influenciam o contexto estratégico, entre as quais podem ser citadas:

- existe uma forma organizacional mais adequada à época considerada e à empresa em si. Esse aspecto está correlacionado às constantes mudanças que a empresa sofre ao longo do tempo;
- a única maneira de mudar a empresa é mudando sua cultura, a qual é entendida como o sistema dentro do qual as pessoas trabalham e vivem, bem como os seus modos de vida, crenças e valores, formas de interação e relacionamento; e
- é necessária nova conscientização social dos executivos da empresa, pois somente dessa forma os resultados da empresa podem ser otimizados.

Na realidade, quando se analisa o processo de otimização de uma empresa, é necessário considerar algumas variáveis que influem nesse processo, conforme pode ser visualizado na Figura 2.2:

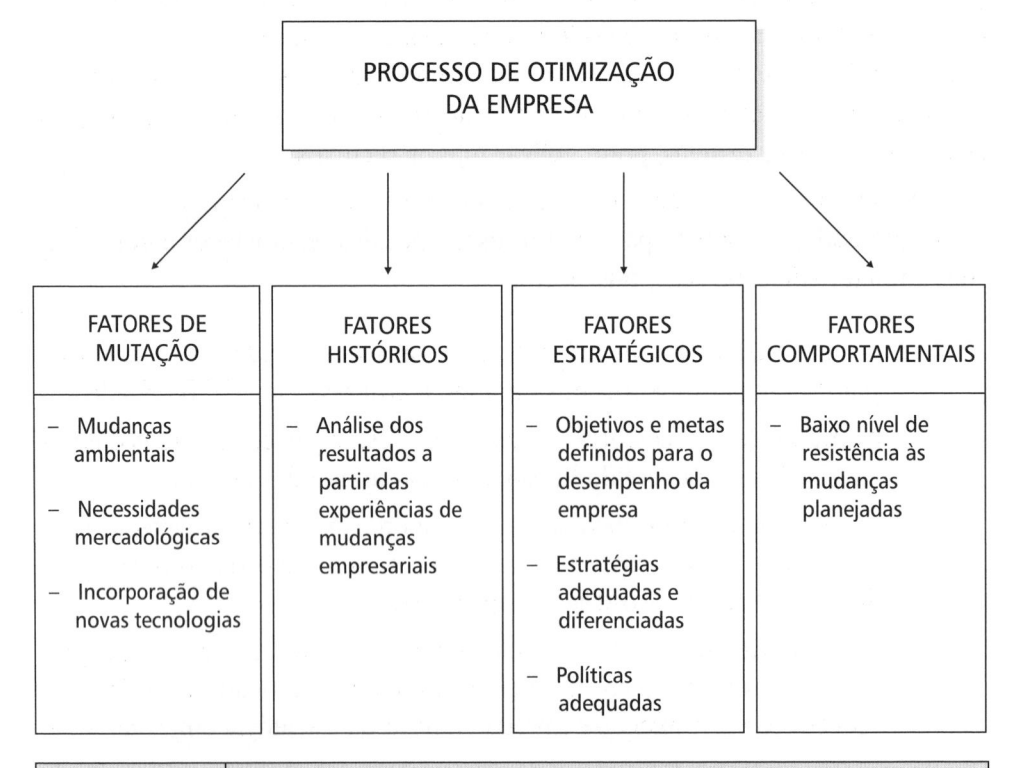

PROCESSO DE OTIMIZAÇÃO DA EMPRESA			
FATORES DE MUTAÇÃO	**FATORES HISTÓRICOS**	**FATORES ESTRATÉGICOS**	**FATORES COMPORTAMENTAIS**
– Mudanças ambientais – Necessidades mercadológicas – Incorporação de novas tecnologias	– Análise dos resultados a partir das experiências de mudanças empresariais	– Objetivos e metas definidos para o desempenho da empresa – Estratégias adequadas e diferenciadas – Políticas adequadas	– Baixo nível de resistência às mudanças planejadas

Figura 2.2 *Variáveis no processo de otimização de uma empresa.*

Você deve analisar cada um dos aspectos das variáveis mencionadas de forma particular, para obter maior eficiência no processo; e, esse cuidado se torna tão mais detalhista quanto o processo tiver forte abordagem estratégica. Portanto, verifica-se que as estratégias empresariais representam importante aspecto no processo de melhoria das empresas.

Salienta-se que, neste livro, procura-se tratar a questão das estratégias empresariais de forma interligada com os outros diversos fatores apresentados na Figura 2.2.

As estratégias empresariais representam o meio ou maneira como será desenvolvida e consolidada a mudança planejada na empresa, conforme apresentado na Figura 2.3:

DESENVOLVIMENTO ORGANIZACIONAL	⇐	PROCESSO
AMBIENTE EMPRESARIAL	⇐	NECESSIDADES
OBJETIVOS EMPRESARIAIS	⇐	FIM
COMPORTAMENTOS E ATITUDES DOS EXECUTIVOS	⇐	OPERACIONALIZAÇÃO
ESTRATÉGIAS EMPRESARIAIS	⇐	MEIO

Figura 2.3 *Aspectos da mudança planejada nas empresas.*

Portanto, se as estratégias empresariais não forem adequadamente formuladas e implementadas, o processo de mudança planejada tendo em vista um resultado e uma situação melhor para a empresa fica totalmente prejudicado.

Você deve procurar conhecer os aspectos *invisíveis* da empresa, para que possa entender o processo da transação indivíduo *versus* empresa.

A cultura organizacional é composta de padrões prevalecentes de valores, crenças, sentimentos, atitudes, normas, interações, tecnologias, métodos e procedimentos de execução de atividades e suas influências sobre as pessoas da empresa.

Inclui-se, ainda, na cultura organizacional, a estrutura informal, ou seja, todo o sistema de relações informais, com seus sentimentos, ações e interações, grupos de pressão, valores e normas grupais etc.

Assim, a técnica do desenvolvimento organizacional enfoca os dois sistemas, o formal e o informal, mas a estratégia de intervenção que você deve usar, normalmente, inicia-se pelo sistema informal, porque as atitudes e os sentimentos das pessoas são, usualmente, as primeiras informações a serem confrontadas.

O desempenho de cada executivo depende de um processo de mediação ou regulação entre ele e a empresa. Nesse caso, a empresa é o meio pelo qual o executivo pode ou não satisfazer as suas necessidades; e, é dessa satisfação ou insatisfação de necessidades que dependerá sua motivação na tarefa, sua dedicação ao trabalho, sua produtividade, eficiência e eficácia (Mello, 1978, p. 79).

A cultura ou sistema de valores pode ser a maior força da empresa quando for consistente com sua estratégia. No entanto, a cultura que a impede de enfrentar ameaças competitivas, ou de adaptar-se às mudanças econômicas ou sociais do ambiente, pode levá-la à estagnação ou, até mesmo, ao desaparecimento, caso não se faça um esforço consciente de mudar.

A primeira preocupação do executivo deve ser identificar o sistema de valores da empresa e, em seguida, adotar uma metodologia de planejamento consistente com esses valores; ou com a necessidade de mudá-los, para enfrentar uma nova realidade empresarial, sendo esta última situação bem mais difícil de se operacionalizar.

Neste ponto, devem ser feitas algumas considerações sobre o agente de mudanças ou agente de desenvolvimento organizacional.

> Agente de desenvolvimento organizacional é o profissional capaz de desenvolver comportamentos, atitudes e processos que possibilitam à empresa transacionar, proativa e interativamente, com os diversos aspectos do ambiente empresarial e da questão estratégica considerada.

O agente de desenvolvimento organizacional deve apresentar determinados requisitos, tais como autoconhecimento, conhecimento da empresa, conhecimento da questão estratégica considerada, bom relacionamento e flexibilidade de ação. Naturalmente, se o agente tiver essas qualificações, tal fato tornará o processo de mudança planejada muito mais fácil e viável para a empresa.

É importante que o executivo saiba identificar dentro da empresa ou contratar o agente ideal, pois só assim a empresa terá possibilidade de usufruir de todas as vantagens da técnica de desenvolvimento organizacional. Pode-se afirmar que agente ideal de desenvolvimento organizacional é aquele que, entre outros aspectos, trabalha *com* o cliente e não *para* o cliente.

O agente de desenvolvimento organizacional pode atuar como consultor externo ou como consultor interno sendo, neste último caso, um executivo ou funcionário da empresa considerada.

Antes de se analisar a situação ideal, é necessário examinar algumas vantagens e desvantagens de cada uma das duas situações em que o agente de desenvolvimento organizacional pode atuar no desenvolvimento de seus trabalhos.

a) Consultor externo

Para essa forma de atuação, as principais vantagens são a maior experiência, a maior aceitação nos escalões superiores, o fato de poder correr certos riscos – dizer e fazer coisas –, bem como, geralmente, ser mais imparcial.

Suas principais desvantagens são o menor conhecimento dos aspectos informais, não ter poder formal, ter menor acesso informal a pessoas e grupos, e, geralmente, não ter presença diária na empresa.

b) Consultor interno

Para essa forma de atuação, as principais vantagens são o maior conhecimento dos aspectos informais, a presença diária, o maior acesso a pessoas e grupos, a possibilidade de efetiva participação na operacionalização, na avaliação e no controle do processo, bem como ter algum poder formal.

Suas principais desvantagens são o menor nível de aceitação nos escalões superiores, o fato de que, geralmente, tem menos experiência, e a menor liberdade de dizer e fazer as coisas.

Analisando os vários aspectos, pode-se concluir que o ideal é a empresa conseguir trabalhar, simultaneamente, com o consultor ou agente externo e o executivo ou agente interno, procurando melhor usufruir das vantagens de atuação de cada um deles. Mais detalhes são apresentados no livro *Manual de consultoria empresarial*, dos mesmos autor e editora.

A atuação do agente de desenvolvimento organizacional perante as questões estratégicas das empresas pode ser subdividida em etapas, conforme apresentado a seguir:

ETAPA 1: Identificação do problema

Esta etapa refere-se à sondagem e ao reconhecimento da situação pelo agente, sendo que a identificação do problema estratégico, geralmente, é realizada por um executivo da alta administração da empresa.

ETAPA 2: *Entrada* na questão estratégica

Nesta etapa, há os seguintes aspectos:

- formalização do contrato, se for o caso;
- estabelecimento das expectativas e dos compromissos mútuos;
- estabelecimento da questão estratégica foco do problema;
- estabelecimento da amplitude da questão estratégica;
- teste da receptividade, confiança etc.;
- identificação do clima organizacional, da cultura etc.; e
- sondagem de problemas correlacionados, insatisfação etc.

ETAPA 3: Diagnóstico da questão estratégica

Nesta etapa, o agente deve:

- realizar todas as entrevistas e levantamentos necessários;
- efetuar as análises necessárias;
- definir a situação e a necessidade de mudanças;
- identificar e equacionar os problemas;
- analisar causas – com alternativas –, efeitos, riscos, custos, resistências, acomodações etc.;

- avaliar o potencial de mudança; e
- identificar os pontos fortes e fracos da questão estratégica considerada.

ETAPA 4: Planejamento da mudança

Nesta etapa, o agente deve:

- definir estratégias – inclusive alternativas – a serem implementadas;
- definir os participantes e suas responsabilidades; e
- estabelecer projetos correlacionados às estratégias, com identificação das atividades, sequência, tempo, recursos etc.

ETAPA 5: Operacionalização das estratégias

Nesta etapa, o agente deve:

- implementar o plano estabelecido;
- agir sobre a questão estratégica básica considerada;
- treinar e capacitar as pessoas envolvidas; e
- ter efetiva institucionalização da mudança, por meio de atitudes e métodos de solução de problemas.

ETAPA 6: Acompanhamento e avaliação do processo de mudança

Nesta etapa, ocorrem os seguintes aspectos:

- controle dos resultados;
- autoavaliação pelos usuários;
- avaliação pelo agente da mudança; e
- estudo da necessidade de novo diagnóstico da questão estratégica.

ETAPA 7: Conclusão

Nesta etapa, o agente desliga-se do processo, pelo menos temporariamente.

2.2.3 Avaliação e acompanhamento das estratégias empresariais

O controle, avaliação, acompanhamento e aprimoramento da estratégia empresarial corresponde à fase na qual o executivo verifica se a estratégia, tal como foi implementada, está proporcionando o alcance dos objetivos, desafios e metas da empresa aos quais ela estava correlacionada.

Essa situação pode ser visualizada na Figura 2.4:

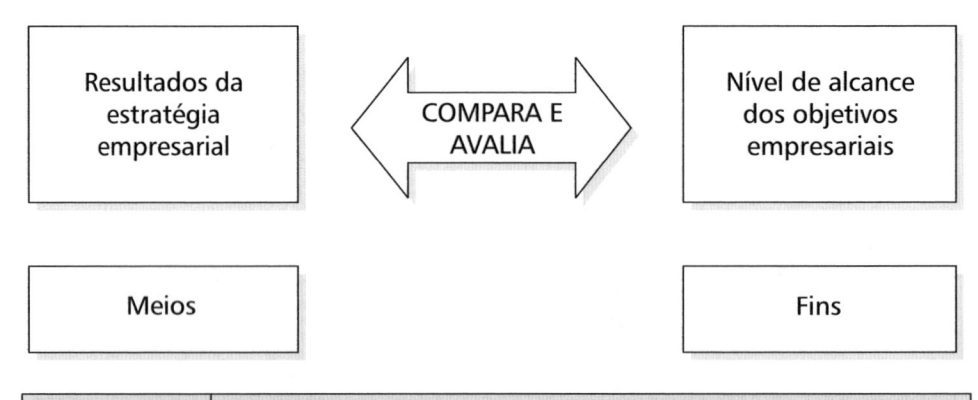

```
┌─────────────────┐                              ┌─────────────────┐
│  Resultados da  │      ⇐═══════════════⇒       │ Nível de alcance│
│    estratégia   │       COMPARA E              │  dos objetivos  │
│   empresarial   │        AVALIA                │   empresariais  │
└─────────────────┘                              └─────────────────┘

┌─────────────────┐                              ┌─────────────────┐
│      Meios      │                              │       Fins      │
└─────────────────┘                              └─────────────────┘
```

Figura 2.4 | *Controle e avaliação da estratégia empresarial.*

Verifica-se que você deve avaliar e manter um sistema de informações sobre os resultados apresentados pelas estratégias empresariais, em relação aos objetivos anteriormente estabelecidos pela empresa.

O registro da atuação passada da empresa pode ser realizado em termos de taxa de crescimento, participação no mercado, retorno do investimento e negócios quanto aos níveis de recompensa esperados, capacidade de sobrevivência da empresa, bem como outros parâmetros que podem ser utilizados de forma adequada pela alta administração.

Não se deve esquecer de que os mesmos registros de atuação de uma empresa devem ser comparados com os registros de concorrentes, visando a uma situação comparativa de mercado.

Finalmente, os registros de atuação passada podem ser comparados com o resultado de uma possível liquidação da empresa e com o emprego dos recursos em outro tipo de negócio ou investimento. Essa análise permite uma verificação dos resultados apresentados pela empresa em relação a outras alternativas de negócio.

Entretanto, uma estratégia empresarial não deve ser avaliada apenas após sua implementação, mas também para sua escolha. Portanto, este é um processo interativo, sendo considerada cada uma das cinco fases da metodologia apresentada para o estabelecimento e implementação das estratégias nas empresas (ver Figura 2.1).

Os aspectos que você deve analisar, considerando principalmente os assuntos abordados ao longo da seção 2.2.1.2 – escolha das estratégias empresariais –, são:

- a estratégia empresarial deve estar consistente com os aspectos internos ou controláveis da empresa. Nesse caso, a estratégia deve estar de acordo com a cultura e o clima organizacional, pois só assim será aceita e apoiada em seu desenvolvimento. Corresponde à consistência interna da estratégia;
- a estratégia empresarial deve estar consistente com os aspectos externos ou incontroláveis da empresa. Nesse caso, a estratégia deve estar de acordo com as condições e aspectos do ambiente da empresa, quer sejam referentes às condições atuais, quer às condições futuras, mediante um processo de mutação contínua. Corresponde à consistência externa da estratégia, ou consistência com o ambiente da empresa. Essa consistência externa, assim como a consistência interna, é de suma importância pois, caso contrário, pode ocorrer um fracasso na operacionalização da estratégia;
- a estratégia empresarial deve estar adequada à visão, à missão, aos propósitos, à postura estratégica e aos objetivos da empresa, os quais representam a lógica e a sustentação do delineamento estratégico;
- a estratégia empresarial deve estar adequada aos recursos existentes e disponíveis na empresa. Entre esses recursos citam-se capital, equipamentos, pessoas, competências, tecnologias, instalações e outros aspectos. Você deve tomar cuidado para não superdimensionar ou subdimensionar os recursos que a estratégia considerada vai utilizar. Outro aspecto é a determinação dos recursos que são mais críticos para cada uma das estratégias a serem implementadas;
- a estratégia empresarial deve ser consistente com o grau de risco que você julgar adequado. O grau de risco adequado ou aceitável está muito relacionado aos recursos da empresa, pois, quanto maior a quantidade de recursos de uma empresa, maiores são os riscos que ela pode aceitar. Outro aspecto é o grau de concentração dos recursos num único negócio ou diluído em vários negócios da empresa;
- a estratégia empresarial deve ser consistente com relação ao horizonte ou período de tempo considerado para que os objetivos,

desafios e metas sejam alcançados. Neste caso, o executivo deve estar atento ao fato de que, quanto mais distantes no tempo estiverem os objetivos empresariais considerados, maior o número de mudanças que poderão ocorrer, tanto internas quanto externas à empresa; portanto, as estratégias consideradas devem ter nível de flexibilidade adequado; e

- a estratégia empresarial deve estar adequada às expectativas e exigências dos principais executivos da empresa.

O papel da função administrativa inerente ao controle e avaliação das estratégias empresariais é acompanhar o desempenho das mesmas, pela comparação entre as situações alcançadas e as previstas, principalmente quanto aos objetivos empresariais, e avaliar as estratégias adotadas pela empresa. Nesse sentido, a função de controle e avaliação é destinada a assegurar que o desempenho real possibilite o alcance dos resultados e padrões que foram anteriormente estabelecidos.

> Controle, avaliação e aprimoramento é a função do processo administrativo que, mediante a comparação com padrões previamente estabelecidos, procura medir e avaliar o desempenho e o resultado das ações e estratégias, com a finalidade de realimentar os tomadores de decisões, de forma que possam corrigir e reforçar esse desempenho ou interferir em funções do processo administrativo, para assegurar que os resultados satisfaçam aos objetivos estabelecidos.

O resultado final do processo de controle e avaliação é a informação. Portanto, você deve procurar estabelecer um sistema de informações que permita constante e efetiva avaliação dos objetivos e das estratégias empresariais implementadas pela empresa.

Antes de iniciar o controle e a avaliação das estratégias empresariais, deve-se estar atento a determinados aspectos de motivação, capacidade, informação e tempo.

Com referência à motivação, deve-se verificar se o nível de motivação está adequado para o desenvolvimento do processo estratégico. Para tanto, é verificado se os objetivos empresariais estabelecidos foram devidamente entendidos e aceitos, bem como se o sistema de premiação e de punição está baseado no desempenho efetivo apresentado pelos funcionários da empresa.

Quanto à capacidade, deve-se verificar se a empresa e, consequentemente, seus funcionários estão capacitados e habilitados para realizar o processo de controle e avaliação inerente às estratégias empresariais a serem implementadas visando o alcance dos objetivos da empresa.

Deve-se verificar se existem e estão disponibilizados todos os dados e informações necessários ao controle e avaliação, e se foram devidamente comunicados a todos os interessados.

Quanto ao tempo, é necessário verificar se todos os funcionários da empresa, em seus diferentes níveis, têm o tempo adequado para se dedicarem à função de controle, avaliação e acompanhamento das estratégias empresariais.

Entretanto, deve-se estar ciente de que pode existir dificuldade natural no controle e na avaliação dos resultados efetivos da estratégia empresarial, ou seja, o que realmente mudou e em que a empresa realmente melhorou a partir da adoção da referida estratégia empresarial.

A função de controle, avaliação e aprimoramento inerente às estratégias empresariais tem algumas finalidades, mencionadas a seguir:

- identificar problemas, falhas e erros que se transformam em desvios do planejado, com a finalidade de corrigi-los e de evitar sua reincidência;
- fazer com que os resultados obtidos com a realização das operações estejam, tanto quanto possível, próximos dos resultados esperados e possibilitem o alcance dos objetivos estabelecidos;
- verificar se as estratégias empresariais estão proporcionando os resultados esperados, dentro das situações existentes e previstas; e
- proporcionar informações administrativas e técnicas periódicas, para que seja rápida a intervenção no desempenho do processo estratégico da empresa.

Em 1996, Richard Rumelt contribuiu para o processo de avaliação das estratégias empresariais com base em quatro aspectos: consistência (com os objetivos e políticas), consonância (representando resposta ao ambiente externo e às mudanças críticas que ocorrem nele), vantagem competitiva (contribuir para a criação ou manutenção de um diferencial competitivo em uma seleta área de atividade) e aplicabilidade (não se deve sobrecarregar os recursos disponíveis e nem criar problemas insolúveis).

Existem três conceitos básicos inerentes à ideia de controle e avaliação, a saber:

- eficiência refere-se à otimização dos recursos utilizados na operacionalização das estratégias para a obtenção dos resultados ou objetivos estabelecidos;
- eficácia refere-se à contribuição dos resultados obtidos pelas estratégias para o alcance dos objetivos globais da empresa; e
- efetividade refere-se à relação entre os resultados alcançados pelas estratégias e os objetivos propostos ao longo do tempo, consolidando uma situação de perpetuidade da empresa.

Entretanto, existem alguns aspectos que podem prejudicar a eficiência, eficácia e efetividade do controle, avaliação e aprimoramento das estratégias empresariais, tais como a lentidão e deficiência nas informações, a insuficiência de informações, os sistemas de controle complicados, os planos mal elaborados e/ou mal implantados, a estrutura organizacional inadequada e a incompetência dos profissionais e executivos envolvidos no processo.

Para que você possa efetuar de maneira adequada o controle, a avaliação e o aprimoramento da estratégia empresarial, é necessário que siga, pelo menos, quatro fases:

FASE I – Estabelecimento de padrões de medida e avaliação
Esses padrões são decorrentes dos objetivos empresariais correlacionados com as estratégias, bem como das políticas e dos projetos. Portanto, os padrões são a base para a comparação dos resultados desejados. Podem ser tangíveis ou intangíveis, vagos ou específicos, explícitos ou implícitos, bem como se referirem a quantidade, qualidade e tempo.

FASE II – Medida dos desempenhos apresentados
O processo de medir e avaliar o desempenho das estratégias empresariais significa estabelecer o que medir e selecionar, bem como medir com base em critérios de quantidade, qualidade e tempo. Esses critérios podem variar entre os executivos, mas uma empresa deve procurar ter homogeneidade e integração entre seus critérios de medição de desempenho; caso contrário, o controle e a avaliação das estratégias ficam prejudicados.

FASE III – Comparação do realizado com o esperado
Como a abordagem estratégica é ampla, o resultado dessa comparação pode servir a vários usuários, tais como a alta administração, os chefes das áreas,

os funcionários etc. Portanto, devem-se identificar, dentro de um critério de coerência, os vários usuários das comparações estabelecidas, as quais podem apresentar algumas situações:

- se o desvio apresentado estiver dentro das *fronteiras do que era esperado*, você não deve preocupar-se;
- se o desvio exceder um pouco as *fronteiras do que era esperado*, você deve continuar sua estratégia, mas com alguns ajustes que possibilitem retornar à situação adequada, ou seja, estar dentro da fronteira que delineava o que era esperado ou possível de ser esperado acontecer; e
- se o desvio exceder em muito as *fronteiras do que era esperado*, você deve interromper a estratégia, até que as causas sejam identificadas, analisadas e eliminadas.

FASE IV – Ação corretiva

Essa ação corresponde às medidas ou providências que são adotadas para eliminar os desvios significativos que você detectou, ou mesmo para reforçar os aspectos positivos que a situação correlacionada à estratégia está apresentando.

Entretanto, qualquer que seja a metodologia utilizada, você necessita ter em mente que o sistema de controle, avaliação e acompanhamento das estratégias empresariais deve:

- estar focalizado em pontos críticos, para evitar perda de tempo e aumento dos custos;
- estar bem explicitado, para facilitar seu entendimento e aceitação pelos vários executivos e demais profissionais da empresa;
- ser rígido e preciso, mas ao mesmo tempo apresentar alguma flexibilidade, tendo em vista que a empresa está no ambiente que, normalmente, é incerto, dinâmico e flexível;
- ser realista e operacionalizável, pois deve produzir informações rápidas e corretas para o processo decisório e posterior ação por parte dos executivos, tendo em vista reconduzir o processo ao estado desejável, sempre que desvios forem identificados;
- apresentar um custo de realização menor do que os benefícios que consegue proporcionar para a empresa, e, para tanto, pode basear-se no princípio da exceção;

- ser ágil e proporcionar medidas de correção de maneira rápida e, para tanto, deve basear-se em padrões de controle claros, definidos e precisos; e

- ter objetividade, de forma que sempre desencadeie ação corretiva ou de reforço ao processo considerado.

O controle e a avaliação podem ser exercidos em três estágios ou momentos:

a) Controle e avaliação preliminar ou prévio: refere-se às atividades de controle e avaliação efetuadas antes da ocorrência do evento ou fato que se pretende controlar. Portanto, procura evitar que ocorram variações no plano estratégico, bem como a minimização do surgimento de problemas.

b) Controle e avaliação corrente ou em *tempo real*: refere-se às atividades de controle e avaliação efetuadas ao mesmo tempo da ocorrência do evento ou fato que se pretende controlar. Portanto, procura corrigir o desempenho durante a sua execução.

c) Pós-controle e avaliação: refere-se às atividades de controle e avaliação efetuadas após a ocorrência do evento ou fato que se pretende controlar. Portanto, avalia os desvios ocorridos, determina as causas dos mesmos, bem como corrige o desempenho programado.

Normalmente, esses diferentes estágios de controle são independentes entre si e os critérios e padrões estabelecidos podem ser divergentes entre si. Entretanto, isso não invalida o processo, pois você deve possuir vários instrumentos eficazes de controle.

Entretanto, deve-se lembrar que o controle, a avaliação e o acompanhamento das estratégias não é um processo fácil, em função de alguns aspectos, entre outros:

- o horizonte de tempo é longo. Geralmente, é necessário um período de tempo longo para a implantação de uma estratégia empresarial, sendo necessário exercer controle e avaliação muito antes de se conhecer o resultado;

- o nível de incerteza é alto. Isso porque uma série de variáveis – preço, concorrência, apoio governamental, suprimentos etc. – pode desviar-se do curso de ação desejado; e

- a própria estratégia empresarial pode ser alterada no decurso de sua implantação. A empresa pode necessitar alterar seu *rumo* para usufruir de oportunidades surgidas ou evitar ameaças que estão ocorrendo no ambiente – externo e não controlável – da empresa.

As revisões da estratégia empresarial podem ser:

a) Ocasionais: ocorrem quando se julgar que as alterações no ambiente e na empresa invalidam as premissas da estratégia empresarial; portanto, deve haver revisão daquilo que foi feito. Entretanto, nesse caso, há tendência à omissão, pois as revisões só ocorrerão se os resultados apresentados forem muito diferentes do planejado.

b) Periódicas: embora sejam mais trabalhosas, são melhores porque requerem um sistema mais estruturado de acompanhamento da realidade. O ideal é que haja certa periodicidade para revisão da estratégia empresarial e que ela ocorra sempre que for constatada a necessidade. Para isso, é necessário que você esteja atento às mutações ambientais e empresariais.

2.3 INTERLIGAÇÕES DAS ESTRATÉGIAS EMPRESARIAIS COM OUTRAS QUESTÕES ESTRATÉGICAS DA EMPRESA

É importante, do ponto de vista metodológico e prático, que se entenda a interligação da estratégia com outras questões estratégicas da empresa. Isso porque, na grande maioria das vezes, as estratégias, obrigatoriamente, aparecem como parte de um processo estratégico mais amplo.

Como a preocupação básica, neste livro, é de apresentar apenas as interligações, em si, todas as metodologias destes outros instrumentos e questões estratégicas são apresentadas de forma resumida, mas sem prejudicar seu entendimento.

As interligações apresentadas são com o planejamento estratégico, a administração estratégica e o pensamento estratégico.

Nessas interligações também são apresentados os conceitos de diversos outros itens do processo estratégico. Entretanto, mesmo que alguns destes itens já tenham sido apresentados – sem sua conceituação completa – antes deste momento, este autor não considera que essa situação seja prejudicial, pois são termos consagrados na administração, bem como são evidenciados no glossário ao final deste livro.

2.3.1 Interligação com o planejamento estratégico

Antes de conceituar planejamento estratégico, é necessário lembrar que, na consideração dos grandes níveis hierárquicos, podem-se distinguir três tipos de planejamento: estratégico, tático e operacional.

De forma genérica, podem-se correlacionar os tipos de planejamentos aos níveis de decisão numa *pirâmide empresarial*, conforme mostrada na Figura 2.5:

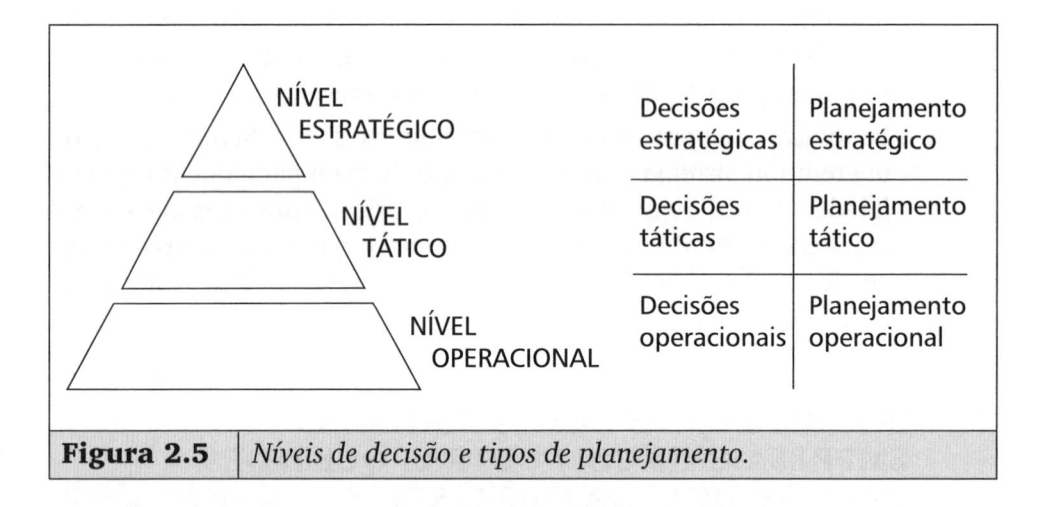

NÍVEL ESTRATÉGICO	Decisões estratégicas	Planejamento estratégico
NÍVEL TÁTICO	Decisões táticas	Planejamento tático
NÍVEL OPERACIONAL	Decisões operacionais	Planejamento operacional

Figura 2.5 — *Níveis de decisão e tipos de planejamento.*

De forma resumida, o planejamento estratégico relaciona-se com objetivos de longo prazo e com maneiras e estratégias para alcançá-los que afetam toda a empresa, enquanto o planejamento tático relaciona-se a objetivos de prazo mais curto e com maneiras e estratégias, que, geralmente, afetam somente parte da empresa.

> Planejamento estratégico é a metodologia administrativa que possibilita estabelecer o rumo a ser seguido pela empresa, visando obter um nível de otimização na interação da empresa com seu ambiente, onde estão os fatores externos ou não controláveis.

O planejamento estratégico é, normalmente, de responsabilidade dos níveis mais altos da empresa, e diz respeito tanto à formulação de objetivos, quanto à seleção das estratégias empresariais a serem seguidas para a consecução desses objetivos, levando em conta as condições externas e internas à empresa e sua evolução esperada.

> Planejamento tático é a metodologia administrativa que tem por finalidade otimizar determinada área de resultado e não toda a empresa, visando a uma situação futura desejada.

Assim, ele trabalha com os objetivos estabelecidos no planejamento estratégico. Portanto, o planejamento tático é desenvolvido em níveis organizacionais intermediários, e tem como principal finalidade a utilização eficiente dos recursos disponíveis para a consecução de objetivos previamente fixados, segundo uma estratégia predeterminada.

> Planejamento operacional é a formulação, principalmente por meio de documentos escritos, das metodologias de desenvolvimento e implantação de estratégias e ações estabelecidas, visando alcançar resultados específicos pelas áreas funcionais da empresa.

Portanto, nessa situação tem-se, basicamente, os planos de ação ou planos operacionais. Os planejamentos operacionais correspondem a um conjunto de partes homogêneas do planejamento tático.

Cada um dos planejamentos operacionais deve conter, com detalhes, os recursos necessários para seu desenvolvimento e implantação, os procedimentos básicos a serem adotados, os resultados finais esperados, os prazos estabelecidos, bem como os responsáveis pela sua execução e implantação.

Por outro lado, durante o desenvolvimento de minhas atividades como consultor em planejamento estratégico, tenho observado algumas situações, como:

- toda e qualquer empresa tem alguma forma de estabelecimento de decisões e ações estratégicas;
- a maior parte dessas empresas apresenta alguma forma para desenvolver e implementar essas decisões e ações estratégicas de maneira estruturada, ainda que de modo informal; e
- quando o processo se apresenta de maneira estruturada e formal, normalmente, há metodologias diferentes, mas que contêm os prin-

cipais aspectos que podem ser considerados comuns às diferentes metodologias.

Sem a preocupação de apresentar e analisar diferentes metodologias de elaboração e implementação do planejamento estratégico nas empresas, apresenta-se a seguir, de forma bastante resumida, uma metodologia desenvolvida pelo autor, que tem sido utilizada, com sucesso, por algumas empresas. Salienta-se que a metodologia apresentada tem algumas diferenças quanto a outras metodologias apresentadas em outros livros do autor, tal como no *Manual de gestão das cooperativas*. Essas diferenças são fundamentais, pois não existe uma única maneira de se desenvolver o plano estratégico nas empresas, sendo básico que se respeite a realidade atual e a situação futura desejada por cada empresa, bem como o seu modelo de gestão.

O processo de planejamento estratégico pode se iniciar pela definição da visão da empresa.

> Visão corresponde aos limites da empresa que os seus principais responsáveis conseguem enxergar dentro de um período de tempo mais longo e uma abordagem mais estratégica e ampla possível.

Nesta etapa, identificam-se quais são as expectativas dos acionistas, conselheiros e executivos da alta administração da empresa, tendo em vista que essas explicitações proporcionam o grande delineamento do planejamento estratégico a ser desenvolvido e implementado. Essa etapa corresponde à abertura do *guarda-chuva* orientativo para o desenvolvimento do processo de planejamento estratégico da empresa.

Essa etapa inicial pode contemplar, também, o estabelecimento dos valores da empresa.

> Valores representam, principalmente, os princípios e as questões éticas que a empresa deve respeitar e consolidar ao longo do tempo e que tenham forte influência no seu modelo de gestão.

A seguir, é realizada a análise externa, em que se identificam as ameaças e oportunidades que estão no ambiente da empresa e as melhores maneiras de se evitar essas situações ou usufruir delas. A empresa deve olhar para fora de si, para o ambiente onde estão as oportunidades e ameaças.

> Ambiente empresarial é o conjunto de todos os fatores externos e não controláveis que, dentro de um limite específico, se possa conceber como tendo ou recebendo alguma influência da referida empresa.

> Oportunidades são forças ambientais incontroláveis pela empresa, que podem favorecer sua ação estratégica, desde que reconhecidas e aproveitadas satisfatoriamente enquanto perduram.

> Ameaças são forças ambientais incontroláveis pela empresa, que criam obstáculos à sua ação estratégica, mas que podem ou não ser evitadas, desde que reconhecidas em tempo hábil.

Essa análise é efetuada por toda a empresa, considerando uma série de fatores ou variáveis ou focos de análise, conforme apresentado na seção 3.4.1.

> Fatores ou focos de análise são os aspectos externos – não controláveis – e internos – controláveis – da empresa, que apresentam elevada relevância para a análise da situação atual e posterior delineamento do processo estratégico.

A chave de oportunidades de uma empresa repousa sobre a questão de se poder fazer mais por essa oportunidade ambiental do que seus concorrentes, pois toda oportunidade ambiental tem alguns requisitos para o sucesso; toda empresa tem características especiais, isto é, coisas que pode fazer especialmente bem e uma empresa, provavelmente, se aproveitará de uma vantagem diferencial na área de uma oportunidade ambiental, se suas características particulares satisfizerem aos requisitos para o sucesso da oportunidade ambiental de forma mais eficaz que sua concorrência potencial (Kotler, 1980, p. 77).

São consideradas como oportunidades da empresa situações que essa realmente tem condições e/ou interesse de usufruir; caso contrário, a situação pode tornar-se uma ameaça.

Você deve identificar todas as oportunidades, e cada uma é analisada em termos de sua contribuição efetiva para a empresa e, em seguida, escolhe-se um grupo das melhores oportunidades para a formação de uma *carteira estratégica* de oportunidades.

Para facilitar seu tratamento, o ambiente da empresa pode ser dividido em duas camadas, o ambiente direto e o indireto.

> Ambiente direto representa o conjunto de fatores externos, os quais a empresa tem condições, não só de identificar, mas também de avaliar ou medir, de forma mais efetiva e adequada, o grau de influência recebido e/ou proporcionado.

> Ambiente indireto representa o conjunto de fatores externos, os quais a empresa identificou, mas não tem condições, no momento, de avaliar ou medir o grau de influência entre as partes.

Pode ser, por exemplo, o caso de algumas variáveis culturais, demográficas ou sociais para as quais existem dificuldades de avaliação.

A divisão do ambiente da empresa em duas partes é apenas para facilitar a manipulação dos fatores externos que apresentam, naquele momento, maior facilidade de mensuração da relação de influências entre a empresa e seu ambiente.

O executivo deve saber trabalhar com esses fatores, pois, a partir do momento em que tem melhor conhecimento da influência de um fator que esteja no ambiente indireto, deve ser tentada a transferência desse fator para o ambiente direto. Portanto, é um processo evolutivo e questionador do nível de conhecimento da influência de cada uma das variáveis ou fatores considerados.

O ambiente está fora do controle da empresa, mas afeta seu comportamento e vice-versa. O executivo deve considerar que as falhas mais frequentes na análise do ambiente de uma empresa são não considerar o grau de influência da empresa sobre os fatores considerados no ambiente, bem como não atuar de forma adequada sobre os fatores identificados no ambiente.

Para cada uma das variáveis ambientais, você deve efetuar uma análise de profundidade adequada, inclusive para *administrar* o nível de risco envolvido.

A fase seguinte do processo de planejamento estratégico corresponde à análise interna, em que se identificam e analisam os pontos fortes, fracos e neutros da empresa.

> Pontos fortes são vantagens estruturais controláveis pela empresa e que a favorecem perante as oportunidades e ameaças do ambiente empresarial.

> Pontos fracos são desvantagens estruturais controláveis pela empresa e que a desfavorecem perante as oportunidades e ameaças do ambiente empresarial.

Os pontos neutros também devem ser considerados na análise interna pois, muitas vezes, não se tem condições de estabelecer se determinada atividade ou aspecto da empresa está beneficiando ou prejudicando a mesma. Como a empresa é um sistema e, portanto, não se pode deixar de considerar qualquer de suas partes, uma ideia é considerar, sempre que necessário e por determinado período de tempo, seus pontos neutros.

> Pontos neutros são variáveis importantes identificadas pela empresa, mas que, no momento, não existem critérios e parâmetros de avaliação para sua classificação como ponto forte ou ponto fraco.

Para o sucesso da estratégia, a área de atuação da empresa deve ser bem escolhida, considerando aquilo que ela melhor pode fazer, ou seja, a empresa deve ser *puxada* por suas principais capacidades. Entretanto, isso não quer dizer que ela deve abandonar atividades nas áreas em que não está devidamente capacitada. No caso dela ter de realizar atividades em áreas em que não existam pontos fortes, o reconhecimento dessa fraqueza torna mais fácil o processo corretivo.

Alguns exemplos dos fatores ou focos de análise a serem considerados para a identificação dos pontos fortes, fracos ou neutros na análise interna da empresa são apresentados na seção 3.4.2 (diagnóstico da empresa).

A próxima etapa é a análise dos concorrentes, o que, na realidade, corresponde ao detalhamento de um aspecto da análise externa da empresa. Entretanto, seu tratamento deve ser muito bem efetuado, pois o resultado final proporcionará a identificação das vantagens competitivas da própria empresa e as dos concorrentes. Nesta etapa, evidencia-se a necessidade de uma avaliação da qualidade da informação para uma avaliação preliminar do nível de risco que a empresa está aceitando.

Para adequada análise dos concorrentes, você deve, mediante um processo de *empatia*, ou seja, colocar-se como executivo de cada concorrente, efetuar a análise externa e interna de seus principais concorrentes. E, somente por meio desse procedimento, você poderá ter adequado posicionamento competitivo perante seus concorrentes.

> Vantagem competitiva é aquele *algo mais* que identifica os produtos e serviços, bem como os mercados para os quais a empresa está, efetivamente, capacitada a atuar de maneira diferenciada, em relação aos seus concorrentes.

É fundamental que as análises externa, dos concorrentes e interna sejam impessoais, evitando possíveis problemas futuros no desenvolvimento e na implantação do planejamento estratégico. O resumo das sugestões deve ser tratado de tal forma que despersonalize as ideias individuais e estabeleça as ideias da empresa, inclusive com suas contradições, mas que, mediante um debate dirigido, deve proporcionar a concordância geral.

A seguir, é estabelecida a missão da empresa, ou sua *razão de ser*, bem como seu posicionamento estratégico.

> Missão é a determinação do motivo central do planejamento estratégico, ou seja, o estabelecimento de "onde a empresa quer atuar" e de sua "razão de ser". Corresponde a um horizonte dentro do qual a empresa atua ou poderá atuar.

Essa missão não está diretamente correlacionada com o estatuto da empresa, e é, na realidade, muito mais ampla e envolve, inclusive, expectativas. A missão da empresa deve ser, preferencialmente, definida em termos de satisfazer a alguma necessidade do ambiente externo, e não ser colocada em termos de oferecer algum produto ou serviço a um segmento de mercado.

A seguir, devem ser identificados os propósitos atuais e potenciais da empresa.

> Propósitos correspondem à explicitação dos setores de atuação dentro da missão, em que a empresa já atua ou está analisando a possibilidade de entrada no setor, ainda que esteja numa situação de possibilidade reduzida.

A empresa deve armazenar todos os dados e informações referentes a seus propósitos atuais e potenciais para, inclusive, saber o momento certo de entrar ou de sair de um negócio.

A fase seguinte corresponde à estruturação e ao debate de cenários.

> Cenários estratégicos representam critérios e medidas para a preparação do futuro da empresa, perante as situações visualizadas, no momento, para o seu setor de atuação.

Você pode desenvolver cenários que retratem determinado momento no futuro ou que detalhem a evolução e a sequência de eventos, desde o momento atual até determinado momento futuro. Na prática, deve-se analisar cenários para cada um dos propósitos atuais ou potenciais, dentro da missão da empresa.

Os cenários representam o primeiro momento do processo de planejamento estratégico em que você deve se preocupar em efetuar as interligações com as estratégias empresariais. Mais detalhes a respeito dos cenários estratégicos são apresentados na seção 4.4.

A fase seguinte corresponde ao estabelecimento da postura estratégica.

A postura estratégica é correlacionada à maneira como a empresa se posiciona diante de seu ambiente. Ela proporciona um quadro-diagnóstico geral da empresa, resultante do confronto entre seus pontos fortes e fracos que a qualificam quanto à sua capacidade de aproveitar as oportunidades e de enfrentar as ameaças que estão no ambiente da empresa.

> Postura estratégica corresponde à maneira ou postura mais adequada para a empresa alcançar seus propósitos dentro da missão, respeitando sua situação interna e externa atual, estabelecida no diagnóstico estratégico.

A postura estratégica estabelece o *nível de força* das estratégias empresariais.

A seguir, são estabelecidas as macroestratégias e as macropolíticas.

> Macroestratégias são as grandes ações ou caminhos que a empresa deve adotar para melhor interagir, usufruir e gerar vantagens competitivas no ambiente empresarial.

Elas representam o grande *guarda-chuva* orientativo para o posterior delineamento das estratégias empresariais e, inclusive, da vantagem competitiva da empresa.

> Macropolíticas correspondem às principais orientações que servem como base de sustentação e de balizamento para as principais decisões, de caráter geral, que a empresa deve tomar para melhor interagir com o ambiente.

A seguir, ocorre o estabelecimento dos resultados a serem alcançados no processo estratégico das empresas, os quais podem ser representados por quatro itens: objetivos, objetivos funcionais, desafios e metas.

> Objetivo é alvo ou situação que se pretende alcançar. Aqui se determina para onde a empresa deve direcionar seus esforços.

> Objetivo funcional é o objetivo intermediário, correlacionado às áreas funcionais, que deve ser atingido com a finalidade de se alcançar os objetivos da empresa.

> Desafio é uma realização que deve ser continuamente perseguida, perfeitamente quantificável e com prazo estabelecido, que exige um esforço extra e representa a modificação de uma situação, bem como contribui para ser alcançada uma situação desejável.

> Meta é o passo ou etapa perfeitamente quantificado e com prazo e responsável definidos para alcançar os desafios e objetivos da empresa.

Os objetivos representam, junto com os cenários e as macroestratégias, os principais instrumentos orientativos para a formulação das estratégias empresariais.

Existem alguns autores que colocam a formulação das estratégias antes do estabelecimento dos objetivos; ou seja, primeiro definem o que a empresa vai fazer, e depois estabelecem os resultados a serem alcançados.

Este autor não concorda com essa colocação, pois entende que, primeiramente, a empresa deve, com base em toda a análise anteriormente efetuada, bem como respeitando as expectativas estabelecidas, identificar todos os resultados desafiadores a serem alcançados; e, só então, formular as maneiras ideais (estratégias) para alcançar esses resultados (objetivos).

Portanto, a próxima etapa é o estabelecimento das estratégias, as quais foram definidas, neste livro, de uma forma bem prática.

> Estratégias são as ações ou caminhos mais adequados a serem executados para alcançar os objetivos, desafios e metas da empresa.

Neste momento, também é necessário consolidar a vantagem competitiva da empresa, a qual foi estabelecida anteriormente, quando da análise dos concorrentes.

O estabelecimento da vantagem competitiva deve ter forte abordagem relativa, ou seja, deve ser formulada em comparação às vantagens competitivas dos principais concorrentes. Essa abordagem relativa também é estratégica, pois faz com que interajam fatores controláveis – alocados na empresa – com fatores não controláveis pela empresa, pois estão no ambiente empresarial (concorrentes, mercado, fornecedores, governos).

A próxima fase do processo de planejamento estratégico é o estabelecimento das políticas.

> Políticas correspondem à definição dos níveis de delegação, faixas de valores e/ou quantidades limites e de abrangência das estratégias para a consecução das metas, desafios e objetivos da empresa. A política fornece parâmetros ou orientações para a tomada de decisão, correspondendo a toda base de sustentação para o planejamento estratégico.

Na realidade, o processo de planejamento estratégico deve continuar, interligando-se, de maneira natural, com os planejamentos táticos e os planejamentos operacionais. Contudo, foi julgado válido fazer essa separação neste livro, sendo que você pode entender essas interligações subsequentes pela seção 2.4, em que são apresentadas as interligações com os projetos e planos de ação da empresa.

Para mais detalhes, a respeito do assunto, analisar o livro *Planejamento estratégico*: conceitos, metodologia e práticas, dos mesmos autor e editora.

2.3.2 Interligação com a administração estratégica

> Administração estratégica é uma administração moderna que, de forma estruturada, sistêmica e intuitiva, consolida um conjunto de princípios, normas e funções para alavancar, harmoniosamente, todo o processo de planejamento da situação futura desejada da empresa, e seu posterior controle perante os fatores ambientais, bem como a organização e direção dos recursos empresariais de forma otimizada com a realidade ambiental, sustentada pela maximização das relações interpessoais.

A administração estratégica é uma administração evolutiva, moderna, sistêmica, interagente, que otimiza, de maneira efetiva, os resultados da empresa.

Ela é evolutiva, porque seus princípios estão em constante evolução, seja de maneira global, seja conceituada por cada um de seus cinco componentes (planejamento, organização, processo diretivo, avaliação e interações pessoais).

É moderna, porque considera todos os atuais conceitos e princípios proporcionados pela Teoria da Administração. Naturalmente, o moderno de hoje será desatualizado no futuro, mas a abordagem evolutiva da administração estratégica não permite que isso aconteça.

É sistêmica, porque sua divisão é estruturada, suas partes são interagentes e seu todo tem função e objetivo, evoluindo ao longo do tempo.

É interagente, porque tem fluxo ativo com os fatores ambientais da empresa, bem como com cada um de seus componentes e partes, inclusive no âmbito das equipes de trabalho e de cada um dos profissionais da empresa.

A administração estratégica envolve um ajustamento interativo entre as mudanças nos fatores ambientais e nos fatores internos da empresa. Esse processo deve procurar a otimização dos resultados da empresa, principalmente os de médio e longo prazos, tais como a satisfação crescente de seus clientes, bem como a acumulação gradativa do *lucro qualitativo*, ou seja, a realização pessoal e profissional de seus funcionários e colaboradores.

A administração estratégica é mais bem *exercitada* quando o nível de competitividade existente é elevado, o que leva os executivos a serem, inclusive, mais criativos.

Pela definição apresentada de administração estratégica, verifica-se que é composta, além do planejamento, também da estruturação organizacional, do processo diretivo, do sistema de avaliação e acompanhamento, bem como da efetivação da mudança planejada na empresa. Para mais detalhes, analisar o livro *Administração estratégica na prática*, dos mesmos autor e editora.

Com referência à interligação das estratégias com a estrutura organizacional, essa é realizada pela rede escalar de objetivos e estratégias, a qual corresponde à decomposição dos objetivos e estratégias pela estrutura hierárquica da empresa, de acordo com as áreas funcionais, ou atividades, ou equipes de trabalho, ou mesmo considerando os processos estabelecidos.

> Processo é um conjunto de atividades sequenciais que apresentam relação lógica entre si, com a finalidade de atender e, preferencialmente, suplantar as necessidades e expectativas dos clientes externos e internos da empresa.

A rede escalar de objetivos e estratégias é apresentada, de forma resumida, na Figura 2.6:

```
┌─────────────────────────────────────────────────┐
│              VISÃO E VALORES                    │
│   ┌──────────────┬──────────────┐               │
│   │   ANÁLISE    │   ANÁLISE    │               │
│   │   EXTERNA    │   INTERNA    │               │
│   └──────────────┴──────────────┘               │
│                    ▼                            │
│                 MISSÃO                          │
│   ┌──────────────┬──────────────┐               │
│   │  PROPÓSITOS  │   POSTURA    │               │
│   │              │  ESTRATÉGICA │               │
│   └──────────────┴──────────────┘               │
│                    ▼                            │
│          OBJETIVOS DA EMPRESA                   │
│          ESTRATÉGIAS DA EMPRESA                 │
│                    ▼                            │
│          OBJETIVOS FUNCIONAIS                   │
│          ESTRATÉGIAS FUNCIONAIS                 │
│  ┌──────────┬──────────┬──────────┬──────────┐  │
│  │MARKETING │ PRODUÇÃO │ FINANÇAS │ RECURSOS │  │
│  │          │          │          │ HUMANOS  │  │
│  └──────────┴──────────┴──────────┴──────────┘  │
└─────────────────────────────────────────────────┘
```

Figura 2.6 *Rede escalar de objetivos e estratégias.*

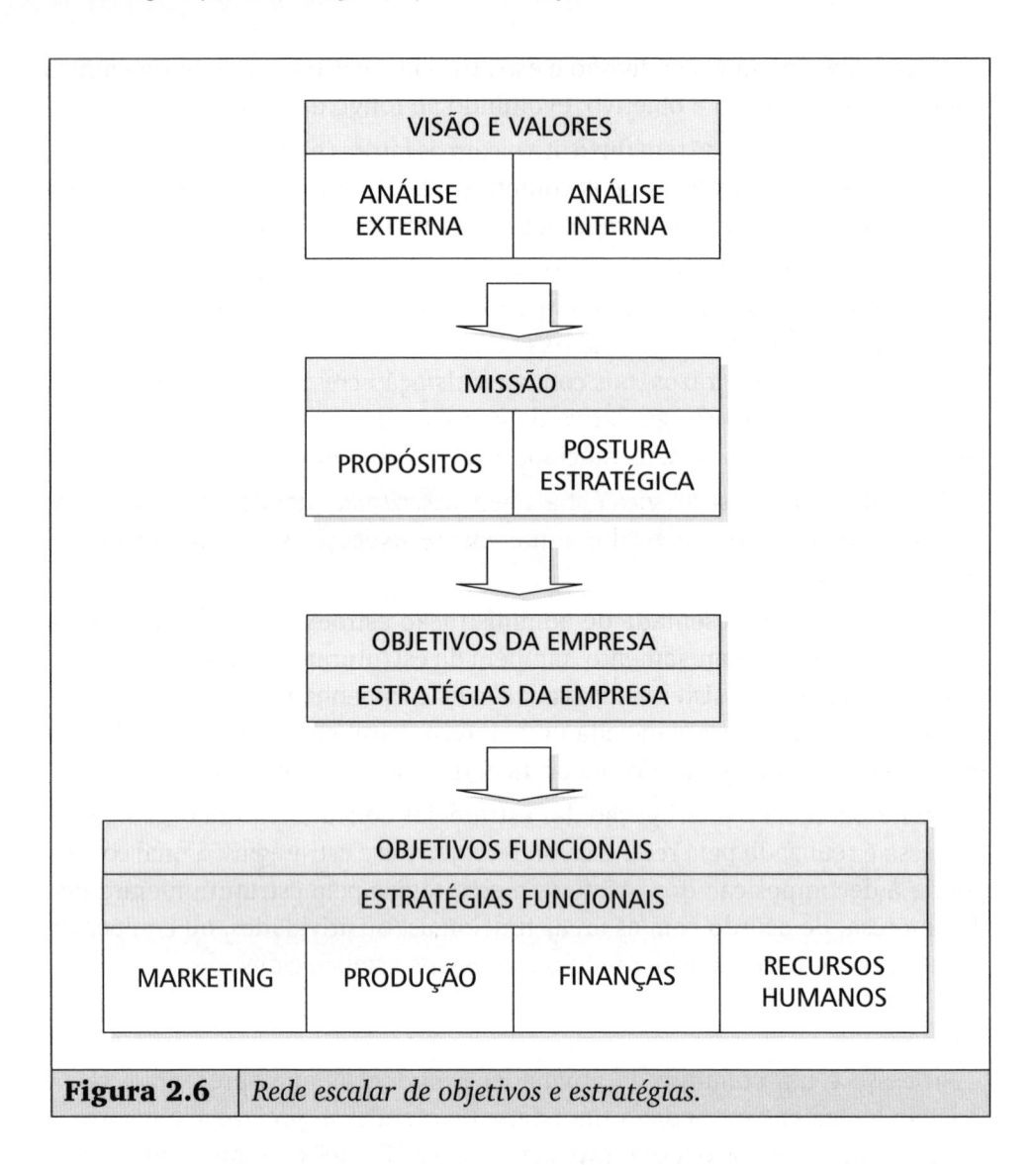

Neste momento, vale também ressaltar algo evidente, mas que nem todas as empresas respeitam. É o princípio de que a formulação da estratégia deve ocorrer antes da formulação organizacional, ou seja, a estrutura segue a estratégia; e não o contrário.

Com referência à interligação da estratégia com o processo diretivo, o qual é resultante do modelo de gestão da empresa, pode-se considerar o exemplo simples da interligação das estratégias com o processo de participação e comprometimento dos executivos e profissionais da empresa.

É importante essa interligação, porque as questões estratégicas só são operacionalizadas pelas pessoas. Elas devem participar de sua elaboração e se comprometerem com sua operacionalidade e resultados.

Nesse processo, a participação e o bom-senso das pessoas é mais importante que o consenso. Para que isso ocorra, é necessário que, anteriormente, exista um plano de entendimento das estratégias por todos os executivos e funcionários envolvidos em seu estabelecimento e operacionalização. Toda essa situação pode criar um clima de elevada motivação no processo estratégico da empresa.

Quanto à interligação da estratégia com o sistema de controle, avaliação e aprimoramento, esse assunto já foi evidenciado em alguns pontos deste livro, inclusive da necessidade de sua ocorrência em *tempo real*.

Com referência à interligação com o processo de mudança planejada, pode-se considerar o exemplo simples da necessidade de se lembrar que a formulação das principais estratégias da empresa é um processo que deve ser desenvolvido e implementado a longo, ou pelo menos, em um médio período de tempo; nunca a curto prazo, tipo *mutirão* pelos executivos da empresa e alguns consultores contratados. E, na seção 2.2.2.1 foi explicado que o processo de mudança planejada ou de desenvolvimento organizacional deve ser realizado a médio ou longo prazo, para que o nível de resistência pelas pessoas seja baixo.

2.3.3 Interligação com o pensamento estratégico

> Pensamento estratégico é a postura do executivo voltada para a otimizada interação da empresa com o ambiente em *tempo real*.

O pensamento estratégico, provavelmente, representa toda a sustentação básica para o adequado resultado estratégico de uma empresa, porque nenhum planejamento estratégico ou nenhuma administração estratégica terá sustentação, se os executivos responsáveis pelas macrodecisões da empresa não tiverem um pensamento estratégico.

Cada executivo deve apresentar um pensamento estratégico, que é fundamental para a adequada interação e utilização das oportunidades pela empresa.

A base de sustentação para o pensamento estratégico é o executivo da empresa possuir raciocínio e lógica estratégica, que permite a visualização da especificidade de cada componente do desenvolvimento da estratégia. É lógico que esse raciocínio estratégico pressupõe um *sexto sentido* por parte do executivo, o que, neste ponto, diferencia os executivos com pensamento estratégico dos executivos comuns.

Normalmente, o executivo vai adquirindo esse pensamento estratégico ao longo do tempo, inclusive com autotreinamento e muita perseverança, mas respeitando a premissa básica para todo processo, ou seja, ter visão aberta e abrangente da empresa e seu ambiente.

Além disso, ele deve ter o apoio de uma equipe eficiente e eficaz, de uma estrutura organizacional perfeitamente delineada e aceita, bem como de um sistema de informações estratégicas adequado.

Quando o executivo está pensando estrategicamente, é necessário que tenha raciocínio, inclusive do geral para o particular e, depois, vice-versa. Isso porque o mesmo deve considerar o todo em suas várias interações, e depois enfocar o particular, catalisando todo o resto, representado pelo ambiente da questão estratégica considerada. Isso facilita seu processo de *explodir* as ideias, sem perder a essência da questão.

O processo de pensamento estratégico, para ser mais bem entendido, deve ser analisado junto com o processo de administração de questões estratégicas, que considera o executivo captando as questões estratégicas inerentes à sua empresa e operacionalizando as decisões específicas, de forma sistemática, sem a preocupação de encaixar dentro de um processo estruturado global, como ocorre na administração estratégica e, principalmente, no planejamento estratégico.

Verifica-se, também, que o pensamento estratégico, para ter completa validade, deve ter como sustentação um processo estruturado anteriormente implementado.

Um esquema detalhado do pensamento estratégico é apresentado na Figura 2.7:

Metodologia de estabelecimento e implementação das estratégias nas empresas **91**

Figura 2.7 | *Esquema do pensamento estratégico.*

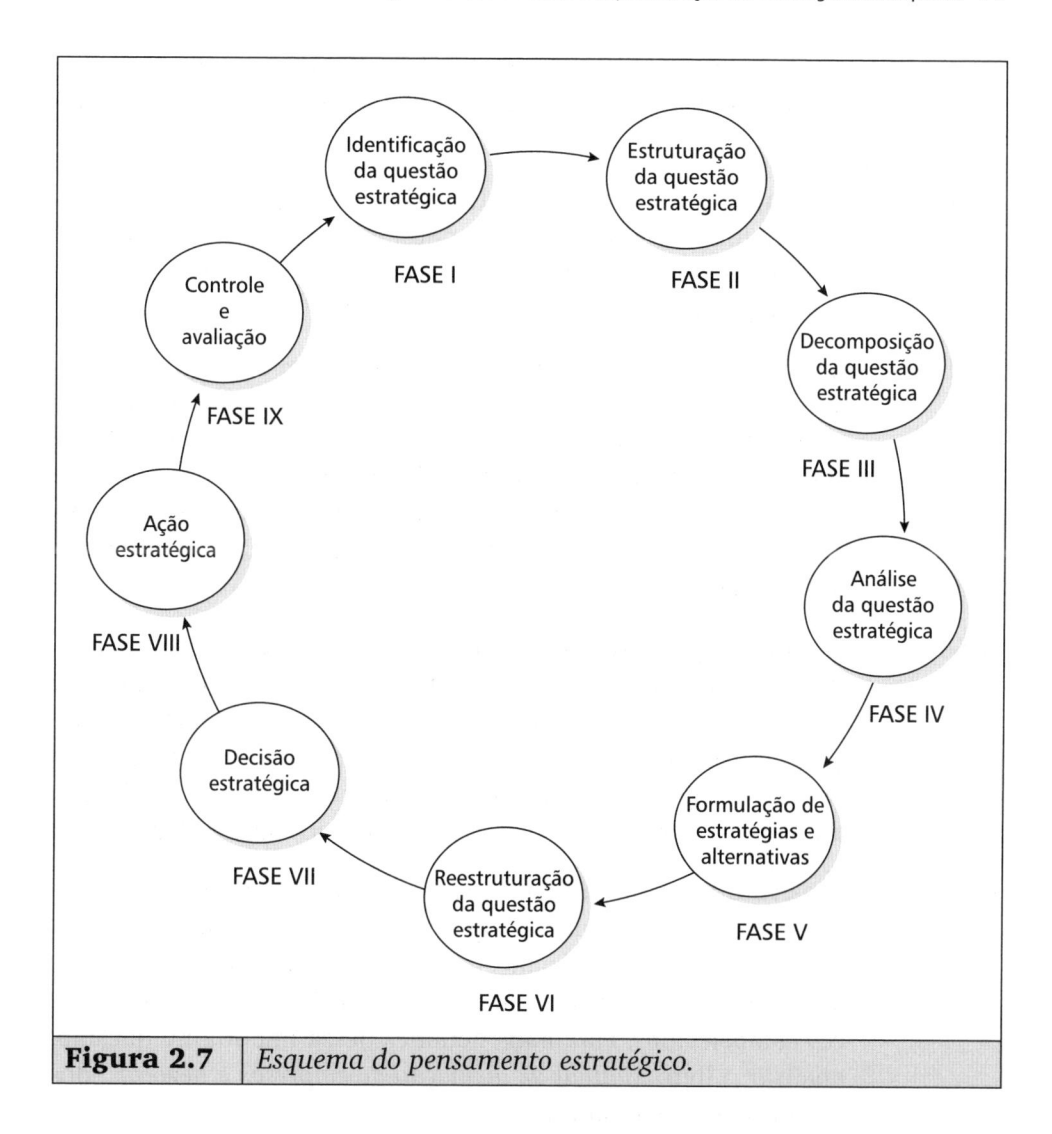

Verifica-se que o processo completo pode apresentar nove fases, cujas considerações básicas são apresentadas a seguir:

FASE I – Identificação da questão estratégica: neste momento, o executivo, por meio de uma procura, estando *ligado às coisas que estão acontecendo*, identifica determinada situação, aspecto ou evento que a empresa deve considerar, ou, pelo menos, analisar sua validade.

FASE II – Estruturação da questão estratégica: este aspecto corresponde a fazer o enquadramento e a interligação rápida e simplificada, com fatores e subfatores, anteriormente identificados e estudados nas análises externa e interna da empresa (ver seções 3.4.1 e 3.4.2).

FASE III – Decomposição da questão estratégica: corresponde a uma análise sistêmica e global sobre a questão estratégica identificada, inclusive para que o executivo possa avaliar o nível de conhecimento que a empresa tem sobre o assunto considerado.

FASE IV – Análise da questão estratégica: este momento corresponde, normalmente, a uma análise interativa que considera os aspectos externos e internos da empresa que estão correlacionados à questão estratégica considerada, bem como à identificação de existência de sinergias com outras questões estratégicas anteriormente identificadas, ou mesmo questões potenciais quanto à sua ocorrência.

FASE V – Formulação de estratégias e de suas alternativas: neste momento, o executivo formula o máximo possível de estratégias ou ações que a empresa poderá operacionalizar, incluindo as situações alternativas com suas vantagens, desvantagens e momentos de passagens de uma para outra alternativa, tudo isso visando otimizar a operacionalização da questão estratégica identificada.

FASE VI – Reestruturação da questão estratégica: neste momento, o executivo adapta uma análise de viabilidade – mercadológica, estrutural, econômica, financeira, tecnológica, operacional – de forma resumida, considerando as diversas formulações estratégicas estabelecidas. Para mais detalhes dessa importante questão, analisar o livro *Manual de avaliação de empresas e negócios*, dos mesmos autor e editora.

FASE VII – Decisão estratégica: com base em todo o processo anteriormente realizado, o executivo decide – ou propõe para decisão final pela alta administração da empresa – a situação mais adequada para a questão estratégica considerada.

FASE VIII – Ação estratégica: este aspecto corresponde à operacionalização da decisão estratégica adotada.

FASE IX – Controle e avaliação: corresponde à realização, de preferência, de autocontrole da decisão estratégica adotada.

Neste momento, o executivo da empresa pode perguntar: "Qual o tempo necessário para esse processo de pensamento estratégico?" Este autor acredita que, dentro de curto período de tempo, a quase totalidade de questões estratégicas será consolidada em todo o seu processo, no máximo, em um dia.

Evidentemente, existem algumas premissas para essa realização, entre as quais se podem citar:

- consolidação de uma visão aberta, sistêmica e direcionada *para frente;*
- o exercício mental constante da busca de questões estratégicas; e
- a estruturação do processo decisório estratégico.

Pode-se considerar que essa é uma situação *nem fácil nem difícil*, mas que, efetivamente, representa uma situação interessante para a empresa; e os executivos que conseguem operacionalizar esse raciocínio são, seguramente, executivos com real abordagem estratégica.

De maneira geral, pode-se considerar que a consolidação da postura de atuação do executivo com o pensamento estratégico não é um processo rápido, pois envolve adequado aculturamento para tal situação. Entretanto, o principal é o executivo estar constantemente *treinando* o processo de pensamento estratégico.

Seguramente, ele e a empresa só têm a ganhar com esse procedimento, pois vai chegar um dia em que, ao ler o jornal da manhã, terá condições de entender e incorporar uma notícia, transformando-a em uma questão estratégica importante para sua empresa, tal como a identificação de nova oportunidade, bem como a formulação de uma importante estratégia diferenciada e inovadora.

2.4 INTERLIGAÇÃO DAS ESTRATÉGIAS EMPRESARIAIS COM OS PROJETOS E PLANOS DE AÇÃO DA EMPRESA

Os projetos correspondem aos instrumentos administrativos que proporcionam aos executivos a administração das ações e atividades inerentes a cada estratégia empresarial. Por exemplo, considerando-se uma estratégia empresarial de "lançar um novo produto no mercado", podem surgir alguns projetos correlacionados, tais como:

- Projeto 1: Pesquisa e análise de mercado
- Projeto 2: Desenvolvimento do produto
- Projeto 3: Lançamento do produto

O número de projetos que podem ser gerados com base em uma estratégia não é tão importante quanto ter um número de projetos administráveis pela empresa da melhor forma. Entretanto, existe uma premissa nessa consideração: cada estratégia empresarial tem de proporcionar, no mínimo, um projeto. Portanto, a interligação entre estratégia e projeto é muito forte.

> Projeto é um plano de trabalho com datas de início e término previamente estabelecidas, coordenador responsável, resultado final predeterminado e no qual são alocados os recursos necessários ao seu desenvolvimento.

Para facilitar o estudo, devem ser conhecidas mais algumas definições básicas, a saber:

- atividade é a menor unidade ou parte administrável dentro de um projeto;
- programa é o conjunto de projetos homogêneos quanto a seu objetivo maior; e
- administração de projeto é o esforço no sentido de melhor alocar os recursos da empresa, tendo em vista alcançar os objetivos estabelecidos.

O estabelecimento dos projetos proporciona ao executivo condições de identificar e operacionalizar os planos de ação que a empresa irá desenvolver, com a finalidade de alcançar os resultados esperados e enfocados pelas estratégias empresariais.

Um projeto qualquer pode ter duas grandes fases: caracterização e execução.

Na fase de caracterização, os aspectos básicos a serem analisados são:

- identificação do problema-alvo;
- análise do ambiente do projeto;
- definição dos objetivos a serem alcançados;

- definição dos critérios e parâmetros de avaliação do projeto;
- elaboração dos estudos de viabilidade necessários;
- negociação e combinação dos recursos necessários;
- identificação da equipe de trabalho;
- programação e alocação dos recursos; e
- elaboração do manual do projeto.

Ao final dessa fase, tem-se a proposta com o plano de execução do projeto.

Quanto à fase de execução do projeto, os aspectos básicos a serem considerados são:

- utilização dos recursos disponíveis de acordo com o programado. Esses recursos podem ser humanos, financeiros, tecnológicos, materiais e equipamentos;
- supervisão da equipe de trabalho;
- acompanhamento e controle das atividades do projeto; e
- avaliação parcial e final dos trabalhos executados.

É importante salientar que, antes do final da fase de execução, o gestor do projeto deve preocupar-se com a realocação da equipe técnica, para evitar possíveis problemas de consolidação da equipe de trabalho.

As duas fases do projeto podem ser visualizadas na Figura 2.8:

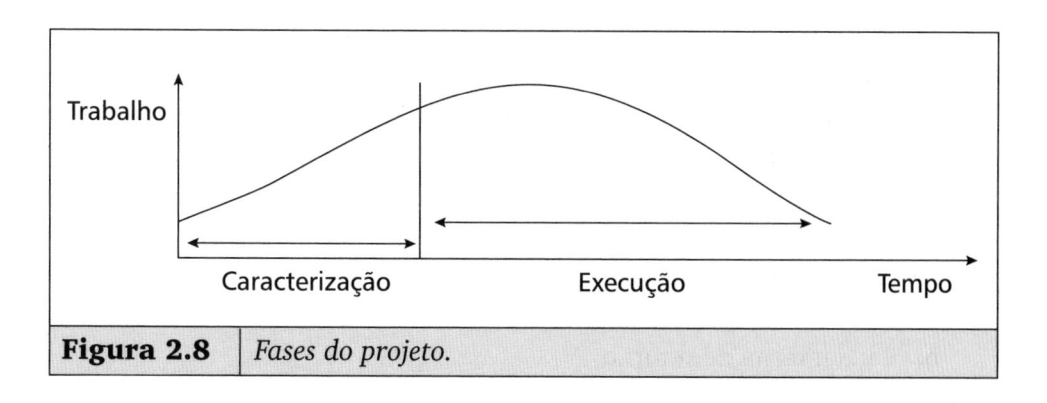

Figura 2.8 | *Fases do projeto.*

No eixo horizontal, há o período de tempo necessário para o completo desenvolvimento e implantação do projeto, enquanto, no eixo vertical, há a intensidade de trabalho que deverá ser dedicado pela equipe técnica. Nota-se que há um crescendo a partir do início dos trabalhos, e a intensidade vai diminuindo à medida que se chega ao final do projeto, quando, então, a equipe técnica vai desvinculando-se do projeto.

No exame dos aspectos que indicam o sucesso de determinado projeto, podem-se considerar alguns itens, tais como o cumprimento dos prazos previstos, o enquadramento aos custos preestabelecidos, o cumprimento da qualidade técnica esperada, das exigências de viabilidade e do equilíbrio financeiro durante e/ou após a conclusão do projeto, a manutenção dos equilíbrios operacional e monetário nas atividades da empresa, bem como o aumento ou, pelo menos, manutenção da capacitação de oportunidades de negócios.

Quando você estabelece os novos projetos a serem desenvolvidos pela empresa, deve ter conhecimento de algumas técnicas que podem ser utilizadas para sua adequada avaliação. A seguir, são apresentados alguns comentários gerais sobre algumas técnicas das mais utilizadas, principalmente quando os projetos envolvem nível considerável de investimentos.

Estas técnicas são:

a) Período de *payback* ou período de recuperação do capital

É o número de períodos necessários para se recuperar o investimento em ativo fixo ou permanente, por meio da soma algébrica dos saldos de fluxos líquidos de caixa no final de cada período. Como sua unidade de medida é apresentada em meses, anos etc., você deve considerar que as receitas que deverão ocorrer num prazo muito longo – acima de três ou quatro anos – são bastante incertas e, portanto, não devem ser consideradas nessa análise.

O período de *payback* pode ser médio, calculado pela relação do investimento inicial com as entradas médias de caixa, ou pode ser efetivo, calculado pelo método dedutivo.

De dois projetos mutuamente excludentes, quem tiver o menor período de *payback* será o melhor.

b) Taxa interna de retorno

É a taxa de juros com que o investimento está sendo remunerado por meio dos fluxos líquidos de caixa no final de cada período. Você deve efetuar sua análise mediante porcentagens de juros por mês, por ano etc.

Caso a taxa interna de retorno do projeto seja igual ou superior à taxa mínima de retorno aceitável, a empresa poderá obter resultados positivos com sua execução.

c) Taxa média de retorno do investimento

Esta taxa é obtida pela divisão da geração interna de caixa – ou lucro líquido ajustado ao regime de caixa – média anual pelo valor de desembolso inicial de caixa – com ativo permanente e capital de giro – previsto para o projeto de investimento.

d) Valor atual líquido

Este método consiste em se trazer para o momento presente os valores esperados de entradas e de saídas de caixa, decorrentes de determinadas alternativas de investimentos.

As futuras entradas e saídas de caixa devem ser descontadas a uma taxa mínima de retorno aceitável, que pode ser representada por uma taxa de oportunidade da empresa.

A essência dessa técnica está em determinar-se a diferença entre os valores atuais de entradas e saídas de caixa. Se essa diferença – chamada valor atual líquido – for maior ou igual a zero, significa que os projetos, nessa condição, poderão ser selecionados pela empresa.

e) Índice de lucratividade

Esta técnica, que é uma correção do valor atual, é recomendável para projetos mutuamente exclusivos e em situação de restrição de capital. Correlaciona os valores atuais das entradas de caixa com os valores atuais das saídas de caixa, proporcionando ao executivo visão do nível de lucratividade que o projeto pode apresentar em relação ao investimento inicial.

Você deve também saber que essas cinco técnicas apresentam algumas falhas, a saber:

- o período de *payback* não considera o valor do dinheiro no tempo, bem como não aborda eventuais entradas de caixa, após o período de recuperação do investimento; e

- as quatro outras técnicas consideram o valor da taxa de desconto do investimento como uma constante ao longo do tempo, o que nem sempre é uma verdade. Para minimizar esse problema, você pode estabelecer um fator de correção da taxa de desconto; estabelecer um fator de equivalência da certeza, porque, à medida que a decisão vai afastando-se do momento presente, o nível de risco e de incerteza vai aumentando, bem como corrigir cada uma das futuras entradas de caixa.

Embora as cinco técnicas apresentadas sejam aplicadas para projetos de determinada monta, você pode extrapolar seus aspectos básicos para os vários projetos a serem desenvolvidos pela empresa.

A avaliação de projetos também pode considerar outras técnicas como:

- engenharia de valor, que possibilita verificar se o resultado da negociação e a qualidade dos insumos adquiridos ajustam-se ao projeto em função do produto ou serviço considerado; e
- análise do valor, que possibilita a análise crítica se o custo do produto ou serviço justifica-se perante seu preço no mercado.

Você também deve considerar o processo de interligação das estratégias empresariais com os planos de ação, os quais correspondem aos aspectos comuns aos diversos projetos.

Verificou-se que toda e qualquer estratégia tem que gerar um ou mais projetos. E os projetos, decompostos em suas diversas atividades que sejam comuns, geram os planos de ação.

Assim, supondo-se que o assunto "desenvolvimento tecnológico" apareça nas estratégias empresariais A, B e C, os vários aspectos que essas estratégias apresentam sobre o assunto exemplificado devem ser incorporados nos projetos X, Y e Z.

A seguir, as atividades dos projetos X, Y e Z correlacionadas ao assunto "desenvolvimento tecnológico" devem ser alocadas no plano de ação de desenvolvimento tecnológico.

Da mesma forma, podem-se ter outros planos de ação, tais como: de recursos humanos, de investimentos, de produção, de sistemas de informações etc., possibilitando que as diversas áreas ou unidades organizacionais da empresa recebam seus planos de trabalho de forma otimizada e como resultante de tudo que a empresa, como um todo, quer desenvolver e operacionalizar.

Esse procedimento pode ser visualizado na Figura 2.9:

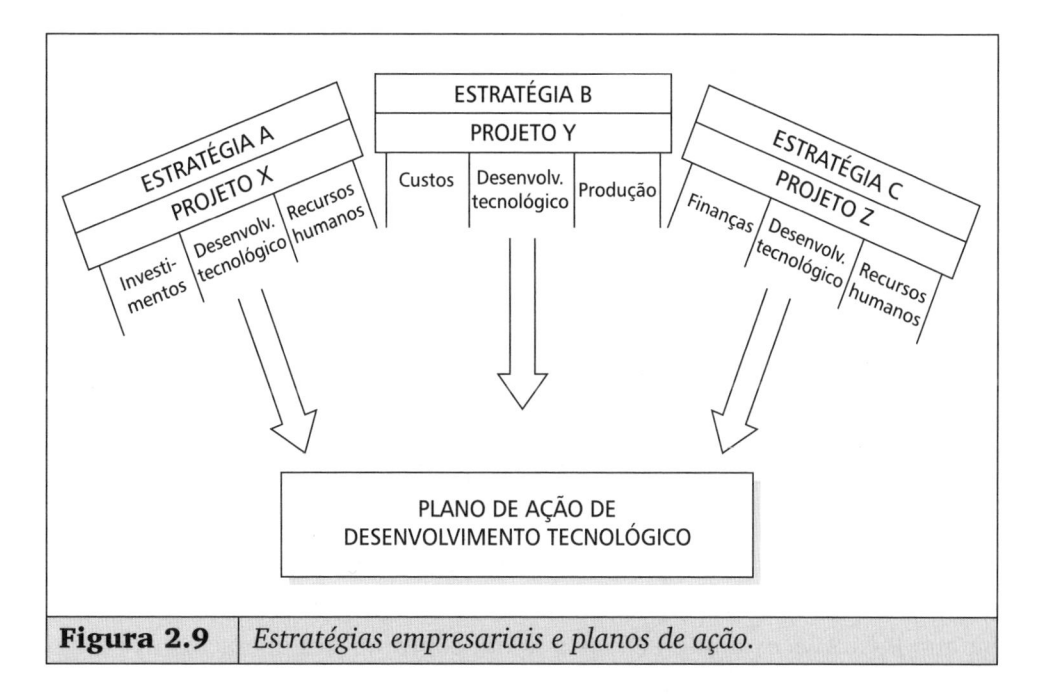

Figura 2.9 | *Estratégias empresariais e planos de ação.*

2.5 INTERLIGAÇÕES DAS ESTRATÉGIAS EMPRESARIAIS COM OUTROS INSTRUMENTOS ADMINISTRATIVOS

A interligação das estratégias empresariais deve ocorrer com todos os instrumentos administrativos, principalmente com os de amplitude global na empresa, tais como planejamento estratégico, qualidade total, sistema de informações, estrutura organizacional, logística etc.

A análise da interligação entre a estratégia empresarial e a qualidade total é importante, pois os dois sistemas têm os processos como foco básico de seus desenvolvimentos. Essa interligação pode ser visualizada na Figura 2.10:

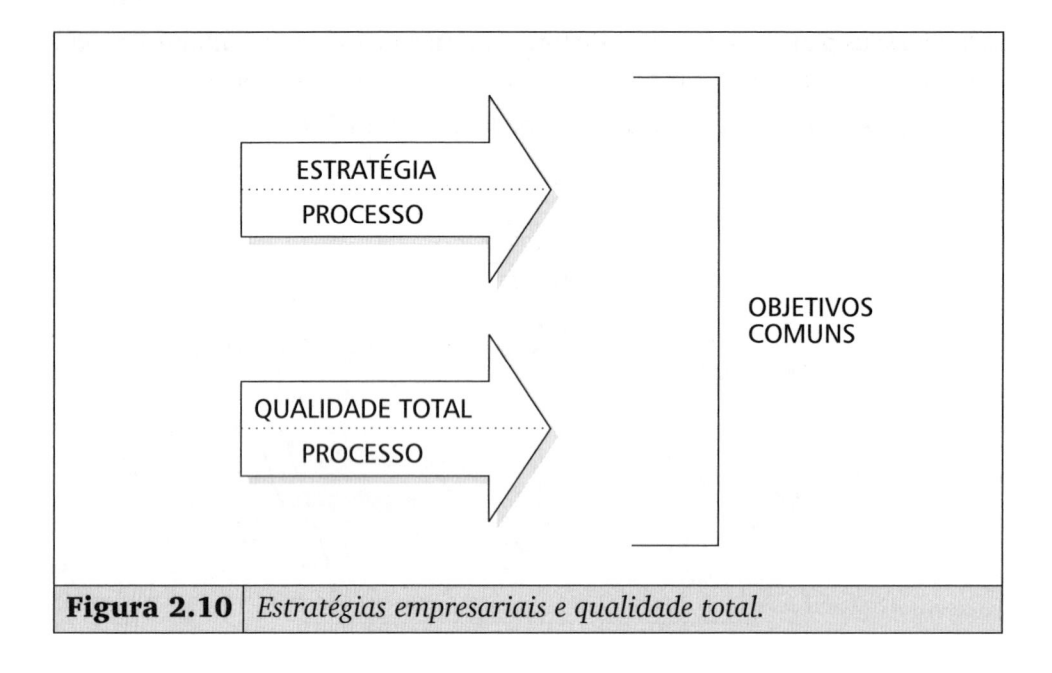

```
┌─────────────────────────────────────────────────┐
│                                                 │
│      ESTRATÉGIA  ──▶                            │
│      PROCESSO                                   │
│                          ┐                      │
│                          │  OBJETIVOS           │
│                          │  COMUNS              │
│                          │                      │
│      QUALIDADE TOTAL ──▶ │                      │
│      PROCESSO            ┘                      │
│                                                 │
└─────────────────────────────────────────────────┘
```

Figura 2.10 | *Estratégias empresariais e qualidade total.*

Salienta-se que o processo inerente à qualidade total deve ser o mesmo inerente à logística da empresa, criando-se um sistema integrado, lógico e barato. Inclusive, essa interação possibilita contribuições operacionais para o aprimoramento dos processos de qualidade, de logística e, consequentemente, do processo da estratégia empresarial.

Tanto a estratégia, como a qualidade total, devem buscar resultados ou objetivos comuns.

Embora essa afirmação possa parecer evidente, existem empresas que não equalizam os processos inerentes à estratégia e à qualidade total, resultando em processos e trabalhos divergentes, com forte desperdício de recursos.

> Qualidade total é a capacidade de um produto ou serviço de satisfazer – ou suplantar – às necessidades, exigências e expectativas dos clientes.

A qualidade total em uma empresa pressupõe o envolvimento de todas as áreas, atividades e pessoas, visando à satisfação dos clientes internos e externos, por meio de um processo de melhoria contínua em tudo que é feito. Portanto, o conceito de qualidade está correlacionado às necessidades, exigências e expectativas dos clientes, bem como à sustentação de um processo de melhoria contínua.

Também é pela estruturação por processos que ocorre a interligação entre a estratégia empresarial e o sistema de informações gerenciais.

> Sistema de informações gerenciais (SIG) é o processo de transformação de dados em informações, as quais são utilizadas na estrutura decisória da empresa, bem como proporcionam a sustentação administrativa para otimizar os resultados da empresa.

A formulação das estratégias empresariais pode ser considerada importante premissa para o adequado desenvolvimento e operacionalização dos sistemas de informações gerenciais, tendo em vista otimizar o processo decisório nas empresas. E, também, facilita o estabelecimento, negociação e aplicação de critérios e parâmetros de desempenho, os quais representam os focos básicos das informações para o processo decisório, bem como pode gerar requisitos e especificações de projetos de desenvolvimento de sistemas que são necessários para alavancar os resultados da empresa.

A interligação das estratégias empresariais com o sistema de informações gerenciais é apresentada na Figura 2.11:

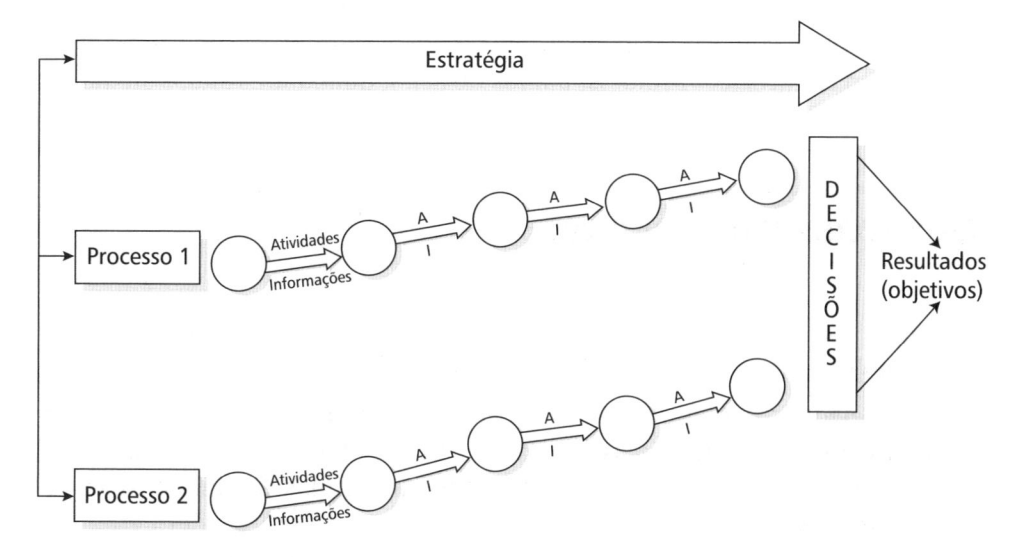

Figura 2.11 | *Estratégias empresariais e sistema de informações gerenciais.*

Quando você tiver operacionalizado a interligação das estratégias empresariais com os outros diversos instrumentos administrativos da empresa, terá conseguido consolidar um novo modelo de gestão simples, barato, ágil e interagente com todas as questões estratégicas inerentes à empresa.

Se você quiser analisar a interligação estruturada entre os vários instrumentos administrativos das empresas, verificar o livro *A moderna administração integrada*, dos mesmos autor e editora.

RESUMO

Neste capítulo, foram abordados os aspectos básicos para a formulação e implementação da estratégia empresarial.

Verificou-se a necessidade de você passar por um processo completo que compreende a formulação, o estabelecimento de alternativas, a escolha, a implementação, bem como o controle e avaliação das estratégias empresariais.

Também foram abordados os principais aspectos da administração das resistências às estratégias empresariais.

Quanto a tornar o conteúdo da estratégia empresarial mais operacionalizável no dia a dia da empresa, esse procedimento é efetuado por meio de uma interligação estruturada com os outros diversos instrumentos administrativos da empresa, tais como planejamento estratégico, administração estratégica, pensamento estratégico, projetos, planos de ação, qualidade total, sistema de informações gerenciais, logística.

QUESTÕES PARA DEBATE

1. Quais são as etapas básicas para o executivo desenvolver a formulação e a implementação das estratégias empresariais?
2. Estabelecer e comentar alguns aspectos que podem levar os executivos a resistirem às mudanças proporcionadas pelas estratégias empresariais. Fornecer, para cada aspecto, algumas formas de amenizar essas resistências.
3. Verificar e analisar, com base em empresas que você conhece, se as mesmas trabalham com planejamento estratégico ou administração estraté-

gica ou administração de questões estratégicas ou pensamento estratégico. Debater as razões e as vantagens da escolha identificada em cada empresa pesquisada.

4. Explicar, detalhadamente, como o executivo pode fazer a interligação operacional entre as estratégias empresariais e determinado instrumento administrativo de seu conhecimento.

> **CASO: Estabelecimento e implementação da estratégia básica na Multiprodutos Comércio e Representações Ltda.**

A Multiprodutos Comércio e Representações Ltda. é uma empresa com forte atuação no mercado atacadista de materiais para escritório, no contexto mais amplo possível, representado por materiais e utensílios em geral, móveis, equipamentos e *softwares* de informática.

O faturamento médio anual é de R$ 748 milhões e a estrutura organizacional é representada pelo organograma resumido evidenciado a seguir.

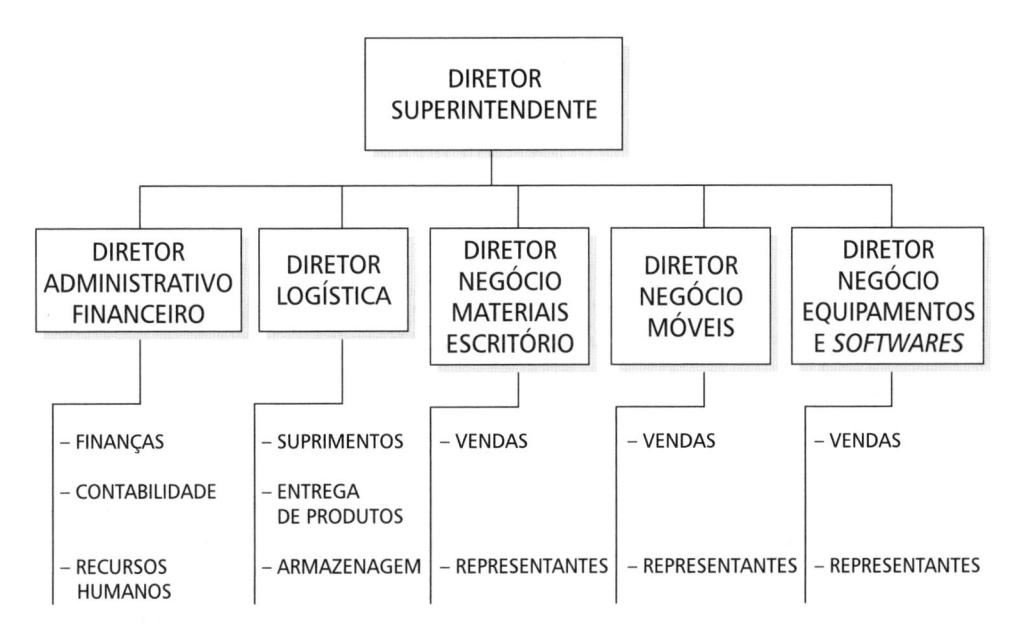

```
                          DIRETOR
                       SUPERINTENDENTE
    ┌──────────┬──────────┼──────────┬──────────┐
  DIRETOR    DIRETOR    DIRETOR    DIRETOR    DIRETOR
  ADMINIS-   LOGÍSTICA  NEGÓCIO    NEGÓCIO    NEGÓCIO
  TRATIVO               MATERIAIS  MÓVEIS     EQUIPAMENTOS
  FINANCEIRO            ESCRITÓRIO            E SOFTWARES

  - FINANÇAS    - SUPRIMENTOS    - VENDAS       - VENDAS         - VENDAS
  - CONTABI-    - ENTREGA
    LIDADE        DE PRODUTOS
  - RECURSOS    - ARMAZENAGEM   - REPRESEN-    - REPRESEN-      - REPRESEN-
    HUMANOS                       TANTES         TANTES           TANTES
```

Suas linhas de produtos têm a seguinte representatividade e contexto de concorrência:

a) Negócio materiais de escritório

A Multiprodutos domina o mercado na região Sul do país e tem forte representatividade nos demais Estados, salvo na região Norte, onde sua participação de mercado ainda é reduzida.

De maneira geral, tem-se a seguinte situação, quanto à participação de mercado:

- Região Sul: Multiprodutos: 39%
  Principal concorrente (Empresa X): 8%
- Região Sudeste: Multiprodutos: 21%
  Principal concorrente (Empresa X): 17%
- Região Centro-Oeste: Multiprodutos: 25%
  Principal concorrente (Empresa Y): 28%
- Região Nordeste: Multiprodutos: 14%
  Principal concorrente (Empresa Z): 18%
- Região Norte: Multiprodutos: 7%
  Principal concorrente (Empresa Z): 48%

b) Negócio móveis

Este negócio engloba os móveis de escritórios, em geral, e os móveis de informática, em particular.

Neste ramo de negócio, não existe nenhuma empresa que tenha elevado domínio de mercado, sendo que a Multiprodutos resolveu, há 10 anos, concentrar-se no mercado da região Sul do país e, em determinado momento futuro, começar a atuar na região Sudeste do país. Entretanto, este momento não ocorreu ainda, apesar do estudo de viabilidade estar concluído e ter evidenciado algumas oportunidades para a Multiprodutos.

O problema é que a Multiprodutos está com dificuldades de consolidar uma vantagem competitiva real e sustentada para atuar de forma diferenciada neste mercado.

No caso da região Sul, a vantagem competitiva da Multiprodutos é um forte sistema de logística, sustentado por elevada qualidade dos produtos vendidos. Essa tem sido a vantagem competitiva que tem proporcionado, em algumas regiões, a alavancagem dos resultados dos três negócios da Multiprodutos. O problema é que a Multiprodutos tem apresentado dificuldade de consolidar essa vantagem competitiva para sua atuação em todo o Brasil.

c) Negócio equipamentos de informática e *softwares*

De maneira geral, este negócio apresenta a mesma situação do negócio de móveis de informática; mas com características diferentes, pois, enquanto este negócio apresenta um mercado fornecedor mais concentrado, o negócio de equipamentos de informática e *softwares* tem um mercado fornecedor altamente pulverizado, consolidando outra realidade concorrencial.

A Diretoria Executiva considera que a Multiprodutos tem os seguintes problemas principais quanto aos seus três negócios:

- dificuldade de estabelecer uma estratégia básica de toda a empresa;
- plano detalhado de uma estratégia de compra de duas ou três empresas pequenas ou médias do setor de móveis envolvendo, inclusive, móveis de informática; e
- disseminação e entendimento, por todos os executivos e profissionais da Multiprodutos, de suas estratégias e suas vantagens competitivas.

Além da elaboração das propostas de soluções, espera-se que você apresente algumas considerações para melhoria do atual modelo de gestão da Multiprodutos Comércio e Representações Ltda.

Para o melhor desenvolvimento do *caso*, você pode alocar as informações complementares que julgar necessárias, desde que respeite o básico apresentado no texto.

```
┌─────────────────────────────────────────────────────────────────────┐
│                          ┌──────────────────┐                        │
│                          │   Capítulo 1     │                        │
│                          ├──────────────────┤                        │
│                          │ Conceitos básicos│                        │
│                          └──────────────────┘                        │
└─────────────────────────────────────────────────────────────────────┘
```

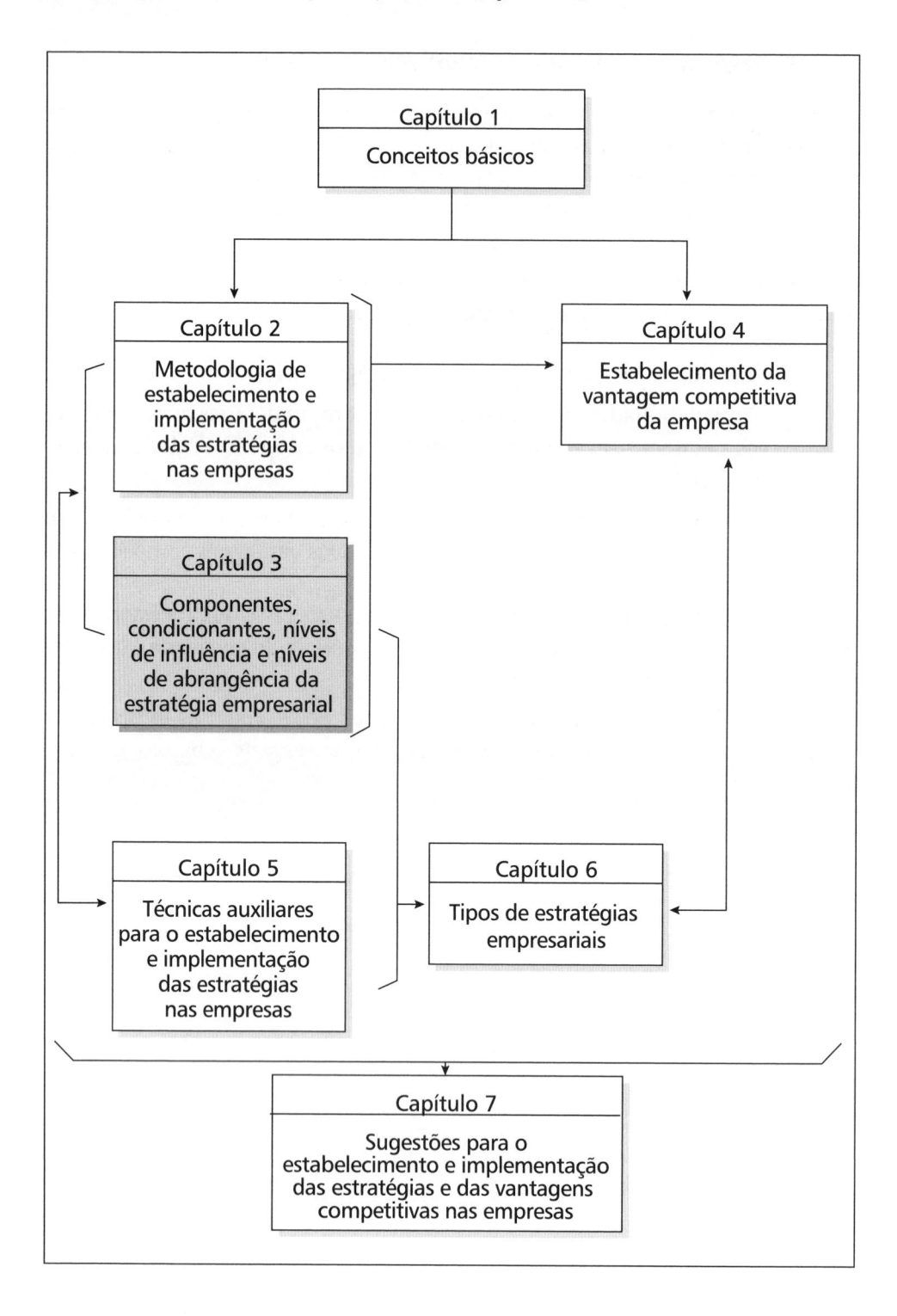

Capítulo 1 — Conceitos básicos

Capítulo 2 — Metodologia de estabelecimento e implementação das estratégias nas empresas

Capítulo 4 — Estabelecimento da vantagem competitiva da empresa

Capítulo 3 — Componentes, condicionantes, níveis de influência e níveis de abrangência da estratégia empresarial

Capítulo 5 — Técnicas auxiliares para o estabelecimento e implementação das estratégias nas empresas

Capítulo 6 — Tipos de estratégias empresariais

Capítulo 7 — Sugestões para o estabelecimento e implementação das estratégias e das vantagens competitivas nas empresas

3
Componentes, condicionantes, níveis de influência e níveis de abrangência da estratégia empresarial

"Um grupo de pessoas torna-se uma equipe quando a confiança de cada um dos elementos em si mesmo, e na sua própria contribuição, é suficiente para permitir-lhe elogiar as qualidades dos outros."

Norman G. Shidle

3.1 INTRODUÇÃO

Neste capítulo, são examinadas as partes integrantes que devem ser consideradas quando você analisar as estratégias empresariais.

De forma estruturada, essas partes interagentes das estratégias são:

- os componentes da estratégia empresarial, ou seja, os aspectos que são parte integrante de qualquer estratégia empresarial;
- os condicionantes da estratégia empresarial, ou seja, os aspectos que condicionam o estabelecimento e a implementação de qualquer estratégia empresarial;
- os níveis de influência, ou seja, os níveis da estrutura global que, de uma forma ou outra, interferem no delineamento de qualquer estratégia empresarial; e
- os níveis de abrangência, ou seja, os níveis globais da estruturação organizacional que correspondem à área de atuação da estratégia empresarial.

Ao final da leitura deste capítulo, espera-se que você tenha condições de responder a algumas perguntas, tais como:

- Quais são os aspectos básicos que você deve considerar quando do estabelecimento de uma estratégia empresarial?
- Quais são os aspectos que condicionam o estabelecimento de uma estratégia empresarial?
- Quais são os diversos níveis de influência que podem interferir no estabelecimento de uma estratégia empresarial?
- Quais são os diversos níveis de abrangência que podem corresponder à atuação de uma estratégia empresarial?
- Como você pode *administrar* esses vários aspectos, tendo em vista otimizar o delineamento da estratégia empresarial?

3.2 MODELO BÁSICO DE ANÁLISE DA ESTRATÉGIA EMPRESARIAL

Para que você possa trabalhar adequadamente com os componentes, condicionantes, níveis de influência e níveis de abrangência da estratégia empresarial, é necessário partir de determinado modelo que melhor represente essa situação.

> Modelo é qualquer representação abstrata e simplificada de uma realidade, em seu todo ou em parte dela.

Portanto, o modelo apresentado a seguir não pretende esgotar o assunto, mas criar uma situação mais facilitada para o delineamento e a operacionalização das estratégias nas empresas.

O referido modelo pode ser visualizado na Figura 3.1:

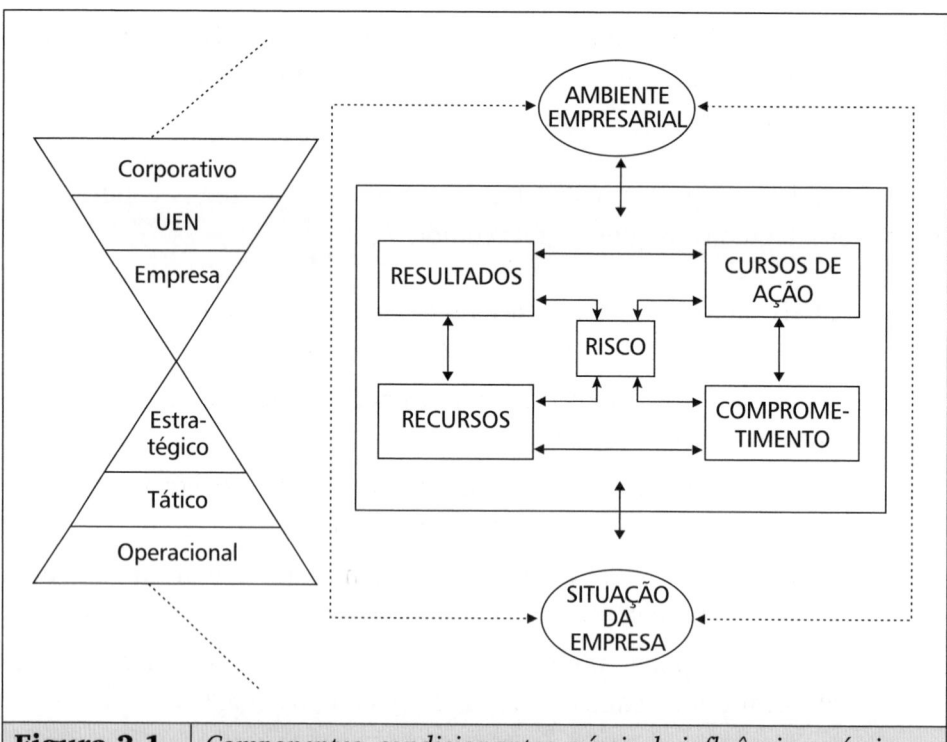

Figura 3.1 *Componentes, condicionantes, níveis de influência e níveis de abrangência da estratégia empresarial.*

Verifica-se, pela Figura 3.1, a seguinte estrutura para as estratégias empresariais:

a) Componentes da estratégia empresarial, representados por cinco itens:

- resultados que se espera alcançar com a operacionalização da estratégia empresarial;
- cursos alternativos de ação, que a estratégia empresarial pode seguir para alcançar os resultados esperados;
- recursos alocados e administrados ao longo do processo;
- nível de risco aceitável para a operacionalização da estratégia empresarial; e
- comprometimento que os executivos envolvidos têm para com o processo decisório inerente à estratégia empresarial.

b) Condicionantes da estratégia empresarial, representados por dois itens:

- ambiente empresarial, com suas oportunidades e ameaças alocadas tanto no ambiente direto, quanto no ambiente indireto da empresa; e
- situação da empresa, com seus pontos fortes, pontos fracos e pontos neutros, analisados em suas várias áreas funcionais.

c) Níveis de influência da estratégia empresarial, representados por três itens:

- estratégico, que representa a interação dos aspectos externos e dos aspectos internos de uma corporação, uma unidade estratégica de negócios (UEN) ou uma empresa;
- tático, que representa as estratégias adotadas por parte representativa de uma corporação, uma UEN ou uma empresa, tendo em vista os resultados globais; e
- operacional, que representa as estratégias adotadas por partes menores ou departamentos de uma corporação, uma UEN ou uma empresa, e que proporcionam os instrumentos administrativos básicos para o dia a dia do processo decisório do executivo.

d) Níveis de abrangência da estratégia empresarial, representados por três itens:

- corporativo, representada por um conjunto de empresas que atuam, inclusive, em diferentes setores do ambiente;
- UEN, que corresponde a um segmento correlacionado a uma interação específica de produto ou serviço – tecnologia – *versus* segmento de mercado; e
- empresa, representada pelas estratégias de uma empresa específica.

Os quatro grandes aspectos apresentados no modelo proposto agem de forma interligada. Por exemplo, uma corporação, quando tratada como um sistema, tem os níveis de influência estratégico, tático e operacional da estratégia empresarial, bem como o condicionamento do ambiente da corporação e sua situação interna, e, finalmente, os cinco componentes considerados.

Salienta-se que, neste livro, a ordem de apresentação dos aspectos do modelo é: componentes, condicionantes, níveis de influência e níveis de abrangência da estratégia empresarial. Entretanto, dentro do raciocínio estratégico, é ideal você pensar exatamente ao contrário. A ordem apresentada neste livro foi, única e exclusivamente, por acreditar o autor que é melhor iniciar pelos aspectos mais específicos, e depois passar para a consideração dos aspectos de maior amplitude.

3.3 COMPONENTES DA ESTRATÉGIA EMPRESARIAL

Verificou-se que os componentes da estratégia empresarial são representados por cinco aspectos:

a) O resultado que se espera alcançar com a operacionalização da estratégia empresarial

Normalmente, esses resultados são representados por propósitos, objetivos gerais, objetivos funcionais, desafios e metas.

Portanto, toda e qualquer estratégia empresarial deve estar correlacionada a algum resultado, o qual foi antecipadamente estabelecido, e é sua *razão de ser*.

A esse respeito, ver seção 2.3.1 onde é apresentada a interação das estratégias empresariais com o processo de planejamento estratégico.

b) Os cursos de ação alternativos que a estratégia empresarial pode seguir para alcançar os resultados esperados

Esses cursos de ação são representados pelas estratégias empresariais alternativas, as quais evidenciam diferentes formas de você alcançar os resultados esperados pela empresa.

A respeito desse assunto, ver seção 4.4.3, onde são abordados os cenários estratégicos alternativos.

c) Os recursos alocados e administrados ao longo do processo

Existe um princípio que você deve considerar: toda estratégia gera, no mínimo, um projeto; e todo projeto tem recursos alocados ao longo de seu desenvolvimento. Portanto, as estratégias empresariais envolvem recursos, para os quais os executivos das empresas devem estar atentos. Fica também subentendida a identificação dos prazos – períodos de tempo – inerentes aos projetos e, portanto, às estratégias empresariais.

Mais detalhes sobre esse aspecto são apresentados na seção 2.4, onde é abordada a interligação das estratégias empresariais com os projetos e os planos de ação.

d) O nível de risco aceitável para a formulação e implementação da estratégia empresarial. Esse risco está correlacionado ao risco que a empresa enfrenta em sua interação com o ambiente

Os riscos empresariais podem ser de três tipos (Zacarelli, 1980, p. 35):

- risco referente à compatibilidade atual entre a empresa e seu ambiente, o qual corresponde à necessidade de a empresa transformar-se, acompanhando a evolução do ambiente, pois, caso contrário, apresentará compatibilidade decrescente até ficar incompatível com seu ambiente;
- risco referente à evolução futura do ambiente empresarial, o qual está correlacionado com a situação de conseguir detectar qual o direcionamento das mudanças ou a evolução que irá ocorrer no ambiente, e qual sua intensidade. Isso porque, quando uma empresa assume riscos na suposição de que determinada evolução irá ocorrer, nesse momento está correndo risco de que essa evolução não ocorra, ou ocorra antes, ou depois do momento esperado; e

- risco referente à avaliação do poder da empresa para alterar o ambiente empresarial, que está correlacionado com a capacidade da empresa em vencer as resistências do meio, tornando bem-sucedida uma inovação.

Outro aspecto que se deve considerar é que, na escolha do tipo de negócio, é importante considerar o cálculo de risco provável que incidirá sobre o empreendimento, que deve ser entendido como aquele que o empresário pode suportar, sendo aconselhável procurar obter rentabilidade máxima dentro do limite de risco avaliado como suportável pela estrutura disponível.

Existe estreita correlação entre o risco e a rentabilidade. Geralmente, quanto maior o risco do negócio, maior a rentabilidade; e quando diminui o risco, a rentabilidade obtida no empreendimento também decai pela simples razão de que os negócios, com pouco risco, são muito procurados, ocorrendo grande concorrência, o que, consequentemente, faz diminuir a margem de lucro. Os negócios perigosos, ao contrário, são pouco procurados e, por isso mesmo, sofrem menos a pressão da concorrência.

e) O comprometimento que os executivos têm para com o processo decisório inerente à estratégia empresarial

De acordo com Porter (1986, p. 24), talvez o conceito mais importante no tratamento de questões estratégicas e na execução de movimentos competitivos, ofensivos ou defensivos, seja o de comprometimento dos profissionais envolvidos, de forma direta ou indireta, com essas questões estratégicas. Esse comprometimento pode garantir a probabilidade, velocidade e força do revide contra movimentos ofensivos, e pode ser a pedra angular da estratégia defensiva.

Estabelecer comprometimento é, essencialmente, uma forma de comunicar os recursos e intenções da empresa de maneira inequívoca. Comunicar o comprometimento reduz a incerteza e permite aos executivos delinear as estratégias empresariais, inclusive as alternativas.

São três os tipos de comprometimento no jogo competitivo, cada um vinculado a um tipo diferente de impedimento:

- o comprometimento de que a empresa está completamente firme no movimento que está fazendo e, nesse caso, o comprometimento pode opor-se ao revide, se os concorrentes forem convencidos a

deixar a nova posição – conquistada ou potencial – à empresa, não valendo a pena gastar recursos com a retaliação;
- o comprometimento de que a empresa vai revidar até o fim, caso seus concorrentes façam certos movimentos. Análogo ao anterior, esse comprometimento refere-se, porém, à reação da empresa a possíveis iniciativas dos concorrentes; e
- o comprometimento de que a empresa não tomará ações, nem as seguirá, o qual pode ser chamado de *criar confiança*, é importante para acabar com batalhas competitivas. Confiança como forma de comprometimento pode ser usada para mostrar que a empresa não fará movimentos que causem danos. Embora pareça fácil, os concorrentes sempre desconfiam de atitudes conciliatórias, especialmente se já foram enganados por essa empresa no passado.

Além desses comprometimentos de forma estratégica mais ampla, também deve ser considerado o comprometimento individual que você deve ter para com a estratégia empresarial considerada. É o *vestir a camisa* da estratégia empresarial e essa pode ser considerada a base de sustentação ao processo de implementação estratégica.

Naturalmente, não se está considerando, nesta análise, a situação de *vestir a camisa de maneira cega*, o que, inclusive, pode levar a empresa, de forma assumida, para o caos.

3.4 CONDICIONANTES DA ESTRATÉGIA EMPRESARIAL

Os condicionantes da estratégia são representados pelo ambiente empresarial e pela situação interna da empresa.

3.4.1 Ambiente empresarial

> Ambiente empresarial é o conjunto de todos os fatores externos à empresa que, de forma direta ou indireta, proporcionam ou recebem influência da referida empresa.

Para analisar a forma e a intensidade de condicionamento do ambiente empresarial no delineamento da estratégia empresarial, você deve realizar a análise externa da empresa.

> Análise externa tem por finalidade estudar a relação existente entre a empresa e seu ambiente em termos de oportunidades e ameaças, bem como sua atual posição produtos ou serviços *versus* segmentos de mercados e, prospectivamente, quanto à sua posição produtos ou serviços *versus* mercados desejada no futuro.

Você deve identificar os componentes relevantes do ambiente e, em seguida, analisar quanto à situação de oportunidades ou ameaças para a empresa.

O ambiente da empresa pode ser dividido em ambiente indireto, ou macroambiente, ou ambiente conceitual, e ambiente direto ou ambiente operacional; neste último, a empresa tem maior conhecimento e domínio sobre seu comportamento.

O ambiente empresarial não é um conjunto estável, uniforme e disciplinado, mas um conjunto bastante dinâmico, em que atua constantemente grande quantidade de forças, de diferentes dimensões e naturezas, em direções diferentes, que muda a cada momento, pelo fato de cada uma dessas forças interferir, influenciar e interagir com as demais forças do referido ambiente empresarial.

O ambiente pode oferecer para a empresa oportunidades e ameaças. Nesse contexto, as empresas devem procurar aproveitar as oportunidades do ambiente, bem como procurar amortecer ou absorver as ameaças, ou simplesmente adaptar-se a elas.

Essa resposta empresarial às diversas forças ambientais realimenta o processo de forma positiva ou negativa, fazendo com que a empresa identifique e aprenda a comportar-se diante de uma multiplicidade de forças ambientais diferentes, de modo que saiba aproveitar o embalo das forças favoráveis, e evite o impacto das forças desfavoráveis, para manter sua sobrevivência, manutenção, crescimento e desenvolvimento.

É necessário interligar os fatores externos e internos à empresa, pois é evidente essa ação de interligação e influência entre todos os fatores. Entretanto, do ponto de vista prático, é interessante fazer essa consolidação depois de concretizadas as análises de cada um dos fatores externos e internos de maneira isolada.

Deve-se considerar que as oportunidades certas serão escolhidas se:

- o foco residir na maximização de oportunidades, e não na minimização de ameaças;
- todas as principais oportunidades forem analisadas conjunta e sistematicamente;
- compreender quais oportunidades adaptam-se aos negócios atuais e futuros da empresa; e
- houver equilíbrio entre oportunidades de curto e de longo prazo.

A análise externa ou ambiental corresponde ao estudo dos diversos fatores e forças do ambiente, às relações entre eles ao longo do tempo e seus efeitos ou potenciais efeitos sobre a empresa; sendo que ela é baseada nas percepções das áreas em que as decisões estratégicas das empresas devem ser tomadas.

A análise externa, geralmente, é usada sob dois enfoques:

- para resolver algum problema imediato que exija uma decisão estratégica e, nesse caso, a interação da empresa e seu ambiente ocorre em *tempo real;* e
- para identificar futuras oportunidades ou ameaças que ainda não foram claramente percebidas pela empresa.

Você pode buscar a informação ambiental de maneira direta ou indireta em duas fontes:

- fontes primárias, mediante pesquisas realizadas pela empresa diretamente no ambiente; e
- fontes secundárias e, nesse caso, a empresa obtém informações do ambiente por meio de agências governamentais (IBGE etc.), universidades, Bolsa de Valores, sociedades de classe etc.

Mais detalhes a respeito dessa procura de informações ambientais são apresentados na seção 4.3, quando da análise do sistema de informações estratégicas.

Naturalmente, o nível de detalhamento e de profundidade dessa análise ambiental depende, basicamente, das necessidades da empresa. Diante disso, uma empresa pode decidir por razoável macroestudo do ambiente, enquanto, em outros casos, pode haver necessidade de dividir o ambiente em segmentos, e efetuar exaustivos e profundos estudos sobre cada uma dessas partes, com posterior interligação e análise geral.

Entretanto, você não terá muita facilidade para efetuar a análise ambiental; entre as dificuldades mais comuns, podem-se relacionar as apresentadas por Schein (1969, p. 118):

a) É quase sempre muito difícil estabelecer fronteiras adequadas em qualquer empresa, e determinar razoavelmente seu tamanho, uma vez que muitas empresas possuem filiais, agências externas, depósitos descentralizados, meios de transporte próprios, departamentos de pesquisa, clientes, representantes autônomos etc., o que gera uma dúvida crucial: onde ela deixa de ser empresa para ser parte da sociedade?

b) As empresas, geralmente, têm vários propósitos ou funções: algumas funções são primárias (como produzir e vender), enquanto outras são secundárias (como proporcionar segurança aos empregados e oportunidades de crescimento). Paralelamente, algumas funções são manifestas e claras (como a contabilidade convencional), enquanto outras são latentes e implícitas (como a contabilidade social).

c) As empresas incluem, dentro de si, certas representações do ambiente. Os empregados não são apenas membros da empresa que os emprega, mas também membros da sociedade e outras organizações, como sindicatos, igrejas, grupos de consumidores, associações de classe etc. Por meio de papéis extrínsecos desempenhados nas outras organizações, as pessoas carregam, dentro de si próprias, certas exigências, expectativas e normas culturais que passam a influenciar as empresas onde atuam.

d) A natureza do ambiente muda muito frequentemente, conduzindo ao rápido desenvolvimento da tecnologia, às mudanças na economia, à expansão de mercado pelo mundo inteiro, às alterações políticas e sociais. Os meios ambientais caracterizados pela rápida mudança e turbulência exigem das empresas impressionante capacidade de resposta e de adaptação.

Diante disso, pode-se concluir que a incerteza é uma realidade do dia a dia do executivo, mas não é causa de desânimo, pois, como afirma Thompson (1976,

p. 189), o simples fato de reconhecer os elementos ambientais relevantes já diminui a incerteza de uma empresa.

O impacto de uma oportunidade ou ameaça pode ser muito forte para a expectativa de uma empresa, conforme mostrado na Figura 3.2:

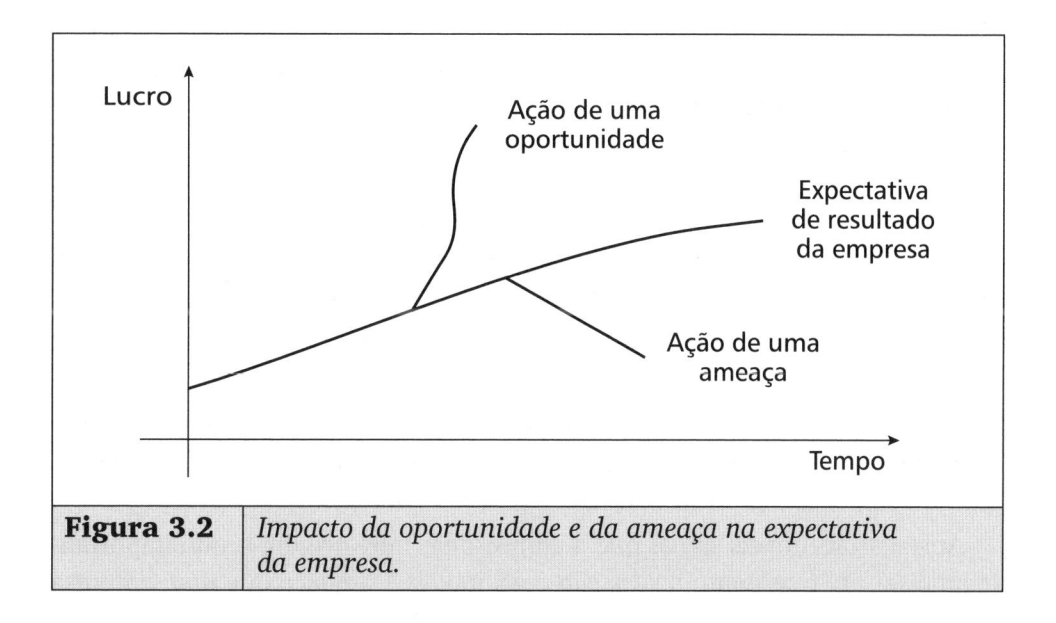

Figura 3.2 *Impacto da oportunidade e da ameaça na expectativa da empresa.*

Portanto, uma oportunidade devidamente usufruída pode proporcionar aumento dos lucros da empresa, enquanto uma ameaça não administrada pode acarretar diminuição nos lucros previstos, ou mesmo prejuízos para a empresa.

As oportunidades ambientais podem ser classificadas em naturais, de evolução, sinérgicas e de inovação.

Oportunidades naturais são as incorporadas à natureza das atividades básicas da empresa. Como exemplo pode-se citar a oportunidade empresarial da indústria de computadores. Nesse caso, a empresa simplesmente deve verificar se os seus recursos e competências se adaptam aos requisitos da oportunidade natural.

Oportunidades de evolução são proporcionadas à empresa pela formação e consolidação gradativa de condições e circunstâncias que tendem a concretizar uma vantagem competitiva real, sustentada e duradoura. Nesse caso, o que vai distinguir uma empresa com estratégias fortes de outra é a faculdade de perceber, com a necessária sensibilidade e antecedência, o surgimento das condições necessárias à geração da oportunidade.

Oportunidades sinérgicas proporcionam situações complementares e adicionais para a empresa. Normalmente, provocam modificações na estrutura organizacional, e exigem novo setor de conhecimento. Sua utilização pela empresa sempre provoca uma situação de risco considerável. A operacionalização de oportunidades dentro de um processo de verticalização da empresa pode ser um exemplo.

Oportunidades de inovação, normalmente, modificam as características econômicas fundamentais e a capacidade da empresa; requerem grande esforço, recursos de primeira classe, dispêndios em pesquisa e desenvolvimento e/ou grande investimento em tecnologia de ponta; apresentam grande nível de risco para a empresa; e são capazes de criar uma nova indústria, em vez de apenas um produto ou serviço adicional. Como exemplo pode-se ter uma empresa *desenvolvendo* oportunidades no setor de robotização.

As ameaças ambientais podem ser classificadas em naturais, aceitáveis e inaceitáveis.

Ameaças naturais são as incorporadas à natureza das atividades básicas da empresa. Como exemplo, pode-se citar o risco empresarial da indústria eletrônica, por sua intensa e rápida evolução tecnológica.

Ameaças aceitáveis são as que a empresa permite aceitar, sendo importante analisar até que ponto a situação é aceitável. A ameaça que uma empresa pode sofrer ao entrar no mercado com um produto já existente e aceito pelos consumidores pode ser um exemplo.

Ameaças inaceitáveis são as que a empresa não se permite aceitar, devido a sua incapacidade em explorar uma situação de êxito, quando essa ameaça existir. Como exemplo, pode-se mencionar o capital de terceiros, em determinadas situações, para uma empresa familiar, tendo em vista suas características de gestão.

Para o estabelecimento das oportunidades e ameaças da empresa, você deve analisar uma série de aspectos, inerentes às informações necessárias e à identificação e análise dos negócios, tais como:

I – Quanto às informações que você deve utilizar, pode-se considerar os seguintes aspectos:
    a) Quanto ao processo de integração vertical, que corresponde à maior aproximação e mesma administração do processo realizado entre os produtores de insumos e os colocadores dos produtos e serviços finais com os consumidores, podem-se analisar:

- quais são as barreiras – de maior ou menor intensidade – à integração vertical, em cada uma das fases de produção que levam ao resultado final da empresa;
- quais são e qual o nível de capacitação – e de pontos fortes e fracos – dos concorrentes, em cada fase de produção que leva ao resultado final da empresa;
- qual o nível de especialização dos fatores de produção, que entram no processo de integração vertical; e
- quais as vantagens da integração vertical para a empresa. Ou em que ela contribui para a consolidação da vantagem competitiva de toda a empresa.

b) Quanto ao processo de integração horizontal, a qual corresponde à junção de diferentes empresas do mesmo setor sob a mesma administração, podem-se analisar:
- como a integração horizontal pode afetar a tecnologia – atual e potencial – da empresa;
- quais os riscos de mercado provenientes dessa integração;
- quais os problemas administrativos no processo atual, ou seja, se atuam de forma favorável ou desfavorável, tendo em vista os resultados esperados parciais e totais; e
- quais os problemas administrativos que poderão surgir com a referida integração.

c) Quanto à tecnologia, você deve considerar alguns aspectos, tais como:
- quais as alterações tecnológicas possíveis;
- quais as entidades de pesquisa, os institutos e as universidades que estão ou poderão estar envolvidos. E em que nível de envolvimento;
- quais os programas de pesquisa existentes e/ou programados;
- quais são as maiores economias de escala que podem ocorrer;
- se o processo é função dos equipamentos ou exige muitos gerentes de operações;
- se o usuário cria ou compra aperfeiçoamentos nos equipamentos utilizados;
- quão críticas para o processo são as qualificações dos profissionais envolvidos no processo;
- quão longa é a vida útil dos equipamentos utilizados; e

- quais são os custos de capital para a empresa entrar no mercado.
d) Quanto ao governo, podem-se analisar:
    - a legislação pertinente;
    - a identificação e análise dos órgãos que legitimam as atividades desenvolvidas pela empresa considerada;
    - os planos governamentais e seus objetivos;
    - as prioridades governamentais;
    - a política econômica e financeira;
    - a política energética e ecológica;
    - a política de investimentos e de financiamentos; e
    - os projetos de pesquisa e seus processos de análise e de avaliação.
e) Quanto ao sistema financeiro, você pode analisar:
    - os tipos de instituições financeiras;
    - a quantidade dessas instituições;
    - a forma de atuação de cada tipo de instituição;
    - os tipos de operações financeiras por instituições; e
    - as condições das operações, tais como prazos de carências, de amortização, taxas de juros, garantias exigidas, reciprocidades e linhas especiais de crédito.
f) Quanto aos sindicatos, podem-se considerar, entre outros, os seguintes aspectos:
    - os objetivos dos sindicatos;
    - a estrutura dos sindicatos;
    - o número básico de participantes;
    - o poder dos sindicatos;
    - o comportamento em acordos trabalhistas que ocorreram no passado; e
    - a integração de diferentes sindicatos e sua influência na realidade da empresa considerada.
g) Quanto à comunidade, podem-se considerar:
    - a população – como mercado de mão de obra –, se está aumentando, diminuindo ou se mantendo nos mesmos níveis;
    - os valores sociais – padrões de comportamento –, culturais e espirituais; e
    - a infraestrutura existente, quanto à educação, saúde etc.

h) Quanto à situação geopolítica, podem-se considerar alguns aspectos, tais como:
- evolução política e econômica dos principais países;
- fontes de energia e de matérias-primas; e
- tendências dos grandes mercados consumidores.

i) Quanto aos fatores socioeconômicos, você pode considerar alguns aspectos, tais como:
- evolução dos preços dos produtos e serviços e do poder aquisitivo da população e dos compradores;
- mudanças nos hábitos de consumo;
- indicadores da conjuntura econômica;
- tendência da inflação e políticas orientativas do Banco Central;
- orçamento monetário e balanço de pagamentos;
- deslocamentos urbanos; e
- tendências dos custos da mão de obra e das matérias-primas.

II – Quanto à identificação e análise dos principais ramos de negócios do ambiente em que a empresa se situa, devem-se considerar os consumidores, os mercados, o setor industrial, os concorrentes e os fornecedores, cada um com suas várias peculiaridades.

a) Quanto aos consumidores, podem-se considerar, entre outros, os seguintes aspectos:
- quem são, e se estão aumentando ou diminuindo;
- onde estão localizados;
- como podem ser alcançados, ou seja, a estrutura de distribuição;
- qual a renda pessoal;
- qual a renda disponível;
- como compram;
- como se comportam;
- quais são suas tendências;
- quais seus padrões de qualidade;
- quais são os compradores-chaves; e
- quais são os usuários finais.

b) Quanto à definição do mercado, podem-se considerar:
- qual a competição que existe por outros produtos e serviços;

- qual a segmentação de mercado;
- qual o nível de padronização do produto, e se existe potencial para diferenciação do produto;
- qual a importância do produto ou serviço, inclusive diante de novas operações na competição;
- quais são os *nichos* mais atrativos no mercado e quão bem protegidos estão por região geográfica, por nível de serviço, por canal de distribuição etc.; e
- qual a velocidade de mudança no produto e de onde se origina.

c) Quanto aos aspectos básicos da indústria ou setor onde a empresa está situada, podem-se considerar:
- seu tamanho;
- tendências e perspectivas;
- tipos de produtos e serviços;
- causas de crescimento e possíveis consequências;
- necessidades básicas identificadas; e
- oportunidades que a empresa poderá usufruir.

d) Quanto aos concorrentes, o executivo deve analisar:
- quantos e quais são;
- qual a tecnologia que cada concorrente utiliza;
- qual a participação de cada concorrente no mercado;
- qual seu faturamento, volume de vendas, lucro e suas tendências;
- qual o tipo e nível de promoção dos concorrentes, verificando o orçamento global, o orçamento de publicidade e o orçamento de pesquisa de mercado;
- qual o tipo e nível da força de vendas dos concorrentes, verificando o processo e os critérios de seleção, treinamento, supervisão, salários e prêmios, cumprimento de cotas de vendas, capacitação, desempenho, bem como o nível de motivação e reputação de seus vendedores, promotores e distribuidores;
- qual sua linha de produtos e serviços, analisando seus tipos, vendas e participação no mercado, preços, qualidades e respectivas tendências; e
- qual a vantagem competitiva de cada concorrente.

e) Quanto aos fornecedores, alguns dos aspectos a serem analisados são:
- quem são;

- quantos são;
- onde estão localizados;
- qual a oferta total;
- seus preços de venda;
- seus prazos de venda e de entrega; e
- a qualidade de seus produtos e serviços.

Outro aspecto que deve ser considerado na análise ambiental corresponde às crises econômicas, as quais não são um fenômeno novo. Nas sociedades capitalistas, os períodos de crescimento foram e – tudo indica – continuarão sendo seguidos por períodos de retração dos níveis da atividade econômica global. Tal fenômeno é conhecido como ciclo econômico ou ciclo de negócios.

Ao analisar os resultados apresentados pela economia brasileira nos últimos anos, podem-se identificar algumas fases cíclicas, cujas mudanças no desempenho da economia têm, necessariamente, impacto não só nas políticas governamentais, como também nas estratégias empresariais.

Se, por um lado, as dificuldades geradas pela crise provocam perdas significativas nos resultados empresariais de curto prazo, por outro lado, trazem oportunidades estratégicas, que, se percebidas a tempo, permitem às empresas obter vantagens competitivas, e otimizar seus resultados a médio e longo prazos.

As oportunidades ambientais estratégicas referem-se às novas condições nos âmbitos social, político, econômico, tecnológico e mercadológico, que surgem no corpo da crise e que, se forem percebidas e incorporadas nos planos estratégicos das empresas, poderão transformar-se em novas áreas de investimento e de expansão de negócios.

É um erro imaginar que é possível enfrentar um período de crise somente por meio de um simples processo de enxugamento, com cortes de despesas e de investimentos, mantendo-se os mesmos critérios e premissas básicas das decisões empresariais dos períodos mais favoráveis. Além do aumento de produtividade e eficácia administrativa, uma crise exige mudanças qualitativas e estruturais na forma de atuação dos executivos das empresas.

Isso quer dizer que, para tirar partido das oportunidades de negócios criadas pela crise, faz-se necessária a adoção de uma concepção mais reflexiva da administração, no lugar da tradicional ênfase formal; ou seja, ampla reflexão sobre a experiência quotidiana, que transcenda a superfície decisória do dia a dia, e apreenda os aspectos gerais que determinam e condicionam os resultados empresariais.

Para tanto, é necessária uma postura administrativa de pesquisa *versus* ação, isto é, a geração de novos conhecimentos a partir da reflexão criadora sobre a prática quotidiana. Isso porque a natureza de uma crise econômica tende a tornar obsoletos os conhecimentos e técnicas existentes, para enfrentar os novos e emergentes problemas.

A formulação dos objetivos estratégicos e a seleção das alternativas de investimentos já não devem basear-se no comportamento tradicional de reduzir quantitativamente as despesas e os investimentos, e manter as condutas e os procedimentos que deram certo no passado, enquanto se espera, passivamente, a crise acabar.

O novo processo estratégico deve incorporar a análise dos fundamentos econômicos, ou seja, a compreensão das causas dos movimentos de expansão e retração da economia numa sociedade com adequada abordagem capitalista, como a brasileira e, em parte, a do Mercosul.

Deve-se procurar identificar e entender que fatores determinam os ciclos econômicos, e responder a algumas perguntas abrangentes, a saber:

- como se estabelecem as relações entre as economias das várias nações e qual a posição da economia brasileira no contexto da economia mundial?
- qual o papel dos organismos internacionais, como o FMI, que tentam regulamentar as relações econômicas entre as nações?
- como se situa, nesse contexto, a dívida externa brasileira e a do Mercosul? E a dos outros países e blocos econômicos com os quais o Brasil mantém forte relação comercial e política?
- qual a função do Estado e das políticas governamentais na área econômica?
- como está organizada a atividade industrial, e qual sua relação com os setores primários e terciários da economia?
- quais as formas de competição inter-regional, intersetorial e internacional?

A elaboração de cenários futuros do ambiente macroeconômico nacional e mundial também deve partir da compreensão dos movimentos da economia dentro de uma perspectiva dinâmica, entendendo as causas e as consequências das mudanças, e como essas afetam o desenvolvimento dos negócios. Mais informações a respeito dos cenários estratégicos são apresentados na seção 4.4.

Dessa forma, supera-se a análise superficial e aparente das variáveis resultantes, como inflação, recessão, desemprego, déficit público etc., para a compreensão das variáveis determinantes do desempenho econômico e empresarial, como estrutura de produção, relações sociais, políticas internas, blocos de poder, relações de dependência econômica entre nações etc. O resultado dessa análise será a seleção de um elenco de estratégias mais eficazes, que possibilitam vantagens competitivas interessantes para a empresa.

Se os executivos das empresas quiserem aproveitar as potencialidades de negócios futuros, serão necessárias reflexões mais aprofundadas, visando identificar e distinguir os componentes conjunturais – passageiros – e estruturais – definitivos – desse processo. A identificação correta dos novos fatores sociais, políticos, econômicos, tecnológicos e mercadológicos surgidos com a crise possibilitará antecipar, com vantagens competitivas, as estratégias que as empresas seriam, inevitavelmente, obrigadas a adotar mais cedo ou mais tarde.

A excelência da gestão empresarial depende, cada vez mais, da capacidade de os executivos captarem a dinâmica econômico-política do momento brasileiro, como meio de encontrar melhores alternativas de ajustes estratégicos da empresa ao ambiente, onde estão os fatores não controláveis.

Verifica-se que o essencial é um processo de monitoramento ambiental para que a empresa esteja, em *tempo real*, interagente e conhecedora de tudo o que acontece no ambiente empresarial, e seja de seu interesse estratégico.

O monitoramento ambiental, num sentido restrito, consiste no acompanhamento, controle e avaliação da estratégia da empresa, após a fase de implementação; no sentido abrangente, engloba as atividades necessárias para elaborar a informação básica para previsão de evolução dos fatores externos, que sejam significativos à empresa. Neste momento, os executivos estão preocupados com o delineamento dos cenários estratégicos (ver seção 4.4).

O monitoramento ambiental, se for sistemático, é um processo simples, pois consiste em identificar, acompanhar e analisar, antecipadamente, pontos de alarme no ambiente, os quais antecedem tendências e fatos que, no futuro, podem afetar o desenvolvimento da empresa. Esses alarmes, em face da multiplicidade de informações, devem ser selecionados criteriosamente, analisados e avaliados, antes de serem utilizados em previsões mais analíticas.

E, como sustentação ao monitoramento ambiental e à estruturação adequada do sistema de informações estratégicas, conforme apresentado na seção 4.3, a necessidade primordial é a informação correta, adequada e em tempo, a qual diminui o risco decisório, formando um sistema que tenha como principais linhas:

- servir como subsídio adequado aos objetivos da empresa, que maximizam a eficiência dos processos operacionais, táticos e estratégicos existentes, e acompanham as inovações e expansões introduzidas;
- ação antecipatória à própria manifestação expressa da necessidade de informação, tendo como referência o futuro e os rumos da empresa, e as tendências tecnológicas e conjunturais do ambiente onde a empresa atua; e
- concentração dos esforços informacionais nas atividades com estreita dependência da informação externa, e da atividade em que o retorno poderá ter efeito multiplicador maior sobre os resultados globais da empresa.

Portanto, a informação, assim delineada, deve servir para os seguintes aspectos principais:

- acompanhamento e previsão de situações do ambiente empresarial que possam afetar o negócio da empresa, lembrando que estas informações podem ser elaboradas por análises conjunturais, estudo de tendências, informações pessoais etc.;
- subsidiar estudos básicos da área técnica na análise de processos empresariais pela análise de monografias, artigos técnicos, teses, estudos diversos etc.;
- monitoramento de inovações tecnológicas e elaboração de previsões, por meio de análises de patentes, noticiários técnicos etc.;
- seleção de indicadores de desempenho reais e significativos para um posicionamento comparativo, por meio da análise de dados estatísticos, econômicos, sociais, tecnológicos etc.; e
- conhecimento de oportunidades interessantes para a empresa.

O monitoramento ambiental realizado dessa forma vai servir, inclusive, para a definição dos propósitos ou segmentos de atuação dentro da missão da empresa, conforme apresentado na seção 2.3.1 (interligação com o planejamento estratégico).

A definição dos propósitos ou segmentos de atuação dentro da missão da empresa deve ser explicitada, caso contrário:

- as aquisições e os lançamentos de produtos e serviços são feitos em bases individuais, sem coordenação, o que pode levar a uma configuração global no negócio, em que nem a eficiência e nem a eficácia possam ser alcançadas;
- as mudanças no comportamento do consumidor não são, sistematicamente, consideradas, levando a decisões discrepantes em relação à realidade dos mercados;
- o sentido dos propósitos empresariais fica obscuro, uma vez que não se tem claramente estabelecido o que a empresa é, ou quer ser; ou seja, a sua visão estratégica fica indefinida;
- compromete a segmentação do mercado em que o propósito considerado está localizado, o que prejudica o desenvolvimento da empresa para os segmentos de maiores oportunidades, e em que a empresa pode usufruir mais adequadamente de sua vantagem competitiva;
- desestrutura os critérios de eficiência e eficácia, os quais devem ser, necessariamente, incorporados à análise de cada oportunidade relevante, uma vez que forçam o reconhecimento do impacto de cada decisão estratégica sobre o projeto global. Isso porque analisar a dinâmica do negócio sob uma perspectiva globalizada permite direcionar o crescimento para áreas em que se possam verificar efeitos sinérgicos, evitando fragmentações contraproducentes; e
- desequilibra os requisitos de recursos e habilidades necessários para definir um propósito e, dessa forma, pode surgir um *gap* entre as capacidades críticas requeridas para o sucesso e as competências reais da empresa. Nesse caso, a empresa pode não redefinir seu escopo de atividades, incrementando a diferenciação para sustentar sua posição de mercado; pode concentrar seus esforços em segmentos selecionados; pode adotar uma estratégia de baixa participação no mercado, cortando severamente os aportes de capital no negócio, ou pode decidir-se pela saída do negócio em questão, via liquidação ou venda;

sendo que esta última situação é a que apresenta menor comprometimento para o executivo, e a diferenciação – a primeira situação –, a que compromete mais intensamente o executivo da empresa.

Quando você estiver explicitando os propósitos potenciais ou segmentos em que está analisando a entrada da empresa, deve procurar responder a algumas perguntas, tais como:

- em que medida os desafios de mercado exigem conhecimentos, habilidades e recursos fora da competência tradicional da empresa?
- em que medida as mudanças são previsíveis?
- qual a velocidade das mudanças que estão ocorrendo? Perdas de mercado podem ser irrecuperáveis ou não?
- quanto tempo deve durar um realinhamento funcional da empresa? As adaptações estão limitadas a certas funções ou a essência da empresa é que será afetada?
- que comprometimento de recursos – tecnologias, canais de distribuição etc. – condiciona a decisão?
- os novos recursos e enfoques podem ser desenvolvidos internamente ou precisarão ser adquiridos fora?
- as mudanças podem tornar completamente obsoleta a abordagem atual de negócios, ou há possibilidade de coexistência e até de sinergia com a nova abordagem?
- existem segmentos de mercado em que os recursos existentes poderiam ser efetivamente concentrados?
- qual a sustentação da empresa no propósito – produto/serviço e/ou segmento de mercado – considerado?
- os executivos da empresa estão preparados para incorporar os objetivos de um negócio diversificado e desempenhá-los a contento?
- quais as vantagens de a empresa entrar numa diversificação não ligada ao escopo de seus negócios atuais?
- a empresa está corretamente informada sobre o mercado? Que informações adicionais valeria a pena obter? Podem ser obtidas? A que custo?
- a empresa está bem informada sobre seus concorrentes? É capaz de prever suas reações nas diversas circunstâncias? A empresa subes-

tima ou superestima seus concorrentes? Conhece a vantagem competitiva de cada concorrente?

- os mercados são corretamente segmentados? Quais são os segmentos em que a empresa dispõe de verdadeiras vantagens competitivas?
- a empresa explora a fundo todas as sinergias possíveis entre os mercados e os produtos ou serviços?
- as estratégias estão de acordo com os propósitos, vocações e objetivos da empresa?
- que recursos faltam para colocar totalmente em prática a estratégia? Existem na empresa? É possível obtê-los?
- a estratégia conduz, efetivamente, a empresa a ter vantagens competitivas? Que fatores permitem diferenciar-nos da concorrência?
- as hipóteses de sustentação do processo estratégico são realistas?
- os objetivos visados são suficientemente explicitados?
- quando a estratégia atual foi alterada pela última vez? Por quê? Um estudo estratégico serviu de suporte à decisão tomada?
- quais são as estratégias alternativas? Como foi estabelecida a ordem da prioridade delas?
- quais são os acontecimentos-chaves que condicionam o sucesso da estratégia escolhida?
- existem outros acontecimentos potenciais que poderiam ser levados em conta na análise decisória estratégica?

Um aspecto interessante é você analisar com detalhes essa lista de questões, procurando complementá-la se necessário, bem como estruturando uma ordem mais interessante de análise, de acordo com a realidade de sua empresa.

Esse processo interativo de você para com o conteúdo dos diversos assuntos abordados é válido para todos os capítulos desta obra.

Nesse ponto, devem ser abordados alguns aspectos inerentes ao processo de expansão da capacidade da empresa, tendo em vista ela estar mais bem habilitada a usufruir as oportunidades ambientais.

Para Porter (1986, p. 71), a expansão de capacidade é uma decisão estratégica muito importante para as empresas, tanto em termos de montante de capital envolvido, quanto de complexidade do problema. Deve ser encarada como um decisão de longo prazo, porque os aumentos de capacidade podem levar anos e a capacidade maior obtida neste processo é duradoura. Considera-se que as variáveis cruciais nessa decisão são a demanda futura do mercado e o comportamento futuro dos concorrentes.

Com referência aos elementos que essa decisão envolve, eles podem ser analisados pelo Quadro 3.1:

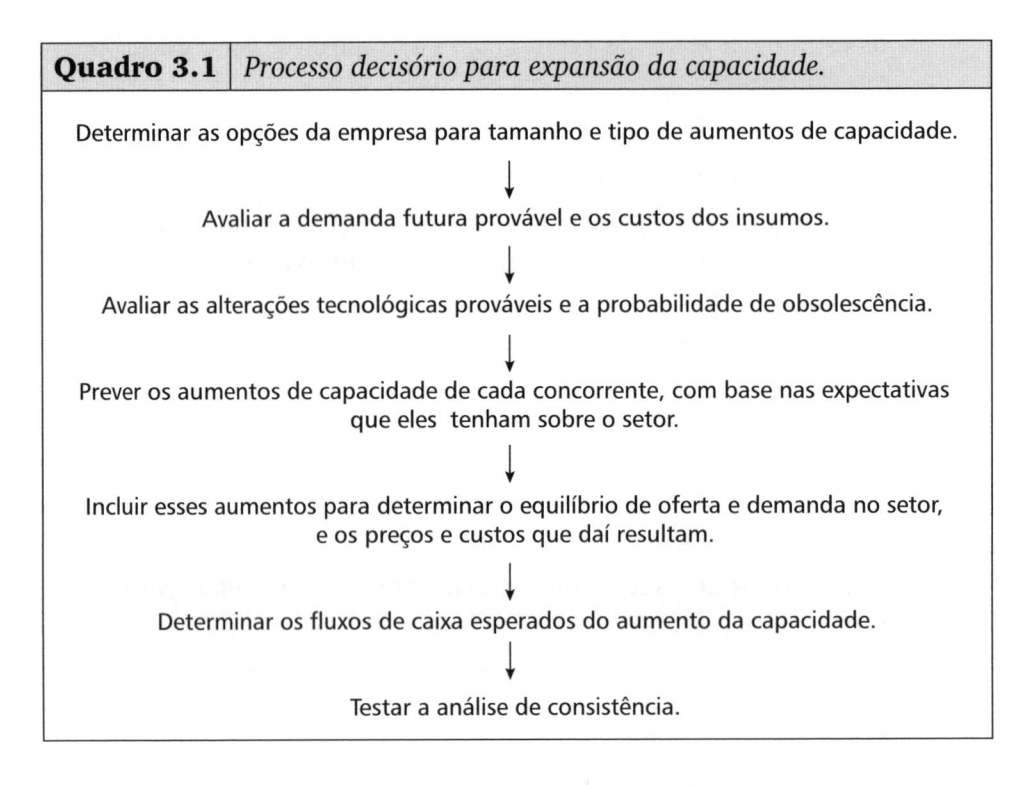

Quadro 3.1	*Processo decisório para expansão da capacidade.*

Determinar as opções da empresa para tamanho e tipo de aumentos de capacidade.
↓
Avaliar a demanda futura provável e os custos dos insumos.
↓
Avaliar as alterações tecnológicas prováveis e a probabilidade de obsolescência.
↓
Prever os aumentos de capacidade de cada concorrente, com base nas expectativas que eles tenham sobre o setor.
↓
Incluir esses aumentos para determinar o equilíbrio de oferta e demanda no setor, e os preços e custos que daí resultam.
↓
Determinar os fluxos de caixa esperados do aumento da capacidade.
↓
Testar a análise de consistência.

Todo o processo deve ser analisado em termos de consistência, porque envolve muita estimativa; no entanto, ele permite à empresa razoável visão sobre o que guiará a expansão no setor, bem como sobre as formas de influenciá-la a seu favor.

Na seção 4.3 é explicado o processo de estruturação do sistema de informações estratégicas, o qual complementa a análise do ambiente empresarial.

3.4.2 Diagnóstico e realidade da empresa

A realidade da empresa é identificada por meio de um diagnóstico ou análise interna de toda a empresa, feita de maneira estruturada e sistêmica.

A análise interna tem por finalidade colocar em evidência as deficiências e qualidades da empresa que está sendo analisada, ou seja, os pontos fortes e fracos da empresa devem ser determinados diante de sua atual posição produtos e serviços *versus* segmentos de mercado. Essa análise deve tomar como perspectiva para comparação as outras empresas de seu setor de atuação, sejam elas concorrentes diretas ou apenas concorrentes potenciais. Portanto, procura-se ter uma abordagem estratégica nessa análise.

Na Figura 3.3, observa-se o impacto que os pontos fortes e pontos fracos podem provocar nas expectativas da empresa ao longo do tempo.

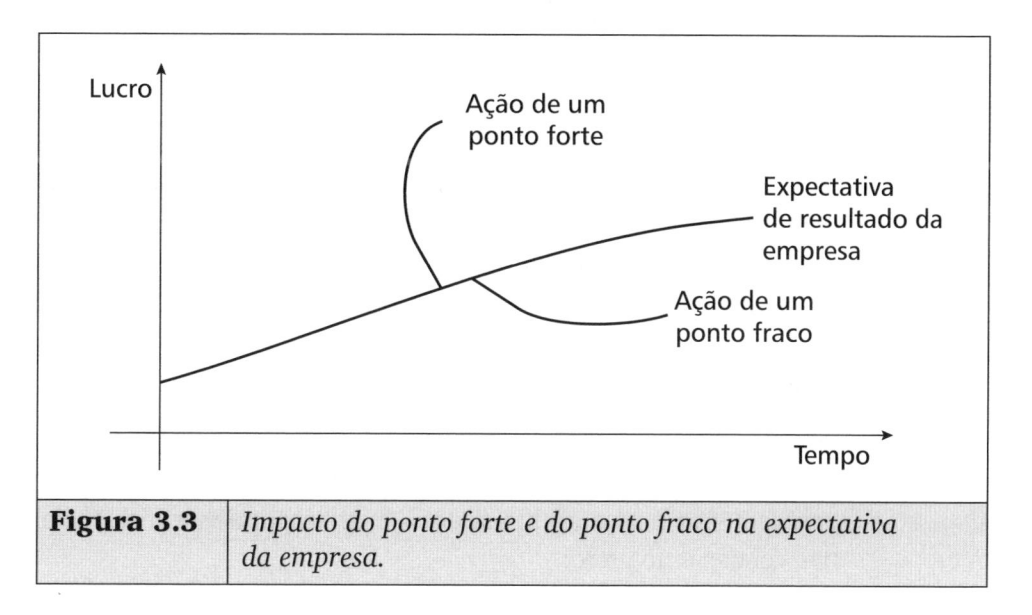

Figura 3.3	*Impacto do ponto forte e do ponto fraco na expectativa da empresa.*

Para estabelecimento dos pontos fortes e fracos da empresa, você deve analisar uma série de aspectos, exemplificados nos itens de A a F, a seguir:

A – Quanto às funções a serem analisadas

Nesse caso, consideram-se, para facilitar a análise interna, as seguintes grandes funções de uma empresa:

I – Função *marketing*

Você pode considerar, para efeito de análise, os seguintes aspectos, entre outros:

    a) Quanto ao sistema de distribuição, em que se analisam:
- forma de atuação dos vendedores da empresa;

- seus distribuidores e representantes;
- sua qualidade e correspondente capacidade de escoamento pelos canais de distribuição dos produtos e serviços disponibilizados para o mercado;
- processo de estabelecimento de preços e suas consequências; e
- suas políticas, com as vantagens, desvantagens e peculiaridades.

b) Quanto à análise dos produtos e serviços, em que se consideram, entre outros, os seguintes aspectos:
- marca e descrição básica;
- aspectos de embalagem, com especificações;
- transporte e responsabilidade inerentes;
- participação de mercado, separada por produto, período, área, considerando os dados por unidades, em valores monetários e em porcentagens; e
- suas vantagens e desvantagens básicas, analisando qualidade, preço, promoção e outros aspectos necessários.

c) Quanto à pesquisa de mercado, que representa um dos aspectos mais relevantes para o processo decisório, consideram-se:
- dados gerais de mercado, verificando a organização da pesquisa e sua relação de fatos, sua análise, interpretação e recomendações;
- apresentação à alta administração e correspondente influência nas vendas e no lucro;
- opinião dos clientes e dos canais de distribuição sobre a empresa, seus produtos e serviços, pessoal, políticas e concorrências;
- análise das tendências de mercado, considerando o mercado global, os produtos e serviços de sucesso, as diferenças na qualidade e no preço dos produtos e serviços;
- fontes de sugestões sobre os produtos e serviços, bem como os segmentos de mercado, consolidados por meio de pesquisas, distribuidores, vendedores e consumidores. A pesquisa de mercado deve consolidar as razões para o produto existir, sendo que essas razões podem ser para aproveitar tendências do mercado, para completar uma linha de produto, para usar disponibilidade na linha de produção ou para aumentar o lucro;
- aspectos da sazonalidade e do modismo do produto ou serviço; e

potenciais dos segmentos de mercado, bem como as vendas previstas por produto ou serviço, região, zona, período e o correspondente potencial de compra.

d) Quanto à força de venda, devem-se analisar, entre outros, os seguintes aspectos:
- seu número e localização;
- especificação de suas tarefas;
- quais as fontes de recrutamento e os processos de seleção e treinamento;
- como são estabelecidas as quotas de vendas;
- como são desenvolvidos e controlados seus planos de trabalho;
- quais os auxílios e ajudas de custo que recebem;
- quais as informações que recebem e fornecem; e
- quais os critérios de avaliação.

e) Quanto aos novos produtos e serviços, podem-se considerar:
- como são *idealizados*;
- como são selecionados;
- como são lançados; e
- como são avaliados.

f) Quanto à promoção e propaganda, podem-se considerar:
- orçamento por produto e serviço, período e veículo (mídia);
- processo de pesquisa;
- alternativas de veículos (mídia), tais como revistas, catálogos, mala direta, rádio, jornal, televisão e *shows*;
- critérios para escolha da veiculação (custos, frequência, alcance, periodicidade, audiência etc.);
- formas de elaboração do texto;
- critérios de escolha e a forma de atuação das agências; e
- maneira de coordenar todo o processo.

g) Quanto ao valor da marca da empresa, produto ou serviço, devem-se considerar:
- preço da marca, representando o quanto a mesma vale no mercado;
- força da marca, ou seja, quanto os consumidores são leais à mesma; e

- imagem da marca, representando como os consumidores percebem a marca e a associam a suas necessidades e expectativas.

h) Quanto às políticas mercadológicas, o executivo pode considerar:
- estabelecimento de preços;
- descontos por quantidade;
- devolução de mercadorias;
- escolha de revendedores; e
- pagamento de comissões.

i) Quanto à organização do departamento de marketing, podem-se considerar:
- tipo de departamentalização;
- distribuição das tarefas e responsabilidades;
- capacitação e habilidade dos profissionais; e
- interação junto aos outros departamentos da empresa.

II – Função *finanças*

Nesse caso, há dois grandes tipos de análise que podem facilitar o processo decisório dos executivos das empresas:

a) Análise dos índices financeiros

Os dados e as informações necessários são tirados, principalmente, dos balancetes e balanços, e comparados na própria empresa, verificando alguns exercícios antecedentes, bem como outras empresas que apresentam alguma similaridade (tamanho, ramo de atuação etc.).

A análise dos índices econômico-financeiros proporciona aos executivos da empresa a medida do risco que terão de administrar. Portanto, devem estar cientes de que, algumas vezes, o resultado da decisão que eles adotarem compensa, amplamente, o nível de risco correlacionado; outras vezes, esse nível de risco é muito alto para o resultado a ser obtido.

Verifica-se que, para você tomar uma decisão correta, é necessário saber quais as informações necessárias a essa decisão, bem como onde pode obtê-las da maneira mais adequada.

Por outro lado, existe determinada dificuldade em estabelecer quanto e quais índices econômico-financeiros devem ser utilizados pela empresa. Entretanto, fica também evidente que não é necessário calcular todos os índices econômico-financeiros em cada situação. Cada empresa necessita da aplicação de apenas alguns deles; há casos em que certos índices são fundamentais, enquanto outros são dispensáveis.

Você deve, então, ter o cuidado de distinguir o que é e o que não é importante, caso a caso, para não acabar preparando relatórios muito longos e com informações desnecessárias. Isso é fundamental, pois neste livro estão sendo considerados informações e relatórios gerenciais; portanto, seu conteúdo deve abranger, única e exclusivamente, o necessário e suficiente para o processo decisório.

Os índices financeiros podem ser de endividamento, liquidez, rentabilidade, produtividade, secundários e de avaliação da saúde financeira da empresa.

Os índices de endividamento podem ser de endividamento geral, de capitalização, de endividamento de longo prazo, de endividamento de curto prazo, de proporcionalidade do endividamento e de financiamento do imobilizado.

Os índices de liquidez podem ser de liquidez geral, de liquidez corrente, de liquidez seca, de liquidez variável, de liquidez imediata, de liquidez com lucro e de margem de garantia.

Os índices de rentabilidade podem ser de rentabilidade do patrimônio, de rentabilidade das receitas, de rentabilidade operacional, de rentabilidade estrutural, de margem bruta das receitas e do ponto de recuperação das despesas.

Os índices de produtividade podem ser de crescimento das receitas, de crescimento autossustentável, de faturamento, de produtividade geral, de produtividade operacional e de giro de estoque.

Os índices secundários podem ser das despesas financeiras sobre as receitas, de cobertura dos juros, do grau de desconto dos títulos financeiros, de obsolescência do ativo imobilizado, do prazo médio de recebimento e do prazo médio de pagamento.

Os índices de avaliação da saúde financeira da empresa podem ser o do capital de giro próprio sobre as receitas, do fluxo de caixa sobre as receitas, de adequação do ativo circulante e de solvência.

b) Análise do sistema de planejamento e controle financeiro, e do sistema de registro e de análise contábil.

Para concretizar esta análise, é necessário estar atento, entre outros, para os seguintes aspectos:

- funções, decisões e ações financeiras;
- a empresa inteira, considerada como um sistema, com todas as suas partes interligadas;

- estrutura organizacional da área financeira;
- orçamentos;
- relatórios e demonstrativos econômico-financeiros;
- controles e avaliações;
- projeções de lucro;
- políticas financeiras; e
- fluxos de caixa.

III – Função *produção*

Para efetuar a análise interna da empresa, referente a essa função, é necessário considerar alguns aspectos, a saber:

a) Quanto à instalação industrial, alguns aspectos a considerar são:
- qual a localização da empresa e suas vantagens?
- qual o tamanho?
- qual o grau de proteção contra greves, sabotagens, incêndios etc.?
- corresponde a um local agradável de se trabalhar?
- qual o nível de conservação dos prédios e maquinários?

b) Quanto aos equipamentos e instalações:
- qual o nível de utilização?
- são utilizados de forma adequada?
- são modernos e atualizados, e estão em boas condições?
- como está sendo aplicado o programa de manutenção preventiva?
- como está a manutenção corretiva?
- qual o nível de gasto de manutenção?
- como estão as medidas de segurança no trabalho?

c) Quanto ao processo produtivo:
- qual o índice de produtividade?
- qual o nível de utilização da capacidade instalada?
- qual a situação do arranjo físico?
- quais os incentivos de produção utilizados?

d) Quanto à programação e controle da produção:
- qual a eficácia do sistema PPCP (planejamento, programação e controle da produção) aplicado?

- qual a média no cumprimento de prazos de entrega dos produtos aos compradores?
- qual o nível de interação entre as áreas de marketing e de produção?

e) Quanto à qualidade:
- qual o nível de qualidade apresentado?
- qual o nível de devolução ou reclamação dos produtos e serviços?
- qual o nível de atendimento aos clientes quando da devolução ou reclamação dos produtos e serviços?

f) Quanto ao sistema de custos dos produtos e serviços:
- quais os critérios de apropriação?
- quais os critérios de divulgação e de análise?
- quais as tendências apresentadas?
- qual o nível de controle de resultados?

g) Quanto a suprimentos:
- qual a percentagem dos custos dos materiais comprados em relação ao produto fabricado?
- qual o valor das compras por período?
- quais os critérios de seleção dos fornecedores?
- a compra é centralizada ou descentralizada?
- quais os critérios para controle de inventário?
- quais os níveis de rotação do estoque?
- quais os tipos e critérios de controles? São eficazes?

h) Quanto à organização da fábrica:
- qual a situação da estrutura organizacional e seus componentes?
- qual a situação das normas e dos procedimentos?
- qual a situação de tempos e métodos?

i) Quanto à pesquisa e ao desenvolvimento:
- qual a importância que a alta administração proporciona para pesquisa e desenvolvimento?
- qual o percentual do faturamento alocado em pesquisa e desenvolvimento?
- quais os critérios utilizados para a área de pesquisa e desenvolvimento?

Embora neste livro, pela própria necessidade estrutural, não seja possível apresentar em detalhes todos os itens abordados, devem-se fazer algumas considerações complementares sobre a pesquisa e o desenvolvimento tecnológico, que é hoje uma das funções administrativas mais estratégicas, no sentido de que as decisões tomadas nessa área têm impacto direto sobre o futuro do desenvolvimento dos negócios empresariais.

Aos executivos da empresa recomenda-se visão mais integrada do papel da tecnologia nos planos estratégicos e resultados empresariais. Em lugar da ênfase no conhecimento das técnicas, é necessária a percepção da relação entre o potencial tecnológico da empresa e as oportunidades de novos negócios; ou seja, perceber como transformar um conhecimento tecnológico em novas linhas de produtos e serviços, com oportunidades de mercado e vantagens competitivas significativas.

Para tanto, torna-se prioritária a maior integração entre as áreas tecnológica e mercadológica da empresa, de modo que uma tecnologia desenvolvida seja aplicada, efetivamente, em nova oportunidade de negócio e vice-versa, nova demanda de mercado possa gerar nova tecnologia.

IV – Função *recursos humanos*

Alguns dos aspectos que você pode considerar para sua análise interna na empresa são:

- quais as atitudes e o grau de importância da alta administração quanto ao assunto *fator humano* na empresa?
- qual a eficácia dos programas de recrutamento, seleção e admissão de funcionários? E dos programas de treinamento e promoção?
- a empresa é sindicalizada?
- qual o índice de rotatividade dos empregados?
- qual o moral e a produtividade dos empregados?
- qual o índice de absenteísmo?
- qual o nível e tipo de reivindicações dos empregados?
- como está o quadro de carreira e o plano de cargos e salários?
- como é o plano de benefícios?
- existem substitutos adequados para todos os cargos-chaves?
- qual o clima organizacional?

B – Quanto aos aspectos gerais da empresa a serem analisados

Nesse segundo grande aspecto a ser considerado para o estabelecimento da análise interna da empresa, podem-se analisar:

- estrutura organizacional;
- principais políticas;
- capacitação e habilidades da alta administração;
- sistemas de informações operacionais e gerenciais;
- normas e procedimentos operacionais;
- sistemas de planejamento (estratégico, tático e operacional);
- conhecimentos, atitudes e comportamentos das chefias;
- acordos com sindicatos;
- instalações industriais;
- capacitação e habilidade dos empregados;
- ideias de novos produtos e serviços;
- rede de distribuição;
- capacitação e habilidade da força de vendas;
- conjunto de produtos e serviços;
- controle de qualidade;
- conhecimento das necessidades do consumidor; e
- domínio do mercado consumidor.

C – Quanto à abrangência do processo

Para esse terceiro item a ser considerado no estabelecimento da análise interna, podem-se examinar:

- a empresa inteira, considerada como um sistema;
- as unidades organizacionais;
- as equipes de trabalhos multidisciplinares; e
- os indivíduos.

D – Quanto ao nível de controle do sistema pelos executivos da empresa

Nesse caso, é necessário verificar se o controle efetuado está em um dos seguintes níveis:

- controla a eficiência, ou seja, a otimização dos recursos; e/ou

- controla a eficácia, ou seja, os resultados alcançados; e/ou
- controla a efetividade, ou seja, os resultados proporcionados para o mercado cliente ao longo do tempo.

E – Quanto aos critérios que você pode utilizar para avaliar se um ponto é forte, fraco ou neutro

Nesse caso, podem-se considerar, entre outros aspectos:
- base histórica da empresa;
- opiniões pessoais;
- opiniões de consultores e assessores;
- análise em literatura;
- análise orçamentária; e
- análise comparativa com outras empresas, principalmente concorrentes. É o chamado *benchmarking*, desde que seja para aprender com os concorrentes, e fazer melhor.

F – Quanto à maneira de você obter as informações necessárias para a análise interna

Nesse sexto grande aspecto a ser considerado para o estabelecimento da análise interna da empresa, você pode utilizar, entre outros aspectos:
- observação pessoal;
- conversas pessoais;
- questionários;
- experiências e práticas;
- documentação dos sistemas;
- reuniões;
- funcionários;
- publicações, periódicos, livros, revistas;
- membros de comitês diversos;
- membros do Conselho de Administração, Conselho Fiscal, Conselho Deliberativo e Conselho Consultivo;
- consultores; e
- indicadores econômicos e financeiros.

Naturalmente, os vários assuntos considerados e analisados no ambiente empresarial e na análise da situação interna da empresa devem estar integrados, dentro dos princípios estabelecidos, a algumas perguntas, tais como:

a) Pelo departamento de marketing:
- existe mercado para este novo produto?
- qual o tamanho do mercado para este produto?
- quais são as características básicas que este produto deve ter?
- qual o nível da concorrência?
- que faixa de mercado pretende e pode atingir?
- qual deve ser o preço básico de venda?
- de quais canais pode dispor para efetuar a distribuição?
- qual o custo do processo de distribuição?
- como será lançado o produto?
- qual será o custo da promoção do produto?

b) Pelo departamento de produção:
- existe capacidade para produzir o produto na quantidade solicitada?
- qual o custo da produção?
- pode-se produzir na qualidade solicitada?

c) Pelos departamentos de produção e recursos humanos:
- existem funcionários capacitados para essa produção?

d) Pelos departamentos de marketing e recursos humanos:
- existem profissionais capacitados para a venda do novo modelo do produto ou serviço?

e) Pelos departamentos de marketing e finanças:
- qual o volume de vendas que recupera o investimento inicial realizado neste produto ou serviço?

f) Pelos departamentos de produção, finanças e pela alta administração:
- o resultado esperado do produto ou serviço justifica o investimento necessário?

Esse conjunto de perguntas serve para ilustrar a efetiva integração dos vários fatores e unidades organizacionais no processo de diagnóstico estratégico, ou seja, análise ambiental ou externa e análise da situação interna da empresa.

Ficou evidente para você que algumas perguntas ou análises se repetem em diferentes itens, mas isso é fundamental para consolidar uma abordagem interativa e global das questões estratégicas da empresa considerada.

3.5 NÍVEIS DE INFLUÊNCIA DA ESTRATÉGIA EMPRESARIAL

Os níveis de influência da estratégia empresarial são representados por três itens:

a) Nível estratégico de influência, que representa a interação entre os aspectos externos e internos de uma corporação, de uma unidade estratégica de negócios (UEN), ou de uma empresa.

Portanto, nesse caso, está-se considerando o aspecto estratégico em sua forma mais pura, ou seja, considerando a interligação estruturada entre aspectos externos ou não controláveis e os aspectos internos ou controláveis pela empresa.

b) Nível tático de influência, que representa as estratégias ou táticas adotadas por uma parte representativa de uma corporação, de uma UEN ou de uma empresa, tendo em vista os resultados globais.

Portanto, o nível tático de influência pode considerar, por exemplo, os aspectos mercadológicos, os aspectos financeiros, os aspectos de produção ou os aspectos de recursos humanos de uma corporação, uma UEN ou uma empresa.

c) Nível operacional de influência, que representa as estratégias ou táticas ou ações adotadas por partes menores de uma corporação, uma UEN ou uma empresa, que proporcionam os instrumentos administrativos básicos para o dia a dia do executivo.

Portanto, o nível operacional de influência pode considerar, por exemplo, para o assunto mercadológico da corporação, da UEN ou da empresa, os aspectos de preços, produtos, serviços, promoção, propaganda, vendas, distribuição e pesquisa de mercado.

Para o assunto financeiro da corporação, da UEN ou da empresa, pode considerar, por exemplo, os aspectos de despesas, custos, investimentos, fluxo de caixa e orçamento, e assim por diante, considerando os aspectos básicos de cada planejamento tático anteriormente identificado.

Cada um dos aspectos operacionais deve conter, em detalhes:
- recursos necessários para seu desenvolvimento e implementação;
- procedimentos básicos a serem adotados;
- resultados finais esperados;
- prazos estabelecidos; e
- responsáveis pela execução e implementação.

3.6 NÍVEIS DE ABRANGÊNCIA DA ESTRATÉGIA EMPRESARIAL

Uma estratégia empresarial pode apresentar três abrangências:

a) Estratégia da corporação, que se refere a decisões quanto ao negócio ou grupo de negócios em que a corporação irá competir, e como irá alocar recursos entre esses negócios.

b) Estratégia do negócio, que se refere a uma estratégia competitiva correlacionada a determinada unidade estratégica de negócio (UEN).

Corresponde à determinação de como a empresa irá competir em determinado negócio, e de como ela irá posicionar-se em relação a seus concorrentes (Hamermesh, 1986, p. 34).

Uma UEN pode compreender diversas empresas de uma corporação, com vendas de vários milhões de dólares. Em outras situações, as unidades estratégicas de negócios são definidas de maneira mais restrita, englobando apenas uma divisão de produtos ou algumas poucas linhas.

A despeito dessas diferenças, uma unidade estratégica de negócio possui algumas características próprias, que podem ajudar-nos a definir seu escopo. Normalmente, ela é considerada pela administração central como um centro de lucro razoavelmente autônomo. Tem, usualmente, seu próprio administrador geral, e sua própria estrutura de produção, vendas, tecnologia, serviços administrativos etc., embora, em alguns casos, parte dessas atividades seja compartilhada com outros negócios. Uma unidade estratégica de negócio tem, comumente, um mercado claramente definido, bem como um conjunto de estratégias identificáveis.

De acordo com Abell (1980, p. 183), existe distinção entre um negócio, uma indústria e um mercado (ver seção 5.4.5):

- um negócio é definido pela seleção de grupos e funções de consumidores, sendo, normalmente, baseado em uma tecnologia central;
- uma indústria é definida pelos limites dos vários negócios, ainda considerada a similaridade tecnológica; e
- um mercado vai mais além, englobando todas as tecnologias capazes de prover satisfação de funções e de grupos de consumidores.

O posicionamento estratégico do negócio, sob a abordagem ampliada que representa esta última conceituação de mercado, revela importantes fatores, principalmente sobre quais são os concorrentes a serem levados em conta.

c) Estratégia da empresa, que se refere a uma estratégia desenvolvida por uma empresa específica, tendo em vista sua melhor adequação perante seu ambiente.

Essa estratégia refere-se ao estilo administrativo básico e à forma de visão da empresa; é o tipo da organização econômica e humana que ela é, ou pretende ser; é a natureza da contribuição econômica e não econômica que ela pretende fazer a seus acionistas, funcionários, clientes e comunidade. Portanto, a estratégia empresarial prevê os conceitos básicos e as crenças e valores que orientam as escolhas e os comportamentos da empresa.

Salienta-se que, neste livro, estratégia empresarial não significa, única e exclusivamente, a estratégia da empresa, conforme apresentado nesta seção, mas todo e qualquer tipo ou nível de estratégia.

RESUMO

Neste capítulo, foram identificados e analisados todos os aspectos básicos que você deve considerar, quando do delineamento das estratégias empresariais.

Para tanto, e tendo como base um modelo de desenvolvimento, foram apresentados os componentes, os condicionantes, os níveis de influência e os níveis de abrangência da estratégia empresarial.

Os componentes da estratégia empresarial são o resultado esperado, os cursos de ação, os recursos alocados, os riscos correlacionados e o comprometimento dos executivos e funcionários envolvidos.

Os condicionantes da estratégia empresarial são o ambiente empresarial e a situação da empresa.

Os níveis de influência da estratégia empresarial são o estratégico, o tático e o operacional.

Os níveis de abrangência da estratégia empresarial são o da corporação, o da unidade estratégica de negócio (UEN) e o da empresa.

O adequado tratamento desses diversos aspectos permite ao executivo da empresa melhor análise estratégica e correspondente formulação e implementação das estratégias empresariais na busca da consolidação das vantagens competitivas.

QUESTÕES PARA DEBATE

1. Analisar, para as empresas que você conhece, quais os aspectos básicos que os executivos consideram para o delineamento das estratégias empresariais.
2. Debater os vários aspectos do modelo proposto neste capítulo. E se existe a possibilidade de ser aperfeiçoado para uma situação específica.
3. Identificar e aplicar os cinco componentes na análise da estratégia básica de uma empresa de seu conhecimento.
4. Idem quanto aos condicionantes da estratégia empresarial.
5. Debater os níveis de influência da estratégia empresarial.
6. Idem quanto aos níveis de abrangência.

CASO: Abordagem e amplitude da estratégia na Contract Industrial S.A.

A Contract Industrial S.A. é uma empresa com controle acionário nacional, associada a duas empresas multinacionais, que atua no segmento de fabricação e comercialização de máquinas injetoras de plásticos de tamanho médio e grande, de 200 a 500 toneladas.

O organograma representativo da estrutura organizacional da Contract Industrial S.A. é mostrado a seguir:

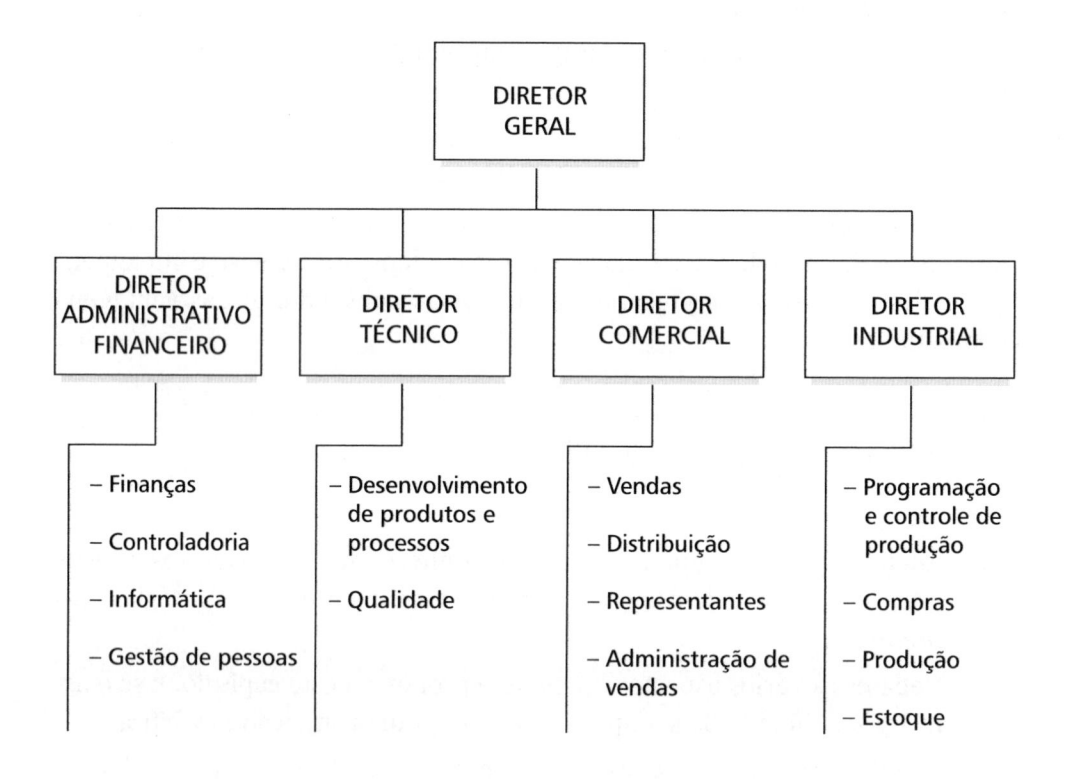

```
                          DIRETOR
                          GERAL
    ┌─────────────┬───────────────┬───────────────┐
 DIRETOR        DIRETOR        DIRETOR         DIRETOR
 ADMINISTRATIVO TÉCNICO        COMERCIAL       INDUSTRIAL
 FINANCEIRO
```

- Finanças
- Controladoria
- Informática
- Gestão de pessoas

- Desenvolvimento de produtos e processos
- Qualidade

- Vendas
- Distribuição
- Representantes
- Administração de vendas

- Programação e controle de produção
- Compras
- Produção
- Estoque

O faturamento médio anual da Contract é de R$ 425 milhões, e sua atuação comercial é em todo o território nacional.

O mercado fornecedor dos produtos da Contract está diluído entre nove fabricantes e duas importadoras que também atuam como representantes.

Considerando-se o *mix* de produtos da Contract, pode-se afirmar que ela é vice-líder de mercado, sendo que seus produtos são considerados de boa qualidade pelos clientes.

A Contract desenvolveu um plano estratégico e, no momento, quer detalhar e aprimorar suas estratégias com as seguintes finalidades básicas:

- ter uma atuação mais forte e agressiva no mercado;
- ganhar participação de mercado; e

- consolidar uma vantagem competitiva de elevada interação e parceria com os principais clientes, representados pelos fabricantes de autopeças, de produtos eletrodomésticos e de produtos eletrônicos.

Para tanto, a diretoria da Contract considerou a necessidade de detalhar e interligar todos os aspectos básicos de suas estratégias.

As estratégias básicas da Contract podem ser resumidas nas seguintes frases:

- ser pioneira na identificação das necessidades dos clientes atuais e potenciais, que atuam nos três segmentos básicos de interesse: autopeças, eletrodomésticos e eletrônicos; e
- ser parceira no desenvolvimento dos moldes e dos produtos junto aos clientes.

Com base nas informações apresentadas neste *caso real,* e outras situações que você julgue válido colocar para melhor realizar seu estudo, solicita-se a identificação dos componentes, condicionantes, níveis de influência e níveis de abrangência das duas estratégias apresentadas. E, depois, que você faça as devidas interligações, respeitando os diversos aspectos do detalhamento de todos os itens comuns entre as duas estratégias.

Naturalmente, você deve complementar este *caso* com todas as informações que julgar necessárias para melhor análise e debate, mas respeitando o que foi apresentado.

```
                    ┌─────────────────────┐
                    │     Capítulo 1      │
                    │  Conceitos básicos  │
                    └─────────────────────┘
```

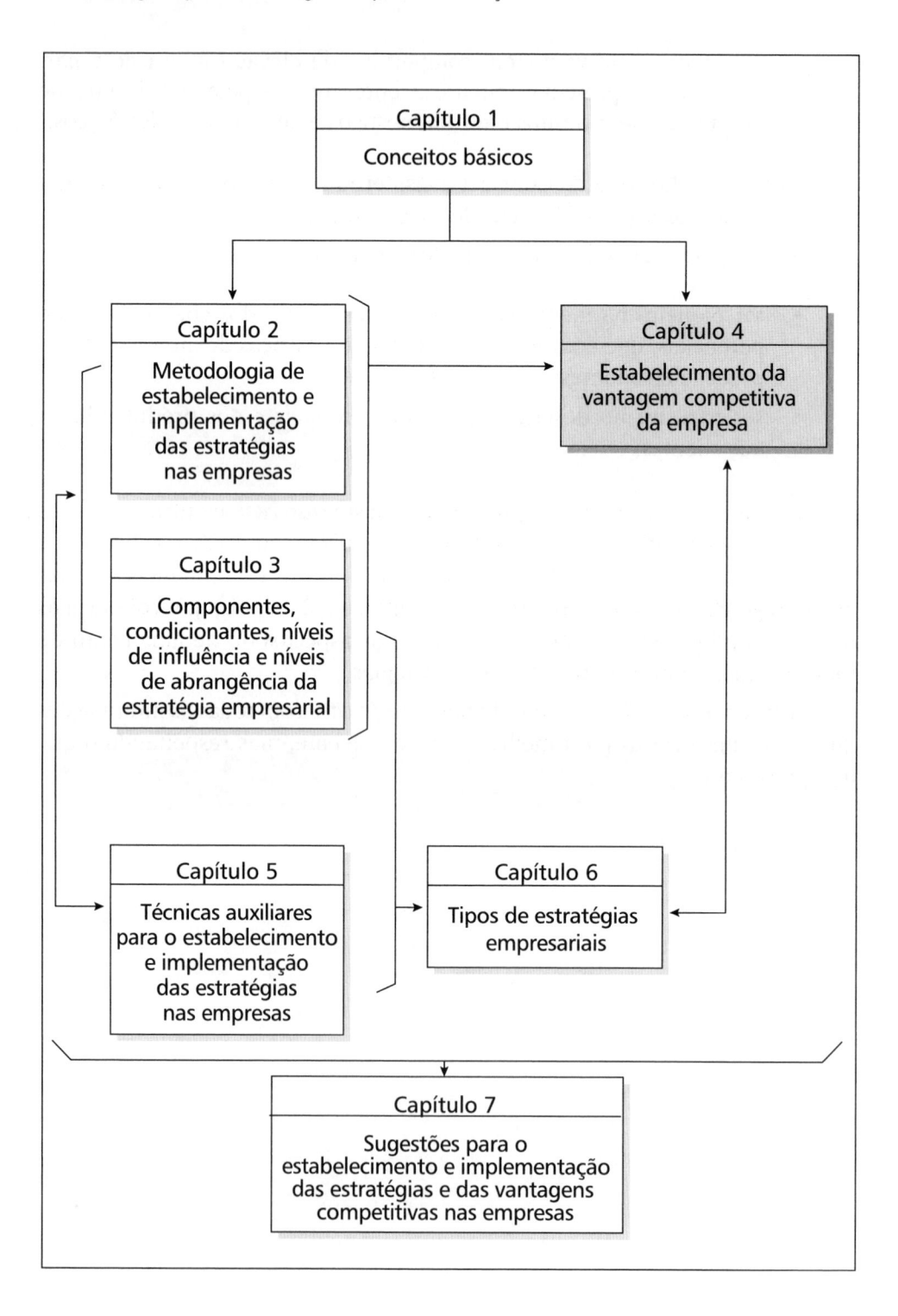

- **Capítulo 2**: Metodologia de estabelecimento e implementação das estratégias nas empresas
- **Capítulo 3**: Componentes, condicionantes, níveis de influência e níveis de abrangência da estratégia empresarial
- **Capítulo 4**: Estabelecimento da vantagem competitiva da empresa
- **Capítulo 5**: Técnicas auxiliares para o estabelecimento e implementação das estratégias nas empresas
- **Capítulo 6**: Tipos de estratégias empresariais
- **Capítulo 7**: Sugestões para o estabelecimento e implementação das estratégias e das vantagens competitivas nas empresas

4
Estabelecimento da vantagem competitiva da empresa

"Um plano não pode ser melhor do que as informações sobre as quais está baseado."

Autor desconhecido

4.1 INTRODUÇÃO

Neste capítulo, você terá oportunidade de analisar, de forma estruturada, os vários assuntos que devem ser considerados para que o executivo possa realizar uma análise estratégica comparativa de maneira adequada, tendo em vista o estabelecimento da vantagem competitiva da sua empresa em relação às empresas concorrentes.

Ao final deste capítulo, você estará em condições de responder a algumas perguntas, tais como:

- Qual a correlação entre análise de posição competitiva e vantagem competitiva para as empresas?
- O que significa, e quais as contribuições que uma análise competitiva pode proporcionar para você em seu processo decisório estratégico?
- Como você pode montar um sistema de informações estratégicas para uma adequada análise competitiva?
- Como você pode estruturar cenários estratégicos para melhor estabelecer a vantagem competitiva de sua empresa?
- Como estabelecer os fatores críticos de sucesso da empresa?
- Quais as restrições que podem ocorrer no desenvolvimento da análise competitiva?
- Como estabelecer e consolidar a vantagem competitiva nas empresas?

Verifica-se que o conteúdo deste capítulo procura levar você ao cerne da questão estratégica das empresas em geral.

4.2 MODELO BÁSICO DE ANÁLISE DA POSIÇÃO COMPETITIVA

> Análise da posição competitiva é uma metodologia estruturada que considera determinadas técnicas que fornecem as informações básicas para o processo decisório inerente ao melhor delineamento estratégico da empresa.

O modelo básico de análise da posição competitiva de uma empresa pode iniciar-se pela estruturação e aplicação do sistema de informações estratégicas, conforme apresentado na seção 4.3.

O sistema de informações estratégicas (SIE), quando adequadamente desenvolvido, tem diversas utilidades; uma delas é o fornecimento de uma série de insumos para o delineamento dos cenários estratégicos (ver seção 4.4).

Os cenários estratégicos apresentam, com base em análises e simulações estruturadas situações futuras possíveis para a indústria ou setor de atuação no qual a empresa realiza seus negócios atuais, bem como setores potenciais, nos quais a empresa poderá atuar no futuro. Dentro dessa indústria ou setor de atuação estão nossa empresa e todas as outras empresas concorrentes.

Em cada uma dessas empresas existem fatores críticos de sucesso – ver seção 4.5 –, que proporcionam toda a sustentação básica para que cada empresa consolide sua vantagem competitiva – ver seção 4.6 –, com base em suas estratégias empresariais.

A representação simplificada do modelo básico de análise de posição competitiva pode ser visualizada na Figura 4.1:

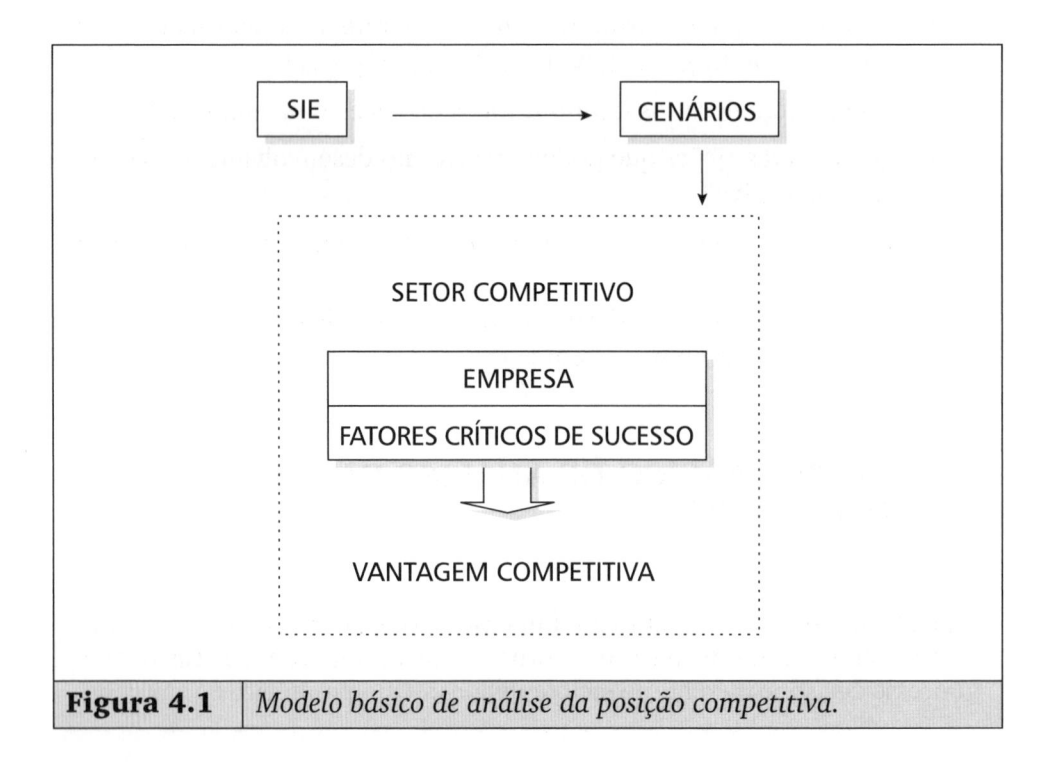

Figura 4.1 *Modelo básico de análise da posição competitiva.*

Ao longo deste capítulo é apresentada, com relativo detalhe, cada uma das partes do referido modelo. Entretanto, verifica-se que esse modelo se interliga com todo o conteúdo deste livro, pois o mesmo é insumo para a formulação das estratégias, bem como sofre influência destas.

4.3 ESTRUTURAÇÃO DO SISTEMA DE INFORMAÇÕES ESTRATÉGICAS

Uma empresa solicitou serviços de renomado consultor em questões estratégicas, o qual desenvolveu todo o processo em reuniões sistematizadas com a diretoria executiva.

Nesse momento, o que se tornou mais importante foi um sistema de informações que alimentasse o plano estratégico que estava sendo desenvolvido. Para tanto, o Presidente da diretoria executiva solicitou aos executivos da empresa as informações necessárias de forma estruturada. E o que foi que recebeu?

Recebeu um conjunto *estruturado* de desculpas, prazos dilatados, dificuldades e outras coisas correlacionadas.

Embora isso pareça o início de uma *novela de TV*, é uma dura realidade em várias empresas, sejam elas nacionais ou multinacionais, grandes ou pequenas, públicas ou privadas.

A atual realidade das empresas pode ser resumida em crescentes níveis de turbulência ambiental, forte nível de competição, pressão sobre a rentabilidade, a lucratividade e a produtividade, bem como necessidade de informações mais depuradas.

Este último aspecto é, talvez, de mais fácil solução, mas um dos que mais incomodam os executivos das empresas, porque a eficácia empresarial está sendo seriamente prejudicada por sistemas que, simplesmente, produzem enorme quantidade de dados e informações que não são trabalhados. Começa-se já a ouvir um refrão vindo dos executivos da alta administração que se sentem *amarrados* pelas restrições de sistemas de informações ineficientes:

> *"Nós não conseguimos mais interpretar as informações que recebemos. Nós nos frustramos por sistemas que fornecem dados financeiros em excesso, dados não trabalhados, dados operacionais irrelevantes, e nenhum dado do ambiente empresarial; por outro lado, só porque determinados dados são facilmente gerados, não significa que são importantes."*

Parece ter ficado claro, a todo e qualquer executivo, que não adianta a empresa ter um plano estratégico com uma série de estratégias interessantes, se faltar um sistema estruturado de informações estratégicas, que alimente esse plano estratégico, e o desenvolvimento, implementação e avaliação das estratégias empresariais identificadas. Neste livro, a sigla de identificação desse sistema estruturado é SIE, ou seja, sistema de informações estratégicas.

Entretanto, antes de abordar, com o nível de detalhamento necessário, a estruturação do SIE, é necessário tecer algumas considerações sobre a orientação estratégica da empresa, pois essa é de valia para você delinear o SIE de maneira adequada.

Toda empresa tem uma orientação estratégica que:

- representa a visão do futuro da empresa, e do que precisa ser feito para realizar o esperado; e
- determina as ações, o nível de comprometimento e a forma de atuação dos executivos, os quais induzem nos diversos funcionários os valores da empresa, focando as decisões estratégicas, táticas e operacionais na perseguição da visão do futuro.

Esta situação pode ser visualizada na Figura 4.2:

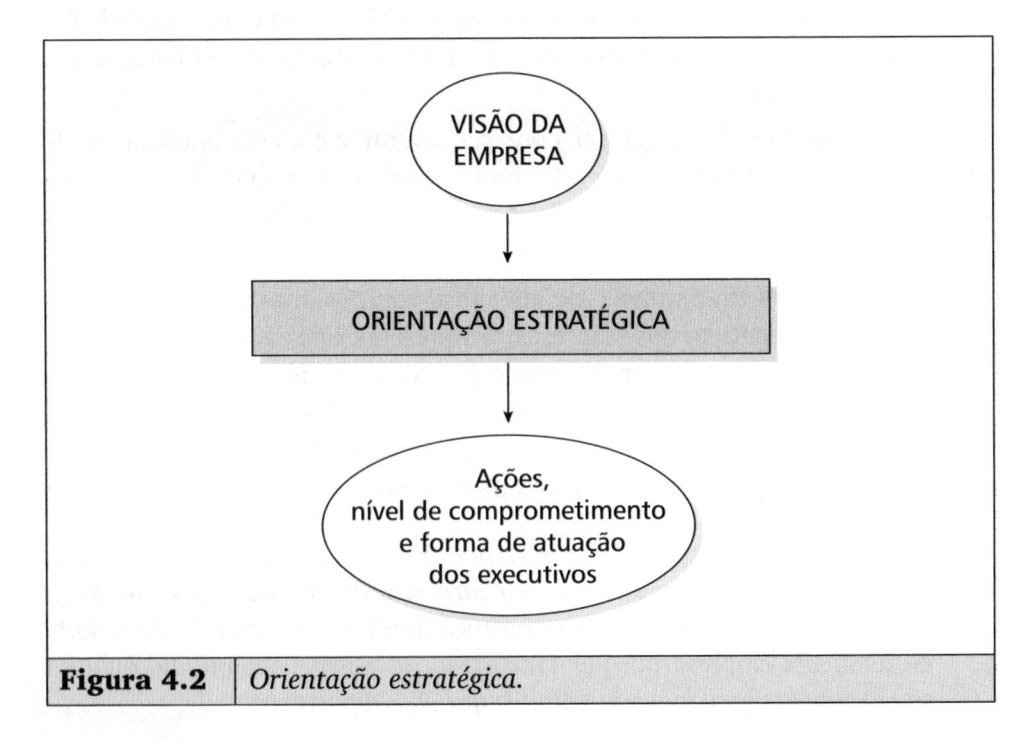

Figura 4.2 *Orientação estratégica.*

Para que a orientação estratégica apresente os resultados desejados, é necessário que o principal executivo da empresa desempenhe adequadamente algumas funções, tais como:

- crie uma visão do futuro, e faça com que toda a empresa esteja focalizada em sua realização;
- conceitue a missão ou o negócio da empresa, bem como determine os critérios básicos para o estabelecimento dos propósitos ou segmentos de atuação da empresa;
- conceitue os valores da empresa, os quais orientam, após sua decomposição e disseminação, as decisões nos níveis estratégico, tático e operacional;
- coordene a implementação de todas as atividades programadas, explicitando o conceito da missão ou negócio, pregando a visão do futuro e reforçando os valores da empresa;
- incentive o processo de inovação, como meio de a empresa concretizar sua visão do futuro;
- oriente o desenvolvimento do modelo de gestão da empresa, de forma sintonizada com a visão do futuro; e
- esteja atento para as mudanças, acompanhando as tendências das oportunidades e ameaças que determinam a estrutura do negócio, identificando inflexões nessas tendências e adaptando, sempre que necessário, a orientação estratégica.

E, como base de sustentação às orientações estratégicas, a empresa deve desenvolver um SIE, ou seja, sistema de informações estratégicas.

> Sistema de informações estratégicas (SIE) é o processo de obtenção de dados do ambiente empresarial, sua transformação em informações, bem como sua interação com as informações internas da empresa, consolidando uma estrutura decisória estratégica que sustente o direcionamento da empresa para seus resultados.

Neste ponto, surge uma pergunta básica: "Como estruturar este SIE?"

Inicialmente, é necessário identificar as finalidades para as quais o SIE foi ou deve ser estruturado. A identificação dessas finalidades, que antecedem seu delineamento, é importante para evitar que a empresa desenvolva um sistema para coleta de dados e informações irrelevantes, ou seja, que essa coleta tenha um enfoque restrito, não considerando dados e informações importantes para o processo decisório estratégico.

Os SIE podem ser classificados conforme apresentado a seguir, tendo em vista as necessidades básicas da empresa:

- SIE defensivo, que é orientado para a obtenção de informações destinadas a evitar surpresas desagradáveis para a empresa. Portanto, esse SIE não está procurando *puxar* a empresa para frente;
- SIE inativo, que é orientado para obtenção de parâmetros de avaliação do desempenho da empresa. Esse SIE pode ser considerado mais de nível tático-operacional do que de nível estratégico;
- SIE ofensivo, que é orientado para a identificação de oportunidades de negócios para a empresa; e
- SIE interativo, que é orientado a gerar oportunidades de negócios para a empresa.

Para desenvolver qualquer dos SIE, você deve estar com sua visão no futuro e no ambiente da empresa, particularmente nos fatores identificados nas análises interna e externa, conforme mostrado nas seções 3.4.1 e 3.4.2 e, em segunda instância, nos cenários estratégicos, inclusive os alternativos, conforme apresentado na seção 4.4.

O SIE deve atender a determinadas fases em seu desenvolvimento e operacionalização, tais como sua administração, geração e arquivamento, controle e avaliação, disseminação, utilização e, finalmente, a retroalimentação.

Os aspectos básicos dessas seis fases do sistema de informações estratégicas são apresentados a seguir:

a) Administração do SIE, que corresponde à identificação e definição das necessidades de informações.

Neste ponto, você deve começar pela consideração de quais são as informações necessárias, ou seja, as que estão dentro do *campo* da missão da empresa, representando os produtos e serviços, bem como os segmentos de mercado de atuação atual e potencial.

E dentro da missão devem-se considerar tanto as informações referentes aos propósitos estratégicos atuais, quanto aos propósitos estratégicos potenciais, tendo em vista que, um dia, o propósito potencial pode passar a ser um propósito atual, conforme explicado na seção 2.3.1.

Essa transformação deve ser a mais estratégica possível, ou seja, você deve ter, dentro de uma relação custos *versus* benefícios interessante, o maior número possível de informações sobre o propósito estratégico potencial, visando criar uma situação na qual, no dia em que decidir tornar esse um propósito atual, o faça de maneira estratégica, ou seja, da maneira certa.

Alguns instrumentos de administração que proporcionam sustentação ao processo decisório inerente às informações da relação produtos ou serviços *versus* segmentos de mercados são as técnicas estratégicas apresentadas no Capítulo 5.

Deve-se considerar a prioridade das informações, principalmente quanto às suas interações com as principais estratégias da empresa.

Outro aspecto a se considerar é sobre as fontes geradoras de informações. Isso porque, embora toda empresa goste de ter alguma forma de informação direta e estruturada sobre intenções e desempenho de seus concorrentes, você deve saber que, infelizmente, isso, normalmente, é impossível. Daí a necessidade de a empresa recorrer a indicadores secundários que permitam inferir essas informações.

Você também deve tomar determinados cuidados, pois os indicadores não são sempre diretos e, na maioria dos casos, são bastante ambíguos, exigindo sua correlação com outros indicadores, o que representa um trabalho de análise nem sempre muito simples.

b) Geração e arquivamento de informações do SIE.

Para que você possa *alimentar* seu SIE, é necessário que sua empresa possua, no mínimo, e de forma estruturada, um sistema de pesquisa de mercado e um sistema de indicadores dos fatores ambientais ou externos à empresa.

Pesquisa de mercado pode ser considerada como uma das atividades geradoras de informações estratégicas, em que o grau de confiança é fundamental para a identificação, definição e compreensão de um problema.

Você pode considerar que, desde que adequadamente realizada, a pesquisa proporciona planejamento de mercado com alta probabilidade de sucesso, inclusive viabilizando a estratégia empresarial correspondente.

A pesquisa é um instrumento utilizado para tomar decisões com maior certeza, pois tomar decisões é uma tarefa cercada de muitos riscos. Normalmente, você defronta-se com a necessidade de decidir sobre os mais variados assuntos, percebendo, algumas vezes, a crescente complexidade dos dados e informações que servem de base para sua decisão.

O planejamento do projeto de pesquisa envolve várias etapas. Em primeiro lugar, determina-se que tipo de pesquisa é o mais adequado para gerar a informação necessária. Em segundo lugar, considera-se qual abordagem da pesquisa é a mais apropriada, podendo ser um estudo qualitativo, baseado em uma amostra pequena, ou um estudo quantitativo mais amplo, contínuo ou repetitivo e, finalmente, quais as técnicas que devem ser utilizadas para recolher e analisar os dados com maiores possibilidades de sucesso.

A etapa final prevê a forma de apresentação do relatório e das análises, estabelecendo-se frequência de apresentação, validade, codificação e classificação, análises e cruzamentos, técnicas estatísticas utilizadas, análises complementares, fontes estatísticas empregadas, além dos prazos para aprovação e fornecimento de relatórios, coleta de dados, resultados preliminares e finais.

A pesquisa, como instrumento administrativo, pode ser extrapolada para diversos outros fatores alocados no ambiente da empresa, tal como apresentado na seção 3.4.1.

As empresas brasileiras ainda têm pouco contato com o processo de pesquisas, inclusive porque é relativamente recente no país.

A pesquisa não decide o sucesso ou o fracasso de uma estratégia empresarial, mas, seguramente, ela procura entender a realidade e a tendência de vários fatores importantes do ambiente da empresa.

Você também deve considerar que existe uma oferta abundante de fontes de dados para as empresas, sendo que alguns exemplos são apresentados no Quadro 4.1.

Essas fontes de dados podem apresentar maior ou menor nível de confiabilidade, sendo que algumas podem estar disponibilizando dados verdadeiros, mas sem qualquer tipo de análise passada, atual e futura, sendo esta última representada por projeções e simulações.

Quadro 4.1 | *Fontes e aplicações de dados e informações.*

FONTE	INSTRUMENTO A SER UTILIZADO	FORMA DE UTILIZAÇÃO
Governo	– Projetos governamentais – Contatos com técnicos do BNDES, CACEX, CDI etc. – Registros de marcas e patentes – Participação em concorrências públicas	– Revelam oportunidades de negócios – Revelam políticas e pretensões governamentais – Revelam o avanço tecnológico e os novos produtos lançados – Revelam a tecnologia e a composição de custos/preços dos concorrentes
Concorrentes	– Balanços e relatórios explicativos – Entrevistas dos principais executivos	– Revelam a situação econômico-financeira e principais projetos – Revelam prioridades e propósitos da empresa
Fornecedores	– Fornecedores de insumos de produtos e serviços	– Revelam os planos de produção e de novos produtos e serviços
Clientes	– Produtos e campanhas mercadológicas	– Revelam planos de produção, novos produtos, prioridades e nível de aceitação dos produtos e serviços
Associações de classe	– Reuniões	– Revelam preocupações, expectativas e planos
Empregados	– Empregados da empresa	– Revelam dados e informações gerais
Consultores especializados	– Contratos de consultoria	– Revelam análises e tendências da economia, mercado e tecnologia

Conforme anteriormente comentado, você deve realizar uma análise de custos *versus* benefícios, para saber quais, e em que nível de profundidade serão utilizadas as fontes de dados e informações identificadas.

E, agora, surge um último aspecto neste item. É a questão do tratamento e armazenamento dos dados e informações geradas, que cuida da preservação dos dados e informações de maneira ordenada, estruturada e lógica, propiciando adequada recuperação futura.

Você deve evitar a prática muito comum de arquivar dados inúteis, os quais proliferam na empresa, pela simples razão de serem, normalmente, de fácil geração.

c) Controle e avaliação, que consiste na análise dos dados e informações obtidas, para verificar sua relevância, consistência, urgência, confiabilidade e precisão, bem como interpretar e transformar esses dados em informações gerenciais, facilitando o processo decisório.

Naturalmente, essa análise deve ser criteriosa, pois uma informação pode ser, por exemplo, relevante e urgente para a área de produção, e relevante, mas não urgente, para a área financeira.

Com referência à confiabilidade dos dados e informações, você deve saber que não existem regras para esse tipo de avaliação, a não ser pela verificação posterior da validade dos dados e informações obtidos. Assim, somente a eficiência passada com determinada fonte pode estabelecer o nível de confiabilidade dessa fonte. Isso é muito importante para empresas que precisam utilizar continuamente as mesmas fontes de dados, do tipo vendedores, analistas de mercado de capitais, fornecedores ou institutos de pesquisa.

Quanto à precisão dos dados e informações, você pode utilizar alguns métodos, tendo como base a relação custos *versus* benefícios para a empresa, tais como comparar dados e informações obtidos entre diferentes fontes, bem como fazer uma análise histórica e de tendência pela utilização de alguns indicadores.

Outro aspecto a considerar neste item é a interpretação dos dados e informações, que correspondem a sua incorporação ao processo decisório da empresa.

d) Disseminação dos dados e informações, correspondendo à operacionalização de uma sistemática de distribuição das informações, de acordo com o perfil de interesse e necessidade de cada executivo da empresa.

A disseminação consiste na distribuição sistemática e estruturada, aos principais executivos da empresa, das informações estratégicas obtidas por meio da interpretação dos dados coletados.

Naturalmente, deve haver um processo de racionalização na sistemática de disseminação das informações, porque, quando não há um processo de divulgação racionalizado, os executivos da empresa são *premiados* com várias formas de informações, tais como relatórios, cartas, telefonemas, jornais, revistas, livros, conferências, reuniões etc.

Como, além de absorver informações, os executivos precisam dirigir as atividades da empresa, a tendência é eliminar tudo o que não é estritamente necessário à gestão empresarial. Infelizmente, nesses casos, muitas vezes são eliminadas justamente as informações estratégicas, ou seja, aquelas que vão influenciar o futuro da empresa.

e) Utilização dos dados e informações da empresa, que consiste na sistemática de incorporação dos dados e informações no processo decisório da empresa, quer seja no nível estratégico, tático ou operacional.

Naturalmente, esse aspecto tem consolidado gradativa importância e estruturação, entre outros aspectos, pois cada vez mais as empresas estão adotando o planejamento estratégico e as técnicas estratégicas, como meios de garantir o sucesso de seus negócios, diante da turbulência pela qual está passando a economia nacional, havendo um aumento proporcional na necessidade dos executivos destas empresas obterem informações estratégicas sobre as quais possam basear seus planos e decisões. Eles precisam estar informados sobre mudanças no ambiente que afetam os negócios de suas empresas, bem como sobre as ameaças e oportunidades geradas por essas mudanças.

f) Retroalimentação, ou realimentação, ou *feedback* dos dados e informações, que consiste na constante, sistemática e estruturada adaptação do processo decisório estratégico, de acordo com os resultados obtidos pela empresa, para atender cada vez melhor às necessidades de informação dos executivos.

Este último aspecto procura fechar o circuito sistêmico dos dados e informações inerentes ao processo decisório estratégico.

Fica evidente que as empresas que possuem adequado SIE podem ter vantagem competitiva em relação a suas concorrentes. Essa vantagem competitiva deve estar sustentada por uma eficácia empresarial, como resultado de a empresa *fazer bem o que deve ser feito*, ou seja, alcançar resultados efetivos.

Essa situação pode ser visualizada na Figura 4.3:

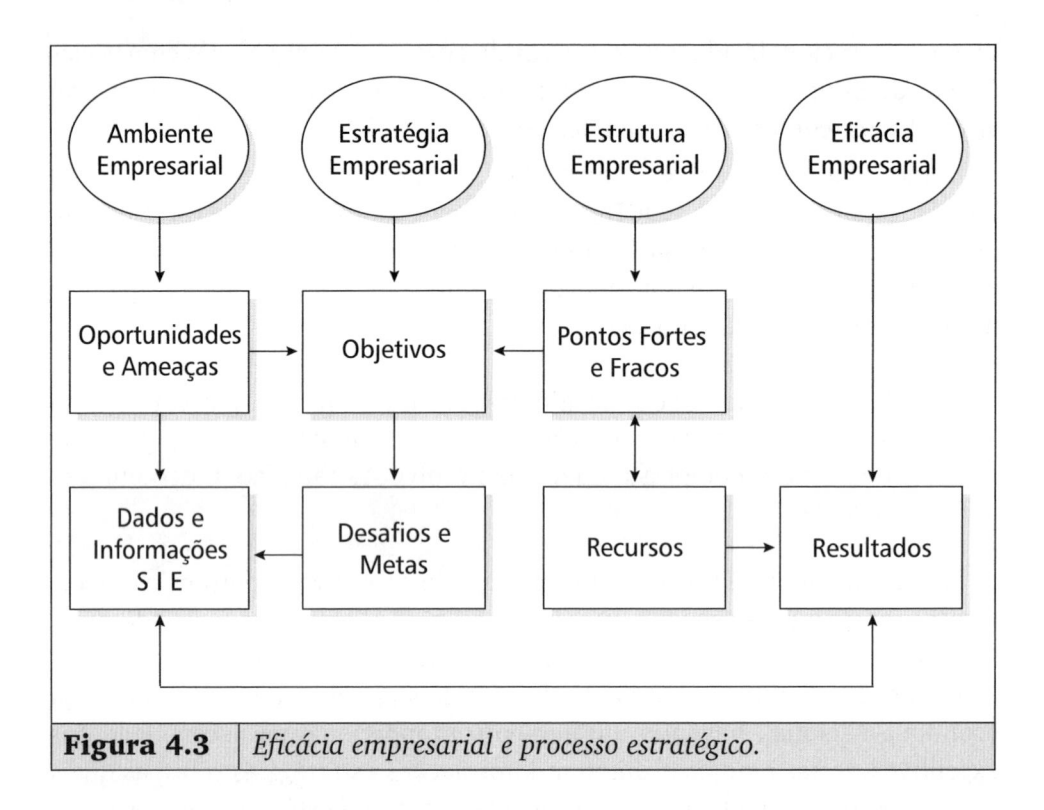

Figura 4.3 | *Eficácia empresarial e processo estratégico.*

Diagrama: Ambiente Empresarial → Oportunidades e Ameaças; Estratégia Empresarial → Objetivos; Estrutura Empresarial → Pontos Fortes e Fracos; Eficácia Empresarial. Oportunidades e Ameaças → Objetivos ← Pontos Fortes e Fracos. Dados e Informações SIE ← Desafios e Metas; Recursos → Resultados.

Na verdade, você deve considerar que o SIE, com seus dados e informações externos e internos à empresa, apresenta dificuldade muito maior no que se refere aos dados e informações externos ou ambientais, pois esses são provenientes de fatores não controláveis, enquanto os provenientes de fatores internos são controláveis pelos executivos das empresas.

Por outro lado, a incerteza ambiental é uma constante na vida empresarial, seja o país desenvolvido, em desenvolvimento ou subdesenvolvido. Portanto, a análise e o acompanhamento do ambiente onde a empresa atua é condição essencial para sua própria sobrevivência.

Você deve considerar que as mutações rápidas no cenário econômico, social e político, e seu caráter interdependente, imobilizam o amadorismo, o falso profissionalismo, a improvisação e a decisão à base de *cara ou coroa*.

Portanto, um adequado SIE será sempre de alta valia para o processo decisório dos executivos, diminuindo o nível de risco, que é parte integrante e inseparável da decisão estratégica.

4.4 ESTRUTURAÇÃO DE CENÁRIOS ESTRATÉGICOS

Foi verificado que o estabelecimento das estratégias empresariais é resultante de uma análise interativa entre os fatores externos ou não controláveis e os fatores internos ou controláveis pela empresa.

Quando da análise dos fatores externos, devem-se considerar dois instrumentos administrativos importantes, os quais em muito contribuem para a otimização da análise ambiental:

- os cenários, que proporcionam os critérios e as medidas para a preparação do futuro da empresa; e
- a análise dos concorrentes, que proporciona o estabelecimento da vantagem competitiva inerente à estratégia estabelecida pela empresa.

A seguir, são apresentados os aspectos principais a respeito do primeiro destes dois instrumentos administrativos, bem como sua interação com as estratégias empresariais.

Com referência à análise dos concorrentes, este livro procura evidenciar, em vários momentos, que o ideal é você, por empatia, colocar-se na empresa concorrente a ser analisada e procurar fazer, com o melhor nível de detalhamento possível, todo o processo estratégico da empresa concorrente.

Com base nessa análise, e tendo em vista o nível de conhecimento que se tem da empresa concorrente, pode-se também estabelecer o nível de risco estratégico para com o concorrente considerado; ou seja, quanto menor o nível de conhecimento do concorrente considerado, maior o risco estratégico perante esse concorrente; e vice-versa. Nesse contexto, cabe ao executivo decidir sobre o nível de risco estratégico aceitável para sua empresa. Mais detalhes são apresentados na seção 4.6.

Os cenários representam uma das principais técnicas administrativas para interagir as visões das pessoas com as estratégias empresariais. Isso porque o processo de elaboração de cenários parte de um conjunto de pressupostos bem definidos, e representa como deverá ser o futuro, caso esses pressupostos sejam verdadeiros.

No dicionário Webster, o termo *cenário* é definido como um esboço de uma série proposta de eventos.

De maneira geral, cenário pode ser definido como a descrição idealizada e aproximada das situações futuras de um fenômeno, as quais estão, em maior ou menor escala, condicionadas à ocorrência ou mudanças de estados das variáveis principais que explicam a situação atual deste fenômeno.

Quanto à sua origem, os cenários provêm das artes, mais precisamente, do teatro e do cinema, nos quais o termo *cenários* significa um conjunto de vistas apropriadas aos fatos representados, lugar onde se passa algum fato (Tsuji, 1993, p. 17).

Como lógica de raciocínio, os cenários foram usados, pela primeira vez, na Segunda Guerra Mundial, quando as forças aliadas imaginaram as possíveis estratégias inimigas e prepararam planos alternativos (Robbins, 1995, p. 5).

Os trabalhos pioneiros sobre *cenários* foram realizados na década de 1950, por Herman Kahn e Olaf Helmer da Rand Corporation, contratados pelo Ministério da Defesa dos EUA.

Entretanto, o termo *cenários* foi consolidado em 1967 por Kahn e Wiener no livro *O ano 2000: uma estrutura para especulação sobre os próximos trinta e três anos*, tendo como base um estudo do grupo de planejamento da Royal Dutch Shell, que resgatou e aprimorou essa técnica, para predizer e descrever todas as ramificações da crise energética que se aproximava. Com isso, a Shell usou essa vantagem para tornar-se a segunda maior empresa de petróleo no mundo – depois da Exxon – num período de apenas quatro anos. Desde então, muitas instituições e empresas usam a técnica de cenários como complemento aos métodos mais tradicionais de previsão.

O termo *cenários* sempre aparece no plural, pois estão-se considerando diferentes situações que podem ocorrer no futuro.

Entre as várias alternativas, sempre existirá uma situação mais provável, a qual está correlacionada, de forma direta ou indireta, à situação que se acredita como mais viável. Portanto, sempre existe um nível de subjetividade de análise de maior crença de uma situação, o que é perfeitamente lógico, pois se está considerando uma situação futura não controlável.

Surgiram, ao longo do tempo, algumas definições do termo *cenários*, tais como:

- sequências hipotéticas de eventos construídos com o objetivo de focalizar a atenção nos processos causais e pontos de decisão (Kahn e Wiener, 1967, p. 21);
- conjunto formado pela descrição de uma situação futura e do encaminhamento dos acontecimentos que permitem passar da situação de origem à situação futura (Bluet e Zemor, 1970, In: Godet, 1983, p. 118);

- descrições de um futuro múltiplo e do caminho que lhe está associado (Godet, 1983, p. 183);
- considerações para ordenar a percepção sobre ambientes alternativos nos quais as decisões tomadas deverão desenrolar-se (Huss e Honton, 1987, p. 221);
- descrição coerente do ambiente da empresa (Boisanger, 1988, p. 61);
- ferramentas que expandem a percepção do presente ao futuro, de maneira que concretize as incertezas possíveis, analisando o que se acredita acontecer segundo forças condutoras do presente que terão impactos nos próximos dois a três anos (Hewings, 1988, p. 21); e
- instrumento para ordenar percepções sobre ambientes futuros alternativos, sobre as quais as decisões atuais se basearão. Na prática, cenários se assemelham a um jogo de estórias, escritas ou faladas, construídas sobre enredos desenvolvidos cuidadosamente (Schwartz, 1997, p. 41).

Com base nas diversas definições, verifica-se que as palavras-chaves para a definição do termo *cenários* são:

- situação futura idealizada;
- processos causais (que levam a essa situação futura);
- decisão (entre alternativas e baseada em critérios e medidas); e
- ambientes alternativos.

Com base nessa análise, este autor considera como ideal a definição apresentada a seguir.

> Cenários estratégicos representam critérios e medidas alternativas para a preparação do futuro da empresa.

Esses cenários devem ser montados com base em dados e informações fornecidos pelo sistema de informações estratégicas, conforme apresentado na seção 4.3.

Ao longo desta seção, será possível verificar que os cenários, quando formulados e implementados de maneira adequada, representam um conjunto de variáveis inter-relacionadas e interdependentes que caracteriza arenas e panoramas futuros para os horizontes eleitos, nos quais a empresa deve inserir-se o mais competitivamente possível, mediante estratégias que consolidam sua vantagem competitiva.

Portanto, as finalidades dos cenários devem estar correlacionadas a:

- identificar, antecipadamente, e interpretar mudanças futuras no ambiente empresarial;
- contribuir para o aprimoramento do processo estratégico da empresa; e
- consolidar a visão do negócio em torno de certas expectativas identificadas e incorporadas como possíveis pela empresa.

Verifica-se que a finalidade não é gerar cenários como um fim em si próprio, mas aprimorar o processo decisório estratégico. Portanto, os cenários têm a finalidade básica de otimizar as decisões de hoje a respeito de um futuro possível que ainda não existe.

Enquanto os cenários proporcionam os critérios e medidas para a preparação do futuro, também auxiliam a análise dos concorrentes ao longo do tempo, facilitando, portanto, o estabelecimento das vantagens competitivas – de nossa empresa e das concorrentes –, as quais, junto com as técnicas estratégicas – ver Capítulo 5 – contribuem, diretamente, para a preparação do futuro da empresa.

Você pode desenvolver cenários que retratem determinado momento no futuro, ou que detalhem a evolução e a sequência de eventos, desde o momento atual até determinado momento futuro.

Por apresentar informações sobre causa e efeito, os cenários de evolução são considerados mais ricos em pormenores, permitindo a análise de pontos de transição, e são mais plausíveis por parte do usuário.

A preferência por esse modo, entretanto, deve ser analisada com cuidado, pois, normalmente, necessita de número elevado de cenários extensos, cada um com alto nível de detalhes, estando no limite da utilidade da técnica, especialmente pela alta administração da empresa, geralmente com tempo escasso. Portanto, a sequência de tendências e eventos determinantes dos cenários deve ser esquematizada, e eventos e consequências secundários devem ser resumidos para determinado momento futuro.

Entretanto, existem cenários alternativos que, por definição, não são previsões do que deve ocorrer. Pelo contrário, para questionar premissas, devem explorar possibilidades alternativas do futuro, possibilidades essas inconsistentes entre si em algumas dimensões, mas compatíveis em outras (ver seção 4.4.3).

A elaboração dos documentos escritos dos cenários finais é a culminação de um processo que deve considerar todos os executivos-chaves da empresa que, normalmente, são envolvidos em questões estratégicas. Isso porque, além do benefício de maior riqueza de ideias, informações e visões sobre o futuro que um processo participativo proporciona, seu objetivo principal é estimular maior interesse e aceitação dos cenários como importantes para debates com criatividade e para o estabelecimento de todas as questões estratégicas da empresa.

Dentro do processo de os executivos da empresa conceberem o futuro como resultado da interação entre tendências e eventos, os cenários são composições consistentes entre projeções variadas de tendências históricas e o estabelecimento de eventos específicos.

A consistência entre tendências possíveis e eventos correlatos, embora parcialmente sujeita a análises históricas, é essencialmente subjetiva, o que exige um processo de revisão relativamente intenso dos cenários para evitar erros mais grosseiros e conferir maior adequação e aplicabilidade dos cenários.

Você deve considerar que, à medida que o ambiente se torna mais turbulento, os cenários se tornam mais importantes para o processo decisório estratégico.

Quando do estabelecimento de cenários para sua empresa, você pode efetuar uma divisão estruturada, conforme apresentado na Figura 4.4:

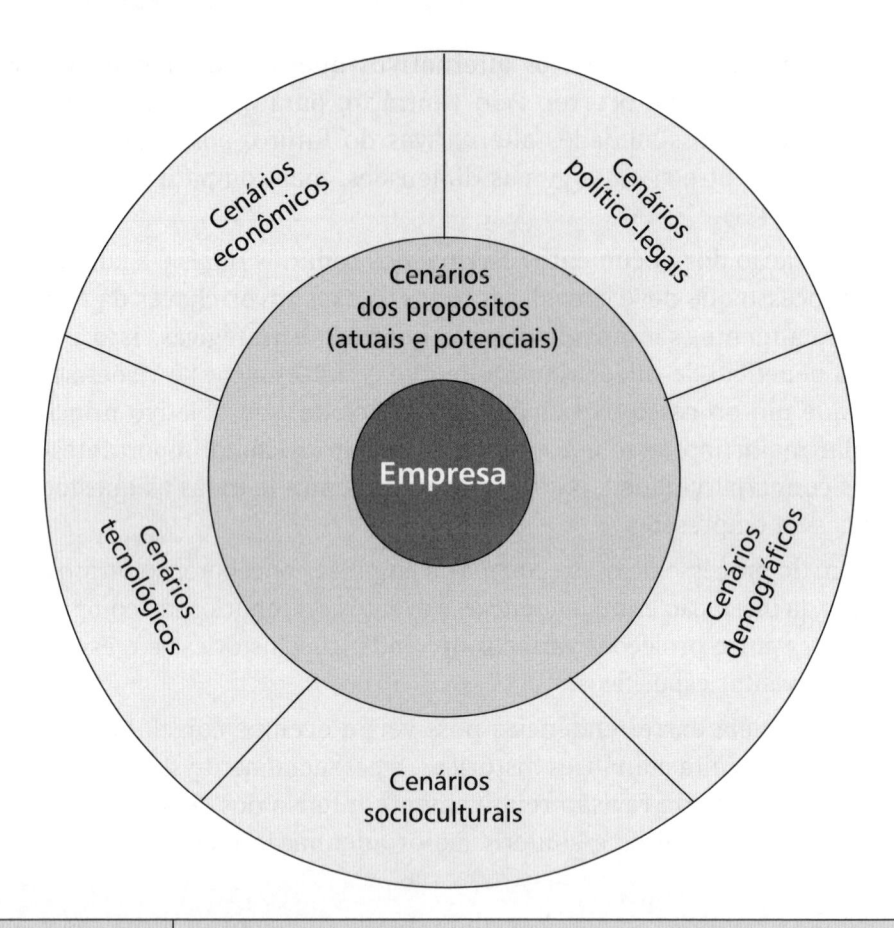

Figura 4.4 | *Cenários estratégicos.*

Os fatores dos cenários inerentes aos propósitos atuais e potenciais correspondem aos setores de atuação definidos como inseridos na missão da empresa, conforme salientado na seção 2.3.1.

Com referência aos outros cenários apresentados na Figura 4.4, alguns dos aspectos que você pode considerar são:

- quanto aos cenários econômicos, pode analisar a evolução do produto interno bruto, taxa de inflação, taxa de juros, renda disponível, nível de emprego, comércio exterior e evolução comparada entre diversos setores da economia;
- quanto aos cenários tecnológicos, pode considerar a disponibilidade tecnológica, tecnologia requerida, maturidade envolvida, direitos e pa-

tentes, flexibilidade e complexidade tecnológica, taxa de câmbio, tecnologias substitutivas, especialização tecnológica e tecnologia aplicada;

- quanto aos cenários político-legais, pode enfocar a regulamentação da concorrência, leis de proteção da ecologia, convênios internacionais, incentivos de promoção industrial, regulamentação sobre segurança, proteção ao consumidor, legislação sindical, legislação sobre o mercado cambial e legislação sobre a propriedade estrangeira;
- quanto aos cenários socioculturais, pode considerar o estilo de vida das pessoas, educação, desenvolvimentos ocupacionais, transformação de necessidades, moda, nível socioeconômico da população, meios de comunicação, impacto ecológico, grau de sindicalização e grupos de pressão; e
- quanto aos cenários demográficos, pode analisar o crescimento da população, migrações internas, migrações externas, densidade populacional e estrutura familiar.

Para cada uma dessas variáveis, você deve estabelecer o nível de interpretação, bem como o tempo de reação necessário.

O nível de interpretação corresponde a uma classificação em alta, média e baixa capacidade que a empresa tem de analisar a referida variável.

A medida do tempo de reação é a definição do tempo necessário, em determinado setor empresarial, para aproveitar oportunidades ou neutralizar ameaças. É uma medida da flexibilidade requerida pelo setor analisado.

Esses dois aspectos podem ser avaliados utilizando o formulário representado pela Figura 4.5:

PLANOS		ANÁLISE DAS VARIÁVEIS DOS CENÁRIOS				DATA _/_/_			Nº
Nº	VARIÁVEIS		CAPACIDADE DE INTERPRETAÇÃO			TEMPO DE REAÇÃO			ESTRATÉGIAS
	FAVORÁVEIS	DESFAVORÁVEIS	ALTA	MÉDIA	BAIXA	ALTO	MÉDIO	BAIXO	

Figura 4.5 | *Análise das variáveis dos cenários.*

Neste ponto, salienta-se que os cenários correspondem a possibilidades, e não a probabilidades. Portanto, os cenários apresentam uma situação mais qualitativa do que quantitativa.

Os cenários devem apresentar várias possibilidades e não uma só. Eles não correspondem a uma posição, mas a uma descrição de um futuro possível; e eles devem apresentar-se na forma de uma narrativa, sucinta e clara.

O conteúdo dos cenários deve ser amplamente debatido e analisado, pois você deve considerar que debater o assunto inerente aos cenários idealizados pode ser mais importante do que o melhor método para operacionalizar as estratégias inerentes a esses cenários.

Verifica-se que os cenários representam uma evolução estruturada das previsões.

Previsões são, geralmente, construídas com a suposição de que o mundo de amanhã será semelhante ao atual. É isso que faz as previsões serem perigosas. Funcionam dentro de um mundo que não muda sempre. No entanto, mais cedo ou mais tarde, as previsões podem falhar na antecipação das maiores mudanças do ambiente empresarial, fazendo com que sejam formuladas estratégias obsoletas. Muitos executivos sabem desse fato por desagradáveis experiências anteriores.

Portanto, o melhor modo de resolver esse problema não é procurar a melhor técnica de previsão, uma vez que o futuro não é estável; por isso, nenhuma projeção única pode ser tida como certa (Wack, 1985, p. 13).

A técnica de cenários é um instrumento que facilita a mobilização e o correspondente comprometimento dos executivos e demais profissionais da empresa, quando são comparados às tradicionais técnicas de previsão.

A finalidade dos cenários estratégicos não é, simplesmente, predizer como será o futuro, mas, principalmente, proporcionar condições para que os executivos e demais profissionais da empresa entendam melhor quais são e como se comportam as tendências atuais, bem como a identificação prévia das consequências dessas tendências em um futuro a mais longo prazo.

Portanto, tão importante quanto o resultado final, que corresponde aos cenários estabelecidos e aceitos como possíveis, é o processo de debate, por meio de um exercício lógico e, muitas vezes, estruturado e direcionado à identificação antecipada das oportunidades e ameaças do ambiente empresarial.

Entre as várias ferramentas que você pode utilizar para aprimorar um processo estratégico, os cenários é que permitem uma visão mais detalhada de uma situação futura, uma vez que apresentam informações de causa e efeito.

Identificando tendências básicas e incertezas, um executivo pode construir uma série de cenários que o auxiliam no processo decisório estratégico.

Para Mason (1994, p. 10), existem duas correntes de tratamento de questões estratégicas baseadas em cenários. A primeira sugere que a finalidade da utilização de cenários é permitir às empresas responderem, rapidamente, às mudanças nesses tempos turbulentos. Pode ser chamada escola de *redução de risco* e considera os cenários como ferramentas catalisadoras de um debate criativo, e de descoberta de tendências não tão visíveis, que apontam para onde realmente *o mundo está caminhando*. Assim, os cenários permitem que os executivos percebam a mudança do mundo, a fim de reduzir seu risco de atuação neste ambiente, sem interferir no destino da empresa. Para tal, a empresa cria uma massa crítica de eventos a serem continuamente monitorados.

A outra corrente acredita que a finalidade dos cenários é a de montar uma visão que não só a empresa, mas todo o setor de atuação ou indústria deseja como sendo a melhor dentre as visões competitivas. Essa é chamada de escola *revolucionária* ou escola do *podemos mudar nosso setor,* e coloca os cenários como ferramentas para ampliar as visões da empresa, a fim de alcançar uma situação que ela considera a melhor. Para isso, utiliza os benefícios da primeira corrente acrescidos de uma atuação proativa, no sentido de fazer com que se alcance o estado futuro desejado.

Cabe ao executivo de cada empresa escolher e utilizar, adequadamente, uma dessas duas correntes.

O tema dos estudos sobre o futuro é muito controverso e, muitas vezes, é criticado como excessivamente subjetivo, ou como não científico. Apesar disso, os planejadores estratégicos têm de elaborar uma visão sobre o futuro e criar cenários futuros alternativos.

Edmunds (1982, p. 42) aponta quatro tipos de estudos sobre o futuro, utilizados no processo de tratamento de questões estratégicas:

a) Extrapolação é a forma mais comum de planejamento, e pressupõe que a demanda do mercado e a tecnologia do produto ou serviço se desenvolverão do mesmo modo que no passado. Existem dois tipos de extrapolação: a tecnológica e a econômica. Embora a extrapolação seja uma técnica importante de planejamento no médio prazo – de três a cinco anos –, ela não pode ser usada em planejamentos de mais longo prazo, devido às rápidas mudanças que vêm ocorrendo em todas as sociedades, quer seja a brasileira ou a mundial.

b) Deslocamento na relação produtos ou serviços *versus* segmentos de mercados, a qual pressupõe que novas tecnologias irão substituir os produtos existentes por novos, como, por exemplo, a substituição ocorrida das válvulas pelos transistores ou dos carburadores pela injeção eletrônica. As mudanças na relação produtos ou serviços *versus* segmentos de mercados diferem da extrapolação tecnológica, no sentido de que a inovação do produto é vista como desempenhando uma nova função para o consumidor, ou desempenhando uma função antiga de modo mais efetivo.

c) Planejamento contigencial é baseado na ocorrência de futuras ameaças que têm uma probabilidade de ocorrência estimada, como, por exemplo, a falta de petróleo, a disparada inflacionária, uma depressão, uma guerra etc. Essa teoria, que teve papel importante na Segunda Guerra Mundial, tem sido utilizada pelos executivos na formulação de estratégias, com a finalidade de antecipar a probabilidade de ocorrência de ameaças potenciais.

d) Deslocamento de objetivos, que implica em mudanças nos valores dos consumidores e da sociedade, como, por exemplo, a mudança do trabalho para o lazer, da poupança para o consumo, do Estado assistencialista para a não intervenção do Estado na economia, do modernismo para o pós-modernismo etc. Essa técnica proporciona um debate interessante, pois os participantes têm condições de analisar, com profundidade, o outro *lado da moeda* de cada situação dos cenários considerados no plano estratégico da empresa.

Uma grande parte das empresas bem-sucedidas é da área de novas tecnologias, tais como eletrônica, biotecnologia e comunicação. Essas empresas criam novos valores, necessidades e demandas, sendo classificadas no contexto do deslocamento de objetivos.

A ênfase dos estudos sobre o futuro tem sido os deslocamentos de objetivos, pois essas mudanças são as mais importantes e refletem na sociedade inteira, mudando o cenário no qual as empresas estão interagindo.

Para a construção de cenários estratégicos, você pode utilizar a estrutura resumida apresentada na Figura 4.6:

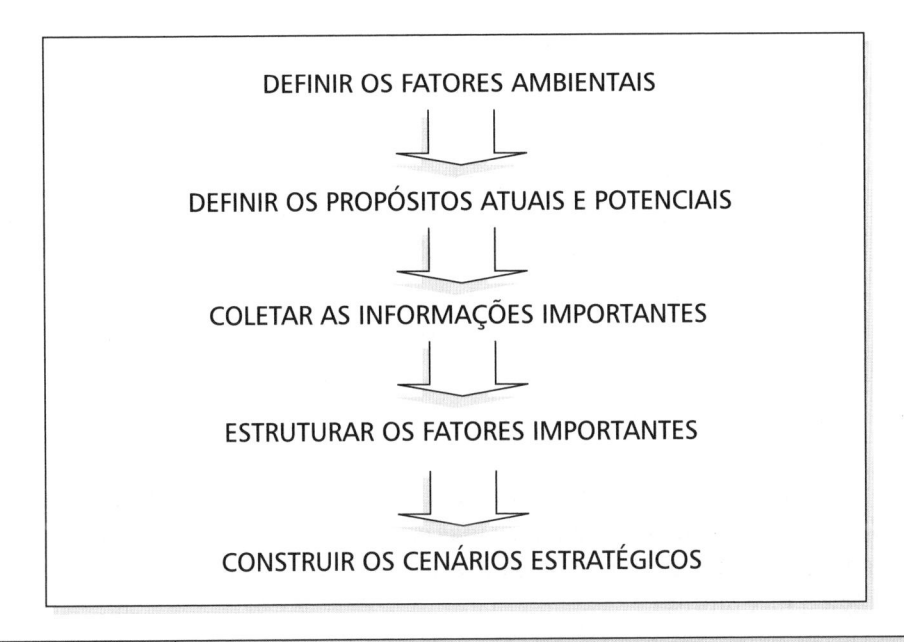

```
┌─────────────────────────────────────────────┐
│         DEFINIR OS FATORES AMBIENTAIS       │
│                      ⇓                      │
│     DEFINIR OS PROPÓSITOS ATUAIS E POTENCIAIS │
│                      ⇓                      │
│       COLETAR AS INFORMAÇÕES IMPORTANTES    │
│                      ⇓                      │
│         ESTRUTURAR OS FATORES IMPORTANTES   │
│                      ⇓                      │
│       CONSTRUIR OS CENÁRIOS ESTRATÉGICOS    │
└─────────────────────────────────────────────┘
```

Figura 4.6 | *Construção dos cenários estratégicos.*

A definição dos fatores ambientais pode ser realizada conforme apresentada na seção 3.4.1. A definição dos propósitos atuais ou potenciais é apresentada, resumidamente, na seção 2.3.1. A questão das informações importantes é apresentada na seção 4.3. A estruturação dos fatores importantes é tratada nas seções 3.4.2 e, principalmente, 4.5.

Na estruturação dos cenários, você deve dividir o ambiente em algumas camadas, tais como:

- ambiente muito próximo: fornecedores, clientes etc.;
- ambiente próximo: a indústria ou o setor de atuação; e
- ambiente distante: os fatores do macroambiente, tais como a comunidade, as condições climáticas.

A análise dos cenários estratégicos deve abordar tanto as implicações na própria empresa, como nas empresas concorrentes, quer sejam atuais ou potenciais.

Para estabelecer a estratégia empresarial por meio de cenários estratégicos, você pode considerar cinco abordagens:

- apostar no cenário estratégico mais provável;
- apostar no *melhor* cenário estratégico, considerando a sua influência positiva na empresa considerada;
- apostar nas várias possibilidades antagônicas representadas pelos cenários alternativos, sendo que essa abordagem diminui o risco, mas a estratégia empresarial fica problemática;
- apostar na flexibilidade, sendo que, nesse caso, você só se decide por uma estratégia depois de verificar como as *coisas estão indo*; e
- apostar no nível de influência e de poder, tal como no caso de oligopólios e de empresas do governo.

Evidentemente, existe a possibilidade de você fazer uma combinação estruturada entre essas cinco abordagens, mas essa situação só deve ser considerada para ampliar o nível de debate dos cenários entre os participantes do processo estratégico na empresa.

4.4.1 Vantagens e precauções no uso dos cenários

O conhecimento das principais vantagens e, principalmente, das precauções no uso dos cenários pode auxiliar, em muito, o processo estratégico das empresas.

Pode-se considerar que as razões mais comuns para o uso de cenários estratégicos são:

- existência de ambiente empresarial de grande incerteza;
- para situações cujos horizontes são de longo prazo; e
- quando o futuro da empresa pode ser afetado por eventos sem precedentes, sendo que essa pode ser considerada a razão mais importante.

Você pode considerar que essas três razões, com maior ou menor intensidade, estão sempre afetando a gestão das empresas.

De maneira geral, pode-se considerar que alguns dos benefícios dos cenários estratégicos são:

- facilitar o processo de entendimento do ambiente empresarial e suas influências;
- propiciar maior consistência interna no processo decisório;

- propiciar condições para a empresa *administrar* os riscos que as incertezas e ameaças proporcionam;
- propiciar conhecimento de inter-relações entre fatores externos ou não controláveis e internos ou controláveis pela empresa;
- dar ênfase nos aspectos de interações com os concorrentes;
- receber elementos e informações para a melhor formulação das estratégias empresariais, inclusive das alternativas; e
- facilitar o estabelecimento das vantagens competitivas.

De maneira complementar, deve-se lembrar que, segundo a Global Business Network (GBN), cenários são poderosos instrumentos administrativos, uma vez que é impossível predizer o futuro. Ao contrário de previsões tradicionais ou pesquisas de mercado, os cenários apresentam imagens alternativas, em vez de extrapolar tendências atuais. Bons cenários têm o poder de quebrar velhos estereótipos, e seu idealizador assume propriedade e compromete-se a colocá-lo em prática. O uso dos cenários é um ensaio do futuro e, pelo reconhecimento de sinais de advertência, pode evitar surpresas, adaptá-las e agir de maneira efetiva. As decisões que foram testadas contra a atuação do destino produzem estratégias mais elásticas e criam vantagens competitivas. Finalmente, o resultado final da elaboração de cenários não é um quadro mais preciso do amanhã, mas melhores decisões no presente.

De acordo com Wood (1990, p. 7), a elaboração de cenários é uma ferramenta para identificar novas prioridades empresariais e problemas que são, frequentemente, abandonados pelas empresas. Além disso, é uma ferramenta para planejar e antecipar-se ao futuro.

Entretanto, os cenários e as percepções do futuro apresentam alguns problemas, tais como:

- normalmente são caros;
- envolvem tempo e dedicação dos executivos; e
- necessitam de um senso crítico – *feeling* – e de um pensamento estratégico, o que nem todo executivo possui.

Existem algumas precauções a serem consideradas na utilização de cenários estratégicos, tais como:

- utilizar técnicas de cenários – ver seção 4.4.4 – que sejam condizentes com a realidade da empresa;

- desenvolver os próprios cenários, com paciência e profundidade, e nunca ficar tentando adaptar cenários de outras empresas que tiveram sucesso;
- correlacionar os cenários com o processo decisório da empresa, ou seja, o debate dos cenários deve fazer parte do dia a dia dos principais executivos da empresa;
- criar uma situação em que os executivos da empresa estejam comprometidos com os resultados que devem ser alcançados, como resultantes do delineamento dos cenários;
- usar os cenários para quebrar antigos paradigmas da empresa e, inclusive, consolidar uma cultura receptiva à utilização de cenários;
- utilizar um número adequado de cenários, sendo que Zentner (1975, p. 24) considera três o número ideal, ressaltando que a limitação a apenas dois cenários tende a polarizar entre o cenário bom e o ruim, o que não é correto;
- usar cenários que tenham credibilidade e utilidade. Para tanto, Godet (1983, p. 41) considera que os cenários devem respeitar quatro condições: pertinência, transparência, coerência e verossimilhança. Assim, é preciso colocar questões corretas e formular as verdadeiras hipóteses-chaves do futuro, apreciar a coerência e a verossimilhança das combinações possíveis, para não se perderem oportunidades. A transparência serve para passar, mais claramente, os métodos e as razões da técnica às pessoas; e
- ter horizonte de tempo adequado para os cenários, pois estes devem *enxergar* oportunidades e ameaças em um horizonte, o mais longo possível, desde que não perca sua validade.

Verifica-se que as várias precauções apresentadas estão correlacionadas, com maior ou menor intensidade, com o fato de os cenários não representarem uma realidade futura, mas mecanismos de representar essa realidade, visando orientar as estratégias atuais frente aos futuros possíveis e desejáveis.

4.4.2 Interligações que facilitam a estruturação dos cenários

Existem determinadas interligações que, sendo efetuadas corretamente, em muito facilitam o processo estratégico, e propiciam benefícios para toda a empresa.

Os cenários estratégicos, quando adequadamente interligados com o estabelecimento das estratégias, em particular, e com o processo de planejamento estratégico, como um todo – ver seção 2.3.1 –, apresentam os seguintes benefícios para a empresa:

- maior integração entre as várias áreas da empresa, pois o processo de debate dos cenários, pelo fato de os mesmos considerarem uma situação futura idealizada e aceita, mas não uma verdade inquestionável, cria uma situação de perfeita interação no debate entre as pessoas na busca de um resultado comum;
- melhor visão de conjunto, pois os cenários consideram a interação entre as diversas questões da evolução do ambiente empresarial, diante das realidades atuais e futuras da empresa;
- melhor trabalho com os dados e realidades atuais e passadas, pois existe uma abordagem projetiva dos cenários, a qual obriga a empresa a manter informações atualizadas e saber tratá-las;
- aprendizado do processo de identificação, tratamento e aplicação das questões de ruptura das projeções efetuadas, por meio dos cenários prospectivos; e
- melhor aprendizagem e incorporação das questões estratégicas da empresa, com base nos debates evolutivos de estabelecimento dos cenários, incluindo as interligações com algumas partes do processo de planejamento estratégico, principalmente quanto aos fatores e subfatores da análise ambiental, a análise de concorrentes e o estabelecimento das vantagens competitivas, da visão, da missão, dos propósitos atuais e potenciais, das macroestratégias e macropolíticas, bem como dos objetivos, estratégias e políticas, podendo, também, proporcionar maior sustentação aos valores e crenças estabelecidos pela empresa ao longo do tempo.

No processo de estabelecimento de cenários estratégicos, algumas outras interações principais devem ser consideradas:

a) Interação entre os fatores ambientais – não controláveis – e os fatores internos – controláveis – da empresa, a qual proporciona a abordagem estratégica do estabelecimento dos cenários.

Essa interação é realizada pela *malha estratégica*, a qual corresponde à interligação estruturada entre todos os fatores externos – não controláveis – e internos – controláveis –, em primeira instância e, posteriormente, entre todos os subfatores externos e internos.

Embora essa interligação seja complexa para muitas empresas, ela deve ser realizada, inclusive para a empresa ter conhecimento de qual é sua real abordagem estratégica.

    b) Interação entre os diversos fatores ambientais, a qual proporciona a análise da interdependência dessas questões, inclusive para determinar o nível de importância sistêmica desses fatores externos ou não controláveis.

Essa interação é realizada pelos fluxos de influência interativa, que determinam quais, por que, como, quando e em que nível de intensidade ocorre a interferência de um fator ambiental sobre outro fator do ambiente da empresa.

Você deve saber que essas interações entre dois ou mais fatores externos ocorrem com frequência, e o nível de impacto sobre a empresa é, geralmente, bastante elevado.

    c) Interação entre os cenários estabelecidos e aspectos macros do processo estratégico, tais como a visão, a missão, os valores, as macroestratégias e as macropolíticas, a qual proporciona a validação desses itens sob o *guarda-chuva* dos cenários.

Essa interligação é efetuada com o auxílio do sistema de informações estratégicas (ver seção 4.3).

    d) Interação entre os cenários estabelecidos e os aspectos micros do processo estratégico, tais como os objetivos, as estratégias e as políticas, a qual proporciona a validação para a operacionalização destes itens, de acordo com os cenários estabelecidos e aceitos como factíveis pelos executivos e profissionais da empresa.

Essa interligação, normalmente, é feita com as estratégias e os objetivos, de forma conjunta, sendo que, somente após este processo estar concluído, é feita a interligação com as políticas da empresa.

4.4.3 Cenários estratégicos alternativos

Em termos históricos, os cenários se desenvolveram a partir dos estudos da Força Aérea Norte-Americana, no período pós II Guerra Mundial, com a finalidade de imaginar ações inimigas e de preparar estratégias alternativas de defesa. Neste contexto, tiveram o auxílio dos estudos de energia nuclear, radares e de sistemas complexos com o uso de computadores e modelos matemáticos.

A evolução dos estudos dos cenários apresentou vários momentos importantes, tais como:

- SRI – Stanford Research Institute, que, em 1947, já contribuia para o planejamento de longo prazo, as estratégias e assuntos científicos e militares, sendo que no final da década de 1960 realizou um estudo do futuro do sistema educacional americano até o ano de 2.000 e, no início da década de 1970, contribuiu para a criação de 12 cenários de especialistas, mas que apresentavam problemas pela baixa interação com o processo decisório; e
- Sistema DATAR, do início da década de 1970, que é um sistema francês para se planejar o desenvolvimento regional equilibrado do país.

Os cenários estratégicos alternativos (CEA) oferecem relativa facilidade de uso nas empresas, o que favorece sua compreensão e efetiva utilização pelos seus principais executivos. Entretanto, existe alguma dificuldade para focalizar a atenção em questões mal-estruturadas de longo prazo, devido à pressão com problemas e emergências do dia a dia da empresa. Todavia, os executivos não devem considerar que esse aspecto seja um problema muito complexo.

A dificuldade maior na elaboração de CEA e na determinação de relevância de fatores correlacionados é a tendência para dispersões e pontos periféricos ao processo. A dedicação de recursos para desenvolver cenários alternativos justifica-se apenas quando o nível de turbulência do ambiente limita a eficácia de técnicas convencionais de previsão, e a avaliação da estratégia empresarial apresenta desvios importantes.

O uso de cenários alternativos constitui abordagem complementar ao estabelecimento de estratégias, para ampliar o escopo de análise, quando as circunstâncias justificarem tal procedimento.

A eficácia dos CEA é, atualmente, difícil de avaliar, devido ao pouco tempo e baixa amplitude de utilização no Brasil, bem como à dificuldade de comparação e medição. Entretanto, os executivos devem conhecer a alta valia dessa técnica e, portanto, devem incorporá-la como parte integrante do processo estratégico nas empresas.

A oportunidade para reflexão, maior criatividade, maior compreensão do ambiente empresarial e melhores informações para a tomada de decisão, de acordo com o processo de sistema de informações estratégicas apresentado na seção 4.3, deve ser considerada.

A utilidade de cenários alternativos é favorecida em condições de descontinuidade e grandes turbulências do ambiente, condições cada vez mais típicas no processo de planejamento estratégico nas empresas, dentro da realidade brasileira.

Os cenários são tão mais importantes quanto se utilizam planejamentos estratégicos com múltiplas previsões, nas quais diferentes visões de futuro servem de referencial para a formulação de estratégias (Schnaars, 1997, p. 111). Portanto, os cenários têm proporcionado forte sustentação para o delineamento de estratégias alternativas.

A importância da questão da escolha no processo de planejamento estratégico foi reforçada por Kahn e Wiener (1967, p. 24), para os quais a questão básica não é o esforço de predizer o futuro, mas a projeção de futuros alternativos e os resultados possíveis de diferentes escolhas, de modo que se possam conhecer os custos e as consequências de diferentes expectativas empresariais. Nesse contexto, esses autores foram os pioneiros na interligação dos futuros alternativos com os cenários.

Essa questão dos futuros alternativos também foi analisada por Nair e Sarin (1979, p. 57), os quais verificaram que, quando o planejamento estratégico é desenvolvido adequadamente sob uma variedade de futuros, permite à empresa sobreviver em diferentes situações, bem como o apoio de sinalizadores restringe os palpites e juízos de valor, assim como amplia a identificação e a análise de eventuais problemas, gerando um alerta contra ameaças e eventos inesperados.

Becker e Van Doorn (1987, p. 370) afirmaram, entretanto, que não se devem *abrir* em excesso os cenários alternativos, principalmente quando são resultantes de julgamentos pessoais, os quais são, em sua maioria, na forma narrativa e carregam pressupostos que, uma vez decodificados, podem representar incoerência e conflito.

Os fatores que influenciam o futuro são mutáveis, devido, principalmente, à forte evolução tecnológica. E deve-se desenvolver um procedimento estruturado de identificação e seleção de fatores ou focos de análise, bem como de suas interações, visando a uma situação de melhor entendimento e trabalho com os cenários.

Quando do estabelecimento de cenários estratégicos alternativos, você deve seguir determinadas fases que podem melhor estruturar o processo.

De maneira resumida, são três as fases básicas:

a) Identificação dos fatores do ambiente empresarial considerado.

Esta fase inicial é crítica ao sucesso e às contribuições de cenários estratégicos alternativos. Caso os executivos não consigam focalização clara de relevância, os cenários perdem a definição, divagam nos *meandros* do possível e reproduzem especulações inúteis. O balizamento dos cenários é dado pela especificação de fatores do ambiente que afetam a postura estratégica da empresa, ou cujas consequências afetam, direta ou indiretamente, os resultados da empresa.

Você tem algumas técnicas para realizar esse trabalho, tais como a técnica de inserção e a análise de encadeamento, conforme apresentado na seção 4.4.4.2.

b) Estabelecimento do sistema de informações estratégicas.

Este sistema de informações, cujos aspectos básicos foram tratados na seção 4.3, é base de sustentação para a adequada análise dos elementos identificados no ambiente empresarial considerado, ou seja, aquele que apresenta alta relevância para o processo estratégico da empresa.

Nesse caso, as diversas listas de fatores e elementos do ambiente devem ser consolidadas e priorizadas para selecionar aqueles com maior importância para a empresa. Essa importância, atual ou potencial, é determinada pela intensidade, duração e velocidade da atuação direta ou indireta do fator sobre a empresa, utilizando-se, normalmente, a análise da curva ABC, podendo ser auxiliada pela técnica GUT (Gravidade/Urgência/Tendência) apresentada na seção 2.2.1.2.

Os fatores mais importantes requerem a coleta de informações e opiniões de especialistas dentro da empresa, bem como de consultores externos, para identificar as variações possíveis de seu comportamento futuro, e também a análise de causa e efeito. E, por intermédio de especialistas, as associações entre tendências e eventos hipotéticos devem ser, na medida do possível, detectadas.

Procura-se, nessa fase, descrever a variação possível dos fatores críticos de sucesso – ver seção 4.5 –, tais como o crescimento econômico, bem como os eventos possíveis em torno de uma questão crítica identificada pela alta administração da empresa.

c) Estruturação e elaboração dos cenários alternativos.

Esta fase requer grande poder de síntese das diversas análises feitas, bem como sensibilidade para determinar quais informações têm maior relevância para contribuir com o processo estratégico da empresa.

É uma fase altamente indutiva e intuitiva, requerendo a capacidade de perceber padrões de mudança nos diversos segmentos enfocados.

Você deve considerar que, normalmente, pelo menos dois e não mais que quatro temas devem ser extraídos das informações disponíveis. Isso porque dois temas são necessários para salientar a incerteza do futuro, enquanto mais que quatro temas se tornam insustentáveis e incompreensíveis para o usuário.

Identificados os temas, o passo seguinte é o desenvolvimento de uma matriz de dupla entrada, onde os temas são cruzados com os diversos fatores analisados anteriormente. A matriz é preenchida pela análise das diversas possibilidades de mudança em cada fator, e a alocação destas é efetuada conforme a consistência com os temas. Grande atenção deve ser dada a essa tarefa, com várias interações e revisões da matriz, para garantir a consistência dos temas e suas características por fator.

Um exemplo é apresentado na Figura 4.7:

PLANOS	ESTRUTURAÇÃO DE CENÁRIOS ESTRATÉGICOS ALTERNATIVOS		DATA __/__/__	Nº
FATORES \ TEMAS	CONJUNTURA ECONÔMICA NACIONAL	CONJUNTURA ECONÔMICA INTERNACIONAL	ASPECTOS SOCIAIS	
MERCADO CONSUMIDOR				
MERCADO FORNECEDOR				
TECNOLOGIA				

Figura 4.7 *Estruturação de cenários estratégicos alternativos.*

Finalmente, os cenários devem ser estabelecidos tendo os executivos liberdade de escolher, dentro da matriz, aquelas mudanças que melhor caracterizam cada tema. Não é recomendável a simples transcrição de todas as mudanças da matriz, uma vez que o objetivo não é a apresentação de todas as informações. Procura-se, nessa tarefa, captar a essência do tema, pela apresentação de suas características mais importantes.

Sugere-se que os cenários, em forma de minuta, sejam circulados entre os executivos que participaram do processo para verificação da fidelidade e consistência dos fatores e temas, bem como do enfoque abordado, antes de sua circulação dentro da empresa.

Na Figura 4.8, é apresentada uma forma de você desenvolver uma análise de tendências dos propósitos estratégicos, com base em seu delineamento, conforme apresentado na seção 2.3.1. Verifica-se que a cada propósito estratégico atual e/ou potencial devem ser estabelecidos cenários com suas situações: provável, otimista e pessimista.

PLANOS	ANÁLISE DE TENDÊNCIAS DOS PROPÓSITOS	DATA _/_/_	Nº
PROPÓSITO:			
CENÁRIOS:			
PROVÁVEL	OTIMISTA		PESSIMISTA

Figura 4.8 | *Análise de tendências dos propósitos.*

Na Figura 4.9, é apresentada uma forma de você analisar a competência da empresa inerente aos vários propósitos estratégicos atuais e/ou potenciais identificados, tendo como base as situações prováveis, otimistas e pessimistas dos cenários. Observa-se que a estruturação é idêntica à da Figura 4.8, mas o conteúdo desse formulário é diferente.

PLANOS	AVALIAÇÃO DE COMPETÊNCIA PARA OS PROPÓSITOS	DATA _/_/_	Nº
PROPÓSITO:			
CENÁRIOS:			
PROVÁVEL	OTIMISTA		PESSIMISTA

Figura 4.9 | *Avaliação de competência para os propósitos.*

Beck (1982, p. 15) sustenta que de três cenários alternativos, situação que é normal, pode-se considerar que um deles é de abordagem tendencial, pois é resultante de técnicas extrapolativas. Essa situação pode provocar o viés de uma avaliação quantitativa do cenário, resultando em um ajuste para uma situação intermediária, a qual seria consequência de uma projeção histórica. Para amenizar esse problema, o autor sugere a utilização de dois cenários contrastantes, mas que não sejam extremistas em suas hipóteses.

A delimitação da quantidade de cenários alternativos é reforçada por Schnaars (1987, p. 111), que propõe a utilização de cenários com tendências quantitativas, aplicando alternativas alta (otimista), média (realista e mais sensata) e baixa (pessimista).

Essa abordagem de três alternativas de cenários foi reforçada por estudo de Linneman e Klein (1981, p. 71). Entretanto, como tendência a essa abordagem de três alternativas de cenários, pode-se considerar uma alteração, pois o número de cenários é considerado circunstancial à realidade atual e idealizada do negócio analisado, bem como da amplitude da análise realizada e do nível de interação entre as variáveis analisadas.

O número ideal de alternativas de cenários sofre influência das técnicas estratégicas que podem – e devem – ser aplicadas no processo de planejamento estratégico em questão (ver Capítulo 5).

Por outro lado, existem algumas dificuldades de estabelecer *intervalos* entre os vários cenários estratégicos alternativos a serem criados.

Uma ideia é estabelecer o cenário estratégico mais realista e, em seguida, fazer o seguinte:

- identificar os fatores considerados que sejam os mais relevantes para o cenário, sendo que o ideal é considerar a metade do total de fatores estabelecidos;
- para esses fatores mais importantes, considerar variações equidistantes do valor-base – positivas e negativas –, proporcionando o estabelecimento de cenários otimistas e pessimistas; e
- para a outra metade dos fatores considerados menos importantes, a variação é nula, ou seja, são considerados fixos.

No Quadro 4.2, é apresentada uma situação hipotética de um cenário estabelecido de acordo com seis fatores básicos.

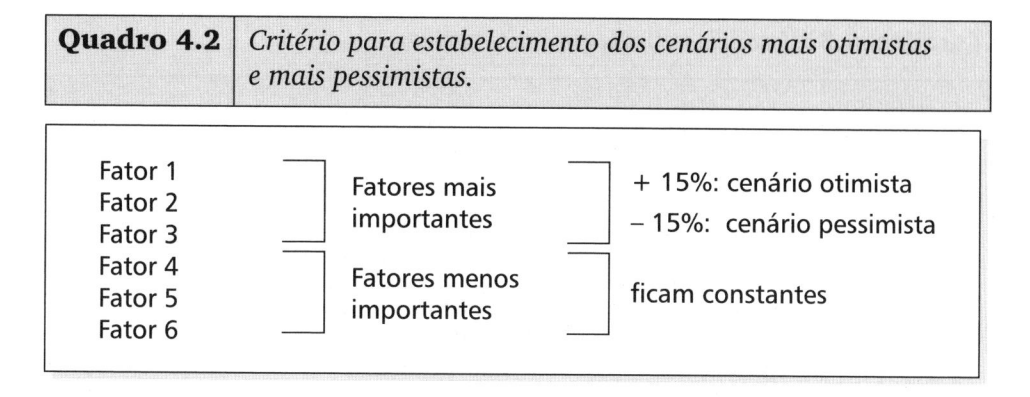

| **Quadro 4.2** | *Critério para estabelecimento dos cenários mais otimistas e mais pessimistas.* |

Fator 1
Fator 2   } Fatores mais   } + 15%: cenário otimista
Fator 3   importantes   − 15%: cenário pessimista
Fator 4
Fator 5   } Fatores menos   } ficam constantes
Fator 6   importantes

Após o estabelecimento dos vários cenários, é necessário identificar a capacitação estratégica da empresa para seu desenvolvimento diante daqueles cenários.

> Capacitação estratégica é a sustentação operacional que os recursos da empresa proporcionam para a formulação e a implementação da estratégia, frente aos cenários previamente estabelecidos.

Para estruturar a capacitação estratégica, você pode basear-se na situação dos fatores internos identificados, analisados e avaliados quando do desenvolvimento do diagnóstico estratégico (ver seção 3.4.2).

Esses fatores podem ser consolidados conforme apresentados na Figura 4.10:

PLANOS	ANÁLISE DA CAPACITAÇÃO ESTRATÉGICA			DATA __/__/__			Nº	
CENÁRIO CONSIDERADO:								
Nº	FATOR INTERNO	SITUAÇÃO ATUAL			SITUAÇÃO DESEJADA			ESTRATÉGIAS PARA MELHORIA
		ALTA	MÉDIA	BAIXA	ALTA	MÉDIA	BAIXA	

| **Figura 4.10** | *Análise da capacitação estratégica.* |

Somente como exemplo, é apresentado um cenário estratégico alternativo, de forma resumida, no Quadro 4.3:

Quadro 4.3 — Cenários estratégicos alternativos.

CENÁRIOS ESTRATÉGICOS ALTERNATIVOS	HIPÓTESES RELEVANTES	EFEITOS RESULTANTES/ AÇÕES DOS AGENTES	QUANTIFICAÇÃO INDICATIVA
A SITUAÇÃO OTIMISTA	• Redução das transferências de recursos ao exterior • Flexibilização de preços não traumática quanto à inflação • Controle do déficit público • Elevação da taxa de poupança interna • Ausência de demandas setoriais (governo, trabalhadores e capitalistas)	• Aumento dos investimentos públicos e privados • Manutenção do crescimento econômico como meta • Equilíbrio do balanço de pagamentos • Inflação reduzida e estável	PIB: 6% a 7% Inflação: 2% a 3%
B SITUAÇÃO PROVÁVEL	• Pequena redução das transferências ao exterior • Dificuldades em ampliar a poupança interna • Excessivo nível de consumo frente à capacidade produtiva • Problemas marginais na flexibilidade de preços	• Políticas monetária e fiscal intervencionistas • Pequena elevação dos investimentos • Equilíbrio do balanço de pagamentos • Redução do ritmo de crescimento econômico • Inflação reduzida, porém ascendente	PIB: 3% a 4% Inflação: 4% a 6%
C SITUAÇÃO PESSIMISTA	• Dificuldades na renegociação da dívida externa • Manutenção da poupança interna em níveis reduzidos • Demanda aquecida • Dificuldades na flexibilização de preços • Dificuldades de negociação no Mercosul e com outros países	• Manutenção da opção pelo crescimento econômico • Investimentos públicos via ampliação do déficit • Congelamento de preços mantido como último recurso • Riscos de perda de competitividade externa (taxa de câmbio) • Mercados paralelos, ágios etc. • Inflação ascendente	PIB: 2% a 3% Inflação: 7% a 10%

Evidentemente, os números apresentados tinham alguma validade em um momento específico da realidade brasileira, mas, muito provavelmente, não terão validade quando você estiver lendo este livro. Portanto, o referido quadro só serve como exemplo estruturado de cenários estratégicos alternativos.

Para auxiliar as empresas no delineamento de cenários, têm surgido, no Brasil, algumas instituições especializadas no estabelecimento de cenários, inclusive os estratégicos, seguindo, basicamente, três fases básicas:

a) Definição do ambiente relevante e identificação dos elementos e fatores fundamentais, para não se correr o risco de produzir especulações inúteis, ao se tratar de problemas que não se referem ao foco de análise.

Normalmente, são considerados cenários mundiais, cenários nacionais e cenários específicos do setor considerado.

Alguns autores consideram três cenários do ambiente específico – mais provável, otimista e pessimista – e apenas a trajetória mais provável, tanto do ambiente mundial, como do nacional. Se, por um lado, representa uma solução prática ao problema do aproveitamento dos cenários dos ambientes mais amplos, representa uma desvantagem, uma vez que a restrição a apenas uma trajetória desconsidera os cenários alternativos, que representam elevada criatividade no delineamento de cenários.

b) Informações e análise dos fatores e elementos do ambiente, que consistem na consolidação e escalonamento, por prioridade dos fatores, selecionando os de maior importância para o sistema de referência. Requer a coleta, tratamento e análise de informações, bem como de opiniões de especialistas.

c) Estruturação e elaboração dos cenários alternativos, que consistem na escolha de temas para os cenários, para, então, montar uma matriz pelo cruzamento dos temas com os fatores. Inclui-se, nessa fase, a análise da influência de um fator sobre o outro, isto é, das interações. Passa-se, então, à descrição dos cenários correspondentes a cada tema, salientando seus pontos relevantes e caracterizados.

De qualquer forma, a principal contribuição das instituições especializadas no delineamento de cenários são as informações estratégicas inerentes a determinados setores da economia.

Antes de as empresas decidirem sobre a contratação dessas instituições e de especialistas no assunto, devem responder a três perguntas:

a) Tenho utilizado a técnica de cenários para o melhor tratamento das questões estratégicas da empresa?

Se a resposta for "não", analisar o porquê.

Se a resposta for "sim", passar para as duas perguntas seguintes.

b) O que os cenários omitem? Em dois ou cinco anos, os executivos devem ser capazes de responder no que os cenários não os preveniram de eventos importantes, que aconteceram subsequentemente.

c) Os cenários levam à formulação e implementação de novas estratégias? Se os cenários não levam os executivos a fazer algo diferente do iniciado por experiências passadas, não são mais do que especulações interessantes.

4.4.4 Técnicas de estabelecimento de cenários

Para facilitar o entendimento, esta seção está dividida em quatro partes perfeitamente interligadas, a saber:

a) Classificação dos cenários, em que se procura apresentar as formas gerais de identificação dos tipos de cenários estratégicos.

Sua utilidade refere-se apenas ao entendimento da abordagem básica do cenário considerado.

b) Técnicas gerais para a construção de cenários, em que se procura apresentar maneiras de desenvolver cenários estratégicos.

Sua utilidade refere-se ao entendimento dos aspectos básicos e gerais que são considerados em cada uma das técnicas para a construção de determinado cenário estratégico.

c) Técnicas ou métodos específicos para o debate das questões estratégicas, e o posterior estabelecimento dos cenários.

Sua utilidade refere-se ao entendimento dos aspectos específicos que devem ser considerados em cada uma das técnicas para se consolidar o delineamento de um determinado cenário estratégico.

d) Técnica ou método consolidado para a construção de cenários estratégicos.

Sua utilidade refere-se ao entendimento básico de todo o processo de delineamento dos cenários estratégicos.

Salienta-se que a finalidade desta seção é apresentar para você todas as principais técnicas de estabelecimento de cenários, sem entrar em seus detalhes, mas possibilitando o entendimento do conjunto destas técnicas quanto aos seus aspectos básicos e da aplicação prática. Existem outras técnicas importantes, mas que este autor considerou que elas não são necessárias, neste momento, para que você tenha o conhecimento básico dos conceitos e das aplicações do planejamento de cenários em suas empresas.

4.4.4.1 Classificação dos cenários

Os cenários estratégicos podem ser classificados, de maneira genérica, em:

a) Cenários projetivos, em que os executivos visualizam uma situação futura projetada das situações atual e passada, a qual deverá ocorrer como resultante de aspectos cíclicos, e da forma de atuação normal da empresa considerada, bem como das outras empresas do mesmo setor.

b) Cenários prospectivos, em que os executivos visualizam uma situação futura, que pode representar, em determinado momento, uma ruptura do cenário projetivo. Pelo fato de esses cenários proporcionarem uma visualização antecipada de problemas e situações futuras, as quais não apresentam, necessariamente, maiores interações com as situações atuais e passadas, eles possibilitam que os executivos se preparem, de maneira diferenciada, para enfrentar ou usufruir essas situações, representadas por ameaças ou oportunidades do ambiente empresarial.

Salienta-se que, nos dois tipos de cenários, os executivos e demais profissionais da empresa devem ter uma atitude interativa ou, no mínimo, proativa para com as questões identificadas como possíveis de ocorrerem.

Embora os cenários prospectivos apresentem uma abordagem estratégica mais estruturada, pode-se considerar como ideal, para melhor raciocínio e forma de debate, as empresas trabalharem, conjuntamente, com os dois tipos de cenários.

Evidenciando-se, exclusivamente os cenários prospectivos, estes podem ter três abordagens:

- extrapolativa, em que se assume que o futuro reflete o passado, com abordagem projetiva e determinística, bem como com a utilização de técnicas projetivas para curto e médio prazos, e elevada utilização de informações quantitativas;

- exploratória, em que se assume que o futuro pode ser diferente do passado – o qual é uma abordagem específica do uso de cenários –, com técnicas de análise para curto, médio e longo prazos, utilizando métodos exploratórios e trabalhando com informações quantitativas e qualitativas; e
- normativa, em que se acredita que se pode criar o futuro que se deseja, utilizando técnicas exploratórias com incorporação de crenças, valores e expectativas – questões da cultura da empresa – para um período de médio e longo prazos, trabalhando com informações quantitativas e qualitativas.

Considerando o já apresentado neste capítulo, os cenários também podem ser classificados, de forma genérica, em:

- de momento ou de evolução;
- quantitativos e qualitativos;
- de propósitos atuais e de propósitos potenciais; e
- de extrapolação, de deslocamento na relação produtos *versus* mercados, de planejamento contingencial e de deslocamento de objetivos.

Existem outras formas gerais de classificar os cenários, de acordo com as probabilidades, natureza e abrangência.

Tsuji (1993, p. 27) classifica as probabilidades associadas aos cenários como livre de surpresas, mais provável de ocorrer, otimista, pessimista e desejável, sendo que este último também é chamado normativo, uma vez que exerce função de força orientadora das estratégias da empresa a fim de alcançar esta situação desejada.

Ao avaliarem-se as probabilidades de ocorrência, alguns cuidados precisam ser tomados devido a três aspectos: normalmente, as descrições não são exaustivas, sendo delimitadas segundo critérios definidos pelo próprio avaliador; o avaliador considera, geralmente, a realização de parte do cenário, sendo essa também de caráter subjetivo; e algumas características dos cenários são comuns, e nem sempre a percepção disso é igual para todos os avaliadores.

Para Godet (1983, p. 189), os cenários podem ser classificados em possíveis (tudo o que se pode imaginar), realizáveis (tudo o que se pode conseguir) e desejáveis (todos os imagináveis, mas não realizáveis). Além disso, podem-se classificar, segundo sua natureza ou sua probabilidade, em tendenciais (esses são os que extrapolam as tendências e, em todos os instantes de escolha, é um caminho exploratório da evolução de um acontecimento) ou normativos (é a extrapolação de um tema voluntariamente extremo, determinado a priori de uma situação futura, correspondendo a um caminho antecipativo e imaginativo).

Zentner (1975, p. 27) explicita três categorias gerais de cenários: globais, de empresa ou mistos. Os globais possuem uma perspectiva macro e consistem em descrições do universo futuro que a empresa vai encontrar, levando em conta fatores econômicos, políticos, sociais e tecnológicos. Os cenários de empresa apresentam perspectiva micro de fatores associados à resposta da empresa em face das mutações no ambiente e, normalmente, são de natureza orçamentária, referindo-se à expansão de capital, mudanças de preços e oportunidades de novos investimentos. Por fim, os cenários mistos representam uma mistura dos dois anteriores, isto é, descrevem mudanças ambientais, além dos fatores específicos correlacionados à resposta da empresa diante das variáveis do ambiente.

4.4.4.2 Técnicas gerais para o estabelecimento de cenários

Para a construção dos cenários estratégicos, você pode utilizar oito técnicas gerais: dedução, indução, lógica intuitiva, análise de tendências de impacto, análise do impacto cruzado, simulação, inserção e encadeamento.

Salienta-se que as duas últimas técnicas – a da inserção e a do encadeamento – são mais inerentes ao desenvolvimento de cenários alternativos (ver seção 4.4.3).

a) Técnica da dedução.

Neste caso, devem-se:
- selecionar os fatores relevantes; e
- prever os acontecimentos relevantes para cada fator.

A identificação dos fatores relevantes pode ser efetuada pela interligação geral dos fatores externos – não controláveis – (ver seção 3.4.1) e fatores internos – controláveis – (ver seção 3.4.2), por meio de uma *malha estratégica*.

A seguir, pode ser efetuada uma análise da significância, para o resultado futuro da empresa, de cada uma dessas interligações, verificando-se o nível de gravidade (nível de impacto sobre o resultado da empresa, ocorrendo um problema na interligação entre os fatores), a urgência de tempo necessária para se atuar sobre essa interligação (pelo nível de problemas existentes no momento ou que poderão ocorrer) e a tendência de evolução, de manutenção ou de degradação da interligação entre os fatores, considerando-se a mesma intensidade e amplitude de atuação da empresa considerada. Ver detalhes de aplicação da técnica GUT (Gravidade/Urgência/Tendência) na seção 2.2.1.2.

b) Técnica da indução.

Neste caso, devem-se:
- selecionar alguns poucos fatores relevantes (ver seção 4.5);
- postular possibilidades futuras para cada um dos fatores;
- verificar cada combinação possível, por meio de uma matriz (ver Figura 4.11); e
- selecionar um conjunto de três ou quatro cenários distintos, mas possíveis.

PLANOS	ANÁLISE COMBINADA DE CENÁRIOS		DATA: __/__/__	Nº
POSSIBILIDADES / FATORES	OTIMISTA	MAIS PROVÁVEL	PESSIMISTA	
Inflação				
Concorrência				
Demanda				

Figura 4.11 | *Análise combinada de cenários estratégicos.*

Com a Figura 4.11, você pode fazer todos os cruzamentos possíveis e, depois, verificar os cruzamentos que apresentam maiores possibilidades de ocorrência, bem como sejam de maior impacto – positivo ou negativo – para a empresa.

Para facilitar o processo decisório, você pode estabelecer pesos para cada um dos fatores considerados.

c) Técnica da lógica intuitiva.

Neste caso, o processo de construção dos cenários estratégicos baseia-se, única e exclusivamente, na experiência da equipe participante, não ocorrendo, portanto, qualquer análise quantitativa. Na prática, corresponde a um processo de mudança do pensamento para se antecipar acontecimentos futuros.

Embora essa técnica seja pouco estruturada, tem a vantagem de deixar os executivos mais à vontade na colocação de suas percepções e ideias, pois a abordagem é de criação de séries históricas do futuro, buscando a convergência de opiniões.

Inclusive, a prática tem demonstrado como ideal a utilização de técnicas mais estruturadas, juntamente com técnicas menos estruturadas, criando uma situação interativa e sinérgica entre as várias contribuições estruturadas e quantitativas, com as contribuições mais intuitivas e qualitativas dos principais executivos da empresa.

Entretanto, se a empresa quiser consolidar determinada estruturação de análise e debate para a técnica de lógica intuitiva, pode desenvolver os seguintes passos:

- analisar as estratégias;
- identificar os fatores críticos de sucesso do processo decisório no contexto das estratégias (ver seção 4.5);
- identificar os fatores básicos do ambiente da empresa (ver seção 3.4.1), focando, principalmente, os fatores econômicos, tecnológicos, sociais e políticos;
- analisar as forças de cada fator básico do ambiente;
- definir a lógica de cada cenário;
- elaborar os cenários;
- analisar as implicações dos fatores críticos de sucesso nas decisões; e
- analisar as implicações das decisões nas estratégias da empresa, com adequado uso da intuição dos profissionais envolvidos.

Esta técnica evoluiu a partir da década de 1970, pela forte atuação da Shell e outras grandes empresas internacionais.

De qualquer forma é uma técnica que tem recebido críticas, pela elevada abordagem quantitativa, pelas fortes mudanças empresariais que provoca, bem como pelo elevado custo de elaboração, análise e aplicação prática.

A técnica da lógica intuitiva pode se apresentar em uma abordagem mais ampla, que é o *future mapping*, desenvolvido por David Mason da NCRI – Northeast Consulting Resources, com a finalidade de tornar o planejamento de cenários algo mais simples e barato. Neste caso, o foco é fazer os executivos das empresas perceberem e aprenderem o funcionamento do ambiente de negócios onde a empresa está, ou poderá estar em um futuro breve ou distante.

As empresas podem trabalhar em dois contextos:

- abordagem dos eventos comuns, em que se trabalha com um conjunto de eventos comuns a todos os cenários, sendo depois construído um sistema para monitorar os eventos, e agir, conforme suas ocorrências ou não; ou
- abordagem da mudança agressiva, em que a empresa escolhe o cenário preferido e estrutura-se para alcançar este cenário, usufruindo das oportunidades e evitando as ameaças externas.

d) Técnica da análise de tendências de impacto.

Neste caso, você deve:

- combinar análises qualitativas com quantitativas;
- forçar a equipe de trabalho a avaliar a probabilidade de ocorrência, bem como o nível de importância de cada fator de análise;
- desconsiderar a necessidade de avaliar inter-relações entre todos os fatores externos e internos; e
- avaliar, no final, apenas o fator do qual se tem maior informação histórica, pois se desconsidera a incerteza.

Essa técnica, desenvolvida em 1972, também é denominada de análise dos impactos tendenciais, pelo fato de ter adequada abordagem com análises qualitativas e quantitativas e maior facilidade de elaboração, pois não considera a interligação entre os fatores, tem sido bastante utilizada pelas empresas. O foco desta técnica é a análise dos efeitos de determinados eventos nas tendências das variáveis analisadas.

e) Técnica da análise do impacto cruzado.

Nesta técnica, também denominada análise do impacto integrado, e que foi estruturada por Helmer e Rescher (1959, p. 6), você deve:

- considerar todos os cruzamentos de fatores, tanto externos quanto internos da empresa;
- considerar as várias expectativas elaboradas por especialistas, as quais devem ser feitas em vários momentos, até se chegar a um consenso;
- trabalhar com a média das estimativas, por meio de simulações; e
- ter, no final, um cenário de que as pessoas *gostam*, e um conjunto de vários cenários elencados por probabilidade de ocorrência.

Na prática, essa técnica serve para avaliar as consequências das interações entre as variáveis analisadas e os indicadores utilizados.

f) Técnica da simulação.

Esta técnica é baseada na utilização da tecnologia da informática, pois envolve modelos matemáticos e cálculos diversos.

Um dos estudiosos dessa técnica foi Graig (1980, p. 43), que criou um sistema matemático matricial, que inter-relaciona os diversos setores da empresa, permitindo a criação de um sistema flexível, e que possa ter a visão do sistema em sua totalidade, por meio da emissão de relatórios. Esses relatórios informam os impactos quantitativos, derivados de determinadas tomadas de decisões.

Esse modelo tem um aspecto positivo pela aplicação da matriz de *input-output*, que é um conceito da microeconomia, como um modelo de simulação de planejamentos na empresa, mas é um modelo muito quantitativo, não levando em conta aspectos qualitativos, os quais são muito importantes no processo de planejamento estratégico nas empresas.

A técnica da simulação pode ser aplicada pelas seguintes fases:

- identificação dos fatores ambientais mais influentes na realidade atual e futura dos negócios da empresa;
- segmentação da empresa, interagindo essas partes com os fatores ambientais identificados;

- aplicação de um modelo matemático com forte sustentação da tecnologia da informática; e
- correlacionar, em uma matriz, o segmento da empresa, a análise realizada, a decisão tomada, a estratégia aplicada e o fator ambiental considerado.

g) Técnica da inserção.

Esta técnica procura especificar segmentos do ambiente empresarial, sequencialmente alocados em segmentos de âmbito maior. Portanto, procura dar uma amplitude maior, de forma gradativa e acumulativa, para o tratamento de cada fator importante do ambiente empresarial.

Para facilitar a análise, o ambiente empresarial deve ser dividido em camadas ou faixas, de acordo com sua maior ou menor interação com a realidade atual e a situação futura idealizada para toda a empresa, negócio, produto ou serviço. Normalmente, o ambiente empresarial é dividido em macroambiente, ambiente intermediário e ambiente operacional.

h) Técnica do encadeamento.

Ela procura identificar os vínculos entre o sistema produtivo da empresa e o ambiente empresarial.

Os vínculos *para trás* referem-se aos insumos e fatores de produção que a empresa obtém do ambiente, tais como recursos humanos, materiais, tecnologias, matérias-primas etc. Fatores no ambiente que afetam a disponibilidade, qualidade e preços desses insumos e fatores de produção devem ser identificados.

Nas vinculações *para frente*, os produtos e serviços da empresa são colocados no ambiente onde disputam clientes em mercados nos quais diversos fatores, como a concorrência, a regulamentação governamental e a economia, afetam a venda de produtos e serviços. Esses fatores devem ser identificados de forma estruturada, conforme apresentado na seção 3.4.1.

A técnica do encadeamento está correlacionada aos princípios da nova economia das instituições.

Embora essa teoria tenha-se desenvolvido no final da década de 1930 por Ronald Coase, a atual realidade dos negócios, em que os processos administrativos têm que apresentar perfeita interação, torna esse assunto bastante moderno.

Nesse contexto, quando se considera a economia brasileira com seus diversos setores de atuação – *agribusiness*, automotivo, embalagens, petroquímico, telecomunicações, siderurgia etc. –, deve-se lembrar da abordagem da economia dos custos de transação, que objetiva analisar os contratos, formais ou não, que ocorrem nas transações entre agentes de um setor de atuação em particular ou da economia em sua totalidade.

Essa abordagem, cujo estudo proporcionou dois Prêmios Nobel de Economia nos últimos anos – Douglas North e Ronald Coase, em 1993 –, procura a consolidação dos custos de transação, os quais ocorrem em qualquer processo interativo de troca, e devem ser acrescentados no processo de estrutura de formação e de análise de custos industriais, bem como servem para otimizar o processo decisório dos agentes envolvidos na escolha da melhor transação entre os envolvidos no assunto considerado.

Essa transação, que não ocorre sem a incidência de custos, pode ser visualizada nos extremos do mercado e da integração vertical – ver seção 6.7 –, bem como na situação mista de relacionamento, em que são desenvolvidos contratos, *joint venture*, franquias, parcerias etc.

A teoria dos custos da transação procura o enquadramento otimizado das diferentes transações que ocorrem ao longo das etapas da cadeia produtiva de uma empresa ou de um setor econômico. Ao se preocupar com essa abordagem, também se preocupa com a economia dos recursos utilizados (Williamson, 1985, p. 38).

Um exemplo brasileiro de aplicação da teoria da economia de custos de transação pode ser o evidenciado nos jornais de 18-12-96, em que empresas do porte da Ceval, Coca-Cola, Gessy Lever, Kraft, Sadia, Perdigão, União, Nestlé, Quaker, Bombril, Colgate e Procter & Gamble, além das redes de supermercados, criaram o movimento Efficient Consumer Response (ECR) do Brasil.

Deve-se lembrar de que o ECR foi criado em 1993 nos EUA, com o objetivo de, automatizando os processos, reduzir os custos da indústria até o consumidor final. Nos EUA, a redução foi de US$ 25 bilhões no primeiro ano de efetiva operação.

No Brasil, foi criado um fórum formado pelas empresas do setor, constituído por três grupos perfeitamente interligados: os insumos, as indústrias e o varejo.

Talvez se possa afirmar que a consideração de ambientes muito amplos proporciona uma análise mais interessante para o processo de planejamento nas empresas, mas pode sofrer influência da qualidade das informações necessárias. De qualquer forma, essa não deve ser considerada uma restrição muito forte na análise ambiental, mas um incentivo na busca de informações em um contexto maior e, consequentemente, mais estratégico.

A teoria dos custos de transação, que procura consolidar novos modelos de interação e parcerias entre empresas, tem representado grande desafio para as empresas norte-americanas e europeias cuja prática comercial é, tradicionalmente, caracterizada por negociações estratégicas e concorrenciais, muitas vezes antagônicas, com seus fornecedores. As indústrias automobilísticas britânicas e norte-americanas são exemplos frequentes dessa problemática (Matthyssens e Van den Bulte, 1994, p. 74).

E deve-se lembrar de que essa é uma realidade que está afetando, em maior ou menor intensidade, as empresas brasileiras.

Em conjunto com a economia dos custos de transação, deve-se, também, considerar a análise da economia dos gastos com contratos, os quais representam as ligações entre os agentes econômicos que realizam as transações.

Talvez o principal aspecto desses contratos seja o nível de complexidade, pois pode-se ter, de um lado, um contrato altamente complexo e formal, e de outro lado, um contrato *psicológico* entre as partes, tal como um contrato informal – mas forte – de um consumidor para com determinada marca de produto.

Quando a teoria da economia dos custos de transação e de contratos é aplicada no processo de planejamento estratégico, pode-se considerar a ocorrência de troca de valores entre os agentes de um setor econômico envolvidos no processo.

Esses valores não estão restritos a produtos, serviços e recursos, mas envolvem também objetivos, estratégias e políticas, os quais podem ser compartilhados de maneira direta ou indireta. Na verdade, esse envolvimento pode ser o mais amplo possível, considerando cada uma das partes do processo de planejamento estratégico, conforme apresentado na seção 2.3.1. E, nesse enfoque, cada uma das várias partes do processo de planejamento estratégico consolida amplitude muito mais elevada, pois o referido processo é interativo.

Entretanto, o problema da subcontratação e da cooperação entre empresas ao longo da cadeia produtiva de determinado setor econômico – *agribusiness*, automotivo etc. – não é uma questão simples, e tem sido assunto de debate de estudiosos da estratégia empresarial.

Nesse contexto, pode-se considerar a teoria dos recursos da empresa, que aborda o foco básico dos recursos exclusivos de uma empresa, os quais são difíceis de serem copiados e imitados por outras empresas e, portanto, contribuem diretamente para a manutenção do adequado desempenho da empresa no longo prazo (Mahoney e Pandian, 1992, p. 373).

Como corolário dessa abordagem, pode-se considerar que a capacidade de construir a cooperação entre empresas depende da habilidade de identificar, cultivar e explorar *competências essenciais* da empresa. As competências essenciais oferecem a base tecnológica sobre a qual ocorre o aprendizado empresarial, que determina o desempenho superior da empresa (Prahalad e Hamel, 1990, p. 81).

A análise dos recursos e capacitações dinâmicas da empresa é uma vertente do processo estratégico que vem sendo utilizada para interpretar o desenvolvimento e o sucesso de muitas empresas, e enfoca o desenvolvimento de competências tecnológicas e empresariais que possibilitam acelerar o processo de apropriação comercial da inovação (Mahoney, 1995, p. 92).

As competências essenciais referem-se ao conjunto de funções tecnológicas fundamentais que constituem a essência da empresa no longo prazo. Por essa razão, essas funções não podem ser desenvolvidas fora dos limites da empresa. Basicamente, as competências essenciais constituem o aprendizado coletivo que ocorre no interior da empresa, especialmente a capacidade de "coordenar especializações produtivas diversas e de integrar múltiplas correntes de tecnologias" (Prahalad e Hamel, 1990, p. 89).

Alguns anos depois, os referidos autores já afirmavam que a empresa começava a ser visualizada como um portfólio de competências essenciais, e não apenas como um portfólio de negócios.

Entretanto, essa abordagem interativa da teoria de recursos da empresa foi questionada por Porter (1991, p. 99), quanto ao que é fundamental e primeiro: o sucesso da empresa ou a existência dos recursos únicos. Isso porque uma empresa é bem-sucedida se tiver recurso único e, por outro lado, deve consolidar este recurso único para poder ser uma empresa bem-sucedida.

Para Porter (1986, p. 17), cuja abordagem básica está sustentada no poder de mercado, o desempenho diferenciado e superior de uma empresa depende, basicamente, das vantagens competitivas que esta empresa consegue consolidar, as quais são delineadas com base em sua correta inserção no ambiente econômico setorial, de seu poder de negociação e barganha frente a seus clientes e fornecedores, de sua capacidade de reagir às ameaças provocadas pelo processo de inovação tecnológica, bem como pela entrada de novos concorrentes no setor econômico considerado. Mais detalhes são apresentados na seção 5.5.5.

Nessa abordagem de Porter (1991, p. 104), a cooperação interempresas em um setor econômico só deve ocorrer para facilitar o delineamento e a consolidação de vantagens competitivas resultantes de integração vertical dentro do setor econômico considerado.

Já na teoria dos custos de transação, as interações comerciais entre as empresas estão limitadas pelos contratos existentes e pelos custos de transação *ex-ante* e *ex-post*.

Williamson (1985, p. 98) apresentou uma situação conciliatória para essas abordagens, ao afirmar que os principais componentes da estratégia empresarial são *estrategizar* (consolidar posição de poder no mercado) e economizar (consolidar posição de eficiência da empresa). Essa abordagem pode consolidar a estratégia empresarial como uma ação que, inclusive, interliga fatores externos de mercado (não controláveis pela empresa) e fatores internos da empresa (controláveis pela mesma).

Também é válido lembrar o conceito de cadeia de valor, o qual decompõe a empresa em suas atividades de relevância estratégica, de forma interdependente, para que se possa compreender o comportamento dos custos, bem como as fontes existentes e potenciais de diferenciação dos produtos e serviços oferecidos ao mercado. E uma empresa consolida vantagem competitiva executando essas tarefas, estrategicamente importantes, de forma barata e melhor do que a concorrência.

Administrar os elos entre as atividades de uma cadeia de valor é tão importante quanto administrar as próprias atividades de valor. E lembrando que valor é o montante que os compradores estão dispostos a pagar por aquilo que uma empresa lhes oferece.

Porter (1985, p. 48) apresentou um conceito mais amplo que a cadeia de valores de uma empresa, que é o sistema de valores.

> Sistema de valores da empresa representa a composição estruturada das cadeias de valores dos fornecedores, cadeia de valores da referida empresa, cadeia de valores dos canais de distribuição e as cadeias de valores dos clientes.

Portanto, a obtenção e a sustentação de uma vantagem competitiva dependem da compreensão, não só da cadeia de valores da empresa, mas também do modo como essa se enquadra no sistema geral de valores.

O escopo competitivo, que é formado pelo conjunto de atividades de uma cadeia de valor de uma empresa, pode ter abordagem de foco em um segmento específico, criando uma vantagem competitiva, ou utilizar um escopo amplo, utilizando a vantagem competitiva por meio de inter-relações entre cadeias de valores que atendam a diferentes segmentos, indústrias ou áreas geográficas.

Pelo exposto, verifica-se que os princípios da nova economia das instituições e das teorias correlacionadas proporcionam interessante e elevada amplitude ao processo de planejamento estratégico de uma empresa. Por exemplo, considerando-se uma empresa do segmento de autopeças, a amplitude de seu plano estratégico fica muito maior, pois interage a referida empresa de autopeças, de um lado, com todos os fornecedores dos insumos básicos; e, de outro lado, com as montadoras, o mercado de reposição, o mercado de exportação, bem como as revendas autorizadas de veículos e as oficinas, até o cliente final.

i) Técnica CSM

A técnica CSM – Comprehensive Situation Mapping foi estruturada por William Acar, no início da década de 1980 e facilita o delineamento de estratégias e a modelagem de uma simulação dinâmica, pois ela combina as análises individuais com a sustentação computacional.

Ela é desenvolvida em dois grandes momentos:

- fase divergente, em que é delineada a visão de cada executivo da empresa, sem considerar as percepções dos demais. Esta visão deve levar a empresa para o futuro e para o ambiente empresarial; e
- fase convergente, em que se procura, pelo consenso, se chegar a uma consolidação das visões de todos os participantes no processo.

A técnica CSM se enquadra na modelagem *future forward* de construção de cenários, pois privilegia a evolução do presente até o futuro, lembrando que o outro tipo de modelagem de cenários é o *future backward*, correspondente a uma projeção do presente e passado no futuro, com a consequente identificação das estratégias para alcançar este futuro desejado.

4.4.4.3 *Técnicas específicas para o estabelecimento de cenários*

Com referência aos métodos e técnicas específicos de estabelecimento de cenários, tem-se 16 situações, a saber:

a) Método de Kahn.

O foco básico deste método é a previsão por julgamento, em que a parte mais importante está em pensar sobre o problema, e engajar-se na tarefa de conjecturar sistematicamente.

Herman Kahn identificava as tendências básicas inerentes ao problema analisado e projetava-as, visando construir um cenário livre de surpresas; e, em seguida, alterava algumas dessas projeções, para criar futuros alternativos.

Ele foi um pioneiro como estudioso do assunto, e suas ideias e contribuições são respeitadas até o presente.

b) Método de Helmer.

O foco básico é a metodologia de desenvolvimento e aplicação dos cenários, pois Olaf Helmer acreditava que, mais importante do que as informações a serem utilizadas no delineamento dos cenários, é a estruturação básica e completa do processo de desenvolvimento dos cenários, ou seja, o "como" vem antes do "o que".

Em um momento subsequente, Helmer estruturou a técnica dos impactos cruzados – ver item "e" da seção anterior –, que estuda interações entre os diversos fatores-chaves do ambiente, perante a atuação da empresa. Posteriormente, Nicholas Rescher contribuiu para a melhor estruturação desse método.

Todavia, tanto na metodologia, quanto na técnica dos impactos cruzados, Helmer procurou facilitar a formalização da previsão por julgamento, conforme idealizado por Kahn.

c) Método de Godet.

Michel Godet é um dos defensores da análise qualitativa, e estruturou seu método em 1983.

Ele criou a análise prospectiva exploratória, como uma alternativa para a obtenção de métodos de previsão mais estruturados. Também procurou evidenciar a análise holística e integrativa no delineamento de cenários.

Esse método tem as seguintes finalidades:

- revelar os pontos a estudar com prioridade – variáveis-chaves –, relacionando, por meio de uma análise explicativa global, as variáveis que caracterizam o sistema estudado;

- determinar, com base nas variáveis-chaves, os agentes fundamentais e suas estratégias; e
- descrever, sob forma de cenários, a evolução do sistema estudado, tendo em conta as evoluções mais prováveis das variáveis-chaves, baseado em jogo de hipóteses sobre o comportamento dos agentes.

Para ele, existem quatro tipos de previsão:

- a antecipação e o controle da mudança, que correspondem à listagem das mudanças tecnológicas, econômicas, sociais e empresariais pressentidas, desejadas e temidas por cada um, além da representação gráfica, evidenciando o posicionamento estratégico e as mudanças;
- a procura às ideias feitas, fundamentadas ou não, que as pessoas aceitam sem questionar, por exemplo, "é difícil trabalhar com cenários";
- as arbitragens, que procuram questionar problemas ou inconvenientes das estratégias programadas, a médio e a longo prazos; e
- a *árvore* de competências, que relaciona as especialidades, competências, aplicações, estrutura organizacional, linhas de produtos e serviços, bem como segmentos de mercados. Procura-se, também, identificar os pontos fortes e fracos relativos aos fatores de influência aos cenários.

Esses quatro tipos de previsão tornaram-se instrumentos importantes para definir melhor algumas questões, tais como o problema de estabelecimento dos cenários e as prioridades da reflexão em face dos objetivos estabelecidos.

O método de Godet parte da construção de uma base de sustentação dos cenários.

A construção da base do método de cenários, ou seja, a imagem do estado atual do sistema, deve ser pormenorizada e aprofundada nos planos quantitativos e qualitativos, de forma global, dinâmica e explicativa dos mecanismos de evolução do sistema. Além disso, a construção da base compreende três etapas: a delimitação do sistema, a determinação das variáveis-chaves, e a retrospectiva e análise das estratégias dos agentes. Nessa fase, convém não excluir do campo de estudo os elementos que não têm, atualmente, influência no processo, mas que podem, futuramente, intervir no fenômeno estudado a longo prazo. É necessária a elaboração de uma lista completa dos fatores de análise, dividindo-os em internos e externos. A retrospectiva evita privilegiar, exageradamente, a situação atual, que pode distorcer o estudo, devido a fatores conjunturais.

A seguir, é aplicado o método dos cenários, fazendo intervir os mecanismos de evolução, e confrontando os projetos e as estratégias dos agentes. Caracterizadas as possibilidades de evolução do problema, têm-se inúmeras imagens finais possíveis, as quais são hierarquizadas, com base em uma classificação por probabilidades decrescentes.

De forma resumida, o método de Godet (1983, p. 189) apresenta as seguintes fases:

- identificar as variáveis-chaves para o futuro, interagindo a situação atual com a imagem futura idealizada;
- identificar os pontos de ruptura, suas causas, momentos e consequências;
- analisar as estratégias dos agentes envolvidos e seu contexto;
- reduzir a incerteza e detectar os cenários mais prováveis;
- avaliar as escolhas possíveis;
- definir um plano estratégico correlacionado aos cenários identificados; e
- evitar erros de diagnósticos e de análises.

d) Método de Durand.

Este método foi desenvolvido em 1972, e também tem uma abordagem qualitativa, e o foco é a análise intuitiva.

O problema do método de Durand e, em parte, do método de Godet é sua forte sustentação intuitiva e subjetiva, as quais são de difícil implementação, pois muitas propostas são totalmente abstratas.

e) Método de Vanston, Frisbie, Lopreato e Poston.

O foco básico deste método, desenvolvido em 1977, é a aplicação de um procedimento dedutivo, tendo como base os assuntos considerados relevantes, tais como evolução tecnológica, globalização, crescimento econômico etc.

Para cada um dos assuntos relevantes são elaboradas previsões para as variáveis-chaves que interagem com os referidos assuntos.

Esse método é desenvolvido mediante as seguintes fases:

- definição do objetivo e organização da equipe de trabalho;

- levantamento e estruturação dos dados e informações;
- listagem de todos os fatores relevantes;
- determinação de todos os fatores relevantes, que serão os focos de análise;
- escolha dos temas para os cenários alternativos;
- agrupamento lógico dos fatores relacionados;
- definição da situação atual em termos dos fatores escolhidos;
- desenvolvimento do cenário mais provável;
- alteração dos fatores básicos para apoiar os cenários alternativos;
- preparação dos cenários alternativos;
- checagem de todos os cenários em termos de consistência, clareza e se estão completos; e
- modificação dos cenários, se necessário, e organização final para uso.

f) Método de Becker.

O foco básico deste método, desenvolvido por Henk Becker em 1983, é o conceito de forças básicas que proporcionaram a sustentação para o delineamento dos cenários.

Normalmente, essas forças básicas são duas variáveis que representam os fatores críticos de sucesso – ver seção 4.5 – para o negócio ou mercado analisado.

Posteriormente, em 1987, esse método recebeu contribuições de Joseph Van Doorn, procurando explicitar melhor o processo.

g) Método de Gordon.

Theodore Gordon, em trabalhos conjuntos desenvolvidos com Henk Becker e Herbert Gerjuoy em 1974, e com John Stover em 1976, desenvolveu a técnica de análise de tendência de impacto – ver item "d" da seção 4.4.4.2 –, cujo foco básico é combinar, com sucesso, as técnicas tradicionais de previsão, tais como as séries temporais e a econometria, com variáveis qualitativas, possibilitando, dessa forma, a identificação dos fatores explícitos de impacto, bem como a avaliação da probabilidade de ocorrência e sua importância.

Entretanto, esse método tem recebido algumas críticas, por não avaliar os possíveis impactos que os eventos podem ter entre si.

h) Método de Mitchell, Tydeman e Georgiades.

O foco básico deste método, desenvolvido em 1979, é o tratamento de impactos cruzados entre eventos e tendências, e o correspondente tratamento das probabilidades de ocorrência de maneira consistente (ver item "e" da seção 4.4.4.2).

i) Método de Amara e Lipinski.

Este método, desenvolvido em 1983, pode ser considerado um complemento do anterior – Mitchell, Tydeman e Georgiades – e seu foco básico é a seleção de cenários pelo critério max-max, em que se identifica o mais provável; em seguida, exclui-se esse cenário e se restabelecem as probabilidades na ausência do cenário escolhido. A seguir, identifica-se o cenário subsequente, repetindo-se o processo.

Como resultante desse processo, o número de fatores ou variáveis a serem analisados pode ser muito grande e, portanto, é preferível trabalhar com grupos de fatores ou variáveis correlacionados.

Podem ser identificados alguns subcenários por grupo, mas é fundamental que sejam interligados com os cenários básicos, formando uma rede escalar de interligações.

Amata e Lipinski também contribuíram com o chamado método Dynamic Cross Impact Analysis (DYCIM), em que ocorre o registro estruturado e sistemático dos julgamentos dos especialistas, a respeito de interações de situações futuras desejadas, bem como de um conjunto consistente de cenários alternativos.

j) Método de Duperrin e Godet.

O foco básico deste método, desenvolvido em 1974, é um tipo de análise de impactos cruzados (ver item "e" da seção 4.4.4.2) denominado SMIC 74 – sendo SMIC as iniciais da empresa que contratou estes trabalhos –, o qual procura identificar informações consistentes a respeito dos eventos que devem ocorrer, e que podem influenciar o ambiente empresarial, para posterior delineamento e classificação dos possíveis cenários, bem como a análise da sensibilidade, em que se determina a matriz de elasticidade, que mede a variação nas possibilidades de ocorrência dos eventos analisados como resultante da alteração na probabilidade de ocorrência de outro determinado evento.

Portanto, esse método procura analisar o efeito de uma estratégia direcionada a determinado fator, e sua influência sobre os outros fatores, bem como a análise das probabilidades de ocorrência dos cenários.

k) Método de Gershuny.

O foco básico deste método, desenvolvido por Jonathan Gershuny, em 1976, é a lógica de quatro valores, que é uma técnica de modelagem para definir os possíveis impactos causais entre fatores identificados no ambiente empresarial.

Os agrupamentos possíveis dos fatores procuram caracterizar determinados impactos, e as combinações desses impactos formam um conjunto de cenários.

l) Método Battelle.

O foco básico deste método, desenvolvido em 1967, é a utilização de uma metodologia para o melhor delineamento de cenários alternativos.

Essa metodologia é denominada Basics, e seu desenvolvimento foi patrocinado pela Battelle, uma instituição suíça.

Esse método pode ser considerado uma evolução dos métodos de Kahn e Helmer junto a Rand Corporation, por sua forte abordagem em previsões por julgamento, mas apresenta uma diferença, pelo fato de estar fortemente sustentado pela tecnologia de informação e pelos computadores.

O método Battelle ajudou a consolidar as técnicas de análise de tendência e de impacto cruzado (ver itens "d" e "e" na seção anterior).

m) Método de Rattner.

Este método, desenvolvido por Henrique Rattner, em 1979, apresenta a seguinte metodologia básica:

- definir a finalidade dos cenários;
- explorar, tentativamente, fatores influentes;
- determinar áreas críticas de preocupação pelas finalidades escolhidas;

- selecionar e descrever temas para os cenários;
- listar as áreas de tópicos críticos a serem descritos nos cenários;
- revisar, para maior clareza e adequação do tema;
- preparar um trabalho de impacto na empresa;
- preparar um banco de dados-chaves para todos os cenários;
- preparar uma lista de perspectivas;
- aplicar cada perspectiva em todos os cenários;
- revisar todas as perspectivas, e considerar os impactos cruzados das mesmas;
- descartar os impactos menores;
- examinar, em todos os cenários, quais os fatores e variáveis que alteram a postura estratégica e as estratégias da empresa, quais os objetivos a serem antecipados, e que macroestratégias e macropolíticas devem ser implementadas agora ou mais tarde; e
- preparar um conjunto de recomendações, as quais servem de sustentação para o processo de formulação e implementação das estratégias da empresa.

n) Método de Robbins.

Este método, desenvolvido por Gordon Robbins, em 1995, considera que os cenários não são nada além da criação de histórias sobre como acreditamos que os acontecimentos se desdobrarão, devendo ser exercido todos os dias pelos executivos.

A metodologia proposta pelo autor sugere a utilização de cenários como um instrumento que ajuda a clarificar diversos assuntos complexos, reduzindo-os a alguns componentes básicos:

- assunto-foco: é o tema ao redor do qual serão construídos os cenários alternativos para determinar um curso apropriado de ação. Normalmente, o assunto-foco é colocado na forma de uma pergunta como "nós deveríamos gastar R$ 700.000,00 este ano em uma nova máquina?";
- forças motrizes: movem o cenário para frente, podendo ser internas ou externas à empresa. A maioria das forças motrizes pertence a uma

destas cinco categorias: social, econômica, política, tecnológica ou ambiental;
- elementos predeterminados: componentes de que nós temos certeza. Eles, normalmente, vêm dentro de um dos quatro contextos. Os fenômenos de mudanças lentas incluem assuntos como deterioração em infraestrutura ou mudanças demográficas; as situações *forçadas* são as que temos quase certeza de que irão existir no futuro, como limites legais; os fatos eminentes são igualmente certos, porque eles já existem, sendo só uma questão de tempo até que evoluam a uma particular situação; e, finalmente, colisões inevitáveis são as forças destinadas a entrarem em conflito com as outras; e
- incertezas críticas: são itens que não são conhecidos, mas que, frequentemente, podem ser descobertos, questionando-se suposições sobre os elementos predeterminados.

Usando os conceitos descritos, um cenário pode ser construído, descrevendo como as várias forças podem comportar-se e quais os resultados advindos das mesmas. Determinado jogo de forças pode comportar-se diferentemente, dependendo das circunstâncias, sendo, por isso, importante explorar duas ou três alternativas possíveis.

Tentativas de construir e avaliar mais de alguns poucos cenários, frequentemente, só resultam em confusão e, por isso, o autor sugere que, qualquer que sejam as circunstâncias que cercam um assunto, os cenários, tipicamente, entram em uma das quatro principais categorias:

- cenários de vencedores e perdedores correspondem a uma situação na qual os recursos ou oportunidades são limitados, e um resultado positivo para um dos agentes significa um resultado negativo para os demais envolvidos;
- cenários de desafio e resposta são muito comuns, tanto na ficção popular quanto no mundo real. Neste caso, o protagonista deve superar obstáculos antes de alcançar uma recompensa, meta ou objetivo;
- cenários de evolução envolvem mudanças a longo prazo em uma direção específica. O envelhecimento da população de uma comunidade é um exemplo de uma linha de cenário de evolução, assim como o efeito da industrialização em um ambiente. Inicialmente, essas linhas de cenários são difíceis de ser traçadas, por causa do

longo tempo envolvido, mas elas podem ter efeito em determinado momento futuro; e

- cenários de revolução, os quais podem ser de difícil identificação, pois ocorrem inesperadamente.

Depois de construídos os cenários e determinados os impactos no assunto-foco, devem-se selecionar os principais indicadores a serem monitorados. Sabendo o que observar, se são mudanças nas taxas de juros, aumento no consumo de energia ou qualquer outro fator previamente identificado, o executivo da empresa identifica qual cenário é eminente e, assim, pode decidir e agir com antecedência.

De fato, desenvolver um cenário estratégico requer juntar todos esses itens num processo de perspicácia e descoberta.

De forma mais esquematizada, o método de Robbins apresenta oito passos para o desenvolvimento do cenário estratégico:

- identificar o assunto-foco, o que corresponde a decidir o que tem que ser feito;
- identificar os fatores-chaves no ambiente empresarial, que são os elementos predeterminados e as incertezas críticas que influenciam a decisão. Eles podem ser identificados conforme apresentado na seção 3.4.1;
- listar as forças motrizes, as quais correspondem aos fatores-chaves que têm maior influência para o delineamento do futuro da empresa (ver seção 4.5). Devem-se, também, listar forças secundárias, que representem os fatores ou variáveis que são *insumos* para o deslocamento evolutivo da força motriz;
- ordenar os fatores-chaves e as tendências, escolhendo as forças motrizes e os fatores mais importantes. Lembrar que elementos predeterminados são, por definição, inalteráveis e não afetam o desenvolvimento dos cenários neste momento;
- selecionar as categorias de cenários em que melhor se ajustam as informações estratégicas. Essas categorias, conforme explicado anteriormente, podem ser de vencedores e perdedores, de desafio e resposta, de evolução e de revolução. Com referência às informações estratégicas, ver seção 4.3;

- criar os cenários, pois tendo identificado os fatores mais importantes e a provável direção na qual eles caminharão, estão reunidas as várias peças que formam uma narrativa de fácil compreensão. É útil dar a cada cenário um título descritivo e memorizável para assimilar cada ideia, facilitando posterior discussão e assimilação por parte de todos os envolvidos;
- desenvolver as implicações, em que se procura identificar o que cada cenário acarretará para a empresa; e
- selecionar os principais indicadores, para saber o que deve ser observado para confirmar se o cenário está desdobrando-se como previsto.

Talvez a exigência mais importante e difícil para a construção de cenários é ter a *mente aberta*, o que implica duas coisas: estar bem informado em qualquer assunto que pode afetar a empresa, não se prendendo a um resultado de um cenário em particular, porque existe uma atração emocional, financeira, ou por qualquer outra razão; e para a utilização adequada de cenários, é vital considerar qualquer curso provável dos eventos.

Robbins (1995, p. 4) coloca que a técnica, assim como qualquer método de planejamento, não é uma *bola de cristal*. Seu valor consiste no desafio de se olhar à frente e, por mais incômodo que o desafio possa ser, a escolha parece clara: *olhe à frente ou permaneça atrás*.

o) Método de Schoemaker.

Paul Schoemaker, que consolidou este método em 1995, considerou que a elaboração de cenários divide nosso conhecimento em duas áreas: coisas que nós sabemos intuitivamente, e elementos que consideramos como incertos. O desafio é separar aspectos em que nós somos confiantes, daqueles que são largamente incertos.

O objetivo é ver o futuro amplamente, em termos de tendências fundamentais e incertezas. O propósito global é construir uma estrutura compartilhada para o planejamento estratégico, e isso estimula percepções mais acentuadas sobre as mudanças externas e oportunidades.

Para Schoemaker (1995, p. 36), os cenários devem ser desenvolvidos em nove etapas:

- definição do escopo: o primeiro passo é definir um programa e o escopo de análise em termos de produtos, mercados, áreas geográficas e tecnologias. A estrutura de tempo pode depender de vários fatores, como taxa de mudança tecnológica, ciclos de vida do produto, eleições políticas, ação dos concorrentes, e assim sucessivamente. Uma vez determinada uma estrutura de tempo apropriada, pergunta-se que conhecimento seria de maior valor para a empresa a longo prazo. É importante olhar o passado e analisar as mudanças que ocorreram em seu departamento, empresa, setor de atuação, região, país e mesmo no mundo, para antecipar mudanças similares para os próximos anos;

- identificação dos principais envolvidos: quem tem interesse nestes assuntos? Quem é afetado por eles? Quem pode influenciá-los? Os envolvidos incluem clientes, fornecedores, concorrentes, empregados, acionistas, governo, e assim sucessivamente. Identificar os papéis atuais de cada um, interesses e posições de poder, e analisar como eles mudaram com o passar do tempo, e por quê;

- identificação de tendências básicas: identificar essas tendências e suas influências na empresa no campo político, econômico, social, tecnológico, jurídico e operacional. Pode ser útil listar cada tendência em um quadro ou diagrama de influência, identificando seu impacto na estratégia presente como positivo, negativo ou incerto;

- identificação de incertezas-chaves: novamente, considerar aspectos econômicos, políticos, sociais, tecnológicos, jurídicos e operacionais. É fundamental identificar correlações dos fatores de incerteza; por exemplo, nível de desemprego com taxa de inflação;

- construção de cenários iniciais: com base nas tendências e incertezas identificadas, é iniciada a construção de cenários. Primeiro, são separados todos os fatores positivos e negativos, mas em termos relativos para com a estratégia atual, pois o que parece ser, em princípio, um cenário negativo pode provar ser um de inovação e oportunidade escondida em um momento futuro. Depois, são selecionadas duas incertezas que são cruzadas. Essa técnica torna mais clara a identificação das incertezas mais relevantes;

- conferência, consistência e plausibilidade: neste contexto, verificar se as tendências são compatíveis dentro da estrutura de tempo predeterminada, se os cenários realmente combinam com os resultados das incertezas e se os impactos nas pessoas envolvidas nesse processo são consistentes com suas reações;

- identificação das necessidades de pesquisas: estas servem para compreender melhor as incertezas e tendências, tais como novas tecnologias, desenvolvimento de novos produtos e sistemas de informação;
- desenvolvimento de modelos quantitativos: nessa etapa, é necessário reexaminar as consistências internas dos cenários e avaliar se devem ser formalizadas em um modelo quantitativo. Por exemplo, a Royal Dutch/Shell desenvolveu um modelo que mantém preços do petróleo, inflação, impostos, taxas de juros, e outros fatores, em equilíbrios plausíveis (ver seção 5.4.2). Os modelos também podem ajudar a quantificar as consequências de vários cenários, ou seja, em termos de comportamento de preço, taxa de crescimento, participação de mercado e outros fatores; e
- desenvolvimento de cenários de decisão. Finalmente, em um processo interativo, devem-se convergir os cenários para testes das novas estratégias. Nesse momento, surge a pergunta: como determinar se os cenários finais foram bem estruturados e desenvolvidos? O primeiro critério é a relevância. Para ter impactos, os cenários devem interligar-se diretamente com os objetivos da empresa. Segundo, os cenários devem ser inteiramente consistentes e efetivos. Terceiro, os cenários devem levar em consideração a relação entre os vários fatores e variáveis envolvidos no processo. Em resumo, os cenários devem abranger várias possibilidades e destacar as perspectivas competitivas, tanto da empresa como de seus concorrentes, atuais e potenciais.

p) Método Delphi.

Este método, por sua forma estruturada, representa importante contribuição ao processo de delineamento de cenários, e efetiva sustentação ao processo de planejamento estratégico.

O método Delphi, idealizado por Olaf Helmer e Nicholas Rescher na Rand Corporation, em 1959, e, posteriormente, apresentado de forma estruturada por Helmer, em 1968, representa uma técnica que utiliza as diversas informações identificadas e obtidas pelo julgamento intuitivo das pessoas, com a finalidade de delinear e realizar previsões.

Na verdade, o método Delphi, cujo nome foi inspirado no antigo oráculo grego de Delfos dedicado a Apolo, começou a ser idealizado em 1948 por

Norman Dalkey, Theodore Gordon, Olaf Helmer e Robert Kaplan, que produziram 14 documentos considerados o preâmbulo do referido método.

Esse método procura a efetiva utilização do julgamento intuitivo, com base em um painel formado por diferentes especialistas, em que suas opiniões são refinadas em um processo interativo repetido algumas vezes, até alcançar o consenso interdisciplinar e a correspondente redução do viés individual, idiossincrasias e situações de perguntas que evidenciem ignorância sobre o assunto abordado (Helmer, 1968, p. 120).

O método Delphi parte da hipótese de que as projeções sobre o futuro, onde as decisões sobre as estratégias empresariais devem fundamentar-se, estão amplamente baseadas nas expectativas pessoais dos indivíduos, em lugar das previsões obtidas de teorias bem definidas.

O método Delphi deve ser desenvolvido em sete etapas, sendo uma preliminar, a saber:

ETAPA 0: esta etapa preparatória procura decidir a respeito das seguintes orientações:
- se os especialistas estão autorizados a redefinir o objeto dos cenários em estudo, bem como alterar o modelo que tenha sido anteriormente elaborado para a empresa;
- sobre o *nível* de consenso esperado entre os especialistas, o que pode ser considerado o aspecto mais importante neste tipo de painel de debate; e
- sobre o processo de identificação e seleção adequada dos especialistas, o qual pode basear-se na especialização no tema em debate, na experiência acumulada, e no nível de interesse sobre o assunto em questão.

ETAPA 1: uma situação é apresentada aos especialistas, onde cada participante do painel é solicitado a estimar nível, época e probabilidade de ocorrência para determinado evento.

ETAPA 2: as estimativas iniciais são coletadas, consistindo em um conjunto de informações por julgamentos para os eventos. Essas estimativas são sintetizadas em termos de mediana, primeiro e terceiro quartis, visando ao adequado tratamento estatístico.

ETAPA 3: os entrevistados tomam conhecimento das medidas estatísticas e são convidados a reconsiderarem suas estimativas. Todos aqueles que forneceram valores situados abaixo do primeiro quartil ou acima do terceiro quartil são solicitados a justificar o motivo de tal afastamento em relação à maioria. Aqueles que não tiverem explicações razoáveis devem deslocar-se para dentro do intervalo.

ETAPA 4: novas informações são coletadas, sendo as medidas estatísticas recalculadas e listadas as justificativas daqueles que mantiveram seus julgamentos iniciais.

ETAPA 5: de posse dos resultados da segunda etapa, os entrevistados são novamente consultados sobre a possibilidade de reavaliação do julgamento, sendo que aqueles que insistirem em manter suas previsões abaixo ou acima dos limites devem justificar-se.

ETAPA 6: todo o processo é repetido, resultando, então, nas estimativas finais dos especialistas, ou seja, o consenso esperado.

A utilização do método Delphi é mais indicada quando não se dispõe de dados históricos a respeito do problema que se investiga, quando faltam dados quantitativos referentes ao mesmo, em situações que envolvem o julgamento sobre os impactos de vários fatores convergentes, ou ainda em aspectos dos quais sua evolução está mais correlacionada a decisões a serem tomadas do que a esses aspectos em si.

O método Delphi permite, também, utilizar, efetivamente, muitas das vantagens dos trabalhos em equipes multidisciplinares.

Os trabalhos em equipe apresentam as seguintes situações (Martino, 1975, p. 48):

a) Vantagens dos trabalhos em equipes multidisciplinares:
- a soma das informações é maior do que de qualquer membro individualmente. Mesmo que exista um integrante que saiba muito mais sobre o assunto, os demais podem contribuir com algum ponto de vista e/ou consideração de outros fatores; e
- possibilita predisposição a correr mais riscos do que uma pessoa sozinha, principalmente quanto aos cenários e previsões nas quais, muitas vezes, o futuro profissional dessa pessoa está *em jogo*.

b) Desvantagens dos trabalhos em equipes multidisciplinares:
- apesar de ser considerada como uma vantagem, a maior gama de informações, muitas vezes, por sua maior diversidade, acaba por prejudicar o desempenho da equipe;

- existe maior pressão social sobre a equipe no sentido de a pessoa concordar com a maioria, mesmo se esta última estiver errada;
- muitas vezes, como se trata de muitas pessoas, elas acabam considerando aspectos que são do senso comum mas que, para a confecção de um cenário, não proporcionam maior incremento de valor; e
- uma pessoa pode dominar a discussão, persuadindo – ou até impondo – suas opiniões, e não aceitando divergências. Muitas vezes, torna-se uma questão de disputa pessoal.

O método Delphi, para melhor usufruir dos trabalhos de equipes multidisciplinares, apresenta três características básicas:

a) Anonimato entre os integrantes da equipe, que permite reduzir a influência de um sobre o outro, uma vez que eles não se intercomunicam durante a realização do processo. Além disso, os membros, podendo mudar de opinião sem ficarem constrangidos, fazem com que as respostas se baseiem apenas nos méritos das questões.

b) Interação com *feedback* controlado, que consiste na condução do processo nas sete etapas básicas anteriormente apresentadas, e a comunicação aos participantes de um resumo da etapa precedente, reduzindo o ruído, ou seja, o coordenador fornece à equipe aquilo que se refere aos objetivos e metas de seu estudo, evitando, assim, que o painel se desvie dos pontos centrais do problema. Os diversos pontos de vista devem ser expostos à equipe com os argumentos que os sustentam.

c) Respostas estatísticas da equipe, que reduzem a pressão do mesmo na direção da conformidade, evitando, ao fim do exercício, uma dispersão significativa das respostas individuais.

Entretanto, algumas críticas têm surgido a respeito do método Delphi, concentrando-se, principalmente, na questão do consenso esperado.

Sackman (1975, p. 13) afirmou que o consenso é problemático, pois resulta da necessidade intencional de acomodar opiniões divergentes dos principais grupos de pressão formados por especialistas.

Para Turoff (1975, p. 88), a finalidade básica do método Delphi deve ser a apresentação estruturada de todas as opiniões diferentes e suas principais justificativas, e não apenas a busca do consenso.

Sackman (1975, p. 19) também lembra que o método Delphi tem sido prejudicado pelo superconservadorismo, o qual pode ser considerado como uma característica natural dos painéis de debate, bem como pela *preguiça mental* de evitar maiores debates e justificativas na análise e julgamento de uma questão não convencional, sendo que os especialistas podem conduzir a uma situação de consenso, mas de maneira forçada.

De qualquer modo, o método Delphi elimina alguns problemas inerentes aos painéis com interações face a face, tais como:

- a interação direta é bloqueada, eliminando-se o viés decorrente do respeito ou antipatia em excesso por algum participante;
- o especialista não é solicitado a defender suas opiniões em público, e seu anonimato é mantido;
- a influência dominante dos indivíduos autoritários e persuasivos é evitada;
- geralmente, ocorre uma defesa das equipes minoritárias contra a pressão da maioria na tentativa de forçar o consenso; e
- os resultados são baseados em interações controladas entre os analistas do método e a equipe entrevistada, por meio de sucessivas reavaliações por mecanismos de realimentação.

Existem algumas precauções que podem ser adotadas (Martino, 1975, p. 89):

- o organizador deve selecionar e garantir *painelistas* ou especialistas comprometidos com o processo, e em número suficiente para cobrir eventuais desistências no meio do processo. Ávila (1990, p. 83) acrescenta que não existe exigência de um número mínimo ou máximo de componentes do painel. O tamanho da equipe vai depender do tipo de problema a ser investigado e da população ou amostras utilizáveis;
- os procedimentos da técnica devem ser explicados claramente aos *painelistas* antes do início dos trabalhos;
- o organizador deve tomar cuidado para que os eventos não sejam ambíguos entre si. Caso na primeira rodada – ou mesmo nas demais – surjam cenários contraditórios, devem-se considerar os aspectos de ambos, mesmo se eles forem mutuamente excludentes. Aos painelistas deve ser indicado que não foi possível consolidar os resultados

em um único cenário, para que eles possam rever e analisar as diferentes situações;

- o *layout* dos questionários deve propiciar fácil e rápido entendimento, além de se atentar ao número de questões que não deve ser maior do que 25;
- o conteúdo desses questionários deve ser o menos tendencioso quanto possível, limitando-se a questionamentos que levem a reflexões; e
- algumas vezes, é necessária a intervenção do organizador, emitindo sua opinião. Essa prática deve ser adotada, apenas, em casos em que não há outra alternativa, mas, caso ocorra, deve-se indicar que aquele determinado comentário não é de nenhum painelista, mas do organizador.

Ávila (1990, p. 87) acrescenta a questão da administração do tempo, uma vez que um resultado final pode levar muito tempo. Para isso, o espaço de tempo entre os questionários não deve ser longo, e aos painelistas deve ser dado tempo suficiente para a reflexão e confecção das respostas, mas o organizador deve garantir que os questionários sejam entregues até a data estipulada.

Finalmente, é válido lembrar quais são as funções básicas a que o método Delphi procura atender no estudo de cenários alternativos (Helmer, 1968, p. 121):

a) Aumentar o conhecimento sobre o objeto ou área de estudo, sendo que essa função é especialmente relevante quando o assunto é ainda inexplorado ou quando a informação é inacessível por ser escassa ou por apresentar custo muito elevado para sua obtenção. Quando isso acontece, os analistas podem visualizar tanto o problema atual quanto o futuro de modo bastante difuso, abrindo espaço para que o método Delphi venha adicionar informações novas e mais detalhadas.

b) Confirmar ou corrigir as informações, pois o painel do método Delphi pode ser utilizado para verificar informações que tenham sido obtidas de outra fonte. Diferentemente da situação anterior, uma segunda opinião pode vir a ser importante quando os analistas não se sentem confortáveis quanto à qualidade dos dados e informações obtidos.

c) Facilitar o processo de estabelecimento de prioridades, pois em muitos estudos o objetivo principal não está em realizar previsões, mas em indicar todos os julgamentos prós e contras em relação a determinada característica. Nesse caso, o método Delphi deve ponderar as vantagens e as desvantagens dos possíveis cenários futuros e classificá-los, obedecendo a algum modo de mensuração. Essa situação é utilizada principalmente em cenários normativos (ver seção 4.4.4.1).

d) Enfatizar a validade dos resultados e disseminar as descobertas para a sociedade. Nesse caso, a composição do painel pode contribuir ou interferir na difusão das descobertas e implementação nas estratégias inerentes a legislação e política, dentre outras questões. Fatores que não devem ser subestimados são credibilidade e plausibilidade, os quais dependem não apenas de uma declaração, mas também de quem é seu emissor e responsável.

4.4.4.4 Técnica consolidada de estabelecimento de cenários

Neste momento, é válida a apresentação de uma técnica que consolide e interligue aspectos de várias técnicas anteriores, proporcionando uma situação bem abrangente e completa no estabelecimento de cenários estratégicos.

Essa forma de estabelecimento de cenários foi estruturada pelo autor deste livro e representa, de forma simplificada, como tem sido aplicada nas empresas clientes de consultoria, respeitando os ajustes decorrentes das particularidades de cada empresa.

Essa técnica consolidada apresenta 11 fases decompostas em 35 etapas, conforme apresentado, de forma resumida, a seguir:

FASE 1: Conceituação geral e aplicação na empresa.

ETAPA 1.1 – Especificação do assunto básico dos cenários a serem debatidos: localização de uma nova fábrica, revisão dos canais de distribuição, uma aliança global, entre outros exemplos.

ETAPA 1.2 – Apresentação dos conceitos e tipos de cenários, bem como de diferentes metodologias para seu estabelecimento, visando a um entendimento geral, inclusive de sua aplicação.

ETAPA 1.3 – Apresentação da estruturação básica da técnica consolidada de estabelecimento de cenários (ver etapas a partir da Fase 2).

ETAPA 1.4 – Aplicação de possíveis ajustes na técnica consolidada de estabelecimento de cenários, tendo em vista particularidades e necessidades específicas da empresa e/ou do setor de atuação; mas não alterando a estruturação geral da técnica consolidada de estabelecimento de cenários.

ETAPA 1.5 – Identificação de todas as interligações que os cenários terão que apresentar com outros instrumentos administrativos (planejamento estratégico, vantagem competitiva etc.).

ETAPA 1.6 – Identificação de todos os profissionais, externos e internos à empresa, que atuarão no processo de estabelecimento dos cenários.

FASE 2:   Identificação dos fatores relevantes

ETAPA 2.1 – Identificação de todos os fatores relevantes que serão abordados no estabelecimento dos cenários.

ETAPA 2.2 – Separação dos fatores mais previsíveis (demografia da população) e fatores com elevada incerteza (preferências dos consumidores, regulamentações governamentais, acidentes naturais).

ETAPA 2.3 – Elaboração da *malha estratégica* de interligação entre todos os fatores, incluindo o estabelecimento da versão preliminar da relação de causas *versus* efeitos entre esses fatores. Mas não se deve trabalhar com muitas variáveis, para não dificultar o processo decisório.

ETAPA 2.4 – Identificação de acontecimentos relevantes para cada um dos fatores elencados.

FASE 3:   Identificação dos setores de atuação relevantes

ETAPA 3.1 – Identificação de todos os setores de atuação relevantes que serão abordados no estabelecimento dos cenários.

ETAPA 3.2 – Elaboração das interligações entre os setores de atuação relevantes, dentro de uma cadeia de valores.

ETAPA 3.3 – Alocação destes setores interligados em nível macro, dentro do país, regiões – Mercosul etc. – e economia mundial. Esse tratamento parte do específico para o geral e, depois, vice-versa.

FASE 4: Estabelecimento inicial dos cenários

ETAPA 4.1 – Início do estabelecimento dos cenários, da forma mais ampla possível.
Obs.: uma ideia é trabalhar com dois grupos de especialistas:
- Grupo I: Delineamento de cenários projetivos com forte abordagem quantitativa, utilizando probabilidades e econometria.
- Grupo II: Delineamento de cenários prospectivos, com forte abordagem qualitativa, trabalhando com *juízo de valor* e opiniões, mas sempre com detalhadas justificativas.

ETAPA 4.2 – Estabelecimento do sistema de informações estratégicas (ver seção 4.3).

ETAPA 4.3 – Identificação das incertezas críticas e da forma de tratamento das mesmas.

ETAPA 4.4 – Estabelecimento dos pontos de ruptura nos cenários e o tratamento destas questões.

ETAPA 4.5 – Consolidação das ideias iniciais apresentadas separadamente pelos grupos I e II.

ETAPA 4.6 – Consolidação das ideias básicas apresentadas pelos dois grupos, correlacionando os seus cenários básicos conclusivos, em uma versão inicial. Neste trabalho, são analisadas, inclusive, as expectativas mais comuns, com suas justificativas.

FASE 5: Estabelecimento dos cenários consolidados

ETAPA 5.1 – Estabelecimento dos cenários mais prováveis, com suas justificativas.

ETAPA 5.2 – Estabelecimento dos cenários otimistas, com suas justificativas.

ETAPA 5.3 –   Estabelecimento dos cenários pessimistas, com suas justificativas. Salienta-se que os cenários pessimistas podem ter o grande inconveniente de serem *muletas* para os maus resultados de uma empresa. Portanto, algumas empresas trabalham apenas com os cenários mais prováveis e otimistas.

FASE 6:   Interligações dos cenários e seus fatores de influência

ETAPA 6.1 –   Interligações de todos os fatores considerados na elaboração dos cenários, analisando as relações de causas *versus* efeitos.

ETAPA 6.2 –   Interligações de todos os cenários, analisando as relações de causas *versus* efeitos.

ETAPA 6.3 –   Debate geral e ajustes após a realização de todas as interligações.

FASE 7:   Consistência dos cenários

ETAPA 7.1 –   Estabelecer as consistências entre todos os aspectos dos cenários.

ETAPA 7.2 –   Estabelecer estratégias interagentes com os cenários estabelecidos.

FASE 8:   Interligação geral

ETAPA 8.1 –   Interligação de todos os cenários com todos os itens do processo de planejamento estratégico da empresa – visão, missão, análise de concorrentes, objetivos, estratégias, políticas –, verificando-se os níveis de coerência e de plausibilidade.

ETAPA 8.2 –   Realização de possíveis ajustes.

FASE 9:   Delineamento estratégico

ETAPA 9.1 –   Formulação de todas as estratégias empresariais de forma interagente com os cenários estabelecidos e incorporados pela empresa.

ETAPA 9.2 –   Debates e ajustes necessários.

FASE 10:   Análise da capacitação estratégica

ETAPA 10.1 –   Análise da capacitação estratégica da empresa em face dos cenários estabelecidos.

ETAPA 10.2 – Complementação e ajustes das estratégias empresariais correlacionadas aos cenários.

FASE 11: Implementação do processo

ETAPA 11.1 – Implementação de todo o processo resultante do estabelecimento de cenários.

ETAPA 11.2 – Disseminação, em toda a empresa, com maior ou menor nível de detalhamento do processo estratégico correlacionado aos cenários.

ETAPA 11.3 – Acompanhamento, avaliação e ajuste do desenvolvimento do processo global inerente aos cenários estratégicos.

Você já percebeu que, qualquer que seja a técnica de cenário escolhida, para ser aplicada isoladamente ou de forma conjunta com outras técnicas, sempre existe uma interação entre cenários e níveis de risco e, como decorrência, na abordagem estratégica a ser aplicada pela empresa.

Neste contexto, tem-se:

- risco muito alto, em que o grau de incerteza do futuro é alto e a probabilidade de ocorrência dos cenários é baixa e, nesse caso, as estratégias a serem aplicadas são muito cautelosas;
- risco alto, em que tanto o grau de incerteza do futuro, como a probabilidade de ocorrência dos cenários são altos, gerando estratégias cautelosas;
- risco médio, em que tanto o grau de incerteza do futuro, como a probabilidade de ocorrência dos cenários são baixos, necessitando de estratégias conservadoras; e
- risco baixo, em que o grau de incerteza do futuro é baixo, mas a probabilidade de ocorrência dos cenários é alta, possibilitando o delineamento de estratégias inovadoras.

4.5 ESTRUTURAÇÃO DOS FATORES CRÍTICOS DE SUCESSO DA EMPRESA

Os fatores críticos de sucesso têm alta influência no delineamento das estratégias empresariais, conforme demonstrado na Figura 4.12:

Figura 4.12 | *Fatores críticos de sucesso e estratégia empresarial.*

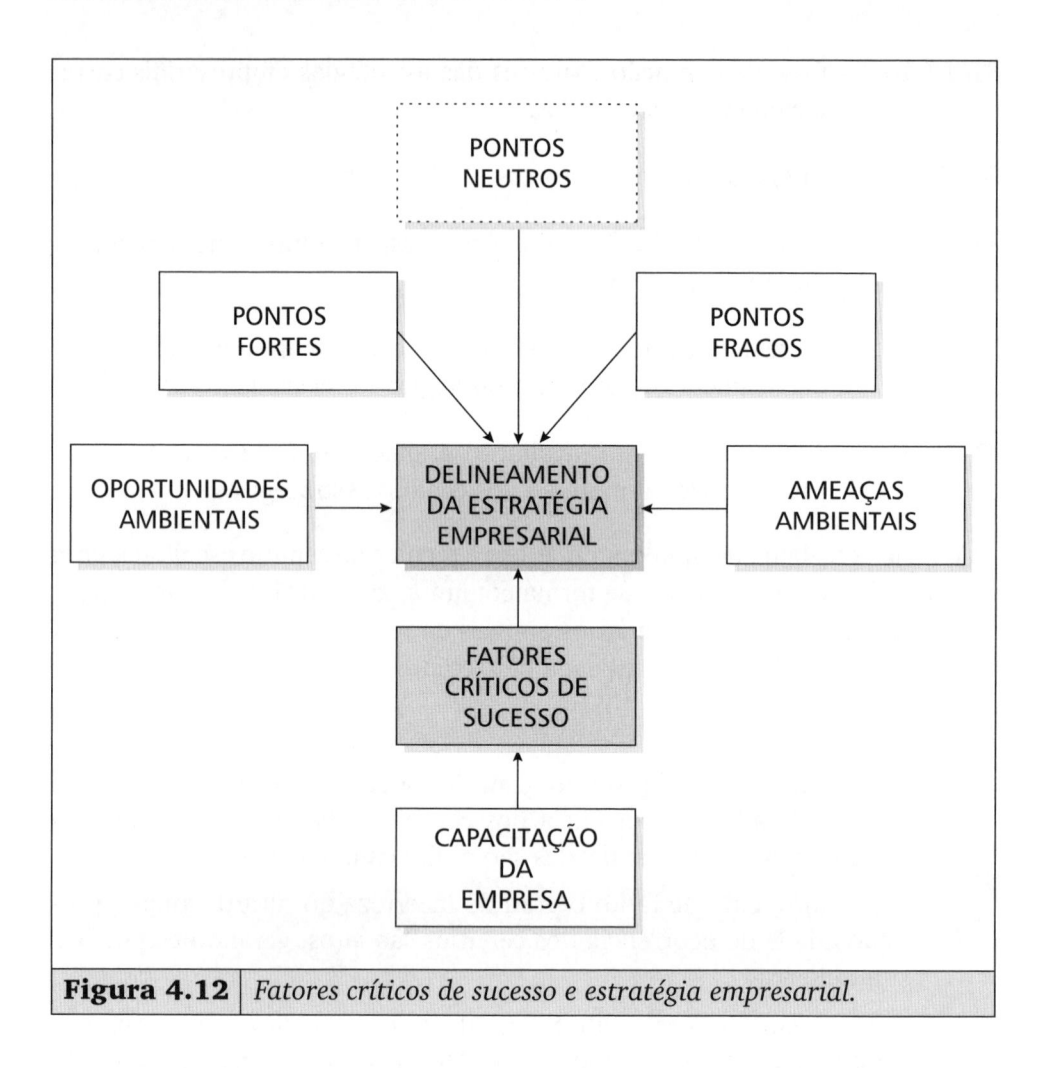

Os fatores críticos de sucesso correspondem a uma técnica em que se identificam e analisam os fatores ou aspectos que cada executivo considera como mais importantes para a empresa.

Para tanto, algumas perguntas devem ser feitas:

- qual a missão ou razão de ser da empresa?
- quais os principais objetivos da empresa?
- quais os principais objetivos de sua unidade organizacional? E como se interligam com os da empresa?
- quais são as cinco principais orientações que você deu para os seus subordinados o ano passado? E para este ano?

Estas respostas, e outras, são analisadas e reunidas para estabelecimento do que a alta administração – e talvez a média administração também – considera como mais importante para o sucesso da empresa.

Após essa etapa, devem ser analisadas a capacitação da empresa para enfrentar estes pontos críticos identificados, bem como as estratégias sugeridas. Esse processo pode ser visualizado na Figura 4.13:

PLANOS		IDENTIFICAÇÃO E ANÁLISE DOS FATORES CRÍTICOS DE SUCESSO	DATA _/_/_	Nº
Nº DE ORDEM	FATORES CRÍTICOS DE SUCESSO	INTERAÇÃO COM VARIÁVEIS (OPORT./AMEAÇAS/P. FORTES/ P. FRACOS/P. NEUTROS)	COMENTÁRIOS SOBRE A CAPACITAÇÃO DA EMPRESA	ESTRATÉGIAS SUGERIDAS

Figura 4.13 | *Identificação e análise dos fatores críticos de sucesso.*

Um dos aspectos básicos quanto à capacitação da empresa refere-se às informações disponíveis e às que podem ser geradas, de acordo com o apresentado na seção 4.3, quando das considerações sobre o sistema de informações estratégicas.

Somente como exemplo, apresentam-se alguns fatores críticos de sucesso para uma empresa hipotética:

- manter excelentes relações com os fornecedores;
- manter ou melhorar relações com os clientes;
- comprar e vender o estoque disponível da melhor maneira possível;
- utilizar os recursos humanos e de capital eficiente e eficazmente;
- exercitar o pensamento estratégico;
- exercitar o pensamento sistêmico;
- investir em tecnologia, produtividade e qualidade;
- reduzir os custos;
- adequar a estrutura organizacional às ações estratégicas;
- automatizar os processos;

- ter vantagens competitivas reais, sustentadas e duradouras;
- utilizar a segmentação estratégica; e
- dificultar o acesso ao seu negócio.

Naturalmente, o estabelecimento e a análise dos fatores críticos de sucesso não são um processo fácil nem difícil. Entretanto, auxiliam você a fazer um diagnóstico estratégico ou auditoria de posição da empresa, que é uma base de sustentação para o desenvolvimento do processo estratégico. Mais detalhes sobre o diagnóstico estratégico são apresentados na seção 2.3.1, quando da análise de uma metodologia básica de desenvolvimento e implementação do planejamento estratégico nas empresas, bem como na seção 3.4, quando da análise dos condicionantes da estratégia empresarial.

No Quadro 4.4, temos uma análise comparativa hipotética entre os fatores críticos de sucesso de nossa empresa e os da concorrência. Como o exemplo não é real, serve para você completar a lista dos fatores críticos de sucesso dentro de sua realidade.

Quadro 4.4 | *Análise comparativa dos fatores críticos de sucesso.*

PLANOS	ANÁLISE COMPARATIVA DOS FATORES CRÍTICOS DE SUCESSO			DATA _/_/_				No
FATORES CRÍTICOS DE SUCESSO	PESO (PONDERAÇÃO DOS FATORES)	Nossa empresa		CONCORRÊNCIA				
		NOTA	DESEMPENHO (NOTA × PESO)	A		B		C
				NOTA	DESEMPENHO	NOTA	DESEMPENHO	NOTA	DESEMPENHO
Imagem intelectual	6	8	48	8	48	7	42	8	48
Qualidade do produto	4	9	36	7	28	8	32	8	32
Totais/ Balanceamento	10	84 : 10 = = 8,4		76 : 10 = = 7,6		74 : 10 = = 7,4		80 : 10 = = 8,0	

Verifica-se que, no exemplo apresentado, a empresa é imbatível em seus fatores-chaves de sucesso. Restaria fazer uma confrontação com os fatores críticos de sucesso da concorrência para identificar eventuais vulnerabilidades de nossa empresa.

A estruturação de fatores críticos de sucesso pode ser considerada, também, uma técnica estratégica auxiliar para o estabelecimento das vantagens competitivas (ver seção 5.5). Essa colocação é importante, pois as várias técnicas auxiliares podem ser aplicadas nos diversos momentos do processo estratégico nas empresas.

Os fatores críticos de sucesso podem ser entendidos como as questões vitais para o funcionamento normal da empresa e seu sucesso futuro; e a técnica consiste num procedimento que torna explícitas estas áreas-chaves que determinam o sucesso da empresa.

Alguns dos estudiosos dos fatores críticos de sucesso foram Boynston e Zmud (1984).

A aplicação da técnica envolve uma série de entrevistas estruturadas entre o analista especialista junto aos representantes da alta e média administração da empresa, com a finalidade de elaborar uma listagem dos fatores críticos de sucesso.

Essa técnica tem recebido diversas críticas quanto a sua subjetividade, pois podem ocorrer entrevistas direcionadas a determinada conclusão. Também pode ocorrer manipulação por parte do entrevistado ou do entrevistador.

Apesar das críticas, essa técnica tem dois pontos fortes, que têm contribuído para seu sucesso. O primeiro ponto é a grande aceitação dessa técnica pela alta administração. O segundo ponto é que essa técnica facilita a análise estruturada de cima para baixo pois, num primeiro momento, as entrevistas são realizadas com a alta administração para, posteriormente, serem realizadas na média administração da empresa.

Outros estudiosos da técnica dos fatores críticos de sucesso foram Rockart e Bullan (1986), os quais lembram que os fatores podem diferir de empresa para empresa, de executivo para executivo. Isso porque a técnica dos fatores críticos de sucesso é orientada para pessoas e para suas necessidades de informação, tendo em vista a realidade de sua atuação na empresa. Eles são confeccionados sob medida para um ramo de negócio, uma empresa e um executivo em particular.

Nesse sentido, os fatores críticos de sucesso:

- não são um conjunto padrão de indicadores-chaves, que podem ser aplicados aos vários negócios da empresa; e

- não são reportados somente por informação histórica, objetiva e quantitativa. Pelo contrário, esses fatores mostram o negócio do ponto de vista do envolvimento decisório e operacional atual do executivo. Além de serem específicos para determinada pessoa, também são para um momento definido de tempo. Suas medidas associadas são, portanto, situacionais, sendo que algumas podem ser subjetivas ou qualitativas.

Uma ideia para amenizar esse problema e, inclusive, correlacionando a uma situação de planejamento estratégico é identificar os fatores críticos de sucesso apenas para um produto ou serviço, negócio e empresa.

Para tanto, os fatores críticos de sucesso podem ser estabelecidos com base em fatores externos e internos da empresa; e sua identificação como de sucesso, ou não, deve ser feita baseando-se nas oportunidades e pontos fortes correlacionados aos mesmos.

Outra técnica estratégica auxiliar que os executivos das empresas podem interagir com os fatores críticos de sucesso é a técnica da força motriz, a qual também auxilia no estabelecimento das vantagens competitivas da empresa (ver seções 4.6 e 5.5).

Em 1980, Tregoe e Zimmerman idealizaram a técnica da força motriz, a qual consiste num raciocínio estratégico direcional, sendo que a força motriz do negócio serve como referencial para a análise e a formulação da estratégia empresarial básica.

> Força motriz é o principal fator determinante do âmbito atual e, principalmente, futuro dos produtos ou serviços e dos mercados da empresa.

Baseando-se em uma pesquisa, Tregoe e Zimmerman identificaram três categorias com nove áreas estratégicas, a saber: produtos e mercados (produtos oferecidos e necessidades de mercado); capacidades (tecnologia, capacidade de produção, método de venda, método de distribuição e recursos naturais), bem como resultados (tamanho/crescimento e retorno/lucro).

O importante é a identificação ótima – e não, necessariamente, a certa – da força motriz, a qual leva em consideração os pontos fortes e fracos da empresa, sua posição competitiva, suas convicções básicas – valores – e os acontecimentos principais no ambiente empresarial.

A técnica da força motriz deu sustentação para outros estudos, tais como o de Jay Galbraith, que em 1983 analisou a interligação entre estratégias de integração vertical e de diversificação com as formas de estrutura organizacional, passando da funcional para as diversificadas, tais como as estruturas por unidades estratégicas de negócios.

Galbraith se baseou em conceitos de força motriz – *driving force* – e centro de gravidade, e analisou, com base nos vários processos dos negócios, onde podem ocorrer sinergias entre estes negócios diversificados, e como estas sinergias estratégicas proporcionam sinergias de atividades e vice-versa.

Os resultados de Galbraith podem ser extrapolados para a análise de setores da economia, proporcionando uma abordagem mais ampla para o ambiente do negócio, bem como interligando com o estudo da economia dos custos de transação (ver item "h" da seção 4.4.4.2).

4.6 ESTABELECIMENTO E APLICAÇÃO DAS VANTAGENS COMPETITIVAS

> Vantagem competitiva é aquele *algo mais* que identifica os produtos e serviços e os mercados para os quais a empresa está, efetivamente, capacitada a atuar de forma diferenciada.

É o que faz o mercado comprar os produtos e serviços de uma empresa, em detrimento de seus concorrentes.

Constitui fato significativo as estratégias bem-sucedidas proporcionarem às empresas vantagem competitiva. Evidentemente, pode ser só numa parte do total ou pode ser um processo lógico e estruturado do todo, mas, mesmo assim, representa uma vantagem competitiva. Você deve saber que a boa estratégia consolida boas razões ao mercado consumidor para comprar de sua empresa e não da empresa concorrente; mas lembrando que muitas empresas consolidam custos adicionais sem conseguir uma vantagem competitiva efetiva.

Por si só, a estratégia não constitui garantia de sucesso; e há muitos detalhamentos alternativos suplementares denominados táticas.

As táticas podem mudar tão frequentemente, quanto o exijam as circunstâncias particulares. A estratégia, porém, possivelmente será mantida até que ocorram mudanças significativas no ambiente empresarial.

Entretanto, é importante que a opção estratégica básica não seja inflexível como uma *salvação da pátria*. Toda estratégia é baseada em presunções que podem mudar inesperadamente. Portanto, a estratégia adequada constitui, frequentemente, a diferença entre o sucesso e o fracasso de uma empresa.

Normalmente, o fato de se fazer uma abordagem empresarial é, por si só, um problema, visto que a estratégia é, tão somente, parte de um todo chamado planejamento estratégico ou administração estratégica, administração de questões estratégicas ou pensamento estratégico. E a estratégia deve ser precedida de alguns objetivos empresariais; a estratégia deve ter, no mínimo, um resultado mensurável que seja relevante ao negócio básico da empresa.

Toda empresa bem-sucedida tem uma visão do que pretende, que constitui a definição do negócio e lhe fornece impulso para uma orientação estratégica.

Você deve ter sempre em mente que definir o negócio da empresa pode ser simples e complexo ao mesmo tempo.

A definição do negócio é relevante, porque seu objetivo é descrever as habilidades básicas e essenciais da empresa. Essas habilidades são, normalmente, mais amplas do que as dimensões genéricas da relação produtos ou serviços *versus* segmentos de mercado.

O núcleo de um negócio deve ser um conceito, uma filosofia, uma política, uma diretriz, um talento, uma orientação voltada para um mercado, uma capacidade de suprir determinada necessidade do mercado, e não a de um produto ou serviço em particular, um processo, um conjunto de procedimentos, ou um suprimento de matéria-prima. Além disso, as empresas bem-sucedidas certificam-se de que este núcleo contenha uma vantagem competitiva. Portanto, uma empresa deve tirar a máxima vantagem da competência de seu núcleo básico de negócio.

A compreensão do núcleo de habilidade ou capacidade da empresa faz mais do que simplesmente explicar por que algumas empresas são bem-sucedidas, enquanto outras não. A definição do negócio age diretamente sobre a estratégia da empresa e sobre o comportamento estratégico de seus executivos.

A definição da visão e da missão da empresa é o ponto inicial para o delineamento da estratégia empresarial, pois fornece a direção na qual a empresa vai movimentar-se, e determina os limites dentro dos quais será escolhida a estratégia relevante.

Você pode aplicar algumas perguntas básicas para verificar o nível de adequação das estratégias empresariais estabelecidas, tais como:

- a estratégia enquadra-se com o ambiente, suas ameaças e oportunidades?

- a estratégia enquadra-se no talento e vocação empresarial?
- a estratégia enquadra-se com os objetivos estabelecidos?
- possui comprometimento da equipe de executivos da empresa?
- fornece vantagem diferencial efetiva à empresa, ou seja, vantagem competitiva que permitirá a ela obter mais do que seus concorrentes, no assunto considerado?
- baseia-se em necessidades insatisfeitas do mercado ou simplesmente nas estratégias dos concorrentes?

Da mesma forma, há várias restrições que limitam as escolhas de estratégias empresariais, por parte dos executivos das empresas, tais como:

- os recursos da empresa, pois uma empresa de sucesso não aloca indiscriminadamente os recursos às especificações do mercado;
- a homogeneidade do produto, pois os produtos que são mais heterogêneos em seus usos permitem maior flexibilidade no delineamento das estratégias;
- a posição no ciclo de vida do produto, pois o novo produto possui vantagem temporária, que permite à empresa concentrar-se no desenvolvimento do mercado em detrimento do desenvolvimento do produto;
- a homogeneidade do mercado, pois se houver um único segmento do mercado, em vez de muitos, serão óbvias as limitações estratégicas; e
- as estratégias da concorrência, pois estas podem influenciar significativamente as estratégias da empresa analisada.

Por outro lado, a situação em que a empresa, normalmente, está inserida é competitiva e atua sobre o setor ou indústria – conjunto de empresas do mesmo ramo e numa situação competitiva – de maneira efetiva. Essa é uma das principais razões da necessidade de cada uma das empresas dentro de um setor ou indústria estar atenta ao ambiente, o qual pode ser visualizado como um conjunto de partes, conforme apresentado na Figura 4.14:

```
┌─────────────┐       ╭─────────────╮       ┌─────────────┐
│  AMBIENTE   │◄─────►│  AMBIENTE   │◄─────►│  AMBIENTE   │
│  POLÍTICO   │       │  CULTURAL   │       │  ECONÔMICO  │
└─────────────┘       ╰─────────────╯       └─────────────┘
```

SETOR COMPETITIVO

╭─────────────╮   ┌─────────────┐   ╭─────────────╮
│ AMBIENTE   │◄─────►│   EMPRESA   │◄─────►│ AMBIENTE   │
│ DEMOGRÁFICO │   │   │   │   LEGAL   │
╰─────────────╯   └─────────────┘   ╰─────────────╯

┌─────────────┐   ┌─────────────┐
│ AMBIENTE   │   │ AMBIENTE   │
│   SOCIAL   │   │ ECOLÓGICO │
└─────────────┘   └─────────────┘

┌─────────────┐
│ AMBIENTE   │
│ TECNOLÓGICO │
└─────────────┘

Figura 4.14 | *Empresa e o setor competitivo.*

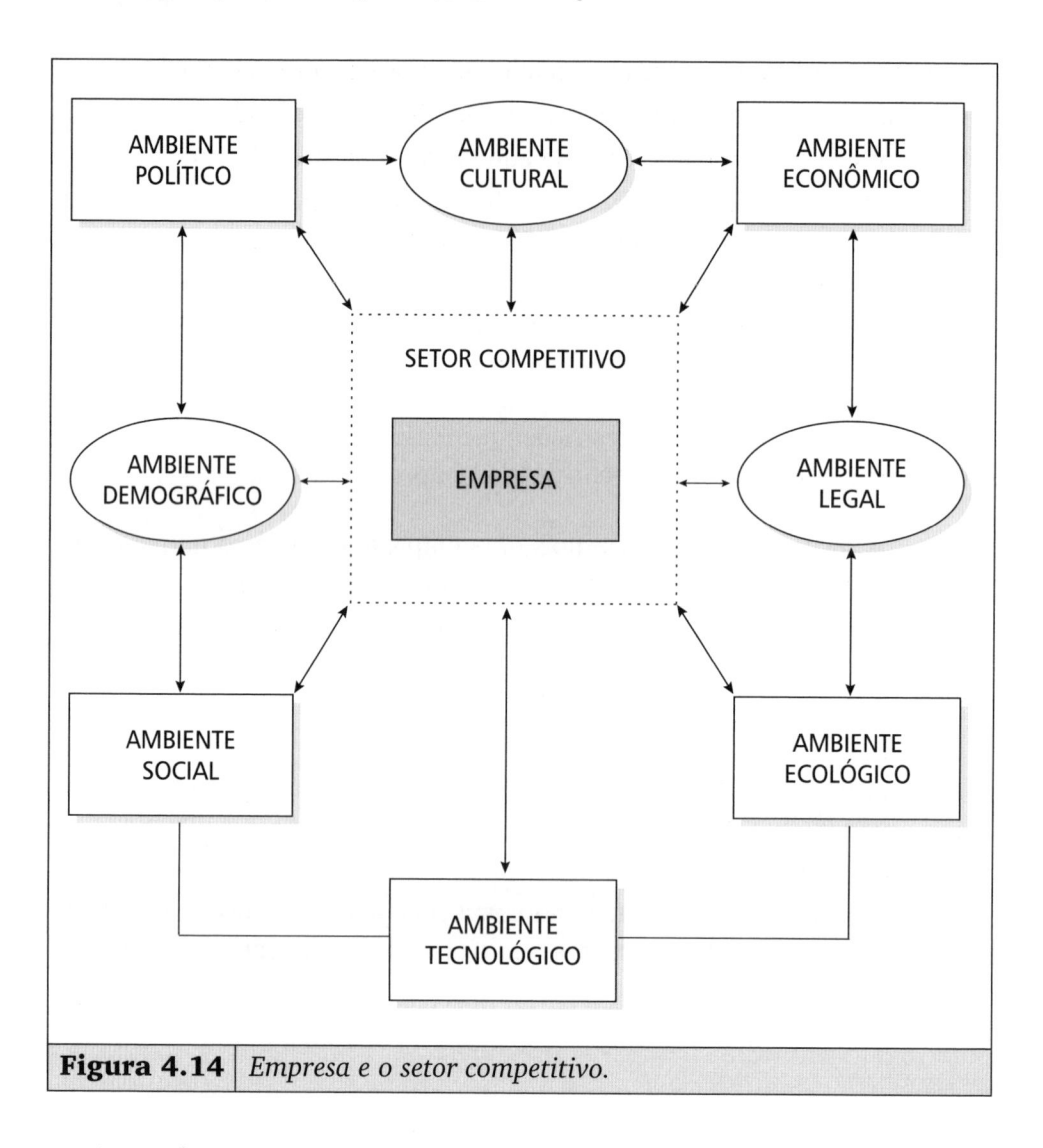

Fica evidente que o rumo mais adequado para a futura estratégia empresarial será aquele em que a empresa possa distinguir-se favoravelmente de seus concorrentes. Portanto, se uma empresa quiser ser eficaz no mercado, deve ter significativa vantagem competitiva.

A vantagem competitiva de uma empresa pode ser o resultado do ambiente onde ela opera, da situação geral da empresa, bem como da postura de atuação da sua alta administração.

A empresa pode ter vantagem competitiva, correlacionada a seu ambiente, quando, entre outros aspectos:

- não tem concorrentes muito fortes;
- não tem problemas de suprimento de recursos financeiros, humanos e materiais, bem como dos aspectos de equipamentos e de instalações;
- tem acesso à tecnologia inovadora; e
- tem boa imagem institucional.

A situação geral da empresa pode proporcionar vantagem competitiva quando, entre outros aspectos, apresentar:

- alta tecnologia que possibilite redução de custos, simplicidade do processo produtivo e preços competitivos dos produtos ou serviços;
- alta liquidez financeira;
- baixo grau de endividamento;
- alto nível da equipe de profissionais;
- adequado sistema de informações gerenciais;
- boa imagem dos produtos e serviços;
- boa relação com o mercado;
- adequada situação de capacidade instalada;
- alto poder de domínio nos segmentos de mercado; e
- agilidade e flexibilidade interna.

Quanto à postura de atuação da alta administração, essa pode facilitar uma situação de vantagem competitiva para a empresa quando, entre outros aspectos, ocorrer o seguinte:

- aceitar o risco de forma equilibrada e sustentada;
- ter senso e percepção de oportunidades;
- saber o que realmente deseja para a empresa;
- saber formular e operacionalizar estratégias;
- saber estabelecer políticas;
- estar com a visão voltada para o mercado;
- saber liderar;
- saber motivar;
- estar aberta à inovação e à criatividade;
- ter adequada atuação de *lobby*;
- administrar, adequadamente, os projetos e os recursos; e
- controlar e avaliar de forma rígida, compreensível, imparcial, simples e constante.

Naturalmente, a lista não é completa nem poderia ser, pois a vantagem competitiva é muito circunstancial e depende de empresa para empresa, bem como muda no tempo. O importante é você estar ciente de que a vantagem competitiva é sempre identificada pela empresa em comparação com seus concorrentes.

Portanto, é muito importante que você saiba delinear a vantagem competitiva, que possibilita identificar os produtos ou serviços e os mercados nos quais a empresa está realmente capacitada para atuar, preferencialmente de forma diferenciada. O processo de determinação da vantagem competitiva pode ser feito de dentro para fora (quais as vantagens que a empresa apresenta para operar numa relação produtos *versus* mercados), ou de fora para dentro (quais são os produtos e os mercados para os quais a empresa tem condições únicas de competição).

A superioridade conferida pela vantagem competitiva é relativa, estabelecida em relação ao concorrente melhor posicionado na relação produtos ou serviços *versus* segmentos de mercados e pode ser derivada de fatores internos e externos à empresa (Lambin, 1989, p. 42).

A vantagem competitiva é externa, se estiver baseada em qualidades diferenciais do produto ou serviço ampliados, que representam valor para o comprador, seja pela diminuição de seus custos, seja pelo aumento de seu desempenho no atendimento da necessidade-alvo existente no mercado.

Uma vantagem competitiva externa dá à empresa um poder de mercado efetivo, permitindo-lhe impor aos consumidores um preço superior ao do principal concorrente. Uma estratégia competitiva baseada nesse tipo de vantagem é uma estratégia de diferenciação, utilizando a capacidade da empresa de fazer marketing, detectando e atendendo às necessidades dos clientes não cobertas pelos produtos e serviços existentes.

A vantagem competitiva é interna se estiver baseada em uma superioridade da empresa em custos de fabricação, administração ou gestão do produto, conferindo-lhe um custo inferior ao do principal concorrente. Uma vantagem competitiva interna resulta da melhor produtividade e dá à empresa maior rentabilidade ou maior capacidade de resistência à baixa de preços imposta pelo mercado ou pela concorrência. Uma estratégia competitiva baseada nesse tipo de vantagem é uma estratégia de custos, utilizando, principalmente, a capacidade organizacional e tecnológica da empresa.

Os dois tipos de vantagem competitiva são de origem e natureza distintas, já que implicam em capacidades e culturas diferentes; mas são complementares para que a vantagem competitiva da empresa seja real, sustentada e perene.

Em 1992, James Quinn procurou demonstrar que a vantagem competitiva não pode sustentar-se nas tradicionais fontes de suprimentos, flexibilidade operacional ou do produto, mas deve ter uma abordagem muito maior e mais forte.

A verdadeira manutenção da vantagem competitiva, usualmente, deriva do desenvolvimento profundo de um conjunto de habilidades, fatores de experiência, capacidade de inovação, *know-how*, entendimento do mercado, dados ou sistemas de distribuição de informações – todo o conhecimento das atividades do serviço – que os concorrentes não podem consolidar ou superar.

Quando a empresa faz isso, é necessário concentrar-se nestas particulares habilidades, atividades ou conhecimento dos elementos da cadeia de valores onde a empresa está ou pode estar, ou precisa ser uma referência em seu setor, a fim de ter vantagem competitiva que seus consumidores julgam ser a melhor e mais interessante para as suas necessidades e expectativas.

À medida que se move para tal postura, a empresa tende a tornar-se inteligente, desenvolvendo e coordenando atividades intelectuais mundiais.

Amit e Schoemaker (1993, p. 36) afirmaram que a importância estratégica das capacidades está em seu comprovado potencial de geração de vantagens competitivas sustentáveis e rentabilidade superior.

Nesse contexto, capacidades devem ser consistentes, para que possam ser utilizadas de várias formas conforme as necessidades de adaptação da empresa ao ambiente e para que possam suportar o desempenho de várias linhas de produtos ou serviços. Portanto, as capacidades das empresas que unem e suportam múltiplas linhas de negócios são suas competências essenciais.

Em relação ao modelo de cadeia de valor de Porter (1986, p. 44), a perspectiva das competências e capacidades apresenta duas características adicionais:

- evita o incremento de atividades adicionadoras de valor que não resultem em aumento estável de competência no produto ou serviço; e
- a integração das dimensões *orientada para processos e orientada para resultados* mostra que o sucesso da empresa depende do perfil de trocas ser parte do perfil de competências.

Peter Senge (1997, p. 90) considera que a habilidade de aprender é um recurso essencial para a vantagem competitiva das empresas e que a tarefa básica do estrategista é facilitar o aprendizado organizacional. E a visão de longo prazo é a energia para o processo de aprendizado nas empresas, sendo que essa deve ser elaborada de maneira compartilhada e interativa entre todos os envolvidos.

Uma empresa líder é a que sabe assumir o processo de transformação do setor de atuação, sendo que a competição no futuro será pela participação nas oportunidades, e não pela participação de mercado (Hamel e Prahalad, 1995, p. 33).

Nesse contexto, são considerados três estágios da competição pelo futuro:

- pela previsão do futuro e liderança intelectual, visando imaginar uma nova arena de oportunidades;
- pelo encurtamento dos caminhos de migração, em que a intenção é moldar o surgimento da futura estrutura do setor em benefício próprio; e
- pela posição e participação no mercado, em que a batalha define-se dentro de parâmetros bem-definidos de valor, custo, preço e serviço.

Para ter-se competitividade e definir os novos mercados, as empresas necessitam da criação de uma estrutura estratégica; para tanto, a alta administração precisa saber que novos benefícios ou funcionalidades serão oferecidos aos clientes nas próximas décadas, quais serão as *competências essenciais* necessárias para criar esse benefício e como a interação com os clientes terá que mudar, a fim de permitir o acesso dos clientes aos benefícios de forma mais eficaz.

> Arquitetura estratégica é o vínculo entre o hoje e o amanhã; mostra à empresa que competências essenciais ela precisa começar a desenvolver agora para interceptar o futuro.

Uma *arquitetura estratégica* não é eterna. Mais cedo ou mais tarde, o amanhã e o que ontem era uma previsão, transforma-se hoje em sabedoria convencional.

No entanto, a arquitetura estratégica necessita de combustível para fazê-la funcionar; é o que os autores denominaram *intenção estratégica*, sendo essa o aspecto crucial da arquitetura estratégica. Uma arquitetura estratégica pode apontar o caminho para o futuro, mas só a intenção estratégica ambiciosa e estimulante oferece energia emocional e intelectual para a jornada.

> Intenção estratégica tem como objetivo gerar novos desafios para a empresa, os quais estimulam os profissionais da empresa a fazer mais do que eles acham possível.

No entanto, é a capacidade de concentrar a atenção de toda a empresa nos destinos-chaves que determina a taxa de qualidade da construção do futuro.

Outros aspectos internos às empresas, sejam visíveis ou não, também pesam em seu desempenho. Nesse contexto, Itami e Roehl (1987, p. 78) afirmam que os ativos invisíveis, recursos baseados na informação, são a real fonte de força competitiva. Os ativos invisíveis incluem a confiança do cliente, imagem de marca, controle da distribuição, cultura organizacional e habilidades administrativas, sendo a principal base para o desenvolvimento de estratégias e para o crescimento da empresa.

George Day (1990, p. 57) estabeleceu que, para ter desempenho superior, não basta a empresa estar próxima ao cliente ou orientada para o mercado. Ela tem que ser guiada pelo mercado, o que significa ter, além dos recursos e competências para produzir, um conjunto de habilidades e capacidades superiores no entendimento e satisfação dos clientes, envolvendo crenças, informações e aplicação coordenada de recursos interfuncionais.

Quatro anos depois, Day (1994, p. 38), ao estudar as capacidades das empresas voltadas ao mercado, definiu que essas capacidades são conjuntos complexos de habilidades e conhecimentos acumulados exercidos por meio dos processos organizacionais, que capacitam as empresas a coordenar atividades e a fazer uso de seus ativos.

Prahalad e Hamel (1990, p. 89) deram forma mais concreta à análise dos fatores internos correlacionados ao bom desempenho empresarial, estabelecendo que qualquer empresa de sucesso deve ter competências essenciais – *core competences* –, que constituem o foco da estratégia empresarial. A empresa seria uma hierarquia de competências essenciais, produtos essenciais – *core products* – e negócios focalizados em mercados específicos.

Portanto, uma competência essencial é um conjunto de habilidades e tecnologias e não uma única habilidade ou tecnologia. Representa a soma do aprendizado de todos os conjuntos de habilidades da empresa, tanto em nível pessoal como organizacional e dificilmente está baseada em um único indivíduo ou em uma pequena equipe de trabalho.

Stalk, Evans e Shulman (1992, p. 59) complementaram a análise, definindo capacidades – *capabilities* – como as características que envolvem toda a cadeia de valor da empresa e são visíveis aos consumidores, reflexo de suas competências essenciais. Essas capacidades são os reais elementos de diferenciação da empresa.

O sucesso empresarial depende da capacidade de antecipar as tendências do mercado e responder, rapidamente, às mudanças das necessidades e desejos dos consumidores. Para apresentar melhor desempenho, as empresas têm que se mover, com agilidade, para dentro ou para fora de produtos, mercados ou até de negócios, deslocando a essência da estratégia de produtos ou da estrutura organizacional para a dinâmica do comportamento empresarial.

Nesse contexto, competências e capacidades representam duas dimensões diferentes, mas complementares do paradigma emergente para a estratégia competitiva. Ambos os conceitos enfatizam os aspectos comportamentais da estratégia em contraste com o tradicional modelo estrutural. Contudo, enquanto as competências essenciais enfatizam o conhecimento tecnológico e de produção em pontos específicos da cadeia de valor, as capacidades têm uma base mais ampla, envolvendo toda a cadeia de valor. As capacidades são visíveis para o consumidor de uma forma que as competências essenciais raramente o são.

A vantagem competitiva procura isolar a característica de oportunidades únicas dentro do campo definido pelo âmbito produtos *versus* mercados e pelo vetor de crescimento. Ela procura identificar propriedades particulares de produtos *versus* mercados individuais que darão à empresa forte posição competitiva.

O vetor de crescimento permite identificar se a empresa está movendo-se dentro da indústria (expansão) ou através das fronteiras da indústria ou setor de atuação onde está localizada (diversificação). Portanto, indica a direção para a qual a empresa está se movendo com relação a sua atual postura inerente ao binômio produtos ou serviços *versus* segmentos de mercado.

Você deve procurar também quais são os fatores estratégicos para o adequado funcionamento da empresa e para o delineamento da vantagem competitiva. Esses fatores estratégicos aparecem como fatores de limitação do sistema. Por exemplo, se uma empresa fabricante de minicomputadores começar a perder mercado por não estar acompanhando a evolução tecnológica do setor, essa evolução será o fator estratégico ou fator de limitação.

Toda empresa deveria perguntar, a si própria, quais são os principais fatores estratégicos que devem ser reconhecidos e aperfeiçoados para que a empresa seja bem-sucedida.

A vantagem competitiva é estabelecida, dentro da indústria ou setor de atuação, perante os concorrentes da empresa.

Essa abordagem relativa – a vantagem competitiva de uma empresa em relação a seus principais concorrentes – obriga ao conhecimento dos concorrentes.

Quando o executivo está efetuando o diagnóstico estratégico da concorrência, pode utilizar alguns formulários que facilitam a análise e o processo decisório.

O primeiro formulário proporciona a análise dos pontos fortes e pontos fracos da empresa em relação à concorrência.

Esta situação pode ser visualizada no Quadro 4.5:

Quadro 4.5 — Análise dos pontos fortes e fracos da empresa diante da concorrência.

PLANOS	ANÁLISE DOS PONTOS FORTES E FRACOS DIANTE DA CONCORRÊNCIA							DATA __/__/__			Nº		
Nº	DIAGNÓSTICO ESTRATÉGICO				NOSSA EMPRESA			CONCORRENTE A			CONCORRENTE B		
	PONTO FORTE	PESO (P)	PONTO FRACO	PESO (P)	NOTA (N)	DESEMPENHO(PXN)		NOTA (N)	DESEMPENHO		NOTA (N)	DESEMPENHO	
						FORTE	FRACO		FORTE	FRACO		FORTE	FRACO
1	Recursos Humanos	30	—	—	6	180		8	240	—	7	210	
2	Marketing	50	—	—	5	250		6	300	—	6	300	
3	Clima Organizacional	20	—	—	9	180		4	80	—	5	100	
4	—	—	Imagem Institucional	30	8		240	9	—	270	7	—	210
5	—	—	Produtividade	60	7		420	5	—	300	5	—	300
6	—	—	Localização	10	4		40	6	—	60	6	—	60
Totais		100		100	—	610	700		620	630		610	570
Desempenho Médio: $\frac{\Sigma D}{\Sigma P}$					—	6,1	7,0		6,2	6,3	—	6,1	5,7
Balanceamento Competitivo (Pontos Fortes menos Pontos Fracos)						– 0,9			– 0,1			+ 0,4	

O Quadro 4.6 apresenta uma análise da concorrência, considerando as oportunidades e ameaças. Para essa situação, você percebe que o sucesso repousa na neutralização das ameaças e na maximização da realização das oportunidades.

Quadro 4.6 — *Análise das oportunidades e ameaças diante da concorrência.*

PLANOS	ANÁLISE DAS OPORTUNIDADES E AMEAÇAS DIANTE DA CONCORRÊNCIA						DATA _/_/_			Nº	
	DIAGNÓSTICO ESTRATÉGICO				NOSSA EMPRESA		CONCORRENTE A			CONCORRENTE B	
Nº	OPORTU-NIDADES	PESO (P)	AMEAÇAS	PESO	NOTA (N)	DESEMPENHO (PXN) OPORTUN. / AMEAÇA	NOTA	DESEMPENHO OPORTUN. / AMEAÇA	NOTA	DESEMPENHO OPORTUN. / AMEAÇA	
TOTAIS											
Desempenho médio											
Balanceamento Competitivo (oportunidades menos ameaças)											
FATORES DE SUCESSO											
FATORES DE VULNERABILIDADE											

Nesses e em outros quadros correlacionados à análise da empresa em face da concorrência (Quadros 4.7 e 4.4), pode-se atribuir um peso para cada fator considerado, desde que o somatório dos pesos resulte no número 10 (dez), bem como deve-se atribuir também uma nota de 0 a 10 para cada fator considerado.

Você deve atribuir notas de tal maneira que quanto pior o ponto fraco, maior a nota e vice-versa. Isso significa que, se o desempenho dos pontos fracos for maior do que o desempenho dos pontos fortes, a empresa se torna vulnerável.

No exemplo apresentado no Quadro 4.5, o concorrente A tem um desempenho negativo de 0,1, melhor que o da nossa empresa que é de – 0,9.

Por meio dessa análise comparativa de pontos fortes e fracos, é possível comparar desempenhos da empresa diante de seu principal concorrente e identificar suas vulnerabilidades.

No exemplo citado, a empresa precisaria rever sua política de preços e de serviços aos clientes e poderia melhorar um pouco a imagem institucional, que já é forte, para obter vantagens estratégicas.

Verifica-se que, neste quadro, não são considerados os pontos neutros, pois os mesmos não são possíveis de ser avaliados por você.

Salienta-se que o peso do fator pode ser estabelecido com base na técnica GUT (Gravidade/Urgência/Tendência) (ver seção 2.2.1.2).

No exemplo apresentado no Quadro 4.6, não houve a preocupação de indicar fatores, bem como os seus pesos e notas, pois o princípio de análise é idêntico ao apresentado no Quadro 4.5, quando da análise dos pontos fortes e fracos da empresa diante da concorrência.

No Quadro 4.7 é apresentada uma análise das vantagens competitivas. Se as vantagens da concorrência merecem nota de desempenho maior que as vantagens da nossa empresa, essa poderá estar vulnerável.

Quadro 4.7 *Análise das vantagens competitivas.*

PLANOS	ANÁLISE DAS VANTAGENS COMPETITIVAS			DATA _/_/_			Nº
NOSSA EMPRESA				PRINCIPAL CONCORRENTE			
FATORES	PESO	NOTA	DESEMPENHO	FATORES	PESO	NOTA	DESEMPENHO
Produto/Qualidade	5	8	40	Imagem de marca	5	8	40
Preço	5	7	35	Propaganda mais criativa	5	8	40
Totais	10	–	75	Totais	10	–	80

Obs.: Balanceamento (empresa-concorrência) = (75 – 80) = – 5

No exemplo hipotético do Quadro 4.7, as vantagens competitivas da empresa são a qualidade do produto e o preço. E a concorrência tem as vantagens de imagem de marca e propaganda mais criativa.

Do balanceamento entre as vantagens da nossa empresa e da concorrência resultou um saldo negativo de cinco pontos contra a nossa empresa. Isso significa que ela precisa melhorar seu desempenho, ou seja, suas notas devem ser aumentadas.

No processo de análise e debate de seu desempenho, a empresa pode considerar o estabelecimento de seu perfil estratégico, o qual serve, de maneira genérica, para mostrar se o seu estilo administrativo é convencional e voltado para o curto prazo, ou se é inovador e direcionado para o médio e, principalmente, o longo prazo.

Algumas perguntas que podem ser feitas na análise do perfil estratégico são:

- Qual a visão que a empresa tem do futuro? É convencional e de curto prazo ou é empreendedora e de longo prazo?
- Quais os problemas que estão absorvendo mais a atenção dos executivos da alta administração? É a redução de custos ou o desenvolvimento dos negócios?
- Os concorrentes visualizam a empresa como inovadora e líder ou uma simples seguidora?
- A grande capacitação da empresa é perseguir resultados ou é criar novas oportunidades de negócios?
- Os esforços da empresa estão direcionados em atacar as vantagens competitivas dos concorrentes ou em criar fortes vantagens competitivas próprias?
- A empresa evidencia ansiedade em função dos problemas presentes ou visão e expectativas quanto ao futuro?

Você pode aplicar essas e outras questões para analisar o perfil estratégico de uma empresa, mas lembre-se de ter, sempre, a mente a mais aberta e criativa possível.

RESUMO

Neste capítulo, foram analisados os aspectos inerentes à vantagem competitiva das empresas.

Para tanto, foram abordados, também, os aspectos da análise competitiva, o sistema de informações estratégicas, os cenários estratégicos e os fatores críticos de sucesso das empresas, pois esses podem ser considerados, além da estratégia empresarial, que é abordada em vários pontos deste livro, os outros quatro fatores básicos do estabelecimento da vantagem competitiva de uma empresa e, inclusive, por meio de uma análise relativa, o delineamento das vantagens competitivas dos principais concorrentes.

Sistema de informações estratégicas (SIE) é o processo de obtenção de dados do ambiente empresarial, sua transformação em informações internas da empresa, consolidando uma estrutura decisória estratégica que sustente o direcionamento da empresa para seus objetivos.

O desenvolvimento e operacionalização do SIE deve atender a determinadas fases, tais como sua administração, geração e arquivamento, controle e avaliação, disseminação, utilização e, finalmente, retroalimentação.

Os cenários estratégicos representam critérios e medidas alternativas para a preparação do futuro da empresa.

Foram analisadas as interligações dos cenários com as estratégias empresariais e outros itens do processo estratégico.

Os cenários estratégicos podem ser classificados em projetivos e prospectivos, bem como em outras formas que procuram facilitar o tratamento de questões estratégicas da empresa.

As técnicas gerais para o estabelecimento de cenários são: dedução, indução, lógica intuitiva, análise de tendência de impacto, análise de impacto integrativo, simulação, inserção e encadeamento.

As técnicas específicas são as de Kahn, de Helmer, de Godet, de Durand, de Varston, Frislie, Loperato e Poston, de Becker, de Gordon, de Mitchell, Tydeman e Georgides, de Amara e Lipinski, de Duperrin e Godet, de Gershuny, de Battelle, de Rattner, de Robbins, de Schoemaker e o conhecido método Delphi.

Também foi apresentado o método desenvolvido pelo autor deste livro.

Foi verificado que os fatores críticos de sucesso representam a *sustentação* para as boas estratégias e as fortes vantagens competitivas de uma empresa.

QUESTÕES PARA DEBATE

1. Respeitando a metodologia de desenvolvimento e implementação de um sistema de informações estratégicas apresentada neste capítulo, debater sua aplicação na empresa em que você trabalha ou de seu conhecimento.
2. Tendo em vista a empresa em que você trabalha e/ou conhece adequadamente, qual é sua posição competitiva?

3. Como essa empresa determina seus cenários estratégicos?
4. Quais as vantagens e precauções no estabelecimento dos cenários estratégicos alternativos?
5. Debater a metodologia apresentada para a estruturação de cenários estratégicos, para uma empresa de seu conhecimento.
6. Debater as formas de classificação dos cenários estratégicos.
7. Com base nas diversas técnicas ou métodos específicos para estruturação de cenários apresentados, elaborar uma técnica que melhor se ajuste à empresa em que você trabalha ou tem conhecimento.
8. Indicar e analisar alguns outros fatores críticos de sucesso – que sejam genéricos – para as empresas.

CASO: Estabelecimento da vantagem competitiva na Alpha Consultoria Ltda.

A Alpha Consultoria Ltda. desenvolve e implementa projetos de consultoria e treinamento em planejamento estratégico, estratégia empresarial, estrutura organizacional e sistemas de informações gerenciais nas empresas-clientes.

Todavia, para não ficar em uma situação de *casa de ferreiro, espeto de pau*, a Alpha resolveu realizar, para si própria, todos os serviços de consultoria que efetua para as empresas-clientes.

Entretanto, a dificuldade maior está sendo o estabelecimento da vantagem competitiva da Alpha.

Inicialmente, você deve considerar que:

a) A Alpha Consultoria Ltda. utilizou, em seus trabalhos, todas as considerações apresentadas ao longo deste capítulo.

b) Está existindo elevada discordância quanto às diretrizes básicas no estabelecimento de um modelo de gestão da Alpha entre seus sócios-diretores.

Os aspectos principais da Alpha Consultoria Ltda. são apresentados a seguir, sendo que o organograma resumido é o seguinte:

```
                    ┌─────────────────────┐
                    │   SÓCIO-DIRETOR     │
                    │   SUPERINTENDENTE   │
                    └─────────────────────┘
                              │
    ┌──────────────────┐      │      ┌──────────────────┐
    │ ASSESSORIA       ├──────┼──────┤ ASSESSORIA       │
    │ JURÍDICA         │      │      │ COMERCIAL        │
    └──────────────────┘      │      └──────────────────┘
                              │
   ┌──────────┬───────────────┼───────────────┬──────────┐
┌──────────┐┌──────────┐┌──────────┐┌──────────┐
│  SÓCIO-  ││  SÓCIO-  ││  SÓCIO-  ││  SÓCIO-  │
│ DIRETOR  ││ DIRETOR  ││ DIRETOR  ││ DIRETOR  │
│  ADMINIS-││ PROJETOS ││ PROJETOS ││ PROJETOS │
│ TRATIVO  ││ESTRATÉ-  ││ORGANIZA- ││INFORMA-  │
│          ││  GICOS   ││ CIONAIS  ││  ÇÕES    │
└──────────┘└──────────┘└──────────┘└──────────┘
```

- CONTABILIDADE   - TÉCNICOS   - TÉCNICOS   - TÉCNICOS

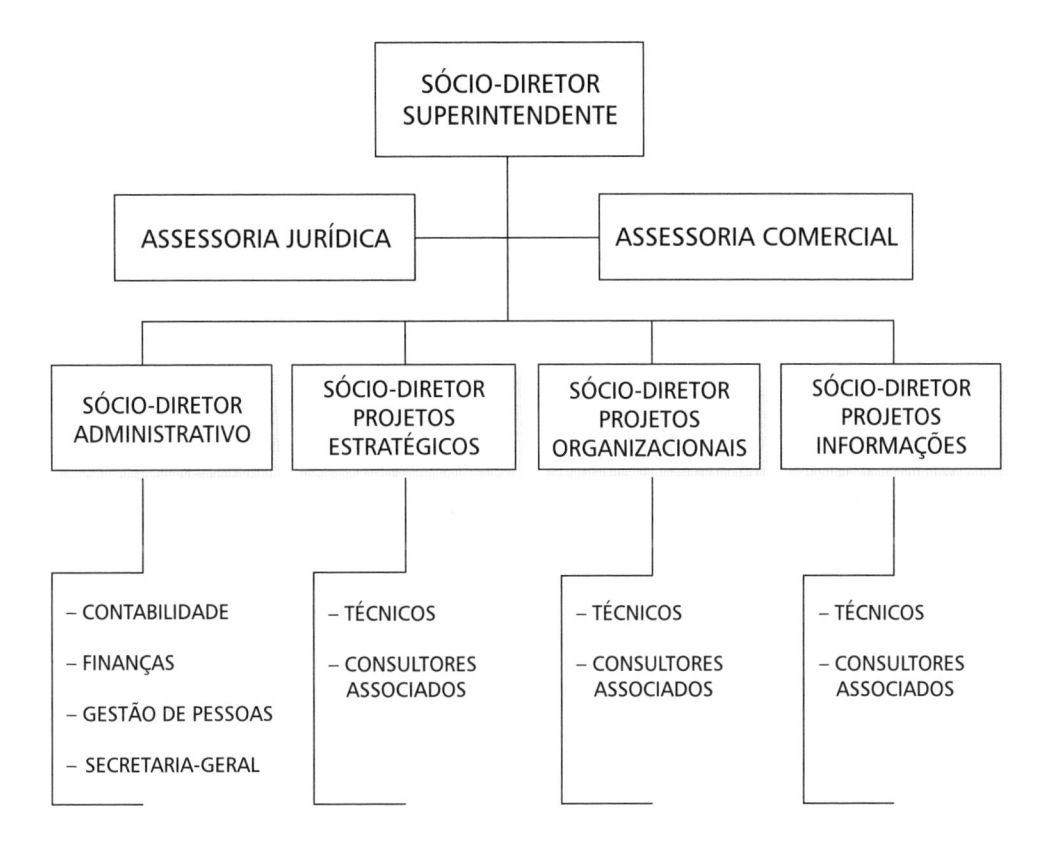

- FINANÇAS   - CONSULTORES   - CONSULTORES   - CONSULTORES
                     ASSOCIADOS   ASSOCIADOS   ASSOCIADOS
- GESTÃO DE PESSOAS

- SECRETARIA-GERAL

A Alpha tem trabalhado com poucos técnicos – funcionários contratados –, preferindo interagir com consultores associados, tendo em vista seu maior nível de especialidade e, normalmente, melhor visibilidade junto ao mercado.

O Sócio-diretor Superintendente da Alpha gostaria que a vantagem competitiva fosse a da consultoria total e integrada, o que representaria todas as metodologias e técnicas dos serviços perfeitamente interligadas. Entretanto, não tem conseguido consolidar essa vantagem competitiva.

Uma segunda vantagem competitiva pode ser a agilidade na apresentação dos resultados, a um preço competitivo.

Você, porém, consultor associado da Alpha, apresentou-se em uma reunião como capacitado para estruturar uma vantagem competitiva para a Alpha, respeitando as duas situações idealizadas pelo Sócio-diretor Superintendente.

Essa tarefa deve ser realizada rapidamente, e você tem a liberdade de propor situações complementares – não apresentadas neste *caso* – para melhor efetivar esta nova situação estratégica para a Alpha Consultoria Ltda.

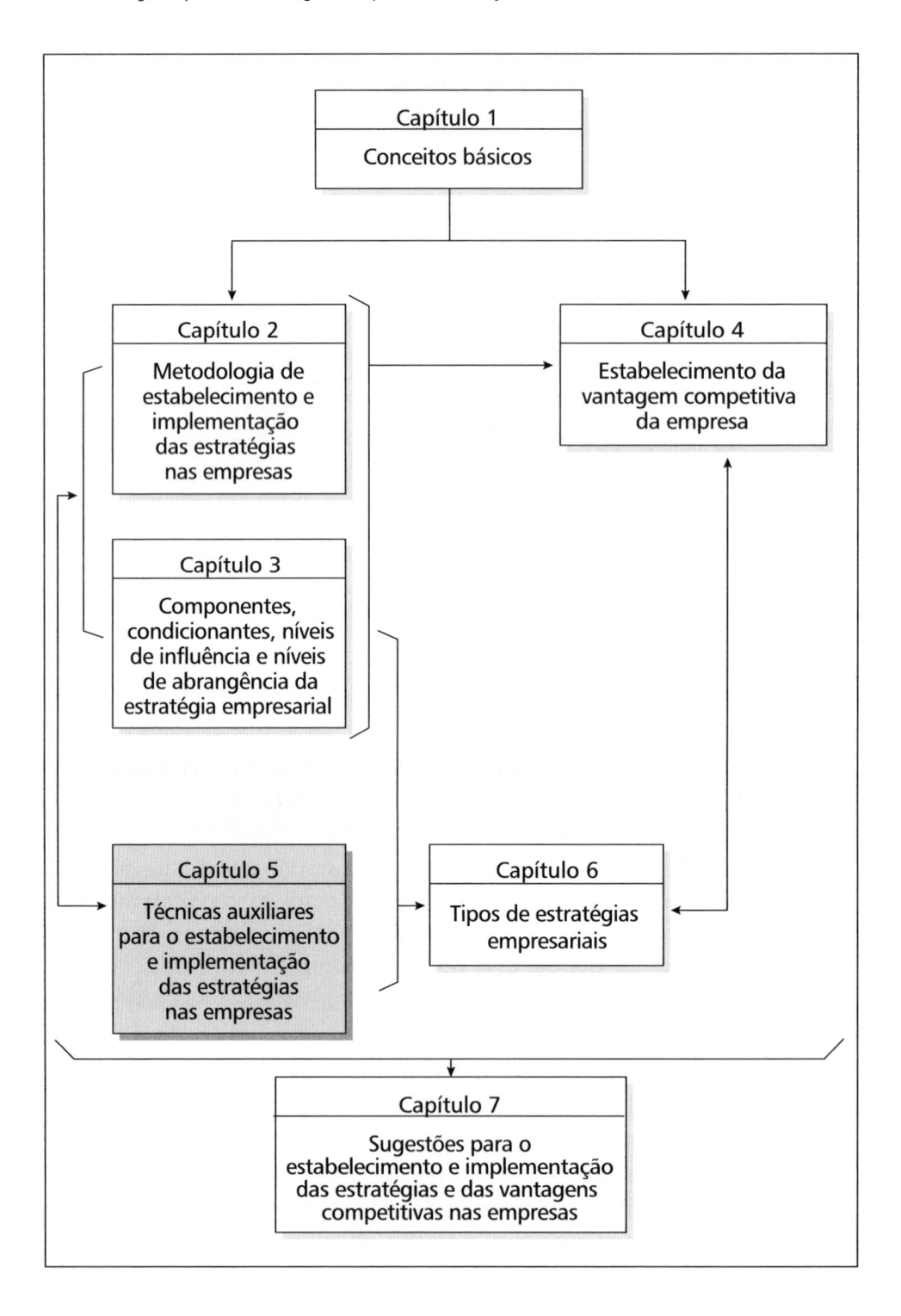

```
                    ┌─────────────────────┐
                    │     Capítulo 1      │
                    │  Conceitos básicos  │
                    └─────────────────────┘
                              │
              ┌───────────────┴───────────────┐
              ▼                               ▼
┌─────────────────────────┐       ┌─────────────────────────┐
│      Capítulo 2         │       │      Capítulo 4         │
│   Metodologia de        │──────▶│   Estabelecimento da    │
│   estabelecimento e     │       │   vantagem competitiva  │
│   implementação         │       │      da empresa         │
│   das estratégias       │       └─────────────────────────┘
│   nas empresas          │
└─────────────────────────┘

┌─────────────────────────┐
│      Capítulo 3         │
│     Componentes,        │
│ condicionantes, níveis  │
│ de influência e níveis  │
│  de abrangência da      │
│  estratégia empresarial │
└─────────────────────────┘

┌─────────────────────────┐       ┌─────────────────────────┐
│      Capítulo 5         │       │      Capítulo 6         │
│   Técnicas auxiliares   │──────▶│   Tipos de estratégias  │
│   para o estabelecimento│       │      empresariais       │
│   e implementação       │       └─────────────────────────┘
│   das estratégias       │
│   nas empresas          │
└─────────────────────────┘

                    ┌─────────────────────────────────────┐
                    │           Capítulo 7                │
                    │       Sugestões para o              │
                    │ estabelecimento e implementação     │
                    │ das estratégias e das vantagens     │
                    │    competitivas nas empresas        │
                    └─────────────────────────────────────┘
```

5
Técnicas auxiliares para o estabelecimento e implementação das estratégias nas empresas

"Dê um peixe a uma pessoa, e ela se alimenta por um dia; ensine-a a pescar, e ela se alimentará a vida inteira."

Lao-Tsé

5.1 INTRODUÇÃO

Os executivos das empresas podem verificar que, à medida que as alterações econômicas, sociais e tecnológicas acentuam-se, mais complexo torna-se compatibilizar as estratégias com as necessidades empresariais, bem como com sua disponibilidade de recursos e com os objetivos estabelecidos.

Dentro desse contexto, a orientação da empresa para o mercado que procura adaptar-se a essa nova realidade brasileira e aos cenários não muito promissores, bem como às turbulências ambientais, tem sofrido profundas alterações nos últimos anos, seja na evolução de determinados conceitos, seja no surgimento de novas técnicas e modelos mais adequados às atuais necessidades das atividades administrativas.

De maneira geral, pode-se afirmar que a essência do interesse dos empresários e dos executivos brasileiros converge para a elaboração de estratégias e políticas de negócios e de produtos ou serviços, que se tornam mais complexas à medida que o ambiente empresarial é desfavorável ou turbulento.

A função principal de uma forma estruturada da posição competitiva das empresas, materializada por suas técnicas e modelos, é subsidiar a tomada de decisões relativas ao delineamento do *mix* ideal de negócios e ao lançamento, modificação e retirada de produtos ou serviços e, principalmente, fixar objetivos, desafios, metas e balancear os recursos entre os componentes do conjunto de produtos e serviços da empresa, isto é, delinear as estratégias e políticas de produtos e serviços em relação aos mercados atuais e potenciais da empresa.

Para tanto, são apresentadas as técnicas estratégicas básicas que facilitam a análise de posição competitiva da empresa, bem como de seus concorrentes. Também é apresentado um modelo desenvolvido pelo autor, que considera, dentro de critérios estabelecidos, os principais aspectos contidos nas técnicas e nos modelos evidenciados.

Ao final deste capítulo, você estará em condições de responder a algumas perguntas, tais como:

- Quais as principais técnicas estratégicas e de análise de posição competitiva?
- Quais as principais características de cada uma dessas técnicas?

- Quais as precauções que você deve ter na operacionalização dessas técnicas em sua empresa?
- Como você pode otimizar sua aplicação na empresa?

5.2 APLICAÇÃO DAS TÉCNICAS ESTRATÉGICAS

> Técnicas estratégicas são formas estruturadas e interativas para o tratamento das informações básicas inerentes ao processo decisório no estabelecimento das estratégias das empresas.

Portanto, as técnicas estratégicas servem como *roteiro* a ser seguido por você. Naturalmente, esse roteiro tem – ou deveria ter – variações resultantes das realidades atuais e situações futuras idealizadas de acordo com a situação de cada empresa, focando seus negócios e produtos ou serviços atuais e potenciais.

Algumas dessas técnicas têm uma abordagem tão ampla que chegam a substituir o processo de planejamento estratégico. Embora este autor não concorde com essa situação, não se pode negar que isto é executado em muitas empresas.

As técnicas estratégicas podem incrementar as estratégias empresariais e as vantagens competitivas, mas somente quando usadas adequadamente, e juntamente com outras técnicas. Esta é a razão de este livro apresentar várias técnicas, bem como um modelo que consolida os vários aspectos apresentados nos diferentes modelos e técnicas.

O executivo deve ter determinada vivência empresarial e *jogo de cintura* para adequar uma técnica estratégica da melhor maneira para sua empresa.

As técnicas estratégicas também têm a finalidade de auxiliar os executivos no estabelecimento de um portfólio de negócios e de produtos ou serviços que estejam no contexto do *core business* da empresa, bem como consolidem as vantagens competitivas reais, sustentadas e duradouras da empresa.

Quando da estruturação de um portfólio de negócios ou de produtos e serviços, você pode observar dois grandes aspectos:

- as entidades correlacionadas, que podem considerar produtos e serviços, mercados, segmentos, nichos ou qualquer outro aspecto ine-

rente à identificação de uma oportunidade ou uma ameaça do ambiente empresarial; e
- os atributos que se relacionam às entidades de maneira única, representando, consequentemente, o objeto da análise dos portfólios. Esses atributos podem ser representados por participação de mercado, bem como taxa de crescimento, lucratividade, volume de vendas da empresa analisada.

Com base nesse conjunto de informações, aplica-se alguma técnica de análise estratégica de sofisticação variada, de forma que se obtenha o portfólio ideal, isto é, o subconjunto de entidades que irá maximizar ou satisfazer a um ou mais objetivos estabelecidos pelos executivos da alta administração da empresa.

Na verdade, essa correlação entre entidades e atributos deve ocorrer na aplicação de, praticamente, todas as técnicas estratégicas apresentadas neste livro.

A particular combinação das intensidades de cada atributo, dentro de um conjunto definido de atributos, identifica esta ou aquela entidade. Assim, por exemplo, pode-se afirmar que a entidade A é aquela com crescimento de vendas de 6% a.a. e lucratividade de 12% sobre as vendas, e a entidade B é aquela com 7% a.a. e 25%, respectivamente. Nesse caso, considera-se que apenas dois atributos – crescimento de vendas e lucratividade – são necessários para uma definição satisfatória das entidades.

Por outro lado, a proximidade ou separação dos atributos em relação ao perfil desejado indica o nível de participação de cada entidade no portfólio de negócios, produtos ou serviços. Como consequência, o perfil real do portfólio é determinado pelos atributos de cada entidade, ponderados pelo nível de participação da entidade no portfólio. Considerando, no exemplo anterior, que o perfil desejado para crescimento de vendas e lucratividade de portfólio seja de 6% a.a. e 20%, respectivamente, nessa hipótese, o nível de participação – que, neste caso, pode ser calculado na base do volume de vendas – da entidade B seria incentivado, em detrimento da entidade A. Na verdade, pode-se afirmar que a análise de portfólio é orientada para minimizar as diferenças entre o perfil empresarial planejado e o perfil factível, por meio da avaliação e seleção das oportunidades ambientais existentes para uma empresa (Standerski, 1986, p. 20).

Analisando mais profundamente os atributos, verifica-se que existe grande número de atributos que apresentam alguma correlação com uma entidade. Assim, seria extremamente oneroso representar uma entidade por meio da referência a todos os seus atributos. Contudo, alguns são mais relevantes do que outros para a consecução dos objetivos da empresa. Pode-se, assim, tomar um número relativamente pequeno de atributos, possibilitando uma representação satisfatória das entidades.

Os atributos relevantes de uma entidade podem ser definidos como aqueles correlacionados com:

a) A atratividade da indústria ou setor de atuação, que pode ser classificada em três subcategorias:

- características econômicas e tecnológicas, tais como estrutura da concorrência e dos suprimentos, diversidade do mercado, nível de risco;
- restrições, tais como aspectos ambientais e legais, dependência energética; e
- objetivos da empresa, tais como crescimento do mercado, tamanho do mercado, rentabilidade média da indústria ou setor da economia, aspectos sociais (Standerski, 1986, p. 22).

b) A capacidade de competir, na qual podem ser distinguidos os atributos relativos a:

- eficiência, tais como participação de mercado, crescimento do produto, imagem, lucratividade; e
- recursos disponíveis, tais como verbas de promoção, capacidade de produção, pesquisa e desenvolvimento, qualidade da administração (Wind e Mahajan, 1981, p. 170).

O processo de estruturação de uma técnica estratégica deve ter, no mínimo, três abordagens:

- operacional, responsável pela geração dos resultados do negócio no momento atual;
- inovativa, que leva à geração de um futuro diferenciado para o empreendimento; e
- da alta administração, que dirige, proporciona visão e determina o curso do negócio, tanto para o momento atual como para o futuro.

Salienta-se que, embora em alguns momentos deste livro se explicite que as técnicas estratégicas apresentadas são utilizadas simplesmente em empresas, você deve considerar que elas também podem ser utilizadas pelas corporações e pelas UEN (unidades estratégicas de negócios).

De maneira geral, as técnicas estratégicas têm por finalidade criar condições para que a corporação, UEN ou empresa possa avaliar os negócios ou os produtos e serviços existentes e os potenciais, seu crescimento, sua lucratividade, sua rentabilidade e os riscos atuais e futuros.

Normalmente, as técnicas estratégicas apresentam os seguintes pontos positivos:

- definição e classificação das empresas em relação ao mercado e ao nível de competição;
- alocação de recursos sob uma análise posicional e seletiva;
- consistência e compatibilidade na análise de desempenho da empresa;
- linguagem relativamente simples e atuante sob o foco do problema;
- minimização da *miopia* administrativa, incluindo o aprimoramento do processo decisório;
- melhor negociação e operacionalização de questões estratégicas;
- maior comprometimento nas decisões de investir ou de desinvestir;
- melhor nível de entendimento sobre qual é a *razão de ser* do negócio; e
- melhor definição dos níveis de autonomia e de descentralização da empresa.

Por outro lado, as técnicas estratégicas apresentam algumas limitações, tais como:

- longo período para implantação, tendo em vista, principalmente, os problemas de sua aceitação por parte de alguns executivos da empresa;
- seu mau uso ou excesso de crédito podem causar divergências quanto à essência do problema;
- pelo fato de adotarem alguns rótulos, podem limitar o nível de criatividade, que é tão necessário no processo estratégico;
- são, geralmente, inadequadas quando se consideram negócios inéditos para a empresa;

- sua simplicidade encobre a grande dificuldade de implantação, sendo que, no mínimo, fica evidenciada a estrutura de poder existente na empresa;
- quando consideram as unidades estratégicas de negócios de forma independente, esquecem a sinergia necessária;
- em mercados muito agressivos, sua utilização pode ser problemática;
- quando são baseadas na curva de experiência, nem sempre são válidas;
- sua análise de alocação de recursos restringe-se, na prática, basicamente aos aspectos monetários; e
- prognósticos resultantes são bastantes afetados por fatores subjetivos.

Entretanto, quando você analisa e pondera as vantagens e limitações das técnicas estratégicas, pode chegar à conclusão, de maneira extremamente lógica, de que as vantagens suplantam as limitações, bem como, pelo fato de você conhecer suas limitações, pode criar estratégias que minimizem os efeitos negativos dessas limitações.

Com o objetivo básico de auxiliar no desenvolvimento dos processos estratégicos, que permitem identificar estratégias alternativas para os negócios e para os produtos da empresa e, consequentemente, subsidiar as decisões relativas à distribuição de recursos entre unidades estratégicas de negócios, produtos ou linhas de produtos, o início da década de 70 foi marcado pelo surgimento de algumas técnicas que são comparáveis pela forma de abordar o problema, e complementares dentro do contexto global da função estratégica da empresa.

Essas técnicas, dependendo da abrangência de sua análise, podem ser classificadas de algumas formas.

Uma dessas formas de classificação considera as técnicas padronizadas – globais e específicas – e as técnicas não padronizadas, conforme apresentado a seguir:

a) Técnicas padronizadas globais, que podem ser aplicadas em qualquer tipo de empresa são apresentadas de sete formas:

- matriz de portfólio de negócios ou de produtos proposta pelo Boston Consulting Group;
- impacto das estratégias de marketing no lucro – PIMS;
- matriz de atratividade de mercado;
- matriz do posicionamento competitivo;

- modelo de Abell;
- modelo de Porter; e
- modelo integrado de análise de posição competitiva – MIP.

b) Técnicas padronizadas específicas, que podem ser apresentadas de sete formas:

- ciclo de vida do negócio ou do produto ou serviço;
- matriz do perfil do negócio de Arthur D. Little;
- matriz de análise da carteira de negócios de Hofer e Schendel;
- modelo do retorno e risco;
- matriz de política direcional da Shell;
- modelo de avaliação das possibilidades de negócios de Mackinsey/GE; e
- modelo de Lorange e Vancil.

As técnicas padronizadas específicas diferenciam-se entre si em três aspectos básicos:

- quanto ao nível de abrangência, pois a técnica considerada pode referir-se a uma corporação, a uma unidade estratégica de negócio (UEN), a uma empresa, ou restringir-se às linhas de produtos ou serviços propriamente ditas. Dependendo de sua abrangência, diferentes níveis da hierarquia da empresa utilizam essa técnica. Mais detalhes sobre os níveis de abrangência da estratégia empresarial são apresentados na seção 3.6;
- quanto aos tipos básicos de dimensão da técnica considerada, sendo que, por dimensão, devem ser entendidas as variáveis que são utilizadas para classificar ou posicionar os produtos ou serviços e negócios da empresa dentro da técnica padronizada específica. As principais dimensões são vendas, participação de mercado, rentabilidade, bem como algumas dimensões compostas, que envolvem diversas variáveis (tamanho do mercado, posição tecnológica, pontos fortes e fracos etc.); e
- quanto às regras para alocação de recursos, que se constituem nos mecanismos propostos para os executivos distribuírem os recursos necessários para que os objetivos da empresa, estabelecidos por meio das dimensões-chaves, sejam alcançados.

c) Técnicas não padronizadas, que se apresentam sob sete formas básicas:

- matriz de desempenho do produto, serviço ou negócio;
- modelo de análise do processo dos negócios;
- modelo da massa crítica;
- matriz de liderança;
- matriz do custo e valor;
- matriz de Petrov; e
- matriz de Booz-Allen.

Embora a premissa básica que acompanha as técnicas padronizadas de análise de posição competitiva indique sua aplicabilidade a todos os produtos e negócios, bem como a qualquer tipo de empresa, sua característica rígida em termos de dimensões principais e normativas em relação às regras de alocação de recursos impede, na maior parte dos casos, de levar em consideração as preferências e os posicionamentos individuais dos responsáveis por seu desempenho. Isso pode tornar menos atrativa a utilização das técnicas e dos modelos apresentados ao longo deste livro.

Procurando solucionar esse tipo de problema, foram desenvolvidas técnicas de análise de posição competitiva que podem ser denominadas não padronizadas ou específicas, de modo a respeitar as percepções e as intuições dos tomadores de decisão e as próprias características da empresa e de seu ambiente. Portanto, em princípio, um modelo específico deve refletir as preferências dos executivos da empresa onde foi concebido.

A técnica não padronizada consolida-se dentro da realidade de determinada empresa, fato que, no entanto, não impede sua utilização por outras empresas. Portanto, é válido reforçar que os executivos devem ter determinada vivência empresarial e *jogo de cintura* administrativo para adequar uma técnica não padronizada da melhor maneira para sua empresa em particular.

Essa questão da utilização de técnicas estratégicas padronizadas entre diferentes empresas é importante do ponto de vista estratégico, pois propicia uma análise comparativa entre empresas concorrentes, facilitando o estabelecimento das vantagens competitivas.

Depois de conhecer as várias técnicas e modelos apresentados neste capítulo, você estará em condições de desenvolver um processo estratégico que considere, da forma mais adequada, a relação da empresa com seu mercado de atuação e, portanto, de suas vantagens competitivas.

Salienta-se que, embora algumas dessas técnicas tenham sido originalmente idealizadas para a análise de produtos ou linhas de produtos da empresa como instrumento para o desenvolvimento de um planejamento de marketing, na prática essas técnicas também podem ser aplicadas para a análise de negócios, atuando, dessa forma, como um item dentro do processo de elaboração do planejamento estratégico e do estabelecimento de estratégias.

Portanto, ao longo deste capítulo serão utilizados os termos inerentes à análise de produtos/linha de produtos ou análises de negócios de forma indistinta.

Outra forma de classificar as técnicas estratégicas é quanto a sua melhor adaptação ao delineamento estratégico em três situações básicas para as empresas:

- quando da análise dos negócios atuais;
- quando da análise dos negócios futuros; e
- quando do estabelecimento das vantagens competitivas.

Embora essa classificação não tenha uma abordagem científica, ou seja, não possa ser considerada como verdadeira por si só a elaboração das técnicas nas três situações abordadas, ela representa a consolidação da experiência do autor na aplicação das diferentes técnicas estratégicas em empresas diversas, quando da realização dos serviços de consultoria.

Na abordagem prática deste livro, o autor também apresenta considerações gerais a respeito da aplicação das diferentes técnicas, sendo que estas colocações não foram apresentadas pelos idealizadores das diferentes técnicas, e representam, portanto, unicamente o entendimento prático que este autor visualizou a respeito do assunto.

5.3 TÉCNICAS ESTRATÉGICAS PARA ANÁLISE DOS NEGÓCIOS ATUAIS

Conforme explicado na seção 5.6, o ideal é que exista uma análise integrada entre as diversas técnicas estratégicas existentes, inclusive, para facilitar o processo de delineamento de estratégias diferenciadas e vencedoras.

Entretanto, pela experiência profissional deste autor, existem determinadas técnicas que podem facilitar, de forma direta, o estabelecimento de estratégias empresariais baseadas na análise dos negócios atuais.

São dez as técnicas que se enquadram, com maior facilidade, nessa situação:

- matriz de portfólio de negócios, produtos e serviços do BCG;
- ciclo de vida do negócio, produto ou serviço;
- impacto das estratégias de marketing no lucro-PIMS;
- matriz de atratividade de mercado;
- modelo de avaliação das possibilidades de negócios de McKinsey/GE;
- modelo de Lorange e Vancil;
- modelo de desempenho de produtos, serviços ou negócios;
- modelo de análise do processo de negócio;
- modelo de massa crítica; e
- matriz do custo e valor.

5.3.1 Matriz de portfólio de negócios, produtos ou serviços do BCG

Esta matriz foi desenvolvida, no início da década de 1970, pelo BCG – Boston Consulting Group –, empresa de consultoria de gestão, especializada em questões de políticas e estratégias empresariais.

Esta matriz foi inspirada na área financeira, mais especificamente nas atividades de administração de títulos e valores disponíveis para investimento pois, da mesma forma como é difícil para um investidor balancear seus recursos entre os diversos títulos existentes no mercado financeiro, ao executivo da empresa também é difícil identificar o *mix* ideal das linhas de produtos ou serviços, e a quantidade correta de recursos que serão alocados entre as diversas linhas de produtos ou serviços.

A solução proposta na área financeira para esse tipo de problema, denominada de seleção e análise de portfólio, tem por premissa básica considerar que o resultado referente à taxa de retorno de investimentos, propiciado por um conjunto de estratégias, não é fruto apenas do somatório dos resultados individuais de cada título, mas também da interação entre eles. Dessa forma, tal interação pode gerar resultados diferentes – melhores ou piores – daqueles indicados pela simples adição do desempenho de cada item.

Quando extrapolado esse conceito para o delineamento da estratégia, o processo ocorre da mesma forma, ou seja, os resultados obtidos pelo conjunto de produtos, associados aos respectivos mercados, não são função apenas dos resultados de cada linha de produtos adicionados um a um, mas deve-se levar em consideração as consequências do perfil do conjunto de produtos e, também, a possibilidade de alguns produtos ou linhas de produtos fomentadores de recursos para o lançamento, ou mesmo sobrevivência, dos outros. Portanto, está-se considerando, nessa situação, um nível adequado de sinergia positiva.

Bruce Henderson (1975, p. 2), presidente do BCG, salientou que uma empresa com diversos negócios e divisões, sem uma estratégia global, não é sequer melhor do que a soma de suas partes. É, simplesmente, um portfólio de investimentos não negociáveis e de baixa liquidez que acrescentou *overhead* e restrições aos seus negócios. Tais tipos de investimentos, normalmente, têm valor menor do que a soma de suas partes.

Portanto, diferentemente das abordagens até então existentes, o portfólio de produtos ou serviços se sobressaia pelo fato de considerar que o desempenho empresarial era fruto não só da somatória dos resultados individuais de cada linha de produtos ou serviços, mas, sobretudo, da interdependência entre elas e da forma como elas eram analisadas.

Uma vantagem importante de uma empresa com diversos produtos, serviços, negócios e divisões é sua habilidade em canalizar recursos consideráveis para as unidades mais produtivas, uma vantagem que empresas não diversificadas não dispõem (ver item *a* da seção 6.8). Grande parte dessas empresas utiliza o planejamento estratégico integrado para compatibilizar seu potencial e recursos, e estabelecer uma sequência e prazos para transferência de recursos.

O que distingue o enfoque do BCG de outras técnicas estratégias e de análise de posição competitiva é a forma especial pela qual é atribuído um papel a cada negócio, produto ou serviço, sendo esses papéis integrados a uma estratégia de portfólio. Os papéis são atribuídos aos negócios, produtos ou serviços com base no potencial de fluxo de caixa e na posição de custos com relação à concorrência, levando-se em conta os portfólios de negócios, produtos ou serviços dos principais concorrentes.

O mercado para cada negócio, produto ou serviços e sua situação competitiva são únicos. As diferenças no crescimento e potencial do fluxo de caixa e na posição competitiva – com relação à concorrência – determinam quais os produtos e serviços que representam oportunidades de investimentos, e quais devem ser usados para fornecer fundos para outros investimentos. Alguns não têm nem potencial de crescimento, nem capacidade de gerar fundos, e são, portanto, candidatos a serem eliminados do portfólio.

A matriz do BCG é a técnica estratégica mais conhecida e utilizada pelas empresas, e tem como base de sustentação a curva de experiência.

A curva de experiência apresenta uma relação do custo unitário dos produtos ou serviços em relação à produção total acumulada, conforme demonstrado na Figura 5.1:

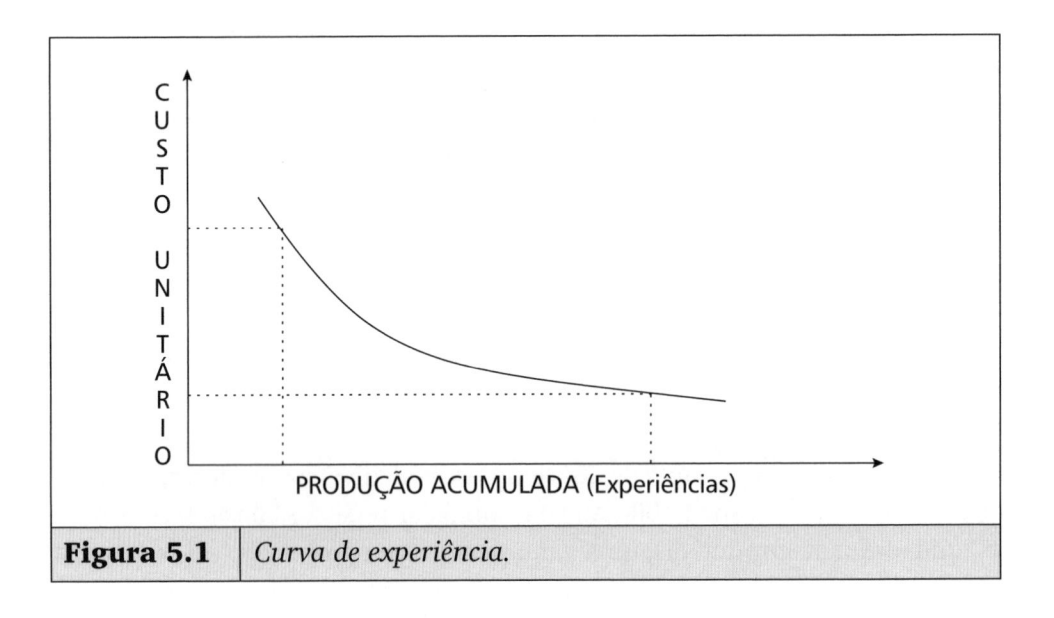

Figura 5.1 | *Curva de experiência.*

A matriz do BCG está baseada em duas variáveis: participação relativa de mercado e taxa de crescimento da indústria ou setor de atuação, bem como parte da premissa de que o objetivo da empresa é adquirir tantas fatias de mercado quanto possa sustentar.

A matriz do BCG parte de algumas premissas, a saber:

- o caixa gerado pelas empresas é função do custo unitário que, por sua vez, é função de economias de escala e experiência, que, por outro lado, é função da participação relativa de mercado; e
- a necessidade de investimento em ativos fixos e de capital de giro é função da taxa de crescimento do mercado.

Essas premissas levam à conclusão de que o fluxo de caixa total é função da participação relativa de mercado e do crescimento de mercado (ver Figura 5.2).

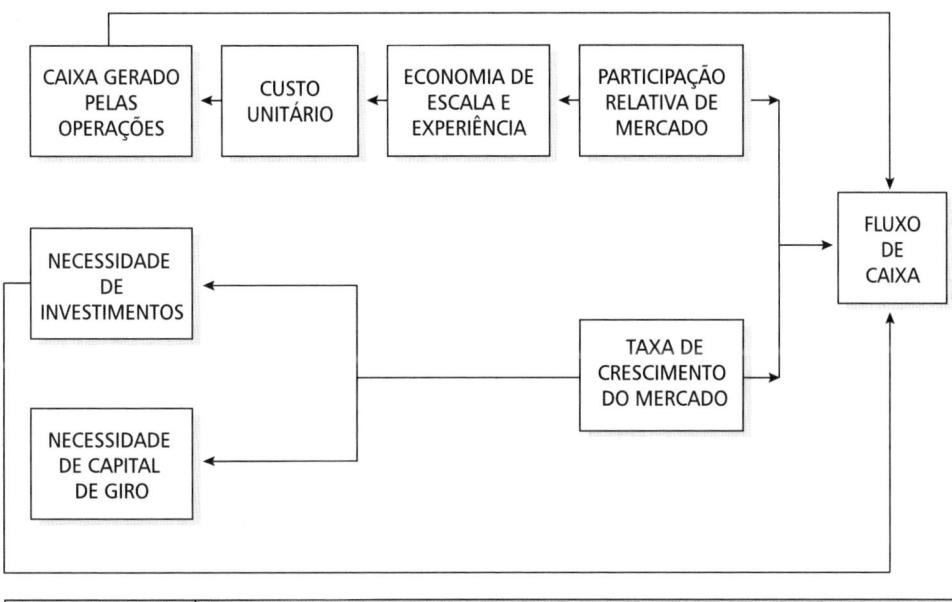

Figura 5.2 | *Premissas da matriz do BCG.*

A matriz do BCG relaciona três variáveis principais:

- o volume de vendas da empresa, representado pela área dos círculos;
- a participação de mercado relativa à do principal concorrente, que é representada pela posição horizontal do círculo anteriormente mencionado na matriz; e
- a taxa de crescimento do mercado deflacionada para a empresa.

Analisando essas variáveis de maneira mais detalhada, tem-se:

a) Quando da análise do volume de vendas, você pode utilizar os seguintes parâmetros:

- o nível de vendas em valores absolutos financeiros e em unidades físicas; e

- o nível de vendas em valores absolutos para o ramo de negócio da empresa.

b) Quanto à participação de mercado relativa à do principal concorrente, você deve preocupar-se, principalmente, com a vantagem competitiva, que serve para confrontar o desempenho da empresa analisada em relação a seu principal concorrente.

Portanto, a participação de mercado é um dos principais parâmetros de avaliação da vantagem competitiva de uma empresa (ver seção 4.6).

Somente como referência, a matriz do BCG considera como ideal, para o processo decisório, a seguinte situação:

- menor que 10%: participação marginal;
- entre 11% e 24%: participação média; e
- maior que 25%: participação elevada.

Para determinar o nível de participação ideal, uma empresa pode adotar três procedimentos básicos (Bloom e Kotler, 1976, p. 33):

- avaliar a relação entre participação no mercado e lucratividade;
- estimar o valor total do risco associado a cada nível de participação no mercado; e
- determinar o ponto em que um aumento no porcentual de participação no mercado não permite que a empresa espere obter lucros suficientes para compensar os riscos extras aos quais a empresa irá expor-se.

Você deve considerar que as estratégias para conquistar margem de participação no mercado devem ser projetadas levando-se em conta vários aspectos:

- se o mercado básico em que a empresa atua encontra-se em desenvolvimento, em estabilidade ou em declínio;
- se o produto ou serviço analisado é homogêneo ou muito diverso em relação aos outros produtos ou serviços da empresa, bem como de seus principais concorrentes;
- se os recursos da empresa são altos ou baixos, em relação a recursos de seus concorrentes; e
- se há um ou vários concorrentes, e qual(is) a(as) sua(s) vantagem(ns) competitiva(s).

A estratégia mais eficiente para aumentar a porcentagem de participação no mercado é a inovação do produto ou serviço. Sua companheira mais fraca, a imitação do produto ou serviço, pode funcionar num mercado crescente mas, provavelmente, não alterará as porcentagens nos mercados existentes.

Outra estratégia corresponde à segmentação do mercado para evitar que outras empresas entrem em determinados segmentos que, embora não sejam muito interessantes nos dias atuais, poderão ser altamente válidos no futuro.

Uma terceira estratégia para aumentar a margem de participação no mercado é a inovação na distribuição dos produtos e serviços. Nesse caso, a empresa descobre um meio de atender às necessidades e expectativas do mercado com mais eficiência.

De modo geral, a melhor estratégia para defender uma participação de mercado é a inovação do produto ou serviço, a mesma estratégia que funciona tão bem para os concorrentes menores.

A empresa que domina o mercado nunca deve acomodar-se na situação, procurando prever seu próprio obsoletismo e desenvolver novos produtos, novos sistemas de serviços ao consumidor, de canais de distribuição e de redução de custos.

A segunda linha de defesa é a fortificação do mercado. Neste caso, a empresa dominante entra em todas as brechas do mercado para evitar que os concorrentes o façam. Essa é a essência da estratégia das empresas de múltiplas marcas aperfeiçoadas por forte tecnologia, que lançam uma série de marcas competindo entre si; o efeito desejado é segurar o limitado espaço de distribuição e bloquear a concorrência.

A terceira e menos atraente estratégia para defender a estabilidade da porcentagem de participação é o confronto. Aqui, a empresa dominante defende seu império saindo para campanhas onerosas e reduzindo seus preços para *disciplinar* concorrentes em ascensão. Ela pode até recorrer a meios embaraçosos, pressionando seus revendedores e fornecedores a ignorar esses novos concorrentes, se não desejarem perder sua preferência. O confronto pode funcionar, mas implica em certos riscos e traz menos bem-estar social do que os efeitos inovadores. Além disso, essas estratégias sugerem envelhecimento da empresa dominante (Bloom e Kotler, 1976, p. 35).

Em outra situação, você pode julgar mais válida a redução da participação no mercado, a qual exige a aplicação de vários princípios de desaceleração de mercados gerais e seletivos. Desacelerar é tentar reduzir, temporária ou permanentemente, o nível da demanda do consumidor; podendo ser dirigido ao mercado em geral ou aos segmentos selecionados desse mercado.

As empresas que chegam à conclusão de que sua alta porcentagem de participação no mercado é perigosa podem desejar adotar estratégias para reduzir o risco, em vez de empregar estratégias para diminuir a porcentagem. Isso porque o mercado ideal é tanto função de lucratividade, como uma função de riscos, e o sucesso na redução de qualquer risco que cerca alta margem de participação no mercado equivale à otimização daquela porcentagem.

Para reduzir os riscos referentes à alta participação no mercado, as empresas podem adotar algumas estratégias:

- desenvolver um programa de relações públicas visando à melhoria de sua imagem institucional;
- consolidar uma postura de responsabilidade social;
- implementar uma política de bom relacionamento com seus concorrentes;
- ter ação de *lobby* nos diversos níveis governamentais;
- desenvolver um processo de diversificação para amenizar problemas específicos de alguns segmentos de mercado; e
- implementar efetiva adaptação às necessidades do mercado consumidor, criando uma situação de confiança e simpatia, inclusive consolidando uma postura inovadora.

c) Quanto à taxa de crescimento do mercado, pode utilizar os seguintes parâmetros:

- a taxa de crescimento de vendas por produto ou linha de produtos; e
- a taxa de crescimento de vendas por classe de produto, para o ramo de negócio da empresa.

Verifica-se, portanto, que a análise é feita comparando, inclusive, a evolução de vendas da empresa e de seu ramo de negócio dentro da indústria ou setor considerado.

Além desses três aspectos, que têm, inclusive, uma forma de representação gráfica na matriz do BCG, você também deve considerar outros aspectos de interesse para a análise da técnica de portfólio da matriz do BCG, tais como:

d) Lucratividade, que permite à empresa identificar quais são os produtos e serviços geradores de caixa, bem como os consumidores de recursos. A empresa pode efetuar essa análise mediante a margem de contribuição unitária, que corresponde ao preço de venda unitário menos o custo variável unitário.

e) Risco, considerando dois aspectos:

- risco financeiro, que corresponde à variação do retorno sobre o investimento, pois quanto maior é o risco, maior é o retorno, e vice-versa; e
- risco comercial, que corresponde à análise dos concorrentes, da evolução tecnológica etc.

f) Demanda de recursos, pois é importante a empresa avaliar o que os produtos e serviços absorvem ou podem gerar em termos de recursos. Portanto, essa análise orienta a produção, a comercialização e a previsão financeira da empresa.

g) Utilização de recursos gerais da empresa, pois alguns fatores podem afetar a demanda dos produtos e serviços da empresa, provocando uma situação em que, mesmo os produtos e serviços geradores de caixa, em seus momentos de baixa demanda, necessitam absorver recursos para produção, investimentos em marketing etc.

De maneira resumida, a matriz de portfólio de produtos do BCG pode ser visualizada conforme apresentado na Figura 5.3.

O uso de gráficos de portfólio de produtos e serviços pelo BCG baseia-se na conhecida relação entre participação de mercado e lucratividade, uma vez que se verificou que alta participação no mercado e alta lucratividade estão fortemente correlacionadas em situações estáveis de concorrência, bem como o domínio de mercado, sempre que possível, é o objetivo competitivo adequado em mercado com altas taxas de crescimento. Em mercados com baixas taxas de crescimento, quando se ganhar parcela de mercado é, geralmente, muito mais difícil e custoso, a estratégia adequada é maximizar o fluxo de caixa, mesmo ao custo eventual de perder parcela de mercado. Para que uma estratégia de domínio possa ser efetivada para determinado produto, é necessária uma avaliação da vantagem competitiva, do custo de ganhar liderança no mercado e dos fundos disponíveis originários de produtos escolhidos para gerar caixa, em vez de para crescimento. Dispor os produtos da empresa em um gráfico de portfólio ajuda a entender suas posições e prever reações da concorrência às estratégias básicas de domínio do mercado ou geração de caixa (Buzzell et al., 1975, p. 99).

```
┌─────────────────────┐
│ • PESQUISA E        │
│   DESENVOLVIMENTO   │
│ • DINHEIRO GERADO E │
│   DINHEIRO UTILIZADO│
└─────────────────────┘
```

Matriz BCG:

ALTA

ESTRELA	CRIANÇA-PROBLEMA
• DINHEIRO GERADO + +	• DINHEIRO GERADO +
• DINHEIRO UTILIZADO – – –	• DINHEIRO UTILIZADO – – –
• RESULTADO LÍQUIDO –	• RESULTADO LÍQUIDO – –

VACA DE DINHEIRO	CÃO
• DINHEIRO GERADO + + +	• DINHEIRO GERADO + +
• DINHEIRO UTILIZADO –	• DINHEIRO UTILIZADO –
• RESULTADO LÍQUIDO + +	• RESULTADO LÍQUIDO –

BAIXA

TAXA DE CRESCIMENTO DO MERCADO

10 X   ALTO   1,0 X   BAIXO   0,1 X

PARTICIPAÇÃO RELATIVA DE MERCADO (DOMÍNIO DE MERCADO)

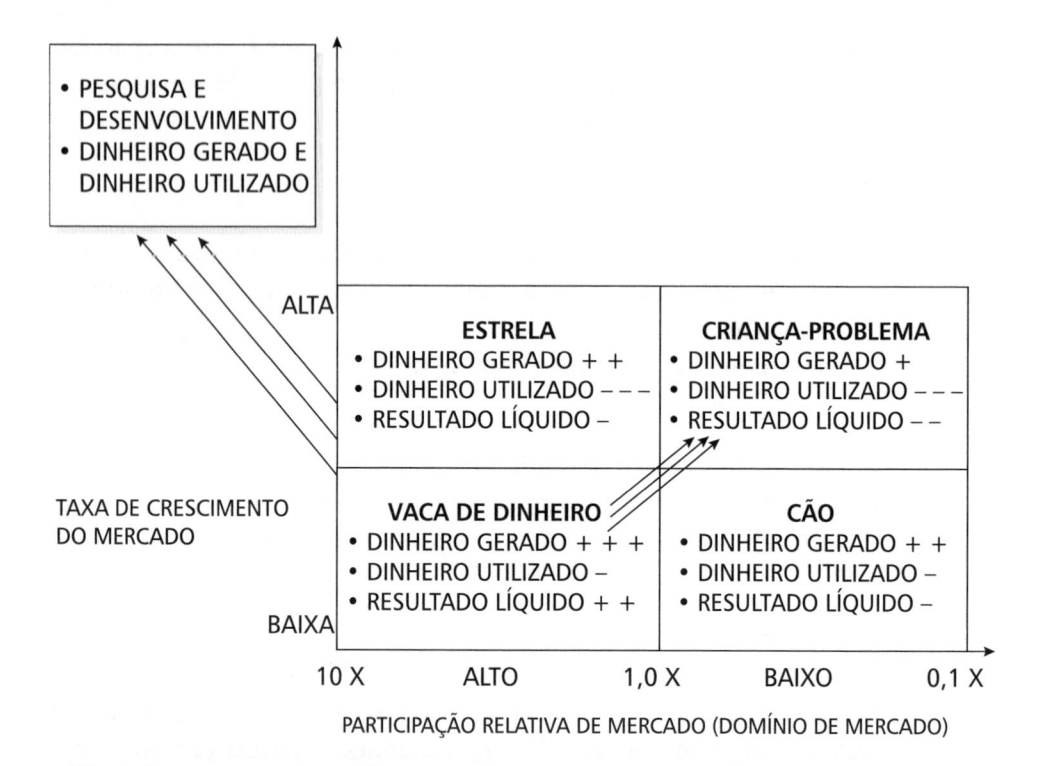

Figura 5.3 | *Matriz do BCG de crescimento e participação de mercado.*

Com base nessa situação, pode-se concluir que a matriz do BCG apresenta algumas vantagens para você melhor delinear seu processo estratégico da empresa.

A primeira vantagem identificada está na consideração simultânea de duas variáveis de avaliação de desempenho, pois a matriz apresenta, no eixo das abscissas – horizontal –, a variável "participação relativa de mercado" (ou "domínio de mercado") e, no eixo das ordenadas – vertical –, a variável "crescimento de mercado". Além disso, conforme pode-se perceber na Figura 5.3, a matriz oferece dois níveis de posição para cada variável – "alto" e "baixo" –, o que gera quatro células para classificar os produtos, serviços ou negócios da empresa. O modelo sugere, também, a trajetória normalmente seguida pelos recursos entre os ocupantes das quatro células.

A variável "participação relativa a mercado" ou "parcela de mercado" constitui uma medida que compara a parcela de mercado pertencente à empresa em estudo, com o mais importante concorrente. Assim, "participação relativa de mercado" igual a 2, por exemplo, significa que o concorrente principal detém metade da participação pertencente à empresa em análise. No modelo sugerido, essa medida atinge seu valor máximo em dez unidades. Por outro lado, pode-se observar que, quando essa relação é inferior à igualdade, isto é, quando ambas as empresas têm a mesma parcela de mercado, a participação relativa é considerada baixa.

Verifica-se, também, que por meio do eixo horizontal, você deve preocupar-se com o processo de geração de caixa e, por meio do eixo vertical, com a necessidade de caixa da empresa.

A seguir são apresentadas algumas considerações sobre a construção da matriz do BCG.

Deve-se lembrar que o conceito de portfólio de produtos e serviços repousa na classificação do produto ou serviço por taxa de crescimento do mercado e pela parcela de participação no mercado. Como o crescimento de mercado é determinado, na maior parte dos casos, por fatores externos ou não controláveis, a estratégia de portfólio reduz-se a uma estratégia de parcela de mercado.

O crescimento do produto ou serviço é, geralmente, dividido em "alto" ou "baixo" por uma linha arbitrária, normalmente, dez por cento de crescimento. Da mesma forma, a parcela de mercado é dividida no ponto em que a referida parcela é 1.0, de forma que "alta" parcela de mercado significa liderança no mercado. Não há nada de imutável com relação a esses números, sendo que ajustamentos podem ser feitos em cada situação, conforme o consenso dos participantes, do que constitui "alto" e "baixo", considerando-se as dimensões de crescimento e a parcela de mercado.

A interpretação dos gráficos para cada produto, serviço ou negócio baseia-se em quatro princípios gerais:

- margens e caixa gerado dependem da parcela de mercado. Efeitos da curva de experiência correlacionam altas margens com alta participação do mercado;
- crescimento das vendas do produto ou serviço requer entradas de caixa para financiar capacidade adicional, capital de giro etc. Assim, o crescimento do mercado requer entradas de caixa, caso a parcela de mercado seja mantida;
- um aumento na parcela de mercado requer entradas de caixa para financiar maiores despesas com propaganda, instalações adicionais e equipamento para redução de custos; e

- o crescimento em cada mercado torna-se menor à medida que o produto ou serviço caminhar para a maturidade. As disponibilidades de caixa geradas à medida que o crescimento torna-se mais lento devem ser reinvestidas em outros produtos e serviços ainda em crescimento.

Para facilitar a identificação dos ocupantes de cada célula, nomes específicos e sugestivos foram atribuídos aos produtos e serviços componentes do portfólio.

Cada uma das quatro categorias básicas, na matriz de crescimento e de participação, compreende um conjunto de alternativas de estratégias que são aplicáveis às entradas dos produtos e linhas de produtos ou dos negócios nessa categoria.

O executivo deve verificar que, quanto maior a participação no mercado, maior é sua capacidade de gerar caixa e que, quanto maior o crescimento do mercado, maior será a necessidade de caixa para financiar esse crescimento. De fato, para manter a mesma participação de mercado, as necessidades de caixa crescem com a taxa de crescimento do mercado. Obviamente, se a empresa pretende aumentar a participação no mercado, será necessário um nível de caixa adicional.

As categorias e as estratégias específicas da matriz do BCG são apresentadas a seguir:

A – Negócios, produtos ou serviços *estrelas*

As suas principais características são:
- produtos ou serviços líderes no mercado;
- produtos ou serviços de alta taxa de crescimento de vendas e alta participação no mercado;
- geradores de lucros significativos; e
- consumidores de elevados recursos financeiros para financiar a taxa de crescimento.

As principais estratégias que você pode aplicar nos negócios, produtos ou serviços *estrelas* são:
- proteger o nível existente de participação, por meio do reinvestimento dos lucros, sob forma de redução de preço, aperfeiçoamento do produto, melhor cobertura de mercado, aumento de eficiência da produção etc.;

- preparar toda a sustentação para que se tornem produtos ou serviços *vacas de dinheiro,* quando o mercado decrescer;
- ocupar posições rentáveis e defensáveis a longo prazo, aproveitando os pontos fortes da empresa e as oportunidades do mercado em evolução;
- dar atenção especial à obtenção de grande participação de novos usuários, ou novas aplicações que são a fonte da evolução do mercado; e
- maximizar os lucros e o fluxo de caixa a curto prazo, em detrimento da participação no mercado a longo prazo. Essa é uma estratégia alternativa, normalmente inadequada e arriscada, porque a participação, geralmente, baseia-se num fluxo contínuo de inovações no produto ou no serviço, bem como porque priva a empresa de uma *vaca de dinheiro* que poderá ser necessária no futuro.

As principais políticas desta classe de negócios, produtos ou serviços são:
- dar ênfase nas atividades de pesquisa, desenvolvimento e investimento; e
- ter período de retorno de médio prazo, correspondente a um período de três a quatro anos.

B – Negócios, produtos ou serviços *vacas de dinheiro*

As principais características dos negócios, produtos ou serviços *vacas de dinheiro* ou *vacas leiteiras* são:
- produtos ou serviços com alta participação de mercado e baixa taxa de crescimento de vendas; e
- produtos ou serviços geradores de caixa acima de suas necessidades de investimento.

As principais estratégias a serem aplicadas nos negócios, produtos ou serviços *vacas de dinheiro* são:
- manter o domínio de mercado, inclusive os investimentos em liderança tecnológica;
- tomar decisões extremamente cuidadosas quanto a preços, para manter a liderança;

- resistir às pressões para realizar elevados investimentos, a menos que as perspectivas para a expansão da demanda sejam, excepcionalmente, atraentes; e
- manter os segmentos de mercado nas melhores condições de rentabilidade e competitividade possíveis.

As principais políticas de sustentação dos negócios, produtos ou serviços *vacas de dinheiro* são:
- dar base de sustentação das atividades de pesquisa e desenvolvimento em outras áreas da empresa;
- não aceitar riscos, salvo em situações excepcionais, ou para manter resultados importantes; e
- ter retorno médio de investimento relativamente curto (dois a, no máximo, três anos).

C – Negócios, produtos ou serviços *crianças-problemas*

As principais características dos negócios, produtos ou serviços *crianças-problemas*, ou *interrogações*, ou *dilemas* são:
- têm baixa participação de mercado e alta taxa de crescimento de vendas;
- requerem elevados investimentos para manter a participação de mercado e, mais ainda, para aumentá-la; e
- podem tornar-se produto ou serviço *cão* se não houver disponibilidade de caixa no momento devido. Fazendo a analogia com a técnica do ciclo de vida do produto, conforme apresentado na seção 5.3.2, seria o mesmo que o produto passar do estágio de *introdução* diretamente para o estágio de *declínio.*

As principais estratégias que podem ser aplicadas são:
- investir pesadamente, para obter alta participação nas novas vendas;
- aumentar a participação de mercado atual, e partir para aquisição de empresas concorrentes, conduzindo, assim, o produto ou serviço à categoria de *estrela*;
- sair do negócio, sendo que essas três estratégias aparecem como alternativas entre si; e

- segmentar o mercado, mas somente se for possível identificar um nicho defensável, e se houver disponibilidade de recursos para ganhar significativa parcela de mercado.

A principal política que serve de sustentação às estratégias mencionadas é ter retorno de investimento a médio prazo, correspondente a um período de dois a três anos (se tiverem passando para a categoria dos produtos *vacas de dinheiro*).

D – Negócios, produtos ou serviços *cães*

As principais características dos negócios, produtos ou serviços da categoria *cães*, ou *cachorros*, ou *abacaxis*, ou *pesos mortos* são:
- produtos ou serviços com baixa participação no mercado e baixo crescimento de vendas;
- produtos ou serviços que não geram e nem necessitam de muitos recursos financeiros;
- apresentam lucratividade abaixo dos níveis desejáveis, ao mesmo tempo que consomem muita atenção dos executivos da empresa;
- existência de grande número de produtos ou serviços nesta categoria, em que o crescimento do mercado é pequeno, e o domínio do mercado é inferior ao do líder;
- normalmente, apresentam desvantagens de custos, e têm poucas oportunidades para uma evolução a curto prazo num nível razoável;
- seus mercados não estão crescendo, resultando poucos negócios pelos quais pode competir, e o concorrente principal resiste fortemente contra qualquer ganho de participação da empresa considerada;
- o produto ou serviço permanece no portfólio porque mostra – ou promete – um lucro, ainda que modesto, o que na verdade pode ser um resultado enganoso, porque a maior parte do fluxo de caixa precisa ser reinvestida para se manter a posição competitiva e financiar um possível processo inflacionário;
- produtos ou serviços definidos como *armadilhas de dinheiro*, em que os reinvestimentos requeridos, incluindo o capital de giro maior, excedem os lucros e forçam um aumento da capacidade de endividamento; e
- produtos ou serviços cujos projetos individuais de investimento – especialmente aqueles concebidos para reduzir os custos de pro-

dução – mostram adequado índice de retorno sobre o investimento. Contudo, a situação da concorrência é tal que esses retornos não são suficientes para gerar um fluxo de caixa que dê para manter o produto ou serviço na posição onde se encontra e, ao mesmo tempo, financiar projetos mais promissores. Além disso, há os custos potencialmente ocultos de demandas reprimidas e as consequentes oportunidades perdidas, bem como o moral baixo do pessoal em razão da falta de realização de resultados interessantes para a empresa.

As principais estratégias inerentes aos negócios, produtos ou serviços *cães* são:

- reduzir os problemas apresentados sem se desinvestir;
- descobrir maneiras de se tornar o desinvestimento no produto ou serviço tão atraente quanto possível; e
- abandonar o produto ou serviço, sendo essas três estratégias alternativas.

A principal política que fornece sustentação às estratégias dos negócios, produtos ou serviços *cães* é que os investimentos devem ser restringidos ao mínimo indispensável.

O rótulo pejorativo *cão* torna-se cada vez mais adequado, quanto mais o produto ou serviço aproxima-se do canto inferior direito da matriz; e, nesse caso, a necessidade de estratégias fortes torna-se igualmente urgente.

O gráfico da matriz do BCG deve ter adequado equilíbrio interno pela distribuição otimizada dos segmentos ou dos produtos em cada um dos quatro quadrantes. Os produtos com vendas maiores – círculos maiores – devem aparecer como *estrelas* ou *vacas de dinheiro*. Poucos produtos devem aparecer no quadrante das *crianças-problemas*, pois exigem elevado comprometimento de caixa para se transformarem em *estrelas* e podem tornar-se grandes perdedores se alguma coisa não funcionar. A maior parte dos produtos deve estar posicionada como *vaca de dinheiro* – líderes de mercado, em outras palavras, uma vez que, de certa forma, eles dão suporte aos demais produtos, em maior ou menor grau. Poucos produtos devem aparecer como *cães*, uma vez que esses são as *armadilhas de dinheiro*, exigindo o reinvestimento das poucas entradas de caixa que produzem dentro do processo empresarial.

Esta situação pode ser visualizada na Figura 5.4:

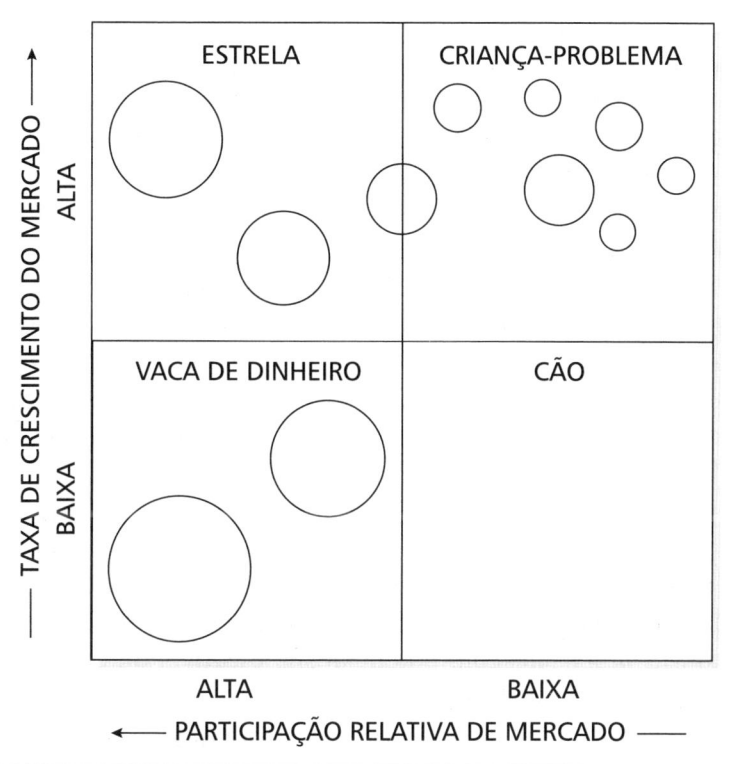

Figura 5.4 | *Matriz do BCG ideal.*

Você também deve considerar a avaliação dos concorrentes por meio da matriz do BCG.

Neste caso, deve-se:

- preparar gráficos de portfólio de produtos e serviços para os principais concorrentes;
- analisar um produto ou serviço de cada vez; e
- lembrar que, normalmente, surgem quatro estratégias alternativas:
    - aumentar a participação de mercado;
    - manter a participação de mercado;
    - consolidar máxima entrada de recursos financeiros; ou
    - desinvestir.

O detalhamento desses procedimentos é apresentado a seguir.

Nesse processo de avaliação competitiva devem ser desenvolvidos gráficos de portfólio de negócios, produtos ou serviços para os principais concorrentes. Embora, geralmente, esses não sejam tão confiáveis quanto os gráficos da própria empresa, devem representar, ao menos, uma seleção das melhores informações disponíveis sobre os concorrentes, e são mais úteis do que dados não integrados.

Tomando-se um produto ou serviço de cada vez, deve-se comparar os gráficos de forma a determinar as forças da concorrência quando procuram um aumento de participação no mercado. Ganhar parcela de mercado em segmentos de lento crescimento, por exemplo, deve ser objetivado apenas quando a empresa equiparar-se com seus concorrentes em termos de participação no mercado, quando ela detiver a liderança, ou quando uma forte tendência de crescimento for percebida nos gráficos da técnica BCG.

Em geral, isso exige o abandono de negócios, produtos ou serviços de baixa participação nos quadrantes *cães* ou *crianças-problemas*. A atenção deve ser concentrada naqueles produtos ou serviços próximos à linha divisória de 1,0 e de dimensão suficiente para enfrentar uma batalha com o líder do mercado, utilizando *crianças-problemas* com potencial significativo, ou então produtos ou serviços em posição de liderança.

Nesta etapa, os produtos são, tentativamente, separados em quatro selecionadas estratégias de produtos para melhorar seu posicionamento com relação aos padrões ideais mostrados ao lado esquerdo da Figura 5.5 (estratégia de portfólio e máximo crescimento sustentado). Por exemplo, um produto *cão* posicionado na linha de máximo crescimento pode ser reposicionado próximo ao eixo de crescimento zero ideal, permitindo-se um declínio da parcela de mercado de forma a maximizar o fluxo de caixa.

Pela Figura 5.5, verifica-se que os negócios, produtos ou serviços *cães* devem ser concentrados no eixo de crescimento de mercado, uma vez que a estratégia indicada tem crescimento zero de capacidade. Produtos *vacas de dinheiro* devem estar situados ao longo da linha diagonal, indicando que a parcela de mercado será mantida na média. Produtos *estrelas* devem aparecer na região de alto crescimento, abaixo da diagonal, uma vez que estão ganhando parcela de mercado. Produtos *crianças-problemas* devem aparecer, normalmente, em dois quadrantes: um grupo recebendo pouco capital e outro grupo recebendo elevado suporte financeiro.

O objetivo é atingir um balanceamento dos produtos com relação à linha de máximo crescimento sustentável. Embora o balanceamento não possa ser feito de forma visual, os efeitos de alguns movimentos necessários podem ser dispostos em gráficos.

Técnicas auxiliares para o estabelecimento e implementação das estratégias nas empresas 277

Taxa máxima de crescimento sustentável

Taxa de crescimento de mercado

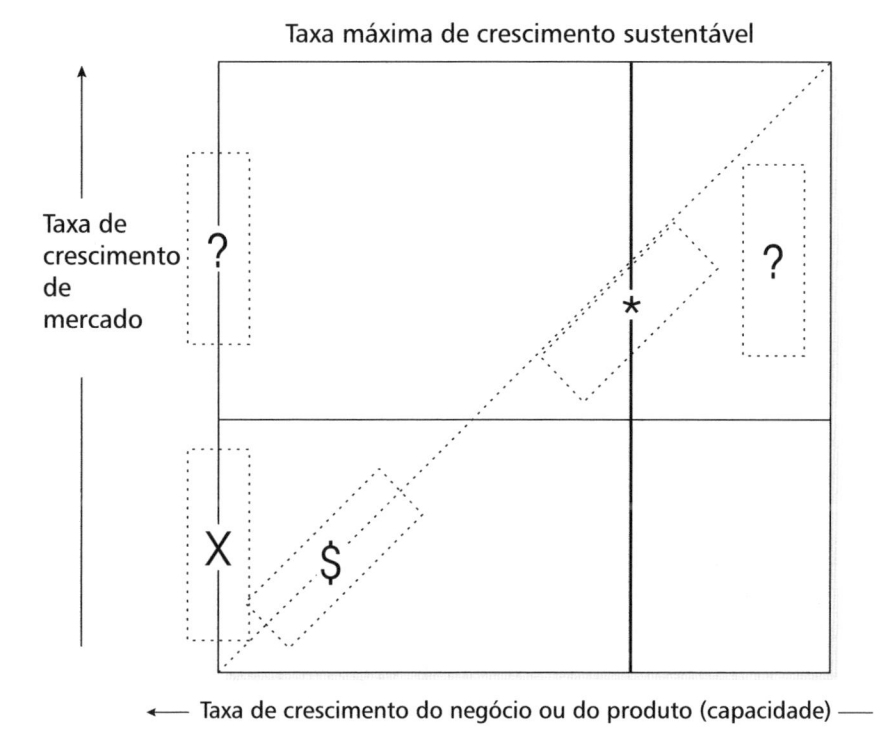

Legenda: ? = CRIANÇA-PROBLEMA
* = ESTRELA
$ = VACA DE DINHEIRO
X = CÃO

← Taxa de crescimento do negócio ou do produto (capacidade) →

Figura 5.5 | *Estratégia de portfólio e máximo crescimento sustentável.*

Na análise competitiva, você também deve fazer uma verificação dos vários fatores externos e internos identificados e avaliados em sua empresa, de forma idêntica, perante seus principais concorrentes.

Essa é considerada a abordagem mais estratégica da matriz do BCG e as empresas que conseguem realizar esse trabalho com qualidade demonstram elevado nível de atuação estratégica.

O levantamento básico das informações inerentes aos principais concorrentes pode ser efetuado conforme apresentado na Figura 5.6:

PLANOS	ANÁLISE DA CONCORRÊNCIA	DATA __/__/__	Nº
CONCORRENTE:			

Nº	FATOR	AVALIAÇÃO	JUSTIFICATIVAS	NÍVEL DE CONHECIMENTO		ESTRATÉGIAS PARA MELHORIA
				EXISTENTE	DESEJADO	

Figura 5.6 *Análise da concorrência.*

Outro aspecto a ser considerado é a análise das tendências, sendo que um gráfico de portfólio equivalente deve ser desenvolvido para um período anterior, talvez três a cinco anos. Comparando-se esse gráfico com o atual, pode-se estabelecer a direção geral, e a taxa de deslocamento de cada produto ou serviço ou de cada negócio. Se ocorrerem mudanças relevantes no negócio ou no produto durante o intervalo de tempo entre os dois gráficos, talvez seja necessário montar gráficos anuais para esses negócios ou produtos, para fixar precisamente o atual vetor de movimento estratégico.

Projetando essas tendências para um período de tempo compatível com a realidade da empresa e de seu ambiente, é obtida a posição desses negócios, produtos ou serviços, se as políticas atuais forem mantidas naquele período. Desse gráfico projetado é possível desenvolver gráficos que indiquem arranjos de portfólio desejáveis. O próximo passo é determinar a viabilidade de cada plano sob condições competitivas e limitações financeiras.

Procurando ilustrar as estratégias implícitas no balanceamento de recursos entre as quatro categorias componentes do portfólio de produtos do BCG, Day (1977, p. 29) desenvolveu um modelo descritivo em que são consideradas a posição presente de cada produto ou serviço e respectiva posição futura, após a aplicação da estratégia selecionada.

O modelo apresentado na Figura 5.7 é uma síntese das seguintes estratégias:

- sustentação forte para a introdução do novo produto A, para garantir o domínio de mercado e evitar futuras quedas de participação devidas à entrada de concorrentes;

- manter as atuais estratégias dos produtos B e C para assegurar as respectivas participações de mercado;
- obter maior participação de mercado para o produto D, por meio do investimento em aquisições de outras empresas;
- reduzir e modificar a linha de modelos do produto E, para se concentrar em um único segmento; e
- desinvestir nos produtos F e G.

Salienta-se que o diâmetro dos círculos apresentados na Figura 5.7 é proporcional à contribuição do produto para o volume total de vendas da empresa.

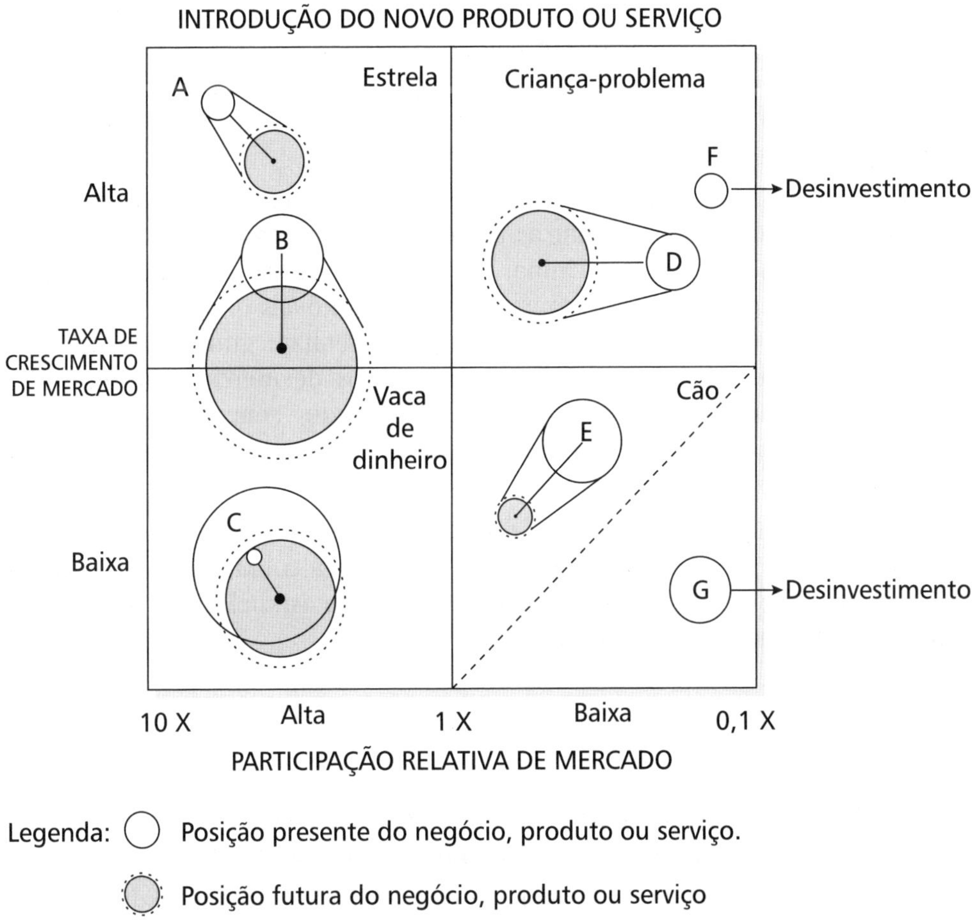

Figura 5.7 *Matriz detalhada do BCG.*

Você pode verificar que, neste balanceamento financeiro, a seleção qualitativa de estratégias é revisada e consolidada com base em cálculos detalhados de fluxo de caixa. Necessidades de fluxo de caixa são projetadas para todos os produtos, de acordo com a classificação de produtos desenvolvidos nas etapas posteriores: produtos *cães* e algumas *crianças-problemas* produzem recuperação de capital e caixa; produtos *vacas de dinheiro* e algumas *estrelas* produzem o restante dos fundos gerados internamente; produtos *crianças-problemas* destinados a ganhar parcela de mercado e algumas *estrelas* serão os únicos a receber entradas de caixa. Estimativas de disponibilidades de caixa geradas externamente são utilizadas para balancear os fluxos de caixa.

Esse processo faz com que alguns produtos ou serviços sejam reclassificados, se houver restrições financeiras às disponibilidades de caixa a serem obtidas externamente; bem como alguns produtos ou serviços *cães* e *crianças-problemas* talvez tenham de ser abandonados pela empresa, se as necessidades de caixa excederem o fluxo total de caixa, na atual alternativa de portfólio delineada pelos executivos da empresa.

Por outro lado, uma tabulação equivalente de fluxo dos principais concorrentes pode ajudar a determinar as principais restrições ao crescimento dos concorrentes que podem determinar suas estratégias de portfólio. É improvável, por exemplo, que uma montadora de automóveis qualquer, à exceção das grandes montadoras multinacionais, possa realizar grandes esforços de crescimento, em mais do que alguns segmentos de mercado automotivo. Considera-se que a estimativa do fluxo de caixa dos concorrentes em cada segmento proporciona uma medida de seu comprometimento para com os resultados do negócio considerado.

Na operacionalização da matriz do BCG, você também deve considerar a taxa máxima de crescimento sustentável, a qual é calculada de acordo com a fórmula apresentada a seguir, com base na qual são estabelecidos os detalhes da política financeira da empresa:

$$TC = \frac{D}{C}(R - i)p + R \cdot p$$

onde TC = taxa máxima de crescimento sustentável
  D/C = relação entre capital de terceiros e capital próprio
  R = retorno desejado sobre o ativo, ajustado para o nível de inflação esperado
  i = custo atual da dívida
  p = taxa de retenção do lucro

Quando essa taxa muda no decorrer do tempo, deve ser utilizada a dívida incremental dividida pelo capital próprio incremental inerente ao negócio, produto ou serviço considerado.

Como complemento desse aspecto, deve-se lembrar que os gráficos de portfólio de negócio do produto ou serviço utilizam o crescimento das vendas de mercado para o estabelecimento de necessidades de caixa.

Outro ponto de referência com relação à estratégia a ser seguida pode ser tomado considerando-se um gráfico de crescimento do mercado projetado em relação à capacidade de crescimento de cada negócio, produto ou serviço (Figura 5.5). Produtos acima da diagonal representam um crescimento do mercado em excesso sobre o crescimento do produto, o que corresponde a uma situação de declínio de parcela conquistada de mercado.

Nada deverá ficar abaixo dessa linha, a não ser produtos ou serviços a serem eliminados, candidatos a desinvestimento e produtos que merecem maiores esforços para ganhar parcela de mercado.

Neste ponto, devem-se fazer algumas considerações sobre a operacionalização da matriz do BCG.

Para tanto, parte-se do princípio lógico de que nenhum produto ou serviço ocupa uma posição estática. Portanto, deve-se analisar o balanceamento do portfólio, tal como é feito regularmente, para imediatamente examinar a contribuição do aumento da eficiência operacional possibilitada por um sistema de controle de perdas a esse balanceamento.

Segundo a lógica da matriz do BCG, os negócios *vacas de dinheiro* constituem-se nos financiadores dos outros negócios em desenvolvimento na empresa. Assim, os recursos obtidos deles são utilizados para converter as *crianças-problemas* em *estrelas*, pois é necessário muito capital para sustentar seu crescimento rápido, e para aumentar sua participação no mercado. A decisão sobre quais *crianças-problemas* se converterão em *estrelas* corresponde a uma decisão estratégica.

As *estrelas* convertem-se em *vacas de dinheiro* à medida que amadurecem e diminuem as taxas de crescimento das vendas. As *crianças-problemas* não escolhidas para investimento devem gerar caixa até se converterem em *cães*. Os *cães* são mantidos, desde que seu fluxo de caixa seja positivo e são eliminados quando não satisfizerem essa condição.

Essa lógica está representada na Figura 5.8:

Matriz BCG

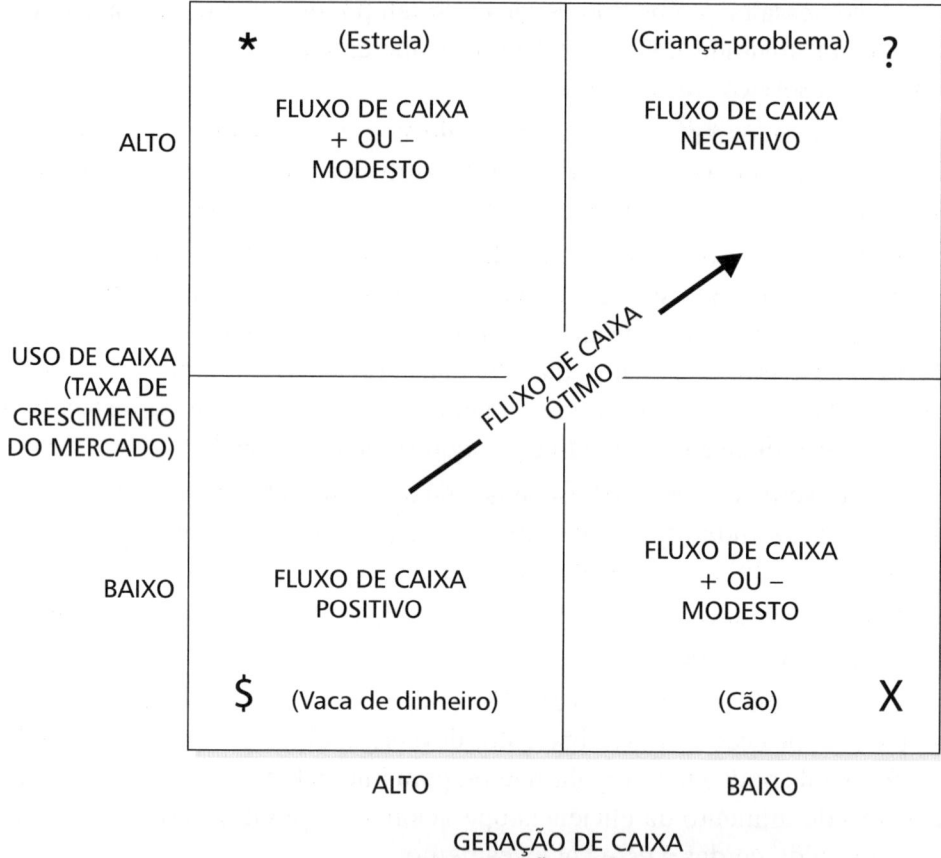

	ALTO	BAIXO
ALTO (Uso de caixa / Taxa de crescimento do mercado)	★ (Estrela) — FLUXO DE CAIXA + OU − MODESTO	(Criança-problema) ? — FLUXO DE CAIXA NEGATIVO
BAIXO	$ (Vaca de dinheiro) — FLUXO DE CAIXA POSITIVO	(Cão) X — FLUXO DE CAIXA + OU − MODESTO

Seta diagonal: FLUXO DE CAIXA ÓTIMO

Eixo vertical: USO DE CAIXA (TAXA DE CRESCIMENTO DO MERCADO)
Eixo horizontal: GERAÇÃO DE CAIXA (PARTICIPAÇÃO DE MERCADO)

Figura 5.8 | *Identificação da categoria de produtos e serviços na matriz do BCG.*

Para melhor administrar esse processo, você deve desenvolver um sistema de controle de perdas, cuja principal contribuição como instrumento de otimização do âmbito operacional ao processo estratégico reside no significativo aumento adicional de caixa das *vacas de dinheiro*, que possibilita manter, por maior tempo, as *crianças-problemas* com perspectivas de desenvolvimento não tão claras e, fundamentalmente, para alocar maiores recursos nas *estrelas*. Essas, por sua vez, tornam-se lucrativas mais rapidamente, aplicando o sistema de controle de perdas em suas unidades de produção.

Finalmente, os *cães* podem ser recuperados, reingressando no quadrante das *vacas de dinheiro*, pois, dada a otimizada redução de custos que um sistema de controle de perdas permite, tornam-se competitivos.

Considerando-se a Figura 5.9, onde se apresenta a dinâmica do produto ou serviço no gráfico, pode-se afirmar que a sequência de sucesso aumenta sua velocidade na passagem de A para B e de B para C – a transferência é realizada em menor tempo –, enquanto a passagem de C para D torna-se mais demorada, sendo possível até a reversão da sequência – de D para C – sem investimentos adicionais.

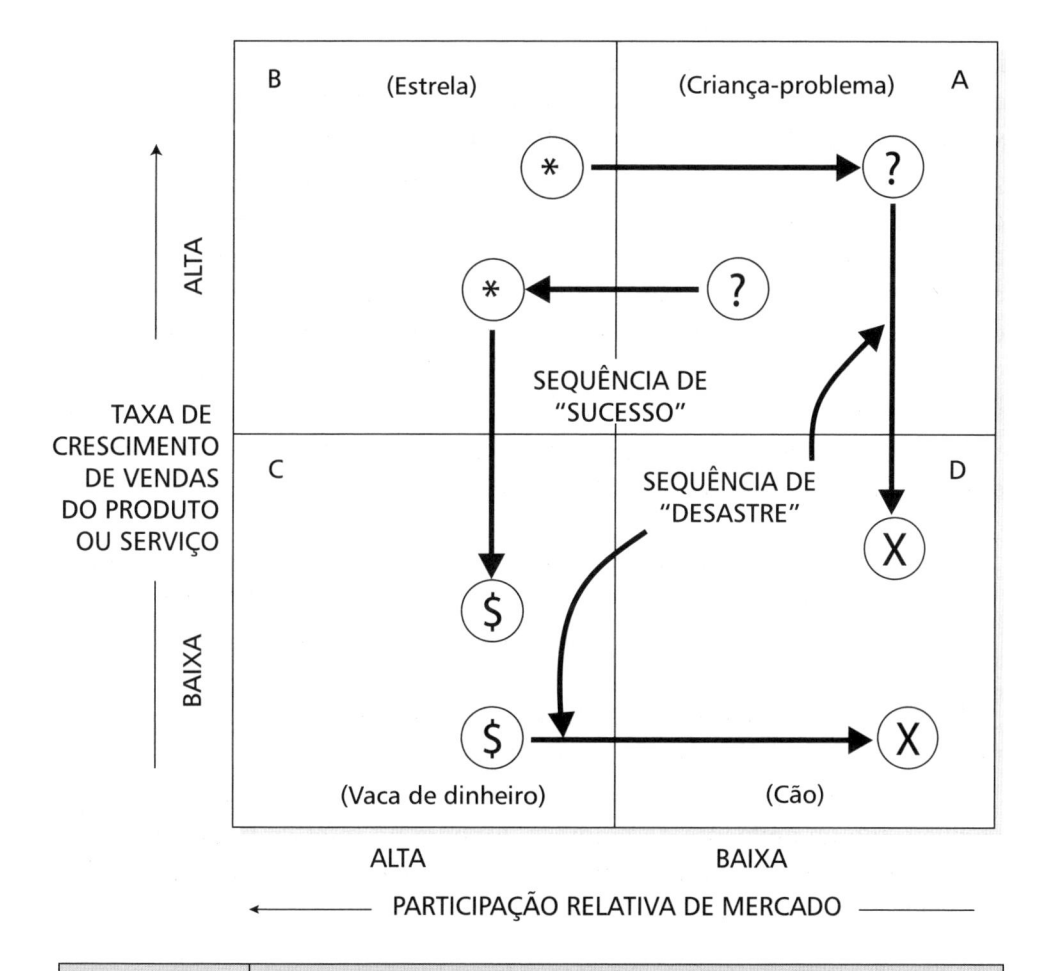

Figura 5.9 *Identificação de tendências pela matriz do BCG.*

Dessa maneira, pode-se considerar que:

- os produtos e serviços para os quais se pretende um aumento em sua participação de mercado podem crescer muito mais com menos custos;
- os produtos e serviços destinados a gerar caixa podem fazê-lo em maior proporção; e
- os produtos e serviços a serem eliminados ou vendidos podem tornar-se geradores de caixa não desprezíveis.

Os movimentos individuais dos negócios, produtos ou serviços individuais nos quadrantes da matriz do BCG são significativas indicações do desempenho da empresa. Os produtos podem desenvolver movimentos que sugerem uma sequência de sucesso ou desastre, conforme demonstrado na Figura 5.9.

Esses padrões de movimentos geralmente indicam mudanças estratégicas desejáveis ou indesejáveis. Apesar de sugestivos, esses movimentos não indicam a direção das opções estratégicas que a empresa tem à sua disposição, e as questões levantadas só podem ser resolvidas mediante uma análise criteriosa dos clientes, fornecedores, concorrentes, cenários estratégicos, características do mercado e outros fatores identificados na análise do ambiente da empresa (ver seção 3.4.1).

De maneira geral, pode-se considerar que, ao se elaborar a análise de tendências por meio da matriz do BCG, você deve:

- comparar com portfólio de cinco anos atrás e projetar para daqui a cinco anos, sendo que essa é uma estimativa ideal de tempo; e
- verificar a sequência de sucesso e a sequência de desastre.

Neste ponto, devem ser considerados alguns formulários que você pode utilizar no desenvolvimento da matriz do BCG.

Na Figura 5.10, são estruturadas as informações não controláveis, ou seja, as que estão no ambiente da empresa. Embora na referida figura seja apresentada em nível de produto e empresa, a análise pode ser realizada em nível de negócio e corporação.

PLANOS	ESTRUTURAÇÃO DAS INFORMAÇÕES NÃO CONTROLÁVEIS		DATA __/__/__	Nº
NÚMERO DE ORDEM	PRODUTO OU LINHA DE PRODUTOS	PARTICIPAÇÃO RELATIVA DE MERCADO	TAXA DE CRESCIMENTO ANUAL DO MERCADO	

Figura 5.10 | *Estruturação de informações não controláveis.*

Na Figura 5.11, são estruturadas as informações controláveis, ou seja, as internas à empresa, unidade estratégica de negócio ou corporação.

PLANOS	ESTRUTURAÇÃO DAS INFORMAÇÕES CONTROLÁVEIS		DATA __/__/__	Nº
NÚMERO DE ORDEM	PRODUTO OU LINHA DE PRODUTOS	PARTICIPAÇÃO NO FATURAMENTO DA EMPRESA	MARGEM DE CONTRIBUIÇÃO	
	TOTAL	100%		

Figura 5.11 | *Estruturação de informações controláveis.*

Na Figura 5.12, é apresentada uma forma esquematizada para você decidir sobre as informações apresentadas nas Figuras 5.10 e 5.11. Esse processo decisório também pode servir para outras técnicas de análise de posição competitiva apresentadas neste capítulo do livro.

PLANOS	ESTRUTURAÇÃO DAS INFORMAÇÕES PARA DECISÃO						DATA _/_/_	Nº
NÚMERO DE ORDEM	PRODUTO OU LINHA DE PRODUTOS	ESTRATÉGIA DESEJADA						
		GRANDE AUMENTO DE PARTICIPAÇÃO NO MERCADO	AUMENTO MODERADO	MANTER POSIÇÃO	GERAR FLUXO DE CAIXA PARA OUTROS PRODUTOS	DESINVES-TIMENTO		

Figura 5.12 | *Estruturação do processo decisório para matriz do BCG.*

Não é difícil perceber as principais vantagens advindas da utilização do modelo proposto pelo Boston Consulting Group, entre as quais podem ser citadas:

a) Simplicidade, pois a possibilidade de classificar os negócios, produtos ou serviços da empresa em quatro categorias, cuja própria denominação já identifica a situação do item ali posicionado, facilita, enormemente, a tarefa de analisar o composto de negócios, produtos ou serviços da empresa.

b) Dinamismo, pois a matriz de crescimento e participação do BCG, além de considerar suas variáveis simultaneamente, compreende, em sua concepção, os caminhos a serem seguidos pelos recursos necessários para se obter o equilíbrio desejável. É possível, também, identificar as prováveis trilhas que serão percorridas pelos próprios componentes do portfólio.

c) Geração de estratégias, pois devido a suas características específicas, o conceito de portfólio de produtos ou serviços torna-se fundamental no processo de planejamento da empresa, gerando um número relevante de alternativas estratégicas para a empresa, desde a introdução de uma nova *criança-problema* à canalização de recursos, ou reposicionamento do produto do tipo *cão* etc.

d) Integração, pois os conceitos subjacentes à matriz provam, ainda, o erro administrativo de se tratar produtos, serviços, negócios ou centros de lucro como se fossem iguais, ou ainda totalmente independentes entre si; e de considerar as decisões de investimentos de capital como eventos independentes e puramente aditivos ao processo decisório.

Essas vantagens, no entanto, não são suficientes para se aceitar a matriz em sua plenitude. À medida que se difundia a matriz de crescimento e de participação, alguns aspectos significativos foram questionados a seu respeito.

Baseando-se nas duas principais premissas do modelo de portfólio de produtos proposto pelo BCG – o fluxo de caixa gerado pelos produtos com alta participação relativa de mercado será superior àquele obtido pelas operações dos produtos de baixa participação, e a necessidade de caixa para os produtos posicionados em mercados de crescimento acelerado será maior que a daqueles produtos situados em mercados de menor crescimento –, Abell e Hammond (1979, p. 26) indicaram algumas limitações da matriz, que podem ser resumidas em:

a) A suposta relação entre a participação relativa de mercado e o fluxo de caixa pode ser fraca. Isso pode ocorrer quando:

- os efeitos da curva de experiência ou a economia de escalas são pequenos;
- o valor adicionado é, relativamente, baixo;
- um concorrente tem condições de adquirir materiais em condições especiais, independentemente de sua posição relativa de mercado;
- os concorrentes de baixa participação estão numa situação inferior em termos de curva de experiência, em relação aos de grande participação, em virtude da produção de alta tecnologia;
- as diferenças de experiências têm pouco impacto nos custos, porque as inovações na tecnologia de produção são rapidamente absorvidas por todos os fornecedores;
- a diferença na taxa de utilização da capacidade instalada estiver em uma situação significativa; e
- outros fatores, além da participação relativa de mercado, afetam as margens de lucro, tais como qualidade do produto ou quaisquer outros itens de diferenciação.

b) A suposta relação entre o crescimento do mercado e o fluxo de caixa pode ser fraca. Isso pode ocorrer quando:

- a intensidade de capital investido é baixa;
- as barreiras para se entrar no mercado são altas, isto é, as margens são suficientemente elevadas para financiar o crescimento e produzir o fluxo de caixa positivo;
- a competição de preço pode deteriorar a margem no estágio de maturidade, isto é, o financiamento gerado pelas *vacas de dinheiro*;
- a intervenção legal pode reduzir os lucros nos produtos e serviços classificados como *vacas de dinheiro*, gerando as mesmas consequências citadas; e
- fatores cíclicos ou sazonais produzem instabilidade de curto prazo nas relações entre oferta e procura, afetando, consequentemente, o fluxo de caixa e a rentabilidade.

Ainda com relação às limitações da matriz de crescimento e de participação do BCG, é oportuno acrescentar algumas sugestões, quanto às informações adicionais necessárias para a definição das estratégias básicas de cada categoria de negócio, produto ou serviço. Entre essas informações adicionais à participação relativa de mercado e ao crescimento de mercado, destacam-se: barreiras para entrar no mercado, mudanças tecnológicas, pressões sociais, legais, políticas e ambientais, fatores humanos, capacidade administrativa, capacidade instalada, promoção etc.

Finalmente, convém destacar que as sugestões apresentadas na matriz do BCG não permitem quantificar a necessidade de recursos de cada produto ou categoria de produtos segundo sua posição, dificultando, assim, sua aplicabilidade na formulação dos orçamentos econômico-financeiros das empresas.

A perspectiva de longo prazo da matriz do BCG é evidente com base nas várias considerações apresentadas. Não é, de forma geral, uma técnica para fazer ajustamentos imediatos ou de curto prazo nos portfólios de negócios, produtos ou serviços. Um horizonte médio de cinco anos é básico a ser considerado, exceto naqueles mercados em que esse período de tempo representa o total ou a maior parte do ciclo de vida do negócio, produto ou serviço (ver seção 5.3.2). E ajustamentos adicionais de curto prazo podem, então, ser feitos sobre a infraestrutura da estratégia competitiva de negócios ou de produtos a longo prazo.

Outras limitações da matriz do BCG apresentadas por Levy (1986, p. 220) são:

- O efeito da curva de experiência, suposto implícito em altos níveis de participação, não leva em conta estratégias de posicionamento baseadas em segmentação de mercado e diferenciação de produto. Esse efeito pode ocorrer para um posicionamento em um segmento e não para posicionamentos em outros segmentos, tanto no que diz respeito a operar com uma representação ideal, como no que diz respeito à armação de configurações diferenciadas. Do ponto de vista dinâmico, a turbulência nos requisitos de reposicionamento constante pode anular, não só o efeito experiência, mas também o efeito escala ou quantidade de produção.
- A medida da participação de mercado, tanto absoluta como relativa, tem os inconvenientes assinalados na matriz da liderança (ver seção 5.5.4). É necessário definir tanto o total de segmentos que devem ser considerados, como os concorrentes diretos e indiretos. Por outro lado, conforme mostrado pela matriz da liderança, uma alta participação de mercado, tanto absoluta como relativa, não significa liderar o mercado. Se o grau de compatibilização for baixo, a inovação adequada de qualquer concorrente que melhore sua configuração de atributos percebidos pode produzir profundo deslocamento da demanda. Isso pode ocorrer em um mercado estabilizado, eliminando desse mercado uma suposta *vaca de dinheiro*. Além disso, um suposto *cão* com baixa participação em um mercado mal definido pode significar excelente negócio gerador de recursos.
- A proposta da matriz BCG leva em conta o conceito de ciclo de vida do produto ou serviço – ver seção 5.3.2 – e não o de evolução do mercado. Supõe que um mercado em crescimento, com o tempo, passe a ser maduro. Uma forte inovação pode produzir mudanças na taxa de crescimento do mercado com fortes concentrações e segmentações. Não se tem em conta, então, o conceito de segmentação, mas o *mercado total* onde, ao ser diferenciado o produto ou serviço, não se produzem transformações em sua evolução.
- Com relação ao suposto aproveitamento do efeito experiência para uma estratégia de *barreira de entrada* – ver seção 5.5.5 – por sucessivas reduções de preço, este implica eliminar, novamente, o conceito de posicionamento diferenciado.

- A matriz do BCG não leva em conta os efeitos de sinergia entre os diversos negócios de uma empresa. Um produto ou negócio considerado forte gerador de recursos pode depender – em sua venda ou em sua rentabilidade – de outro produto, que, por esse enfoque, poderia ser abandonado. Além disso, se o que está representado na matriz BCG são posicionamentos distintos – diferenciações de configurações de um mesmo mercado –, este problema será ainda mais grave.

Entretanto, isso não invalida as várias vantagens da matriz do BCG, sob o ponto de vista do processo decisório estratégico nas empresas.

5.3.2 Ciclo de vida do negócio, produto ou serviço

A estratégia do ciclo de vida de produtos (CVP), desenvolvida em 1975 pela empresa de consultoria Arthur D. Little, faz um paralelo entre as fases de vida de uma pessoa e o correspondente ciclo para um negócio ou produto ou serviço lançado pela empresa.

No início do século passado, a maioria das empresas apresentava crescimento a taxas positivas e relativamente estáveis, sendo esse processo interrompido apenas por pequenos períodos de baixa recessão. Assim, as empresas desenvolveram a metodologia de comparar os setores com base em suas respectivas taxas de crescimento, e de prever o desempenho futuro baseando-se na extrapolação de tendências passadas.

Entretanto, a partir de 1930, os negócios, em termos de crescimento, começaram a mudar; alguns setores continuaram a prosperar enquanto outros tiveram forte recessão e certas empresas começaram a desaparecer. Quando isso ocorreu pela primeira vez, os desvios em relação à tendência de crescimento positivo foram encarados como anomalias, e as razões foram mal compreendidas pelos analistas do governo e executivos das empresas. Essas anomalias se multiplicaram e, em meados da década de 1970, surgiu uma nova percepção quanto ao crescimento econômico, a qual se baseava no que os economistas, por muitos anos, chamaram de crescimento de Gompert.

Nas aplicações práticas, esta curva foi rebatizada como ciclo de vida de produto, da demanda e da tecnologia, e era delineada considerando os eixos do nível de vendas e do período de tempo. Posteriormente, essa curva ajustou-se à atual forma de apresentação.

Embora o CVP tenha sido questionado quanto à sua aplicabilidade de forma irrestrita, não se pode esquecer que ele é importante parte do desenvolvimento de uma estratégia de produto ou serviço, podendo ser utilizado na identificação de aspectos significativos nas tendências de vendas dos produtos atuais, bem como de novos produtos da empresa.

No entanto, à medida que as empresas ampliam seu campo de ação, seja pela introdução de novos produtos e serviços, pela ampliação de seus mercados ou ambos, a abordagem do CVP mostra-se insuficiente para solucionar a problemática das estratégias e das políticas de produtos, serviços ou negócios, contribuindo para o surgimento de novas técnicas estratégicas, conforme apresentado ao longo deste capítulo.

O produto ou serviço pode ser enfocado de diferentes formas, cada uma proporcionando o desenvolvimento de diferentes estratégias:

- produto ou serviço potencial, que compreende os vários aspectos que podem ser desenvolvidos pela empresa, para atrair novos consumidores e/ou usos. Nessa situação, a empresa deve considerar as atividades de pesquisa de mercado, desenvolvimento tecnológico e um *banco de ideias*, entre outros;

- produto ou serviço atual, que compreende os vários aspectos dos produtos ou serviços que a empresa coloca no mercado. Como evolução ao enfoque do produto atual, tem-se o produto esperado, de alta importância no estabelecimento do nível de participação no mercado; e

- produto ou serviço diferenciado, que representa a especificidade que a empresa pode oferecer ao mercado, diferentemente das concorrentes do setor de atuação. Portanto, está diretamente correlacionado à vantagem competitiva da empresa.

O produto ou serviço esperado e, principalmente, o produto ou serviço diferenciado enquadram-se no escopo do produto ou serviço potencial ou, pelo menos, você deve estar atento a esse processo.

Com referência às estratégias de produtos ou serviços que os executivos das empresas podem adotar, correlacionados à sua posição competitiva no mercado, tem-se, como exemplo, a situação apresentada no Quadro 5.1:

Quadro 5.1 | *Algumas estratégias no CVP.*

POSIÇÃO COMPETITIVA DA EMPRESA	ESTÁGIO DO CICLO DE VIDA DO PRODUTO, SERVIÇO OU DO NEGÓCIO			
	INTRODUÇÃO	CRESCIMENTO	MATURIDADE	DECLÍNIO
LÍDER (GRANDE PARTICIPAÇÃO)	Investir em pesquisa e desenvolvimento Lançar novos produtos e serviços	Reduzir preços para desencorajar novas capacidades dos concorrentes Utilizar toda a sua capacidade	Manter a participação no mercado, melhorando a qualidade, aumentando o esforço de vendas, divulgando as suas principais capacidades	Maximizar o fluxo de caixa, reduzindo investimento e divulgação, desenvolvimento, despesas etc. (Participação no mercado declinará)
SEGUIDOR (BAIXA PARTICIPAÇÃO)	Ir no "vácuo" da empresa líder	Investir para aumentar a participação no mercado Concentrar em um segmento que pode ser dominado	Retirar-se do mercado ou manter a posição, sustentando preços e custos abaixo dos líderes do mercado	Retirar-se do mercado

Os estágios do CVP podem ser extrapolados para o setor em que a empresa atua, tendo em vista facilitar a análise interna e externa da empresa, bem como o estabelecimento de estratégias empresariais. Essa abordagem é interessante, inclusive, quando se consideram outras técnicas estratégicas apresentadas ao longo deste capítulo.

Porter (1986, p. 83) apresentou as seguintes fases do setor de atuação das empresas:

a) Fase de introdução do setor considerado, apresentando os seguintes aspectos:

- caracterizada por incertezas, custos iniciais altos, mas em rápido declínio, dificuldades de assegurar fontes de matérias-primas, estruturas frágeis etc.;
- traço básico: não há regras do jogo; e
- estratégias: muitas opções para seu delineamento, com alta ocorrência de oportunidades e de ameaças. Uma empresa pode mudar o destino do setor, por exemplo, por meio de inovações, sendo que o *timing* é essencial.

b) Fase de crescimento do setor considerado, apresentando os seguintes aspectos:
- caracterizada por muita inovação tecnológica, de processos e de marketing; escalas aumentam e custos caem; incerteza diminui; a demanda inclina-se para o setor, aumentando e abrangendo mais segmentos;
- traços básicos: vendas aumentam, mas as margens aumentam mais ainda; concorrência diminui; e
- estratégias: aproveitar a *onda*, inovar, reinvestir.

c) Fase de maturidade do setor considerado, apresentando os seguintes aspectos:
- caracterizada por pouca inovação; demanda desloca-se para outros setores; menor ênfase em custos e serviços; lucros caem; muda o ambiente de trabalho;
- traço básico: concorrência aumenta com queda da demanda; e
- opções estratégicas envolvem: racionalizar o *mix* de produtos; estabelecer preço corretamente; mudar fontes de suprimentos; buscar mercados externos.

d) Fase de declínio do setor, apresentando os seguintes aspectos:
- caracterizada por queda de investimentos em pesquisa e desenvolvimento, em publicidade e nas margens; eliminação de produtos e de concorrentes;
- traço básico: guerra acirrada ou desânimo; e
- quatro alternativas estratégicas básicas: buscar participação e liderança; concentrar-se em um *nicho* de mercado; *colher os frutos* retirando-se do mercado lentamente; desativar e liquidar ativos.

Como consequência, os executivos das empresas devem considerar alguns aspectos correlacionados ao processo de evolução inerente ao setor considerado, entre os quais podem ser citados:

- alterações nos segmentos atendidos, tendo em vista que novos segmentos que passam a ser atendidos têm grande importância, porque as exigências para atendê-los ou a eliminação de exigências dos segmentos abandonados implicam em alterações fundamentais na estrutura do setor;
- aprendizado dos compradores que acumulam conhecimentos sobre o produto, seu uso e as características de marcas concorrentes. Esse aprendizado pode levar os compradores a aumentarem suas demandas por garantias, assistência técnica etc.;
- redução da incerteza, pois no início do processo muitos setores se caracterizam por alto grau de incerteza sobre tamanho do mercado potencial, configuração ideal do produto ou serviço, natureza dos compradores potenciais e a melhor forma de atingi-los, e se os problemas tecnológicos serão superados. Ao longo do tempo, todas essas incertezas tendem a desaparecer, o que pode também atrair novos tipos de empresas para o setor. A redução do risco pode atrair também empresas maiores do que as empresas recém-criadas, o que pode ser considerado comum nos setores emergentes;
- disseminação de conhecimentos protegidos, isso porque as tecnologias de produto e processo desenvolvidas por uma empresa tendem a ser menos protegidas. Com o passar do tempo, a tecnologia estabiliza-se mais e seu conhecimento espalha-se por meio de vários agentes dentro do setor, tais como fornecedores, distribuidores, clientes. A informação difunde-se, também, no próprio produto vendido, além de ser levada pelas pessoas que mudam de uma empresa para outra. Na falta de patentes, as vantagens da proteção não existem e as barreiras de mobilidade construídas sobre tais conhecimentos tendem a desaparecer com o tempo. Do ponto de vista estratégico, a disseminação do conhecimento sobre tecnologia implica que, para manter a posição, o pessoal existente ligado à tecnologia deve ser protegido, o que pode ser difícil; o desenvolvimento tecnológico deve ocorrer para manter a liderança; ou a posição estratégica deve estar apoiada em outras áreas;
- acumulação de experiência, pois, em alguns setores, o significado da curva de aprendizado para a concorrência está na dependência de

as empresas com maior experiência conseguirem ou não estabelecer liderança significativa e sustentável sobre as demais;
- expansão ou contração da escala de valores no setor;
- alterações nos custos dos insumos e nas taxas de câmbio, sendo que as mais importantes são: salários, custos de materiais, custos de capital, custos de comunicação – mídia inclusive –, custos de transporte;
- inovação do produto ou serviço, sendo que as inovações tecnológicas de vários tipos e origens são fontes importantes de alterações estruturais no setor. A inovação do produto ou serviço é uma das mais importantes porque pode ampliar o mercado e daí promover o crescimento do setor e/ou acentuar a diferenciação do produto ou serviço;
- inovação do mercado, que pode influenciar, diretamente, a estrutura do setor por meio de aumento na demanda;
- inovação de processos ou métodos de fabricação e de gestão;
- mudanças estruturais em setores adjacentes, pois, como a estrutura dos fornecedores e dos compradores afeta seu poder de barganha, mudanças nessas áreas têm um potencial de consequências importantes sobre a estrutura do setor;
- alterações das políticas governamentais, as quais podem influenciar diretamente fatores básicos, como o nível de facilidade ou de dificuldade de entrada no setor, práticas de concorrência ou mesmo de lucratividade; e
- processo de entrada e saída, pois a entrada de uma empresa estabelecida em um setor é sempre uma força importante para a alteração estrutural do setor, porque ela sempre tem recursos diferenciados para aplicar no novo setor. Por outro lado, a saída de empresas é alterada pela redução do número de participantes e, possivelmente, pelo aumento da dominância das líderes.

Adotando a técnica estratégica do CVP, a desaceleração do crescimento e a maturidade não surgem como alienações da empresa, mas como consequências inevitáveis do processo de desenvolvimento econômico do setor. Portanto, a questão é prever qual será a duração do ciclo de vida do produto, serviço ou negócio, medido desde o início da fase embrionária – introdução – até a maturação e declínio, passando pelo crescimento.

As evidências históricas indicam que a duração dos ciclos de vida de produtos, serviços e negócios têm diminuído graças, principalmente, a aperfeiçoamentos da gestão e da eficácia das empresas, ao aumento na velocidade de desenvolvimento de produtos e serviços, à eficiência dos sistemas de distribuição, à alocação tecnológica.

Esse encurtamento do período de tempo entre a introdução e o declínio de um produto, serviço ou negócio oferece novos desafios aos executivos das empresas. Por exemplo, se uma empresa quiser manter seu crescimento, deve estar sempre preocupada em acrescentar novos produtos e serviços, bem como liquidar aqueles que não possam mais atender a seus objetivos de crescimento. Outro desafio refere-se às estratégias estabelecidas, pois essas podem deixar de ser eficazes à medida que se passa de um estágio para outro. Portanto, é necessário que os executivos antecipem-se a esse processo e repensem as estratégias para responder aos fatores de competição no novo estágio do CVP.

Embora o CVP tenha sido questionado quanto a sua aplicabilidade de forma irrestrita, não se pode esquecer que ele é importante parte do desenvolvimento de uma estratégia empresarial para o composto de produtos da empresa, podendo ser utilizado na identificação de aspectos significativos nas tendências de vendas dos produtos atuais, bem como na distinção de alternativas competitivas no mercado, quando se consideram os novos produtos da empresa.

No entanto, à medida que as empresas ampliam seu campo de ação, seja pela introdução de novos produtos e serviços, seja pela ampliação de seus mercados ou ambos, a abordagem do CVP mostra-se insuficiente para solucionar a problemática das estratégias e das políticas de produtos, serviços ou negócios, contribuindo para o surgimento de novas técnicas para análise e delineamento estratégico.

Os estágios do CVP podem ser extrapolados para o setor em que a empresa, unidade estratégica de negócio ou corporação atua, tendo em vista facilitar a análise da situação e o estabelecimento de estratégias empresariais.

Porter (1986, p. 80) contribuiu nessa abordagem, a qual pode ser analisada de forma interagente com a economia dos custos da transação (ver item "h" da seção 4.4.4.2). Ele identificou quatro fases: introdução do setor, crescimento do setor, maturidade do setor e declínio do setor, conforme anteriormente apresentado.

Porter (1986, p. 90) considera que as relações básicas na evolução do setor de atuação das empresas referem-se a:

    a) Consolidação do setor, que pode trazer à tona, talvez, a mais importante relação entre os elementos da estrutura do setor, ou seja, a que envolve rivalidade, barreiras de mobilidade e barreiras de saída. Nessa situação, você deve considerar que:

- a concentração do setor e as barreiras de mobilidade caminham juntas. Se as barreiras de mobilidade são altas ou, principalmente, se crescem, a concentração quase sempre cresce;
- não há concentração se as barreiras de mobilidade forem baixas ou estiverem caindo;
- as barreiras de saídas impedem a consolidação, porque mantêm as empresas no setor, mesmo quando estão obtendo retornos sobre o investimento abaixo do normal; e
- o potencial de lucro a longo prazo depende da estrutura futura. No início da fase de crescimento do setor, logo após a aceitação do produto, os níveis de retorno são altos. Quando o crescimento pára, há um período de tumulto, em que são eliminadas as empresas mais fracas pela intensa concorrência. Todas essas empresas sofrem, em termos financeiros, neste período de ajustamento. Se as empresas remanescentes conseguirão ou não um nível de lucratividade acima da média, isso vai depender da intensidade das barreiras de mobilidade e de outras características do setor. Se as barreiras forem altas, ou se subiram enquanto o setor evolui para a maturidade, as empresas que ficaram podem usufruir resultados saudáveis, mesmo com crescimento mais lento. Se porém, forem baixas, o crescimento lento poderá significar o fim dos lucros acima da média do setor.

b) Alteração nas fronteiras do setor, normalmente decorrentes de alterações na estrutura de um setor. Você pode considerar que, em geral, as inovações tendem a ampliar as fronteiras do setor. Por outro lado, as empresas podem influenciar a estrutura do setor por meio de seu comportamento estratégico. A empresa deve entender o significado da mudança estrutural para sua posição, procurando influenciar a alteração do setor que lhe seja mais favorável. Poderá também influenciar mudanças estruturais, sendo sensível a forças externas que possam causar a evolução do setor, aproveitando-as no tempo certo, em vez de sofrer suas consequências.

5.3.3 Impacto das estratégias de marketing no lucro – PIMS

Considerado pelos responsáveis do Marketing Science Institute como o mais importante programa de pesquisa desenvolvido pelas empresas, o PIMS

(Profit Impact of Marketing Strategies) teve suas origens, de uma forma mais estruturada, num projeto desenvolvido em 1972 pela General Electric Company (GE), denominado PROM (Profitability Otimization Model). Após vários anos de pesquisa intensiva, foi possível, dentro desse projeto, desenvolver um modelo que permitiu detectar os principais fatores explicativos da taxa de retorno sobre os investimentos realizados.

De acordo com os responsáveis pelo projeto, a avaliação do impacto das estratégias de marketing no lucro (PIMS) tinha a finalidade básica de fornecer, aos executivos das empresas, os meios e informações referentes ao lucro, quando diferentes segmentos de mercado fossem submetidos a diferentes condições concorrenciais.

A utilização maior da técnica PIMS é na elaboração do planejamento empresarial, e suas estratégias apóiam-se nos seguintes problemas:

- estabelecer, para determinado segmento, qual a taxa normal de retorno sobre os investimentos;
- determinar os fatores que explicam os diferentes níveis de taxas de retorno sobre os investimentos, entre os diferentes tipos de atividade da empresa; e
- estabelecer como a taxa de retorno sobre investimentos pode ser afetada pela principal estratégia adotada pela empresa.

A base da técnica PIMS é um banco de dados, alimentado por centenas de grandes empresas, que enviam, permanentemente, informações sobre três mil unidades de negócios.

Os resultados do PIMS podem ser analisados por meio de dois caminhos para facilitar o tratamento de questões estratégicas das empresas:

- considerar uma série de observações gerais sobre a relação entre o desempenho no negócio e as variáveis estratégicas e de mercado; ou
- submeter os dados relativos de um setor específico aos modelos do PIMS, para se desenvolver uma análise detalhada do resultado relativo da empresa em relação ao setor considerado, e para avaliar as implicações geradas pela mudança das estratégias anteriormente estabelecidas.

De maneira geral, é possível identificar cinco principais fatores que devem ser tabulados pelo projeto:

- a atratividade do ambiente da indústria onde a empresa considerada está atuando (ver seção 5.3.4), podendo-se considerar a taxa de crescimento da indústria a longo prazo (quatro anos ou mais), a taxa de crescimento da indústria a curto prazo (menos que três anos) e o estágio no ciclo de vida do produto (ver seção 5.3.2);
- a força em termos de posição competitiva, considerando a participação geral no mercado considerado, a participação relativa de mercado e o tamanho relativo da linha de produto ou serviço;
- a eficácia na utilização do investimento, considerando a intensidade de investimento (investimento total/vendas, investimento total/valor adicional), a intensidade de capital fixo, a integração vertical (valor adicional/vendas), bem como a utilização da capacidade instalada;
- a alocação de recursos, considerando as despesas de marketing e vendas, as despesas de pesquisa e desenvolvimento de vendas e as despesas com novos produtos ou serviços e suas vendas; e
- as mudanças na posição de mercado, considerando-se apenas a questão da participação de mercado.

Por outro lado, deve-se esclarecer que, para a técnica PIMS, a taxa de retorno sobre investimentos (ROI) normalmente é calculada pela relação entre o lucro operacional antes do imposto de renda e o patrimônio líquido da empresa.

Os principais fatores que devem ser correlacionados com a taxa de retorno sobre investimentos, tendo em vista uma análise mais adequada, são (Buzzell e Gale; 1987, p. 48):

a) Participação de mercado, considerada como simplesmente a quantidade de vendas de determinado negócio, em dado período, e expressa em termos percentuais do volume total de vendas do setor de atuação da empresa. Ocorrendo diferenças significativas entre as relações de ROI e a baixa e alta participação de mercado, três principais razões podem justificar tal diferença: economia de escala, poder de mercado, o que permite maior poder de *barganha,* bem como a qualidade e habilidade dos executivos da empresa.

b) Quantidade do produto ou serviço, sendo que esse aspecto pode ser analisado com base nas seguintes perguntas:

- qual o percentual de vendas dos produtos ou serviços de cada negócio em cada ano, e qual é superior àqueles obtidos pelos concorrentes?
- qual é o percentual de vendas dos produtos considerados como equivalentes aos dos concorrentes?
- idem, com referência aos produtos em situação percentual inferior aos dos concorrentes.

c) Intensidade de investimentos, por meio de uma análise da relação investimentos totais/vendas.

d) Despesas inerentes à função de marketing da empresa, sendo que, neste item, podem-se considerar despesas da força de vendas, propaganda, promoção de vendas, pesquisa de marketing e administração de marketing.

e) Características da empresa, entre as quais se podem considerar o tamanho da empresa, o modelo de gestão e o grau de diversificação.

O PIMS emprega um número de variáveis normalmente maior que outras técnicas estratégicas e de posição competitiva apresentadas neste capítulo. Contudo, a inclusão de um número tão grande de variáveis, inevitavelmente, resulta em problemas de tratamento das informações. Em muitos casos, como as variáveis são interdependentes, o impacto individual que cada uma sofre não pode ser claramente isolado.

Weitz e Wensley (1984, p. 29) apresentam trinta e sete variáveis do PIMS de acordo com o nível de controle exercido pelos executivos da empresa:

- As variáveis controláveis são dezoito, a saber:
  - posição de mercado
  - preço relativo praticado pelos concorrentes
  - qualidade dos produtos e serviços
  - venda dos novos produtos e serviços
  - margens de vendas
  - receitas das vendas
  - integração vertical
  - estoques e compras
  - vendas/empregos
  - marketing e força de vendas

- despesas de pesquisa e desenvolvimento/vendas
- pagamentos corporativos
- grau de diversificação dos negócios
- crescimento das vendas
- mudanças na qualidade dos produtos e serviços
- mudanças na propaganda e na promoção
- mudanças na força de vendas
- mudanças no retorno sobre vendas
• As variáveis parcialmente controláveis são oito, a saber:
  - instabilidade na posição de mercado
  - nível de pagamentos realizados
  - utilização da capacidade instalada
  - dimensão da corporação
  - mudanças na participação de mercado
  - mudanças no preço de venda
  - mudanças na integração vertical
  - impacto na posição de mercado
• As variáveis incontroláveis são onze, a saber:
  - crescimento do setor a longo prazo
  - crescimento do mercado a curto prazo
  - exportação do setor
  - vendas diretas ao consumidor final
  - participação de mercado das grandes empresas
  - comportamento dos segmentos de mercado
  - intensidade do investimento
  - intensidade do imobilizado
  - mercado competitivo
  - mudanças de capital
  - impacto da intensidade do investimento

De maneira mais detalhada, e de acordo com o estudo preliminar realizado pelo Marketing Science Institute, no período de 1970/73, que deu origem ao PIMS, existem algumas estratégias para aumentar a lucratividade das empresas:

a) Para as empresas de qualquer tamanho, as principais estratégias são:

- procurar ser pioneira em seu ramo, isto é, não esperar até que seus concorrentes se antecipem no lançamento de novos produtos e serviços, que a sua empresa também pretende lançar;
- manter uma pequena, mas real, vantagem tecnológica em seus produtos e serviços, ou seja, não *relaxar* na qualidade, se o produto ou serviço obteve sucesso no mercado; e
- explorar oportunidades sinérgicas, ou seja, ao diversificar a linha, procurar utilizar capacidades ociosas de sua empresa e lançar, primordialmente, produtos e serviços que permitam aproveitar a mesma força de vendas, e os mesmos canais de distribuição usados para as linhas existentes.

b) Para as empresas que já contam com elevada participação de mercado, o PIMS recomenda, principalmente, as estratégias apresentadas a seguir:
- manter um equilíbrio entre preço e qualidade, pois um preço relativamente elevado, associado a uma excelente qualidade, tende a gerar um ROI maior do que o mesmo preço, com qualidade inferior;
- oferecer ampla linha de produtos e serviços, pois o ROI aumenta com a complementação de produtos e serviços dentro de cada linha;
- atuar em todo o mercado, pois quanto mais ampla a cobertura dos mercados potenciais, tanto mais tendem a crescer as vendas e o ROI; e
- manter-se atuante nas inovações, ou seja, oferecer produtos e modelos novos com maior frequência e rapidez do que seus concorrentes.

Se a empresa for pequena ou média, a ideia básica é concentrar seus esforços, visando otimizar os resultados.

c) As empresas que operam com participação mais modesta de mercado devem observar as seguintes estratégias básicas:
- segmentar o mercado, ou seja, concentrar-se em faixas predeterminadas no mercado, procurando explorá-las ao máximo;
- oferecer uma linha especializada de produtos e serviços, isso porque a empresa deve adequar sua linha às necessidades prioritárias dos consumidores mais representativos dos segmentos escolhidos;
- manter altos padrões de qualidade, pois é necessário que a empresa conquiste seus compradores vendendo-lhes produtos e serviços diferenciados a preços competitivos; e

- ponderar as despesas mercadológicas, ou seja, não colocar todos os *ovos numa única cesta*.

Portanto, não importa o tipo e tamanho da empresa, pois a melhor estratégia é sempre aquela que resulta num ROI maior, associado a uma participação crescente. Portanto, convém observar a evolução desses dois parâmetros e analisar os "porquês" e os "comos" de sua variação no passado para orientar a estratégia do futuro (Richers, 1982, p. 38).

Esses aspectos explicam porque, para o PIMS, a principal medida de lucratividade é a taxa de retorno sobre investimentos (ROI), ou a relação entre o lucro operacional e o patrimônio líquido total da empresa, expressa em porcentagens.

Você deve considerar que múltiplos fatores afetam o ROI, tais como a caracterização do mercado – taxas de crescimento, número e tamanho de compradores etc. –, as condições competitivas – número e tamanho dos concorrentes –, bem como a estratégia utilizada pela empresa, sendo que este último é o fator de maior impacto.

A técnica estratégica PIMS explica que o ROI tende a ser mais elevado quando a empresa tem alta participação de mercado dentro de seu ramo; e forte intensidade de capital dificulta o crescimento do ROI.

De acordo com Richers (1982, p. 49), para você enfrentar os problemas do PIMS, deve considerar alguns aspectos, naturalmente respeitando uma existência de disponibilidade de informações para determinar potenciais de mercado e para projeções por negócios, setores, linhas de produtos e serviços, regiões e para toda a economia, o que propicia que a técnica PIMS, devidamente ajustada a nossas condições, ofereça um – entre muitos – ponto de partida para se formar um núcleo de informações destinadas a criar condições de análise e projeções, visando nortear os investimentos com base no comportamento dos mercados internos e externos.

São eles:

- quanto mais elevadas forem as perspectivas de participação de mercado de uma linha de produtos dentro do seu ramo, tanto menor tende a ser o risco do investimento destinado a estimular sua produção;
- se as perspectivas de vendas não corresponderem a um aproveitamento de 70% a 80% da capacidade instalada de um empreendimento num prazo de, por exemplo, dois a quatro anos, a empresa corre risco de vida;

- acima de determinados padrões mínimos – variáveis por ramo e tipos de tecnologia – é preferível que a empresa opere com baixo coeficiente de ativo imobilizado comparativamente ao número de empregados, em parte devido aos custos relativamente baixos de mão de obra no Brasil – mas com elevados custos dos encargos sociais –, em parte porque as empresas menos imobilizadas tendem a ser mais flexíveis, por exemplo, em épocas de recessões econômicas;
- quanto mais baixa for a relação compras *versus* vendas da empresa, tanto mais seguro tende a ser o investimento; ou seja, as empresas com alta integração vertical, geralmente, oferecem melhores perspectivas de lucro e retorno do que aquelas que dependem primordialmente de fornecedores externos. Entretanto, você deve analisar com cuidado essa afirmativa; e
- quanto mais competitivo for o ramo da empresa, tanto mais inovadores devem ser os novos produtos e serviços que ela pretende lançar, não só em termos tecnológicos, mas também em relação à sua adaptação aos mercados potenciais.

O PIMS é mais efetivo na definição de melhoramentos estratégicos que precisam ser feitos do que na definição de ações específicas a serem tomadas para se atingir uma nova posição estratégica.

O modelo PIMS não pode fazer uma comparação individual dos concorrentes. As comparações competitivas são feitas em várias dimensões, sendo que cada uma dessas é feita em termos do valor individual da relação produto/mercado *versus* a média para os três maiores concorrentes. As relações competitivas são, então, automaticamente assumidas pelo mercado, porém de forma bem geral.

O PIMS é a melhor técnica para se projetar, quantitativamente, o resultado financeiro de alterações estratégicas, pois permite que se explore o impacto aproximado de várias mudanças estratégicas, em termos de fluxo de caixa, ROI, lucro líquido e, ainda, muitas outras medidas derivadas de desempenho.

O PIMS fornece informações sobre fatias de mercados das empresas, seus níveis de produtividade e de capital intensivo, bem como a percepção que o público consumidor tem da qualidade de seus produtos e serviços.

No entanto, o PIMS não pode fornecer ao usuário uma forma de analisar o impacto nas estratégias utilizadas, provenientes de mudanças futuras no mercado, a não ser no que diz respeito a vendas, preços e custos.

O PIMS é mais utilizado para determinar a viabilidade da estratégia atual nas condições atuais de mercado, e para sugerir formas de incrementá-la.

Você pode considerar o desenvolvimento de alguns relatórios que podem ser gerados pelo PIMS, tais como:

a) Relatório do nível de ROI e do fluxo de caixa, que analisa as situações ideais para determinadas condições de mercado, posição de mercado, grau de diferenciação competitiva, nível de investimento, alocações de recursos, tipo de empresa e padrões históricos de movimentos estratégicos. Baseia-se no desempenho causado por situações reais sob condições comparáveis. Esse relatório é útil para você determinar expectativas razoáveis de desempenho e estabelecer parâmetros de controle do desempenho alcançado (ver Figura 5.13).

PLANOS	RELATÓRIO DO NÍVEL DE ROI E DO FLUXO DE CAIXA				DATA _/_/_	Nº
Nº	CONDIÇÕES BÁSICAS ANALISADAS			NECESSIDADES	EXPECTATIVA DE DESEMPENHO	PARÂMETROS DE AVALIAÇÃO
				ROI	FLUXO CAIXA		

Figura 5.13 | *Relatório do nível de ROI e do fluxo de caixa.*

b) Relatório de análise estratégica, que prevê as consequências – a curto, médio e longo prazos – se certas alterações estratégicas fossem implementadas. Esse relatório é baseado nas expectativas futuras de todo o volume de vendas do mercado, dos custos e dos preços; e mostram os efeitos de mudança em participações de mercado, integração vertical, ou intensidade de capital em medidas de desempenho, tais como ROI, lucro líquido e fluxo de caixa, inclusive o descontado. Dessa forma, você pode explorar as implicações de mudanças fundamentais na estratégia e as alterações no desempenho de curto, médio e longo prazos (ver Figura 5.14).

PLANOS	RELATÓRIO DE ANÁLISE ESTRATÉGICA				DATA __/__/__	Nº
Nº	FATORES E SUAS CAUSAS				CONSEQUÊNCIAS POSSÍVEIS	COMENTÁRIOS E ESTRATÉGIAS PROPOSTAS
	VOLUME VENDAS	CUSTOS	PREÇOS			

Figura 5.14 | Relatório de análise estratégica.

c) Relatório de otimização estratégica, que prevê qual a combinação de mudanças estratégicas que resulta no melhor ROI ou fluxo de caixa descontado, sendo que relatórios individuais são preparados para maximizar cada uma dessas medidas (ver Figura 5.15).

PLANOS	RELATÓRIO DE OTIMIZAÇÃO ESTRATÉGICA		DATA __/__/__	Nº
Nº	SITUAÇÃO OTIMIZADA		MUDANÇA PREVISTA	COMENTÁRIOS E ESTRATÉGIAS PROPOSTAS
	ROI	FLUXO DE CAIXA		

Figura 5.15 | Relatório de otimização estratégica.

Com referência à aplicação do PIMS no Brasil, podem ser consideradas algumas limitações:

- a anterior instabilidade econômica, que existiu durante muitos anos, inutilizou as previsões de retorno sobre o investimento, tornando as empresas cautelosas na tomada de decisão de investir, bem como na inexistência de dados históricos. E não se pode esquecer que a atual política econômica brasileira tem afugentado alguns possíveis investidores;

- as características da economia brasileira são diferentes da norte-americana; assim, as variáveis do modelo não se aplicam diretamente no Brasil da forma como foram elaboradas; e
- a inexistência de dados sobre participação de mercado e intensidade de investimentos em muitas áreas de negócios inviabiliza a construção da base de dados, fundamental para o modelo do PIMS.

Como uma evolução da técnica do PIMS, pode-se considerar a matriz de índices financeiros, desenvolvida por Rothchild (1976, p. 97) com a finalidade de, com base em índices escolhidos, avaliar os negócios ou produtos com prioridades de investimento.

A matriz de índices financeiros, apresentada na Figura 5.16, é estabelecida baseando-se na análise do impacto da dinâmica de cada negócio em termos de retorno sobre os investimentos e retorno sobre as vendas.

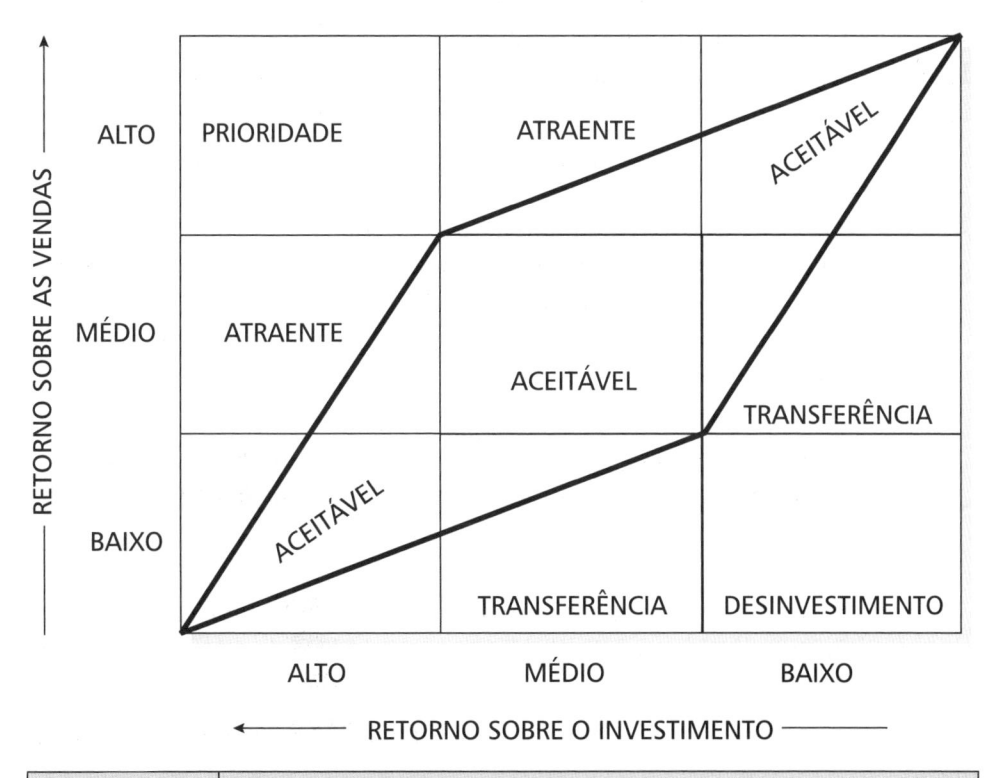

Figura 5.16 | *Matriz de índices financeiros.*

Na realidade, essa técnica, como a quase totalidade das apresentadas neste capítulo, não deve ser utilizada isoladamente, mas sim como instrumento complementar valioso para o processo estratégico das empresas. E, ao se medir, exclusivamente, resultados, não é possível criticar como os mesmos são obtidos.

No tocante a sua implicação estratégica, essa técnica não leva em conta o lado extremo da demanda, além de incorrer no pressuposto – muito forte – de que o mercado não apresenta variações significativas, à diferença dos pressupostos usados no PIMS.

5.3.4 Matriz de atratividade de mercado

O conceito de atratividade de mercado (AM), desenvolvido em 1976, baseia-se na premissa de que dois conjuntos de fatores são responsáveis para canalizar ou atrair investimentos para determinado negócio. Um negócio pode ser caracterizado por um produto, uma linha de produtos, ou mesmo uma decisão. É fundamental, no entanto, para a correta utilização do conceito de atratividade de mercado, identificar a missão ou razão de ser do negócio.

Os dois conjuntos de fatores são representados pelas seguintes questões:

- quanto atrativo é o mercado dentro do qual a empresa ou o negócio está localizado? Ele está em crescimento? As margens são altas? Não há barreiras legais para seu funcionamento? Quanto e quais são as oportunidades de mercado para o negócio e/ou empresa considerada?

- quais são os pontos fortes do negócio em que se pretende investir em relação a seus concorrentes? Por exemplo, ele possui liderança tecnológica? Os custos de produção são baixos? Existe alta participação de mercado?

O conceito de AM é ilustrado, simbolicamente, por uma matriz que contém nove posições possíveis – ver Figura 5.17 –, possibilitando, portanto, análise de maneira multidimensional.

De maneira geral, pode-se montar uma matriz ABC com o seguinte significado:

Grupo A: apresenta alto nível de atratividade de mercado ou de oportunidades de negócios no setor considerado.

Grupo B: apresenta nível médio de atratividade de mercado ou de oportunidades de negócios no setor considerado.

Grupo C: apresenta baixo nível de atratividade de mercado ou de oportunidades de negócios no setor considerado.

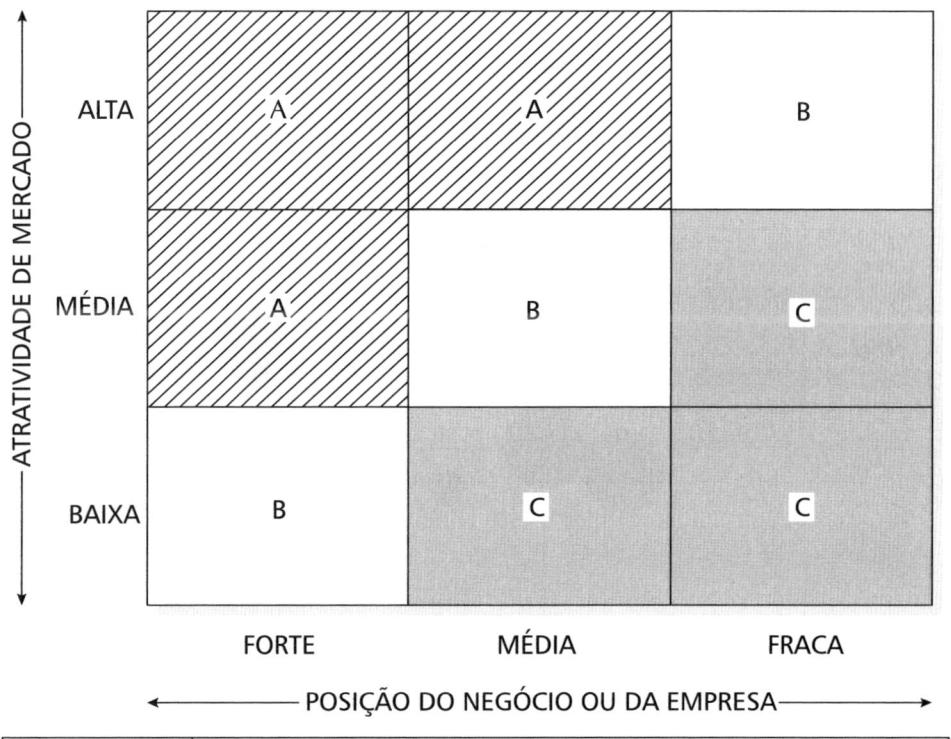

Figura 5.17 | *Matriz de atratividade de mercado.*

Na técnica de atratividade de mercado, devem ser montadas matrizes para se determinar a situação dos negócios, produtos ou serviços considerados. E cada negócio, produto ou serviço é representado na matriz por círculos, cuja área é proporcional ao volume de vendas, conforme mostrado na Figura 5.18.

A experiência tem demonstrado que os fatores mais importantes na determinação do que faz um mercado ser atrativo, ou um produto ou serviço ter uma posição de mercado forte, estão divididos em cinco grandes grupos: fatores mercadológicos, fatores da concorrência, fatores econômico-financeiros, fatores tecnológicos e fatores sociopolíticos.

Salienta-se que você pode utilizar esses cinco grandes grupos na análise do ambiente empresarial – ver seção 3.4.1 –, bem como na estruturação de cenários estratégicos – ver seção 4.4 –, criando uma interação estratégica interessante. Essa abordagem interativa pode ser efetuada para os vários assuntos abordados neste livro.

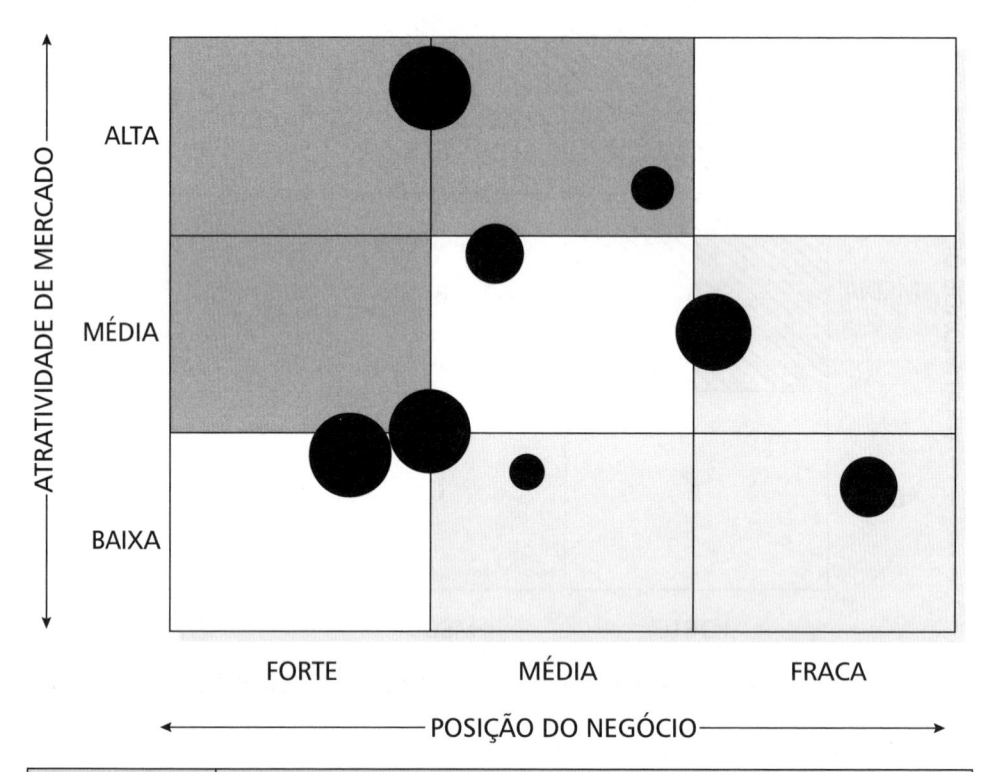

Figura 5.18 | *Distribuição dos negócios na matriz de atratividade.*

Cada um desses fatores envolve grande quantidade de variáveis e detalhes que devem ser analisados e interpretados cuidadosamente, além de levar em conta aspectos correlacionados aos fatores internos da empresa. A análise desses fatores é essencial para a determinação da atratividade e da posição de mercado de determinado negócio ou produto.

Portanto, é possível identificar os produtos, serviços ou negócios que são classificados como de alta atratividade (canto superior esquerdo da matriz), ou de média atratividade (região central) ou de baixa atratividade (canto inferior direito). Esses fatores estão relacionados no Quadro 5.2:

Quadro 5.2 | *Medidas de atratividade de mercado e posição do negócio.*

ATRATIVIDADE DE MERCADO	POSIÇÃO DO NEGÓCIO OU DA EMPRESA
FATORES DE MERCADO	
– Tamanho (financeiro, unidades ou ambos) – Tamanho dos segmentos-chaves – Taxa de crescimento anual – Ciclo de vida do produto ou serviço – Barreiras à entrada no mercado	– Participação (em termos equivalentes) – Participação nos segmentos-chaves – Taxa de crescimento anual – Ciclo de vida do produto ou serviço da empresa – Crescimento anual de vendas
FATORES DA CONCORRÊNCIA	
– Estratégias da concorrência – Desempenho da concorrência – Custos da concorrência – Modificações na participação – Balanceamento entre pontos fortes e fracos	– Estratégias da empresa – Desempenho da empresa – Custos da empresa – Participação relativa de mercado – Balanceamento entre pontos fortes e fracos da empresa
FATORES ECONÔMICO-FINANCEIROS	
– Margem de contribuição média – Níveis de economia de escala – Capacidade de utilização média – Preços dos produtos no mercado	– Margem do negócio ou da empresa – Níveis de economia de escala e experiência acumulada – Capacidade de utilização efetiva – Preços dos produtos da empresa
FATORES TECNOLÓGICOS	
– Tecnologia disponível – Patentes – Complexidade	– Tecnologia da empresa – Proteção de patentes – Habilidades e especialistas
FATORES SOCIOPOLÍTICOS	
– Ação governamental – Fatores humanos – Atitudes e tendências sociais	– Posição da empresa em face da ação governamental – Recursos humanos da empresa – Responsabilidade e flexibilidade da empresa

Além dos fatores identificados no Quadro 5.2, você deve considerar outros aspectos para a análise do nível de atratividade do mercado, tais como:

- quanto à aptidão da empresa, deve ser considerado o nível de ajustamento ao ambiente e a vantagem competitiva real, sustentada e duradoura;
- quanto à validade da análise, deve-se considerar o nível de realismo das hipóteses evidenciadas e a qualidade das informações;
- quanto à consistência, considerar os elementos e os objetivos da análise de atratividade de mercado;
- quanto à viabilidade, você pode considerar a adequação de recursos e a estruturação e qualidade dos sistemas de comunicações; e
- quanto à vulnerabilidade, deve considerar os riscos envolvidos no processo decisório e o nível de adaptabilidade da empresa.

Como não se assume qualquer tipo de relação entre participação de mercado e custos, a determinação da atratividade e da posição de mercado pode ser feita de forma efetiva para qualquer nível de agregação – corporação, unidade estratégica de negócios ou empresa –, desde que a ponderação dos vários fatores seja feita de forma coerente.

Com base no conteúdo apresentado no Quadro 5.2, você pode realizar algumas análises, tais como:

- a da relação entre o tamanho do mercado (atratividade) e o tamanho de seu negócio (posição de seu negócio);
- a da relação entre a taxa de crescimento do mercado (atratividade) e a taxa de crescimento do seu negócio (posição do seu negócio);
- a da relação entre o preço dos produtos e serviços no mercado (atratividade) e as margens de lucro que podem trabalhar com esses preços (posição do seu negócio);
- a da relação entre a lucratividade do mercado (atratividade) e sua lucratividade (posição de seu negócio); e
- a da relação entre a evolução e o impacto tecnológico do mercado (atratividade) e seu conhecimento tecnológico (posição de seu negócio).

Infelizmente, essa tarefa não pode ser classificada como simples, pois pesos diferentes devem ser atribuídos aos fatores considerados na análise, para poder classificar o negócio dentro da matriz.

No formulário apresentado na Figura 5.19, você pode visualizar uma forma de estruturar esse processo.

PLANOS	PESO DOS FATORES				DATA _/_/_	Nº
Nº	ATRATIVIDADE DE MERCADO		POSIÇÃO DO NEGÓCIO		PESO TOTAL	ESTRATÉGIAS PARA MELHORIA
	FATOR DE MEDIDA	PESO	FATOR DE MEDIDA	PESO		

Figura 5.19 | *Avaliação dos pesos dos fatores inerentes à atratividade de mercado.*

Além disso, a análise envolve um julgamento subjetivo do responsável pelo negócio, que pode classificá-lo levando-se em conta sua própria percepção de risco em relação a cada fator. Esse nível de subjetividade limita a análise do executivo quanto ao estabelecimento de futuras mudanças estratégicas.

Existem algumas dificuldades para identificar os fatores, bem como estabelecer as notas inerentes à atratividade de mercado ou à posição da empresa em seu setor (Abell e Hammond, 1979, p. 211):

a) Dificuldade de estabelecer os fatores relevantes para a situação considerada

Isso porque os fatores diferem, dependendo da natureza do produto ou serviço e do comportamento do cliente.

Com produtos altamente diferenciados, para que o cliente procure inovação técnica, ou outro benefício especial, a posição tecnológica relativa pode ser a chave para uma forte posição de negócio; e a proteção da patente – privilegiada – pode ser o principal fator que determina a atratividade de mercado.

Para produtos padronizados, o baixo custo de fabricação e os novos lançamentos podem ser, respectivamente, fatores contribuidores para a posição de negócio e a atratividade de mercado.

Os executivos devem contar com decisões da alta administração e sua experiência, bem como evitar fáceis generalizações sobre quais fatores são mais relevantes para o processo decisório na empresa considerada.

b) Dificuldade em avaliar os fatores e, consequentemente, estabelecer as notas ou os pesos inerentes a cada um deles

Isso porque cada fator pode aumentar ou diminuir a atratividade de mercado ou a posição de negócios. Geralmente, a correlação não é simples. Supondo que a concentração de mercado seja considerada uma possível variável que afeta a atratividade de mercado, neste caso, a alta concentração eleva a atratividade? É um mercado dominado por duas empresas, duas vezes mais atrativo do que um mercado composto por quatro empresas dominantes?

Geralmente, não existem normas claras, sendo que este processo decisório depende das empresas e de seu mercado. Portanto, quando da identificação dos fatores relevantes e das notas correspondentes, você deve tomar alguns cuidados.

Uma forma de amenizar esse problema é estabelecer um peso para cada fator, tendo em vista a situação no mercado. Por exemplo, a realidade do mercado pode estar na seguinte situação:

Alta concentração: peso 1,0
Média concentração: peso 0,5
Baixa concentração: peso 0,0

O próximo passo é estabelecer notas para cada um dos fatores considerados, conforme apresentado no Quadro 5.3, em que se avalia uma situação hipotética, em termos de atratividade de mercado. Fica evidente que o mesmo procedimento deve ser feito em termos de posição da empresa, em seu setor de atuação ou indústria.

Quadro 5.3 | *Avaliação da atratividade de mercado.*

PLANOS	AVALIAÇÃO DA ATRATIVIDADE DE MERCADO		DATA __/__/__		Nº
	FATOR	SITUAÇÃO DO FATOR	PESO	NOTA	CLASSIFICAÇÃO
	Tamanho do mercado	0,5	15	7,5	3º
	Desempenho da concorrência	0,0	15	0,0	5º
	Preços dos produtos no mercado	1,0	30	30,0	1º
	Tecnologia disponível	0,5	25	12,5	2º
	Ação governamental	0,5	15	7,5	3º
	TOTAIS	–	100	57,5	–

Com referência à identificação dos níveis de atratividade, uma forma de facilitar este processo é elaborar um estudo preliminar, conforme apresentado no Quadro 5.4:

Quadro 5.4 | *Nível de atratividade de mercado.*

PLANOS	DETERMINAÇÃO DO NÍVEL DE ATRATIVIDADE		DATA __/__/__	Nº
	FATOR	ALTA	MÉDIA	BAIXA
	Crescimento do mercado	Acima de 15% ao ano	De 10 a 15% ao ano	Abaixo de 10%
	Concentração competitiva	Um é conhecido como líder	Dois se alternam como líder	Fragmentado
	Intensidade de capital	Alta	Média	Baixa
	Protecionalidade de tecnologia	Patente protegível	Processo protegível	Fácil de seguir

Um instrumento que pode auxiliar nesta análise de risco é a aplicação do sistema GUT (Gravidade/Urgência/Tendência) a cada um dos fatores considerados (ver explicação na seção 2.2.1).

De qualquer modo, o conceito de atratividade de mercado complementa, com os seus indicadores, a própria abordagem da matriz BCG (ver seção 5.3.1), pois considera todos aqueles fatores não perceptíveis em sua aplicação.

Os executivos das empresas têm utilizado essa técnica, principalmente para o estabelecimento de estratégias de produtos, serviços e negócios, decisões de investimentos, bem como para a análise dos propósitos ou segmentos atuais e/ou potenciais inseridos na missão da empresa.

Você também pode estabelecer um resumo da análise da atratividade de mercado e da posição do negócio – ou da empresa –, conforme apresentado nas Figuras 5.20 e 5.21, que apresentam a mesma estrutura para realizar as duas análises.

PLANOS	RESUMO DE ANÁLISE DA ATRATIVIDADE		DATA __/__/__	Nº
Nº	GRUPO DE FATORES	MÉDIA DE PONTOS	PESO	DESEMPENHO (MÉDIA X PESO)
	MERCADO CONCORRÊNCIA ECONÔMICO-FINANCEIROS TECNOLÓGICOS SOCIOPOLÍTICOS			
	TOTAIS		100	

Figura 5.20 | *Resumo da análise da atratividade de mercado.*

PLANOS	RESUMO DA POSIÇÃO DO NEGÓCIO OU DA EMPRESA		DATA __/__/__	Nº
Nº	GRUPO DE FATORES	MÉDIA DE PONTOS	PESO	DESEMPENHO (MÉDIA X PESO)
	MERCADO CONCORRÊNCIA ECONÔMICO-FINANCEIROS TECNOLÓGICOS SOCIOPOLÍTICOS			
	TOTAIS		100	

Figura 5.21 | *Resumo da análise da posição do negócio ou da empresa.*

Neste ponto, devem ser efetuadas algumas considerações sobre o procedimento de desenvolver a análise da atratividade de mercado, principalmente por sua importância na definição dos negócios e dos segmentos de mercado mais interessantes, entre todos os que se encontram inseridos no contexto da missão ou razão de ser da empresa.

Uma vez realizada a análise da situação atual, ou seja, identificados os fatores relevantes com as suas correlações, e estabelecidas as ponderações adequadas, pode-se localizar o negócio, produto ou serviço dentro da matriz, de acordo com sua posição no mercado e a atratividade desse mercado.

A determinação de oportunidades futuras é um trabalho, normalmente, difícil. Uma forma adequada de se fazer esse exercício é proceder a uma análise detalhada das condições atual e futura do mercado, e da posição do negócio, produto ou serviço. Primeiramente, deve-se assumir que nenhuma alteração significativa será introduzida na estratégia do negócio, do produto ou serviço, para então se repetir o processo explorando-se diferentes opções à estratégia.

Esta situação está ilustrada na Figura 5.22 para um mercado que se prevê venha a declinar no futuro. Se nenhuma alteração estratégica for implantada, espera-se que o negócio, produto ou serviço movimente-se verticalmente para baixo no gráfico. Alternativamente, o negócio ou o produto pode ser guiado a uma posição de liderança, mesmo que o mercado esteja com sua atratividade declinando (estratégia A), ou pode-se estabelecer que o negócio, produto ou serviço perca posição, à medida que a atratividade do mercado declina (estratégia B).

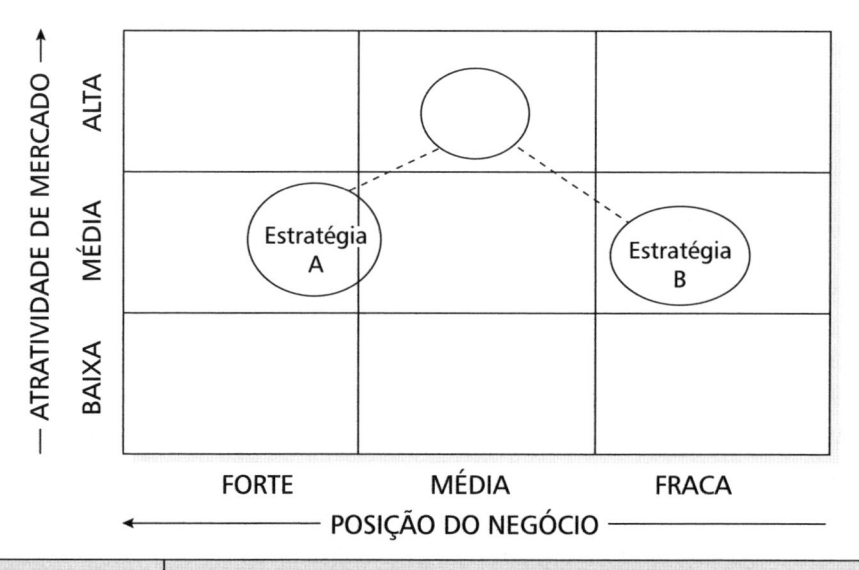

Figura 5.22 | *Estratégias alternativas na análise de atratividade.*

Quando você vai decidir sobre uma estratégia, deve repetir o processo decisório várias vezes, assumindo-se diferentes hipóteses de objetivos e investimentos a serem feitos no negócio, produto ou serviço. Uma decisão final deve ser tomada, levando-se em conta os custos e os benefícios envolvidos em cada mudança estratégica.

Existem várias estratégias de investimentos, que são sempre expressas em termos de mudanças na posição de mercado do produto ou serviço, tais como:

- estratégia de investimentos para manter a atual posição, a qual necessita de investimentos suficientes para acompanhar as mudanças à medida que o mercado evolui;
- estratégia de investimento para aumentar a participação de mercado, a qual requer investimentos suficientes para movimentar o produto ou serviço para o lado esquerdo superior da matriz, sendo indicada durante a fase de crescimento de determinado mercado;
- estratégia de investimento para reconquistar uma posição de mercado que tenha sido perdida. Essa revitalização do negócio, produto ou serviço requer investimentos consideráveis, se o mercado está em fase de manutenção ou de declínio;
- estratégia de investimento seletivo, que objetiva fortalecer posições em segmentos da atratividade empresarial, em que benefícios de entrada no mercado ou de reconquista de posição excedam os custos correlacionados e, simultaneamente, possibilitem enfraquecer posições, em que os custos superam os benefícios; e
- estratégia de investimento baixo, de modo a *enxugar* recursos do negócio, produto ou serviço, quando, em geral, a empresa troca posição de mercado por aumento dos recursos financeiros.

Dentro do princípio apresentado neste livro, de que as técnicas estratégicas devem ser analisadas e aplicadas de forma interativa, são apresentados alguns comentários da técnica de atratividade de mercado quanto à técnica do BCG. Esse exercício estratégico deve ser efetuado por você, considerando todas as técnicas estratégicas diante da realidade e das necessidades futuras de sua empresa.

De maneira geral, verifica-se que a técnica de atratividade de mercado diferencia-se da matriz do BCG em três grandes aspectos:

- é dada muito pouca ênfase à questão dos custos relativos, e ênfase muito maior a elementos não correlacionados a custos, para se distinguir um mercado do outro;
- é dada ênfase consideravelmente maior a outros elementos que não a taxa de crescimento, para se determinar a atratividade de mercado; e
- a variável dependente é, em geral, o ROI (retorno do investimento) e não o fluxo de caixa, pois uma situação de alta atratividade, conjugada a uma forte posição da empresa no mercado, presumidamente, resultará num ROI elevado, mas não, necessariamente, em um fluxo de caixa altamente positivo.

Por outro lado, a inclusão de variáveis adicionais pode levar a previsões mais efetivas de desempenho do que por meio da análise pela matriz do BCG. Muitas vezes, essas variáveis adicionais são incluídas dentro de um esquema de ponderação que pode variar de mercado ou de negócio e que, obviamente, depende de um procedimento arbitrário de julgamento.

Verifica-se que os concorrentes individuais também podem ser avaliados segundo essa abordagem. Contudo, as comparações não são feitas sobre um portfólio global, tal como no modelo do BCG, mas para cada produto ou mercado individual. Portanto, as considerações sobre os concorrentes são, relativamente, mais subjetivas do que na análise pelo modelo do BCG (ver seção 5.3.1).

Algumas das vantagens complementares da matriz de atratividade de mercado são:

- embora a matriz não se volte para o lado extremo da demanda, reconhecendo os problemas de segmentação e diferenciação, aproxima-se dos requisitos de uma análise de portfólio de negócios, que podem incluir uma adaptação dessa perspectiva mercadológica; e
- a matriz pode levar em conta a taxa de evolução do mercado em termos de inovação competitiva diferenciada. Assim, o conceito de posição do negócio pode incluir os conceitos de compatibilização e dominância, abordados na matriz de liderança – ver seção 5.5.4 – a partir do foco de demanda de mercado.

Entretanto, a matriz da atratividade de mercado pode sofrer algumas restrições em sua aplicação, tais como:

- falta de sinergia entre os negócios analisados, tanto quanto à dependência entre as análises efetuadas, quanto à interação dos recursos necessários;
- a análise envolve um julgamento subjetivo do responsável pelo negócio, que pode classificá-lo levando-se em conta sua própria percepção de risco em relação a cada fator analisado. Esse nível de subjetividade limita a análise do executivo quanto ao estabelecimento de futuras mudanças estratégicas;
- dificuldade de estabelecer os fatores relevantes para a situação considerada, porque os fatores diferem, dependendo da natureza do negócio e do comportamento do mercado; e
- dificuldade em avaliar os fatores e, consequentemente, estabelecer as notas ou os pesos inerentes a cada um deles, porque cada fator pode aumentar ou diminuir a atratividade de mercado ou a posição de negócios.

Entretanto, verifica-se que essas restrições são amenizadas se a empresa desenvolver, em sua plenitude, adequado processo de planejamento estratégico – ver seção 2.3.1 –, principalmente em suas fases iniciais, que corresponde à análise externa e interna da empresa (ver seção 3.4.1 e 3.4.2).

5.3.5 Modelo de avaliação das possibilidades de negócios de McKinsey/GE

Esse modelo, desenvolvido em 1979, procurou dar uma abordagem maior à matriz de atratividade de mercado, pela própria realidade do contexto empresarial daquele momento.

A própria forma de apresentação do modelo de avaliação das possibilidades de negócios, proposto pela empresa de consultoria McKinsey para ser aplicado na GE – General Electric –, caracteriza-se como ferramenta adicional para avaliar e desenvolver seu planejamento estratégico, pois oferece condições para detectar novas áreas de oportunidade de negócios, e não especificamente linhas de produtos e serviços.

Mais do que basear-se em simples medidas financeiras, tais como a taxa interna de retorno sobre o investimento, o modelo de McKinsey/GE enfatiza as condições sob as quais um negócio pode ser rentável. Portanto, esse procedimento facilita o processo decisório inerente aos assuntos estratégicos por parte dos executivos das empresas.

Em 1984, Weitz e Wensley contribuíram para a estruturação desse modelo.

O modelo de avaliação das possibilidades de negócios compreende duas dimensões compostas, cada uma delas, de três posições alternativas. As dimensões são: força do negócio e atratividade da indústria ou setor, medidas pelas variáveis apresentadas no Quadro 5.5. Com referência às três posições alternativas, estas são apresentadas na Figura 5.23.

Portanto, parte-se do princípio de que a lucratividade de uma empresa depende da força posicional de seu negócio ou do nível de atratividade do setor ou indústria considerada.

Quadro 5.5 | *Dimensões do modelo de avaliação das possibilidades de negócios.*

FORÇA DO NEGÓCIO (VARIÁVEL)	ATRATIVIDADE DO SETOR (VARIÁVEL)
• Tamanho da empresa • Taxa de crescimento da empresa • Participação da empresa no setor • Posição no *ranking* das empresas do setor • Rentabilidade da empresa • Posição e domínio tecnológico • Pontos fortes e pontos fracos • Imagem da empresa • Capacitação dos profissionais • Vantagens competitivas	• Tamanho do mercado • Crescimento do mercado • Estrutura competitiva • Rentabilidade do setor • Regras e maturidade tecnológica • Regras sociais • Regras inerentes aos fatores ambientais • Legislação inerente

Para as diversas variáveis identificadas, a empresa deve aplicar um processo de estabelecimento de prioridades.

A prática também tem demonstrado ser válida a interligação dessas variáveis com todos os fatores externos e internos identificados e avaliados no diagnóstico estratégico, quando do desenvolvimento do planejamento estratégico (ver seção 2.3.1).

Pela disposição das dimensões dentro do esquema apresentado na Figura 5.23, é possível perceber que o modelo de McKinsey/GE representa uma evolução da matriz da atratividade de mercado, e como tal, para setores diversos, diferentes serão os pesos atribuídos, bem como distinta será a disponibilidade de informações.

Matriz McKinsey/GE

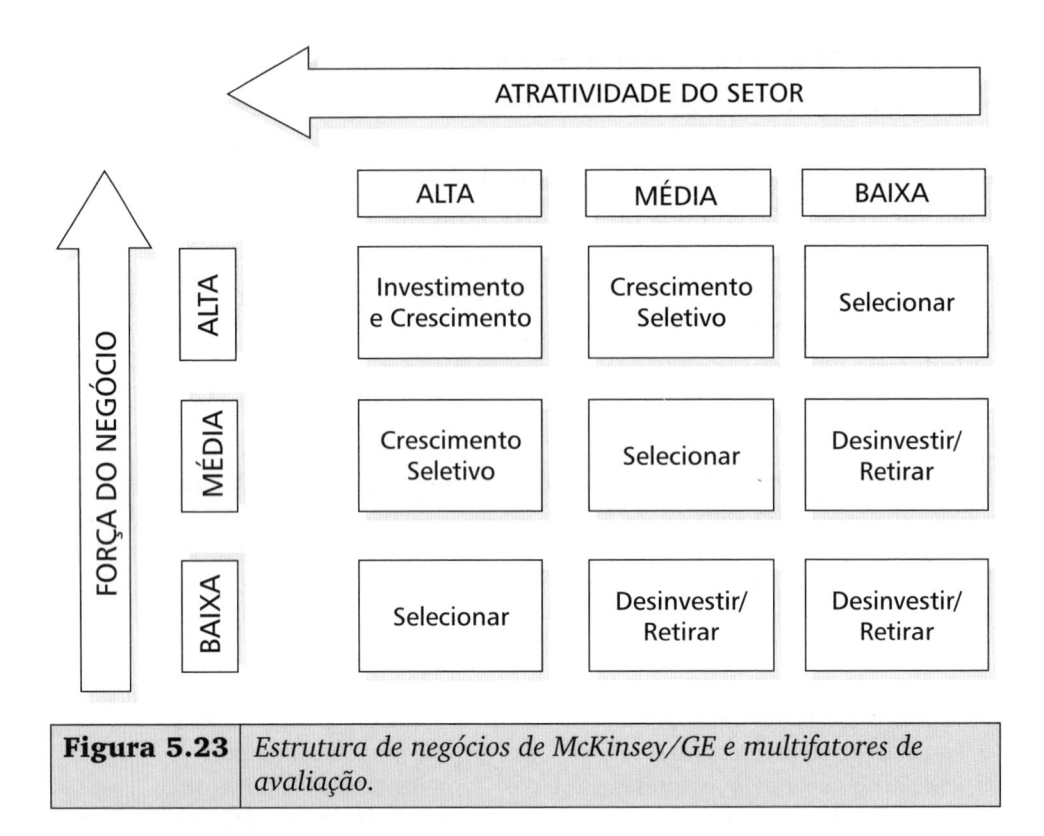

ATRATIVIDADE DO SETOR

FORÇA DO NEGÓCIO

	ALTA	MÉDIA	BAIXA
ALTA	Investimento e Crescimento	Crescimento Seletivo	Selecionar
MÉDIA	Crescimento Seletivo	Selecionar	Desinvestir/Retirar
BAIXA	Selecionar	Desinvestir/Retirar	Desinvestir/Retirar

Figura 5.23 *Estrutura de negócios de McKinsey/GE e multifatores de avaliação.*

Com referência às regras de alocação de recursos, observa-se, pela Figura 5.23, que a posição do negócio em relação à estratégia de investimentos que será adotada em seu caso específico pode situar-se em três categorias distintas.

Os negócios que ocupam posição de média para forte, em termos de atratividade do setor, são classificados como negócios a investir; aqueles que estão situados num setor de atuação com pouca atratividade, e numa posição não muito forte em termos competitivos, possivelmente recebem menos investimentos ou são excluídos do portfólio; e, finalmente, encontra-se a categoria dos negócios intermediários denominados negócios seletivos, que devem ser estudados mais profundamente, pois sua posição exige definição do que se pretende e das chances de obtenção de recursos a serem alocados, ou seja, decisão mais pensada em relação à necessidade e à expectativa de crescimento.

Na alocação de recursos da matriz de avaliação das possibilidades de negócios, não se levam em consideração os riscos inerentes a cada negócio analisado. Essa é mais uma afirmativa de que os executivos das empresas devem realizar suas análises de posição competitiva utilizando um modelo integrativo, que envolve diversas técnicas estratégicas.

5.3.6 Modelo de Lorange e Vancil

Essa técnica, desenvolvida em 1976, parte do princípio de que as técnicas correntes não consideram dois aspectos relevantes na formulação de estratégias corporativas.

O primeiro deles refere-se ao exagerado conservadorismo, presente nas corporações em que a técnica de análise de posição competitiva de linhas de produtos e serviços é planejada isoladamente por cada uma das unidades estratégicas de negócios.

O segundo aspecto é a frequente dificuldade encontrada em estabelecer prioridades entre linhas de negócios e entre projetos estratégicos.

Como sustentação desses aspectos, Lorange e Vancil (1976, p. 24) apontam três práticas comuns observáveis no processo de estabelecimento das estratégias, objetivando conseguir congruência entre o planejado e o real impacto dos projetos estratégicos:

a) Identificação do ajustamento do projeto, como parte da estratégia do negócio.

Para a realização dessa tarefa, geralmente se considera uma estrutura bidimensional, em que no eixo horizontal aparece a força competitiva e no eixo vertical aparece a atratividade do negócio, de acordo com a Figura 5.24. Nessa estrutura, são alocadas as diversas linhas de produtos e serviços e, a partir daí, formuladas as estratégias específicas.

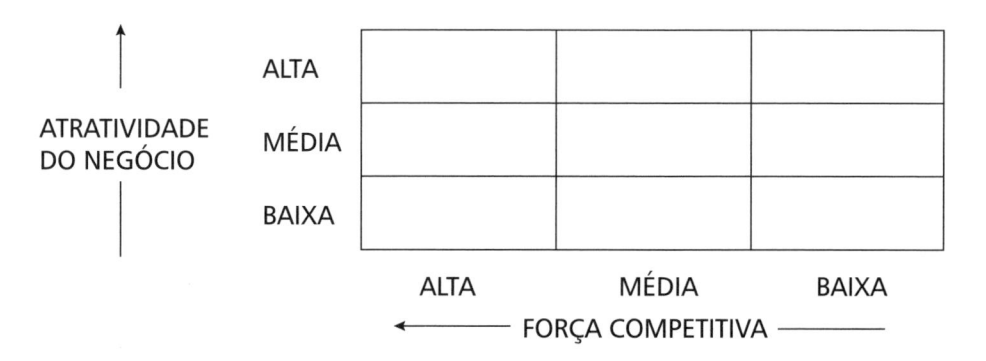

| **Figura 5.24** | *Estrutura bidimensional entre atratividade do negócio e força competitiva.* |

A ordenação para o tratamento das informações inerentes ao processo decisório pode ser realizada pelo que se apresenta na Figura 5.25. Salienta-se que essa e outras figuras inerentes às técnicas estratégicas apresentadas foram desenvolvidas pelo autor do livro, tendo em vista atender às necessidades específicas de trabalhos de consultoria em empresas diversas.

PLANOS	TRATAMENTO DAS INFORMAÇÕES – ATRATIVIDADE X FORÇA COMPETITIVA –				DATA _/_/_	Nº
Nº ORDEM	FATOR CONSIDERADO	ATRATIVIDADE DO NEGÓCIO		FORÇA COMPETITIVA		PESO	CLASSIFICAÇÃO
		ANÁLISE	PESO	ANÁLISE	PESO		

Figura 5.25 | *Ordenação para o tratamento das informações pelo modelo de Lorange e Vancil.*

b) Planejamento entre as várias funções da empresa e o orçamento para cada função.

Essa prática exige que, primeiramente, sejam formulados os aspectos entre as várias funções da empresa e, posteriormente, se faça o orçamento para cada função, conforme indica a Figura 5.26. Evidencia-se que as funções são correlacionadas às unidades organizacionais da empresa.

Esse processo deve estar sustentado por adequada interligação das estratégias empresariais com os projetos e planos de ação da empresa (ver seção 2.4).

c) Planejamento dos estágios do projeto estratégico.

A administração de projetos estratégicos exige que os executivos reconheçam a necessidade de incorporar habilidades específicas às diferentes tarefas. Há também a necessidade de balancear, cuidadosamente, a carga de trabalho de cada uma das unidades organizacionais envolvidas, uma vez que suas habilidades são, geralmente, restritas às suas áreas de atuação. Outro aspecto relevante é a decisão de como e quando um projeto deve ser transferido para o estágio seguinte.

PLANOS	INTERAÇÃO ENTRE PROJETOS E UNIDADES ORGANIZACIONAIS			DATA __/__/__	Nº
ESTRATÉGIA EMPRESARIAL:					
PROJETOS	UNIDADE ORGANIZACIONAL				TOTAIS
	FUNÇÃO A	FUNÇÃO B	......	FUNÇÃO Z	
PROJETO 1					
PROJETO 2					
PROJETO 3					
⋮ PROJETO N					
TOTAIS					

Figura 5.26 *Interação entre o conjunto de projetos e as unidades organizacionais.*

As práticas delineadas neste item não conseguem, no entanto, por si só, superar os problemas representados pela tendência ao conservadorismo – ou não escolher alternativas de risco – e pela incorreta análise da atratividade do negócio e da força competitiva da empresa.

Com referência ao problema da tendência ao conservadorismo, deve-se lembrar que, ao serem elaboradas análises da situação da empresa, elas o fazem sob duas ópticas, buscando um equilíbrio entre negócios com riscos e sem riscos.

Normalmente, os negócios de alto risco oferecem grande potencialidade de lucros. Entretanto, em geral os executivos das unidades de negócio tendem a rejeitar esse tipo de negócio, uma vez que podem representar riscos muito elevados para suas divisões, quando seriam aceitáveis para toda a corporação.

Além do mais, os executivos das unidades estratégicas de negócios são, frequentemente, avaliados pelos fluxos de caixa e de lucros gerados para e na corporação; e eventual insucesso comprometeria suas carreiras.

Pelas razões expostas, é possível inferir que a elaboração de análise de posição das unidades estratégicas de negócios, pelos respectivos executivos, tende a gerar estratégias conservadoras.

Por outro lado, conforme apresentado na Figura 5.24, a análise estratégica corrente divide-se em atratividade de negócio e força competitiva da empresa.

A análise da atratividade do negócio aborda os seguintes principais fatores:

- taxa de crescimento do mercado, de acordo com a matriz do BCG apresentado na seção 5.3.1;
- produtos comprados com frequência *versus* produtos comprados raramente. A técnica PIMS, apresentada na seção 5.3.3, identificou sensível superioridade nos negócios correlacionados com produtos e serviços comprados com frequência;
- clientela concentrada *versus* clientela fragmentada. A técnica PIMS também identificou superioridade nos negócios com clientela fragmentada. Esse fato decorre do menor poder de barganha dos compradores fragmentados, conforme salientado por Porter (1986, p. 78), cuja técnica é apresentada na seção 5.5.5; e, nesse caso, a indústria tende para o oligopólio, aumentando os lucros dos competidores;
- estrutura da concorrência, pois o maior ou menor número de competidores, assim como seu maior ou menor grau de concentração, influenciam o poder de barganha da empresa junto aos compradores e fornecedores; e
- tamanho do mercado, sendo que esse fator influencia o potencial do negócio a longo prazo.

A importância relativa de cada um dos fatores listados, bem como de outros não relacionados, varia de acordo com as circunstâncias, devendo a análise de atratividade do negócio ser feita de acordo com essa perspectiva.

Lorange e Vancil (1976, p. 42) consideram que a análise da força competitiva da empresa é feita avaliando os seguintes principais fatores:

- participação de mercado: a técnica PIMS, apresentada na seção 5.3.3, identificou significativa correlação positiva entre lucratividade e participação de mercado. Esse fato decorre da possibilidade de as empresas com grande participação de mercado obterem economias de escala. Entretanto, um problema que se deve enfrentar é a exata definição da extensão do mercado, para o qual os executivos devem estar atentos;

- nível de gastos estratégicos: as empresas com gastos estratégicos elevados, tais como em pesquisa e desenvolvimento, geralmente têm força competitiva superior;
- qualidade dos produtos e serviços: as empresas com qualidade de produtos e serviços têm maior força competitiva; e
- utilização da capacidade: empresas com maior preocupação de uso de sua capacidade instalada têm custos unitários menores. Esse fator é especialmente relevante em indústrias de capital intensivo.

Da mesma forma que na análise de atratividade do negócio, os fatores listados não são, necessariamente, os únicos, e sua importância relativa depende de cada caso em particular. Por outro lado, é importante ter em mente que a ênfase em cada um dos fatores não deve ser deixada a cargo da conveniência dos executivos da unidade estratégica de negócio.

Lorange e Vancil (1976, p. 51) propõem mais três elementos para enriquecer a análise estratégica:

a) Consolidação da análise estratégica da linha de produtos e serviços.

Após a conclusão da estratégia da linha de produtos e serviços, restam algumas tarefas a ser desempenhadas. Uma tarefa é a consolidação dos projetos de negócios ou estratégias de linhas de produtos e serviços, dentro de uma perspectiva global para todas as unidades estratégicas de negócios da corporação. Em segundo lugar, é necessário formular uma estratégia corporativa em sintonia com as estratégias das unidades de negócios.

b) Consolidação interna à estratégia da unidade de negócio.

Reside aqui a principal contribuição de Lorange e Vancil, que propõem uma terceira dimensão na análise da atratividade de negócios, a ser somada às duas já mencionadas. A essa dimensão eles dão o nome de dimensão da atratividade de consolidação, focalizando, primordialmente, o fluxo de caixa e a sinergia potencial entre as diversas atividades da corporação, ou mesmo, de seus negócios.

Os seguintes fatores devem ser considerados nessa dimensão:

- a irregularidade do fluxo de caixa: o valor presente do fluxo de caixa não é informação suficiente para fixar prioridades sobre as linhas de produtos e serviços da unidade estratégica de negócios. Caso ela deseje ser independente, é necessário que apresente fluxo de caixa positivo;

- dimensões do fluxo de caixa: é desejável que os fluxos de caixa de cada uma das linhas de produtos guardem proporcionalidade, evitando a superdependência de apenas uma linha de produtos;

- risco do fluxo de caixa: os executivos das unidades estratégicas de negócios devem garantir, dentro de suas unidades, um equilíbrio entre linhas de produtos de alto risco e grandes geradores de caixa, e linhas de produtos de baixo risco e geradores de fluxo de caixa menos atraentes;

- efeitos sinérgicos na produção, pois a existência dessa sinergia é desejável para que se possa realizar economia de escala;

- efeitos sinérgicos de marketing, pois a força de vendas, por exemplo, pode ser usada na promoção de outros produtos e serviços;

- efeitos sinérgicos na pesquisa e no desenvolvimento, pois altos investimentos nessas atividades podem proporcionar especiais capacitações e tecnologias, aplicáveis a novos projetos; e

- oportunidade de substituição, pois, embora frequentemente negligenciada, é a avaliação dos riscos de mudança que diminui a probabilidade de que decisões erradas sejam tomadas.

A integração dessas três dimensões – atratividade do negócio, força competitiva no negócio e atratividade de consolidação – permite a construção da técnica estratégica apresentada na Figura 5.27.

c) Consolidação em estratégia corporativa.

Para obter adequada consolidação das estratégias das unidades de negócios em estratégias corporativas, dois conjuntos de reflexões devem ser feitos.

Em primeiro lugar, é necessário que se possa avaliar a exposição ao risco da técnica conjunta da corporação, evitando a tendência de conservadorismo já apontada.

Em segundo lugar, é imperioso que os propósitos das unidades estratégicas de negócios sejam claros e acessíveis ao comando da corporação.

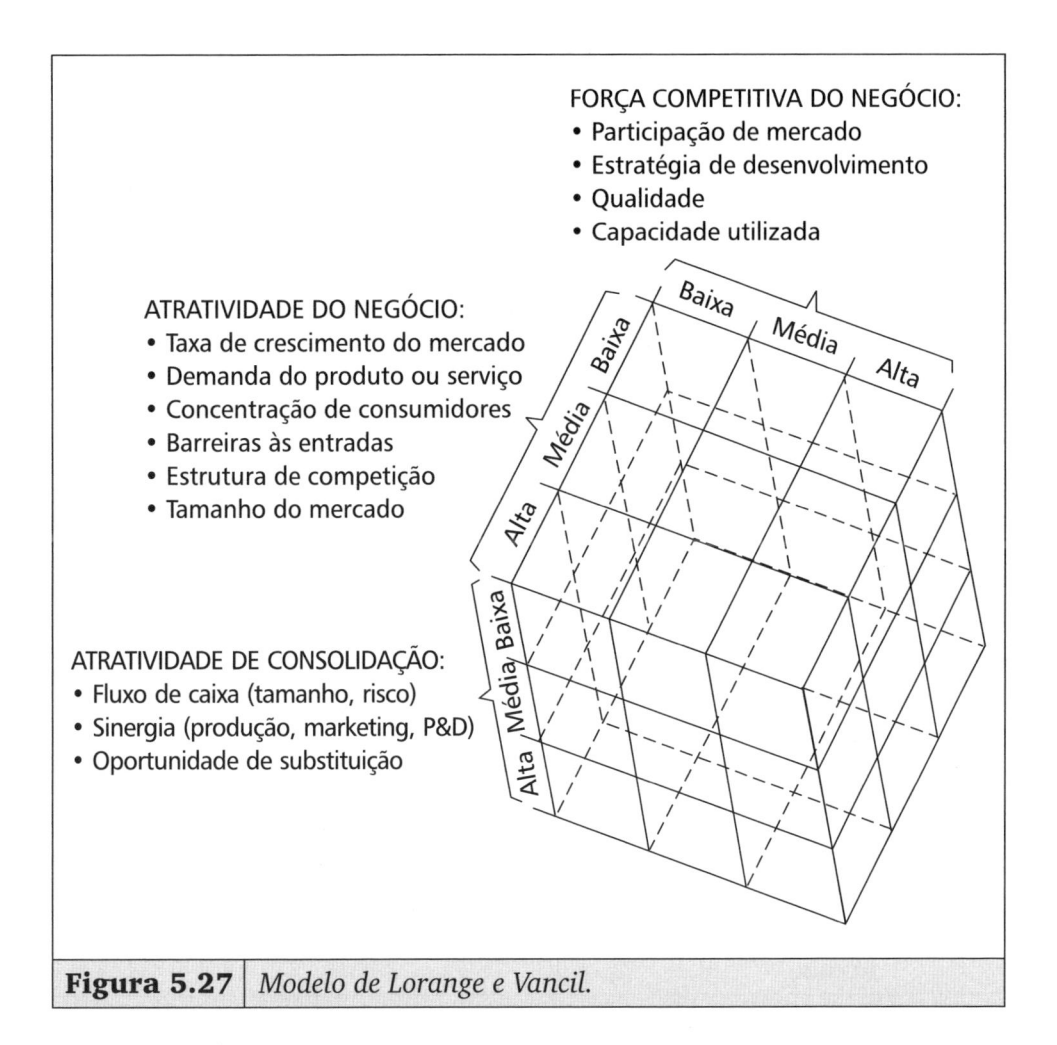

FORÇA COMPETITIVA DO NEGÓCIO:
- Participação de mercado
- Estratégia de desenvolvimento
- Qualidade
- Capacidade utilizada

ATRATIVIDADE DO NEGÓCIO:
- Taxa de crescimento do mercado
- Demanda do produto ou serviço
- Concentração de consumidores
- Barreiras às entradas
- Estrutura de competição
- Tamanho do mercado

ATRATIVIDADE DE CONSOLIDAÇÃO:
- Fluxo de caixa (tamanho, risco)
- Sinergia (produção, marketing, P&D)
- Oportunidade de substituição

Figura 5.27 | *Modelo de Lorange e Vancil.*

5.3.7 Matriz de desempenho de produtos, serviços ou negócios

Essa matriz, desenvolvida em 1974, requer, inicialmente, a determinação da área estratégica onde se localiza o produto e seu mercado, bem como dos instrumentos que fornecem as medidas relevantes para avaliá-los. Depois desse ponto inicial, são estabelecidas três fases que propiciam análises específicas para os executivos das empresas:

- determinação das tendências para a linha de produtos, serviços ou negócios, em termos de vendas da indústria ou setor, vendas da empresa, participação de mercado, rentabilidade e outras dimensões consideradas relevantes;

- integração dessas quatro dimensões principais dentro de um esquema simples de análise, que pode ser visualizado na Figura 5.28; e
- projeção do desempenho futuro da linha de produtos, serviços ou negócios, prevendo uma situação de nenhuma mudança nas estratégias empresariais, na concorrência e no ambiente, e outra situação com mudanças nas estratégias empresariais; essa situação pode ser visualizada na Figura 5.29.

VENDAS DA INDÚSTRIA	VENDAS DA EMPRESA		DECLÍNIO			ESTÁVEL			CRESCIMENTO		
	PARTICIPAÇÃO DE MERCADO	RENTABILIDADE	ABAIXO DO ALVO	ALVO	ACIMA DO ALVO	ABAIXO DO ALVO	ALVO	ACIMA DO ALVO	ABAIXO DO ALVO	ALVO	ACIMA DO ALVO
CRESCIMENTO	DOMINANTE										
	MÉDIO									A (2º ano)	A (3º ano)
	MARGINAL										
ESTÁVEL	DOMINANTE										
	MÉDIO										
	MARGINAL						A (1º ano)				
DECLÍNIO	DOMINANTE										
	MÉDIO			B (2º ano)			B (1º ano)				
	MARGINAL			B (3º ano)							

Figura 5.28 | *Matriz de desempenho do produto, serviço ou negócio.*

Essas dimensões podem variar segundo as preferências de quem as define. Entretanto, independentemente das variáveis escolhidas, se o responsável pelo portfólio de produtos, serviços ou negócios tiver à mão uma quantidade de informações que permita conhecer as tendências da linha de produtos, serviços ou do negócio analisado, e identificar as causas que geraram modificações em seu desempenho, ele disporá de excelente ferramenta de planejamento.

A Figura 5.28 mostra, também, uma trilha hipotética desenvolvida por dois produtos num período de três anos. O produto A é comercializado dentro de um setor cujas vendas se mostraram crescentes nos últimos três anos. No primeiro ano considerado, as vendas da empresa referentes a esse produto situavam-se num nível estável, elevando-se para a posição de crescimento nos dois anos subsequentes.

A posição de mercado do produto A evolui de uma situação marginal, no primeiro ano, para uma situação média, nos anos subsequentes. A maior evolução, no entanto, foi verificada na rentabilidade em que, partindo da posição "abaixo do alvo" no primeiro ano, atingiu o mais alto patamar dois anos depois.

O exame do desempenho do produto B, por seu turno, revela situação distinta, pois ele situa-se num setor em declínio, as vendas da empresa decresceram do primeiro para o segundo ano e, enquanto mantinha uma participação média de mercado nos primeiro e segundo anos, obteve participação declinante no terceiro ano considerado. O único sinal positivo nos últimos três anos localiza-se na rentabilidade, que se manteve conforme o objetivo estabelecido.

PLANOS	ALTERNATIVA DE UMA DECISÃO							DATA _/_/_			Nº
PRODUTO	PRODUTO CORRENTE				PROJEÇÃO INCONDICIONAL				CONDICIONAMENTO À AÇÃO		
	VENDAS DO SETOR	VENDAS DA EMPRESA	PARTIC. DE MERCADO	RENTABILIDADE	VENDAS DO SETOR	VENDAS DA EMPRESA	PARTIC. DE MERCADO	RENTABILIDADE	VENDAS DO SETOR	VENDAS DA EMPRESA	PARTIC. DE MERCADO	RENTABILIDADE
A	Estáveis	Estáveis	Marginal	Abaixo do Alvo	Estáveis	Estáveis	Média	Abaixo do Alvo	Crescentes	Crescentes	Média	Alvo
B	Declinantes	Estáveis	Média	Alvo	Declinantes	Estáveis	Média	Alvo	Estáveis	Estáveis	Declinantes	Alvo

Figura 5.29 *Ilustração sobre a alternativa de uma decisão.*

Embora a matriz de desempenho do produto, serviço ou negócio forneça ferramenta satisfatória para controlar as atividades dos negócios e das linhas de produtos ou serviços, bem como responda à questão de saber "onde a empresa está", ela não oferece orientação para as futuras decisões estratégicas da empresa, unidade estratégica de negócio ou corporação considerada. Para essa finalidade, a análise deve incorporar o desempenho projetado para cada produto e antecipar o impacto da alternativa estratégica em termos de resultados.

Essas modificações refletem a finalidade dos seguintes passos principais, para os quais você deve estar atento:

- projetar as tendências das vendas, participação de mercado e rentabilidade, assumindo nenhuma mudança na estratégia da empresa, bem como nas ações concorrenciais e nas condições ambientais. Essa projeção pode basear-se, apenas, na extrapolação de resultados passados; e

- desde que o futuro desempenho do produto dependa, efetivamente, dos esforços mercadológicos da empresa, um posicionamento denominado de condicionante à ação deve ser adotado pela empresa, entendendo-se que as vendas, participação de mercado e rentabilidade de cada produto estarão sujeitas aos efeitos das estratégias empresariais adotadas. Dado um número de estratégias alternativas, um tratamento para cada uma deverá ser desenvolvido, sendo selecionada aquela que apresentar ou indicar o melhor resultado, segundo as dimensões envolvidas e de acordo com a percepção de risco de quem toma a decisão. Para facilitar essa análise, você deve extrair os projetos e planos de ação das estratégias empresariais, conforme demonstrado na seção 2.4.

A empresa deve considerar que, embora a classificação do negócio ou do produto, dentro do esquema proposto, tenha conotação mais qualitativa, ela realmente se realiza com base numa quantidade de informações que indica tendências e projeta a futura posição do negócio ou do produto em face das estratégias propostas. Mais detalhes sobre o sistema de informações estratégicas que você deve montar em sua empresa são apresentados na seção 4.3.

A Figura 5.30 apresenta uma forma de você estabelecer a avaliação do desempenho do produto, serviço ou negócio considerado.

PLANOS		AVALIAÇÃO DO DESEMPENHO DO PRODUTO, SERVIÇO OU NEGÓCIO												DATA _/_/_			Nº
Nº DE ORDEM	NEGÓCIO	VENDAS DA INDÚSTRIA OU SETOR			VENDAS DA EMPRESA			PARTICIPAÇÃO DE MERCADO			RENTABILIDADE			DESEMPENHO GLOBAL			ESTRATÉGIAS PROPOSTAS
		P	N	D	P	N	D	P	N	D	P	N	D				

Legenda: P = Pontos
N = Nota
D = Desempenho (P x N)

Figura 5.30 | *Avaliação do desempenho do produto, serviço ou negócio.*

5.3.8 Modelo de análise do processo dos negócios

Nesse caso, as operações da empresa, da unidade estratégica de negócio ou da corporação são identificadas dentro do contexto de um processo de negócios, ou seja, deve apresentar-se sob a forma de uma metodologia com fases sequenciais.

Uma vez identificadas, as fases são analisadas em termos de um número de fatores de negócios comuns, entre os quais podem ser citados:

- concorrentes e concentração de negócios;
- produtos e serviços oferecidos;
- economia e conjuntura nacional e internacional;
- tecnologia e sua evolução;
- envolvimento governamental;
- influência social;
- equilíbrio no poder de barganha – clientes, fornecedores, governo –, ao longo das interligações das fases dos negócios;
- força estratégica exigida; e
- ameaças e oportunidades dos negócios.

São considerados negócios comuns os que apresentam algum nível de interação – ou até de similaridade – em si.

Normalmente, a técnica da análise do processo dos negócios é utilizada para:

- classificar e avaliar a crescente complexidade do ambiente dos negócios; e
- definir os negócios e avaliar seus pontos fortes e fracos.

As principais vantagens dessa técnica são:

- facilita a análise das tendências do ambiente empresarial;
- define os parâmetros do setor ou indústria considerada e identifica a convergência existente; e
- define as partes e fases das decisões estratégicas.

Na Figura 5.31, pode ser visualizada uma forma estruturada de você estabelecer a avaliação do processo de negócios. Salienta-se a necessidade de serem feitas as adaptações necessárias a cada negócio considerado em uma empresa.

PLANOS			AVALIAÇÃO DO PROCESSO DOS NEGÓCIOS		DATA __/__/__	Nº
Nº	NEGÓCIO	NOTA (N)	FATORES CONSIDERADOS		DESEMPENHO (N x P)	ESTRATÉGIAS PROPOSTAS
			NOME	PONTOS (P)		

Figura 5.31 | *Avaliação do processo dos negócios.*

5.3.9 Modelo da massa crítica

Esse modelo é de fácil uso e leva, diretamente, a soluções alternativas e a um concreto programa de ação; é de elevado interesse quando diferentes estratégias empresariais estão para ser avaliadas.

O modelo baseia-se na suposição de que há uma *massa crítica* ou um limite que deve ser ultrapassado para se obter adequado retorno do investimento.

Com base nessa conceituação, você pode estabelecer uma estrutura estratégica e, portanto, estabelecer um concreto plano de ação, para melhorar a posição da empresa, em relação a seus principais concorrentes.

Para tanto, você deve, no mínimo, desenvolver os seguintes aspectos:

- selecionar os fatores críticos de sucesso mais importantes no mercado, sendo que alguns dos mais comuns são rentabilidade, posição no mercado, inovação, recursos financeiros, recursos físicos, desempenho e desenvolvimento administrativo, atitudes e desempenho das pessoas, bem como responsabilidade social. Para mais detalhes, ver diagnóstico estratégico na seção 3.4.2, bem como seção 4.5 (estruturação dos fatores críticos de sucesso);

- determinar, para os vários fatores, se a empresa é mais forte, ou se ela, pelo menos, se equipara com os principais concorrentes;
- preparar um novo perfil da empresa, ou seja, estabelecer os fatores que devem ser melhorados e para que nível, tendo em vista o resultado esperado para cada fator considerado;
- estabelecer as estratégias e os recursos necessários para o desenvolvimento dos fatores, pela estruturação de projetos (ver seção 2.4); e
- implementar e avaliar as estratégias estabelecidas.

Portanto, essa é uma técnica cujo resultado final é uma adequada estruturação dos fatores críticos de sucesso da empresa, tendo em vista uma análise comparativa diante dos principais concorrentes, ou seja, a identificação das vantagens competitivas.

Para facilitar seu entendimento e análise é apresentado um formulário representado pela Figura 5.32:

PLANOS		ANÁLISE DA MASSA CRÍTICA			DATA __/__/__		Nº
Nº	FATORES DE SUCESSO	SITUAÇÃO COMPARATIVA		RESULTADO GERAL ESPERADO	ESTRATÉGIAS A SEREM OPERACIONALIZADAS	PRIORI-DADES
		ATUAL	DESEJADA			

Figura 5.32 | *Análise da massa crítica.*

5.3.10 Matriz do custo e valor

Essa técnica baseia-se em dois aspectos básicos:

- a vantagem competitiva manifesta-se nos custos baixos e altos valores para os clientes; e
- é fundamental a decisão de negócio de escolher entre competir no custo ou no valor para os clientes. Isto é, a vantagem competitiva é o foco básico nas decisões de negócios.

A matriz do custo e valor pode ser visualizada na Figura 5.33, em que se representa, no eixo horizontal, o grau em que os clientes percebem as diferenças entre os produtos das empresas concorrentes no mercado, e no eixo vertical, a sensibilidade dos clientes quanto ao preço dos produtos ou serviços oferecidos pela empresa analisada e pelos seus concorrentes.

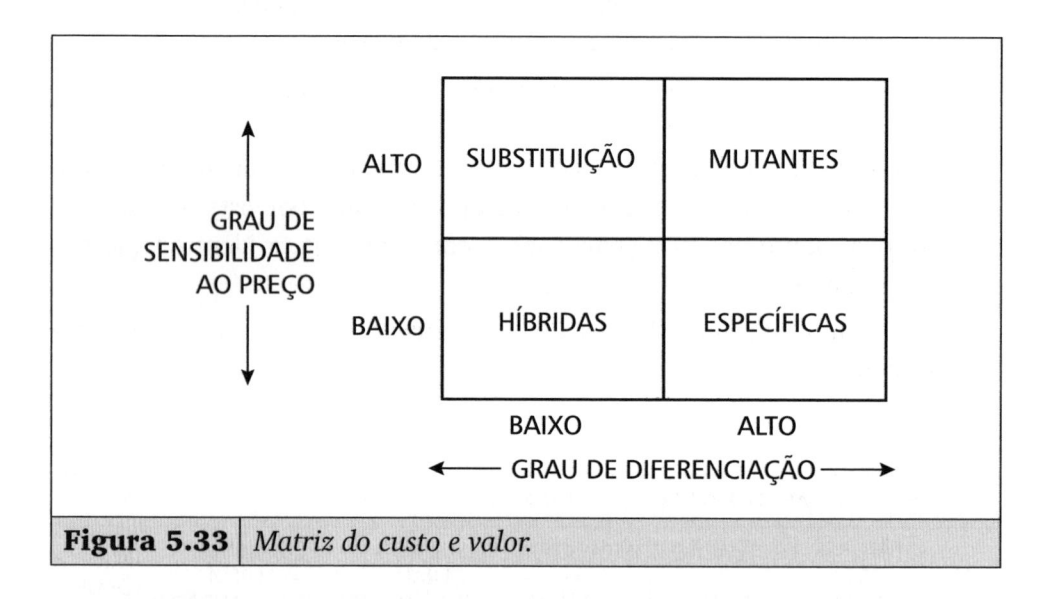

		GRAU DE DIFERENCIAÇÃO	
GRAU DE SENSIBILIDADE AO PREÇO	ALTO	SUBSTITUIÇÃO	MUTANTES
	BAIXO	HÍBRIDAS	ESPECÍFICAS
		BAIXO	ALTO

Figura 5.33 | *Matriz do custo e valor.*

Com base nesse aspecto, você pode estabelecer algumas estratégias:

- estratégias de substituição, quando os clientes apresentarem sensibilidade quanto ao preço, mas não estiverem conscientes quanto às diferenças dos produtos ou serviços oferecidos pelas empresas concorrentes;
- estratégias mutantes, quando os clientes apresentarem alto grau de sensibilidade quanto ao preço e às especificações do produto ou serviço;
- estratégias híbridas, quando os dois graus identificados são baixos; e
- estratégias específicas, quando os clientes não são sensíveis ao preço, mas se interessam pela diferenciação e outras qualidades do produto ou serviço.

Verifica-se que essa técnica tem aplicação mais adequada quando o foco de estudo é o produto ou serviço. Por meio dessa técnica, você procura entender o que dirige as decisões dos clientes dos produtos e serviços de sua empresa.

Algumas das formas de conhecer as decisões dos clientes são:

- estudos de grupos de clientes, quer sejam atuais, ex-clientes ou potenciais;
- pesquisas de mercado; e
- informações tecnológicas sobre os produtos e serviços oferecidos ao mercado.

Essas 10 técnicas estratégicas apresentadas são facilmente utilizadas para a análise dos negócios, produtos e serviços atuais. Entretanto, verificou-se que, para a maior parte dessas técnicas, sua aplicação pode ser extrapolada para novos produtos, serviços ou negócios.

Todavia, o autor procurou direcionar o raciocínio estratégico do leitor para um trabalho já estruturado para determinadas realidades e necessidades estratégicas.

E lembre-se: o ideal é fazer as análises estratégicas utilizando-se, ao mesmo tempo, mais de uma técnica estratégica, para facilitar, com qualidade, o processo decisório.

5.4 TÉCNICAS ESTRATÉGICAS PARA ANÁLISE DE NOVOS NEGÓCIOS

Para o processo de análise de novos negócios enquadram-se, com maior facilidade, as seguintes técnicas estratégicas:

- modelo do retorno e risco;
- matriz de política direcional da Shell;
- matriz de Petrov;
- matriz de Booz-Allen; e
- modelo de Abell.

5.4.1 Modelo do retorno e risco

Baseando-se na premissa de que os investimentos de uma empresa em suas linhas de produtos e mercados podem ser avaliados sob a mesma óptica que um investidor de mercado de capitais analisa e seleciona os títulos que devem compor sua carteira de aplicações e as respectivas parcelas de recursos destinados a cada título, Wind (1974, p. 47) propôs o modelo do retorno e risco que utiliza, como referência, para a seleção do portfólio, aquele conjunto de negócios ou de produtos e serviços que devem oferecer o máximo retorno para determinado nível de risco, ou o mínimo risco para dado retorno esperado.

A Figura 5.34 apresenta aquela que seria a hipótese fronteira eficiente dos portfólios de negócios, produtos e serviços, ou seja, aquelas que apresentam retorno superior para determinado nível de risco, e vice-versa. Dentro da fronteira encontrada é possível verificar que se encontram portfólios de negócios ou de produtos superiores entre si. Por exemplo, a combinação do negócio ou do produto B seria preferível à do D, pois, apesar de o retorno esperado ser o mesmo para ambos os casos, na combinação D o nível de risco é maior, tornando esse negócio ou produto D menos atraente para a seleção, por parte do executivo da empresa.

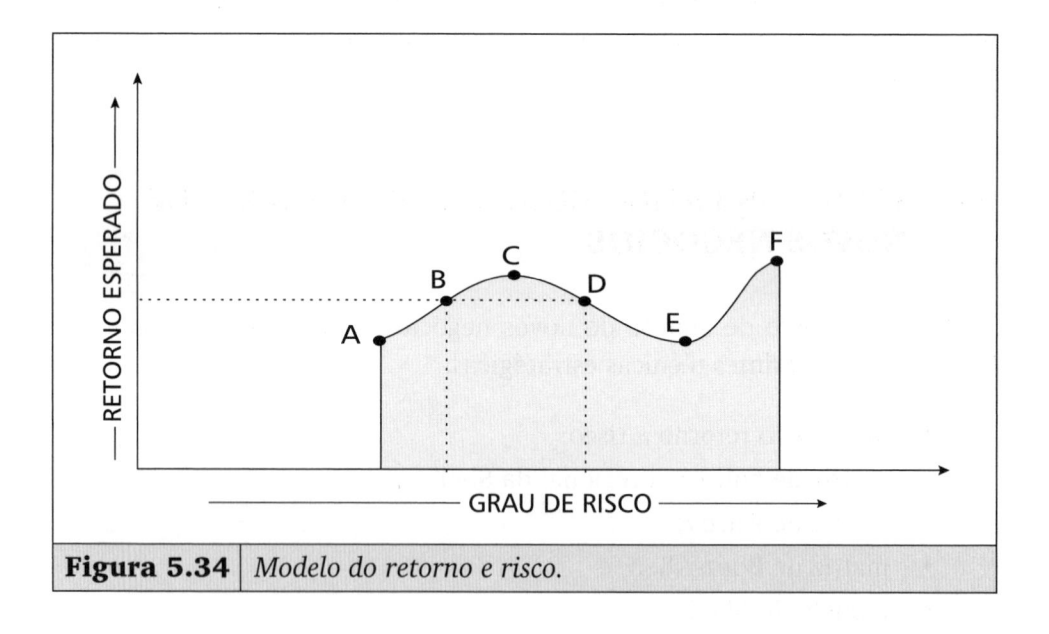

Figura 5.34 | *Modelo do retorno e risco.*

Tendo em vista as características das dimensões que estruturam o modelo do retorno e risco, seu nível de abrangência pode ser estendido às decisões estratégicas, tanto da empresa, quanto da unidade estratégica de negócios ou da corporação.

No entanto, sua concepção revela elevado grau de flexibilidade e rapidez para a análise de numerosos conjuntos de produtos, serviços e negócios, levando a crer que, na maior parte dos casos, ele deve ser utilizado em nível operacional, considerando determinada linha ou família de produtos ou serviços.

Podem ser identificadas duas dimensões no modelo do retorno e risco:

- retorno esperado: a dimensão de retorno tem as mesmas características da rentabilidade ou margem, ou seja, é calculado em termos percentuais por meio da relação entre o lucro obtido em um período determinado e um denominador preestabelecido, que pode ser vendas ou patrimônio líquido; e
- grau de risco: é a medida da incerteza que cerca os retornos esperados de cada produto e, consequentemente, do portfólio de produtos analisados. Diz-se que uma linha de produtos ou serviços apresenta elevado grau de risco quando a faixa provável em que vai situar-se seu retorno é bastante ampla, dificultando a tomada de posição daquele que decide.

O modelo do retorno e risco indica que a alocação de recursos deve ser realizada segundo os limites estabelecidos pela fronteira eficiente do portfólio de negócios, produtos ou serviços. Essa sugestão, no entanto, pressupõe a necessidade de adequado sistema de informações estratégicas, conforme apresentado na seção 4.3; caso contrário, o modelo fica prejudicado para sua aplicação em uma empresa, uma unidade estratégica de negócio ou uma corporação.

Para a análise estruturada do modelo do retorno e risco, você pode utilizar o formulário apresentado na Figura 5.35:

PLANOS		AVALIAÇÃO DO RETORNO E DO RISCO				NOTA MÉDIA (N)	PESO (P)	DESEM-PENHO (N x P)	ESTRATÉGIAS PROPOSTAS
		RISCO		RETORNO ESPERADO					
Nº	NEGÓCIO	GRAU	NOTA	ÍNDICE	NOTA				

DATA __/__/__   Nº

Figura 5.35 | *Avaliação do retorno e risco do negócio.*

5.4.2 Matriz da política direcional da Shell

Essa matriz foi desenvolvida em 1975 pela Royal Dutch Shell, sendo que Grant e King (1975) e Robinson, Hichens e Wade (1978) colaboraram para sua estruturação.

Com referência a sua abrangência, essa técnica estratégica está voltada para avaliar o desempenho do portfólio de negócios, produtos e serviços da empresa ou da corporação, tendo por base os resultados alcançados pelo setor onde ela está desenvolvendo suas atividades.

Quanto às suas dimensões, o modelo proposto pela Shell é composto de duas variáveis: perspectivas de rentabilidade do setor e capacidade competitiva da empresa.

A primeira é determinada pelo crescimento e qualidade do mercado onde a empresa está desenvolvendo suas atividades, seja por meio de uma linha de produtos ou serviços, seja de sua unidade estratégica de negócios. A qualidade de mercado é definida pelo desempenho do setor e suas características estruturais – aquelas que estiverem empiricamente correlacionadas com a rentabilidade –, tais como capacidade ociosa do setor ou indústria considerada, probabilidade de alcançar vantagens diferenciadas nos produtos, característica do mercado fornecedor e comprador, grande substituição de produtos e a que nível a tecnologia utilizada e o próprio produto podem ser considerados como barreira para a entrada de outros produtos concorrentes, sendo que mais considerações sobre esse aspecto são apresentadas no modelo de Porter (seção 5.5.5).

A variável capacidade competitiva da empresa mede a força relativa de competitividade do negócio ou produto, e compõe-se de três fatores: posição da empresa no mercado, capacidade de produção, bem como pesquisa e desenvolvimento do produto ou serviço. Nesse último caso, a medida do fator estabelece-se mediante o volume de recursos canalizados para essas atividades.

Com referência às regras para a alocação de recursos, apesar de diferir em termos de quantidade da posição em que os produtos, serviços e negócios podem ser classificados, a matriz da política direcional adota regras semelhantes àquelas sugeridas pelo modelo do BCG (ver seção 5.3.1). Assim, produtos, serviços e negócios classificados na posição de forte capacidade competitiva × setor não atrativo têm funções similares às dos produtos denominados *vacas de dinheiro*; na matriz crescimento e participação do BCG, os produtos denominados líderes equivalem às *estrelas*, e assim sucessivamente.

A matriz da política direcional da Shell é apresentada na Figura 5.36:

CAPACIDADE COMPETITIVA DA EMPRESA		Pequena	Média	Elevada
	Fraca	Desinvestir	Retirada programada	Dobrar ou sair
	Média	Retirada programada	Maximizar caixa Não investir	Tentar chegar ao topo
	Forte	Gerador de caixa; reaplicar em outros produtos ou segmentos	Crescer com o mercado	Líder – Prioridade absoluta

PERSPECTIVAS DE RENTABILIDADE NO SETOR

Figura 5.36 | *Matriz da política direcional da Shell.*

Pela análise da Figura 5.36 observa-se que:

- os produtos, serviços e negócios localizados na coluna central são aqueles cuja posição competitiva é, aproximadamente, equivalente à média do setor. Desses, os da zona de crescimento, geralmente, correspondem aos casos de concentração de concorrentes relativamente semelhantes, sem liderança definida de nenhum deles. O nível de investimento é o necessário para conservar a posição competitiva à medida que o mercado cresce;
- a zona de análise de retirada corresponde, em geral, aos casos de muitos concorrentes fracos formando o mercado. Possíveis reduzidos investimentos podem ser feitos para obter geração de receitas; e
- a zona compreendida abaixo da média da atratividade – semelhante à *vaca leiteira* e ao *cão* da matriz BCG (ver seção 5.3.1) – corresponde às estratégias de transferência de recursos ou desinvestimento.

Na Figura 5.37 pode ser visualizada uma forma estruturada para você realizar a avaliação da política direcional de sua empresa, unidade estratégica de negócios ou corporação.

PLANOS		AVALIAÇÃO DA POLÍTICA DIRECIONAL													DATA _/_/_	No
Nº	NEGÓCIO	PERSPECTIVA DE MERCADO						CAPACIDADE COMPETITIVA							DESEMPENHO GLOBAL	ESTRATÉGIAS PROPOSTAS
		CRESCIMENTO			QUALIDADE			POSIÇÃO MERCADO			CAPACIDADE PRODUÇÃO			P & D		
		P	N	D	P	N	D	P	N	D	P	N	D	P	N	D		

Legenda: P = Pontos
N = Nota
D = Desempenho (P × N)

Figura 5.37 | *Avaliação da política direcional.*

O uso da matriz da política direcional da Shell pode ser extrapolado para:

- análise da evolução e do resultado econômico-financeiro dos negócios, produtos e serviços de uma empresa; e
- análise do portfólio dos negócios, produtos e serviços dos concorrentes.

A principal crítica à matriz da política direcional é que não considera a análise da demanda de mercado, embora, tanto na dimensão de capacidade da empresa, como na perspectiva de rentabilidade do setor, seus pressupostos possam ser adaptados para levar em conta o critério da demanda de mercado.

Como exemplo tem-se que, na análise da dimensão da capacidade competitiva da empresa, pode ocorrer a inclusão direta do item participação de mercado, bem como a segmentação de mercado e a diferenciação de produto. E não se pode esquecer que essa dimensão também inclui a pesquisa e desenvolvimento de produto, o que leva a empresa a questões de inovação tecnológica, que é fundamental para a vantagem competitiva.

Quanto à dimensão de perspectivas de rentabilidade do setor, a matriz considera a qualidade de mercado, a qual, embora de difícil quantificação, leva em conta critérios como a evolução da rentabilidade do setor, relação histórica entre margem e capacidade, quantidade de concorrentes, quantidade de consumidores, valor agregado, bem como risco de substituição do produto. E não se pode esquecer a posição de mercado, a qual é avaliada como participação relativa, como ocorre na matriz do BCG (ver seção 5.3.1). Portanto, o fator *qualidade do mercado* pode avaliar, ainda que de forma indireta, a taxa de variabilidade das expectativas atuais e futuras dos consumidores.

5.4.3 Matriz de Petrov

Essa é uma técnica estratégica baseada no portfólio tecnológico, conforme estrutura apresentada na Figura 5.38:

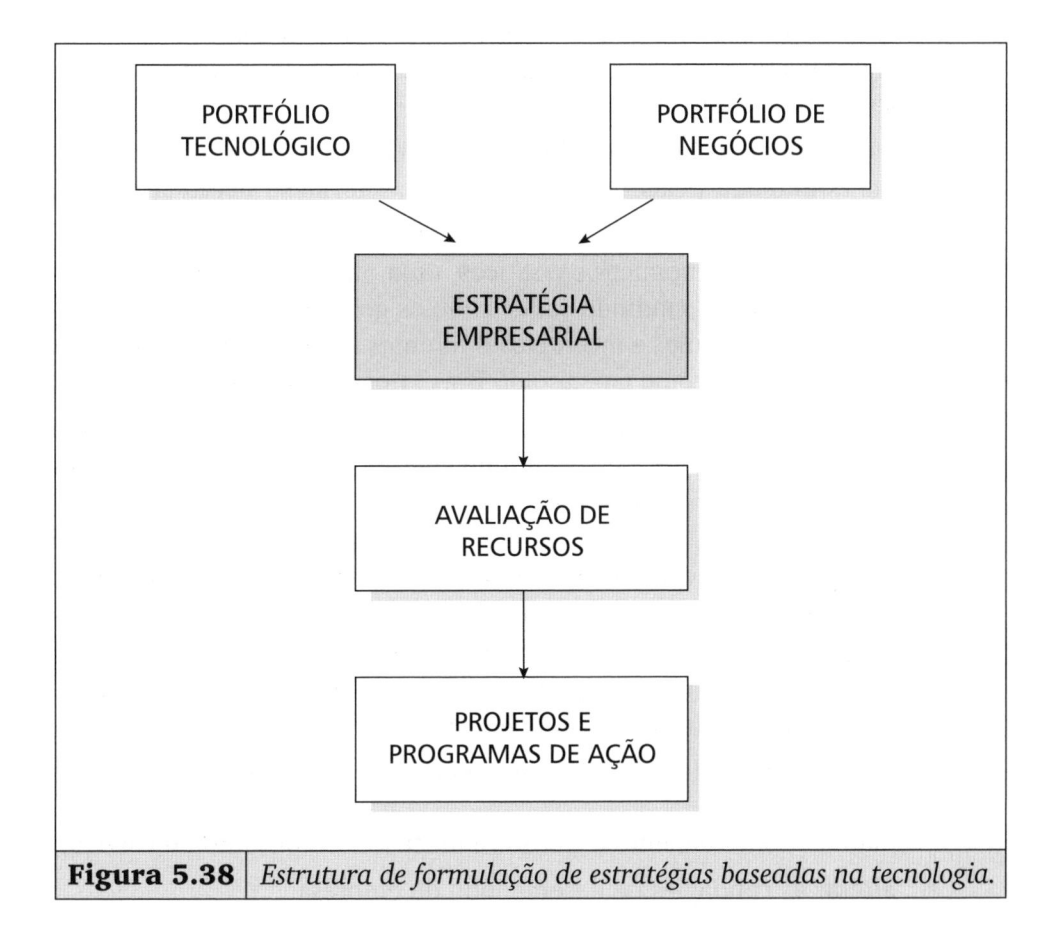

Figura 5.38 | *Estrutura de formulação de estratégias baseadas na tecnologia.*

O portfólio tecnológico e a inovação tecnológica têm significativa influência no processo de estabelecimento da estratégia empresarial, pois tecnologias em uso continuarão a reestruturar empresas e mercados, enquanto inovações tecnológicas criarão mercados e novas empresas para servi-los.

Rattner (1983, p. 5) salienta algumas tendências inerentes à inovação tecnológica:

- à medida que aumenta a importância estratégica da tecnologia, de sua administração dependerá, crescentemente, o sucesso ou fracasso da empresa, mesmo em ramos não considerados da alta tecnologia;
- mudanças significativas processam-se via deslocamento tecnológico, em ramos e mercados maduros e tradicionais;
- novas tecnologias emergentes estão criando novas indústrias e, portanto, novas oportunidades de mercado, enquanto alteram, em mercados tradicionais, os padrões de concorrência, derrubando empresas líderes tradicionais;
- a concorrência desenfreada por mercados em escala global está sendo estimulada pelas novas tecnologias e torna-se necessária pelos elevados custos de seu desenvolvimento;
- por motivos econômicos e políticos, uma onda de nacionalismo tecnológico está expandindo-se, levando os governos a dar apoio e proporcionar estímulos e incentivos diferentes à competição tecnológica nos mercados (como é o caso do Brasil nos momentos atuais); e
- mudanças no processo de produção e na administração de empresas estão levando as sociedades a uma encruzilhada que exige a formulação de um projeto social alternativo.

Verifica-se que uma nova tecnologia pode realinhar, de forma dramática, as forças em jogo em determinado mercado, mudando as condições de equilíbrio e a posição competitiva das empresas concorrentes. A maior ou menor incorporação da nova tecnologia, em uma nova geração de produtos e serviços, pode ser crucial para o sucesso de uma empresa.

De maneira geral, pode-se afirmar que uma nova tecnologia pode:

- alterar profundamente a estrutura de custos do produto ou serviço;
- alterar as condições de desempenho da empresa;
- viabilizar novos mercados;

- afetar os esquemas existentes de segmentação de mercado;
- redefinir o negócio da empresa;
- levar a fusões e/ou aquisições entre empresas; e
- alterar barreiras de entrada atualmente existentes na indústria ou setor considerado.

Para uma empresa ter uma estratégia eficaz, efetiva e lucrativa sob o ponto de vista tecnológico, ela tem de:

- avaliar os recursos de tecnologia necessários para manter a liderança tecnológica e a alavancagem competitiva;
- implantar um processo de análise que permite à empresa selecionar as tecnologias críticas;
- determinar o montante dos investimentos, prioridades e cronogramas;
- determinar sobre quais características de produtos ou serviços as tecnologias selecionadas devem impactar, e que benefícios elas devem viabilizar;
- determinar quais os novos negócios e novos segmentos de mercado que se pode atacar, com base nas mesmas tecnologias;
- tratar a tecnologia como um ativo da empresa;
- integrar a dimensão tecnológica no processo de planejamento estratégico; e
- considerar a tecnologia como uma ferramenta para o estabelecimento da vantagem competitiva real, sustentada e duradoura da empresa.

Uma forma de classificar as tecnologias, para melhor alocá-las nos processos administrativo e estratégico das empresas, é:

- quanto à aplicação, podem ser tecnologia de produto, tecnologia de método e tecnologia de processo;
- quanto ao ciclo de vida, podem ser tecnologia emergente, tecnologia em crescimento, tecnologia madura e tecnologia em declínio; e
- quanto à sustentação, podem ser classificadas em tecnologia de base, que representa condição fundamental para a empresa entrar e permanecer no negócio, tecnologia de diferenciação, que permite à empresa

diferenciar-se de seus concorrentes, e tecnologia de evolução, que, embora seja tecnologia emergente no momento atual, é considerada crítica para a empresa estabelecer vantagem competitiva no futuro.

O modelo de Petrov é uma matriz bidimensional com as seguintes dimensões:

- atratividade tecnológica, que é proporcional ao crescimento de todas as aplicações da tecnologia, sendo afetadas por um coeficiente que reflete até que ponto a tecnologia é crítica para cada uma das aplicações; e
- posição tecnológica relativa, que é proporcional ao investimento acumulado em tecnologia efetuado pela empresa.

Cada uma das dimensões é obtida pela ponderação de critérios múltiplos e, tal como a matriz BCG – ver seção 5.3.1 –, é uma ferramenta quantitativa e não qualitativa.

A matriz de Petrov pode ser visualizada na Figura 5.39:

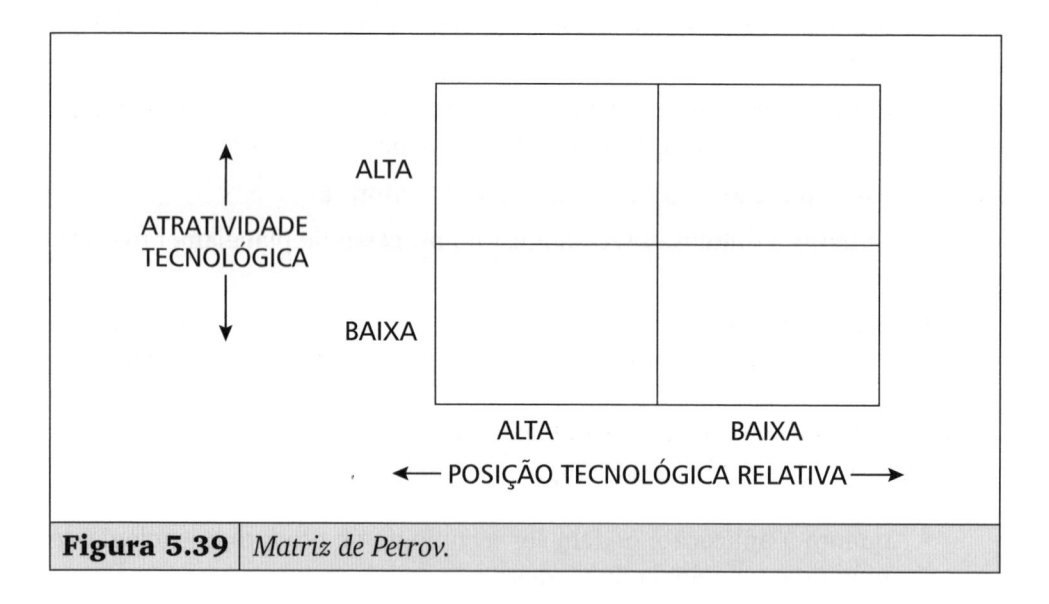

Figura 5.39 | *Matriz de Petrov.*

Algumas das estratégias que você pode adotar inerentes ao processo tecnológico são:

- limitar o investimento em tecnologias de base, ou investir seletivamente;

- favorecer as tecnologias de diferenciação;
- evitar investir em tecnologias embrionárias, cujo potencial se desconhece e que exigem investimentos por períodos longos, com alto risco; e
- investir em, pelo menos, uma tecnologia emergente que ofereça forte potencial de crescimento.

5.4.4 Matriz de Booz-Allen

Essa técnica estratégica também está muito voltada aos aspectos tecnológicos da empresa, e apresenta duas dimensões:

- importância tecnológica, que estabelece o nível de importância que a tecnologia representa para a empresa, sendo que essa dimensão depende do valor agregado, da taxa de mudança, dos mercados potenciais e da atração proporcionada por essa tecnologia; e
- posição tecnológica relativa da empresa diante da indústria ou setor considerado, a qual depende das despesas com tecnologias, atuais e projetadas, dos recursos humanos especializados, da evolução dos produtos e seus custos, bem como do número de patentes.

A matriz de Booz-Allen é apresentada na Figura 5.40:

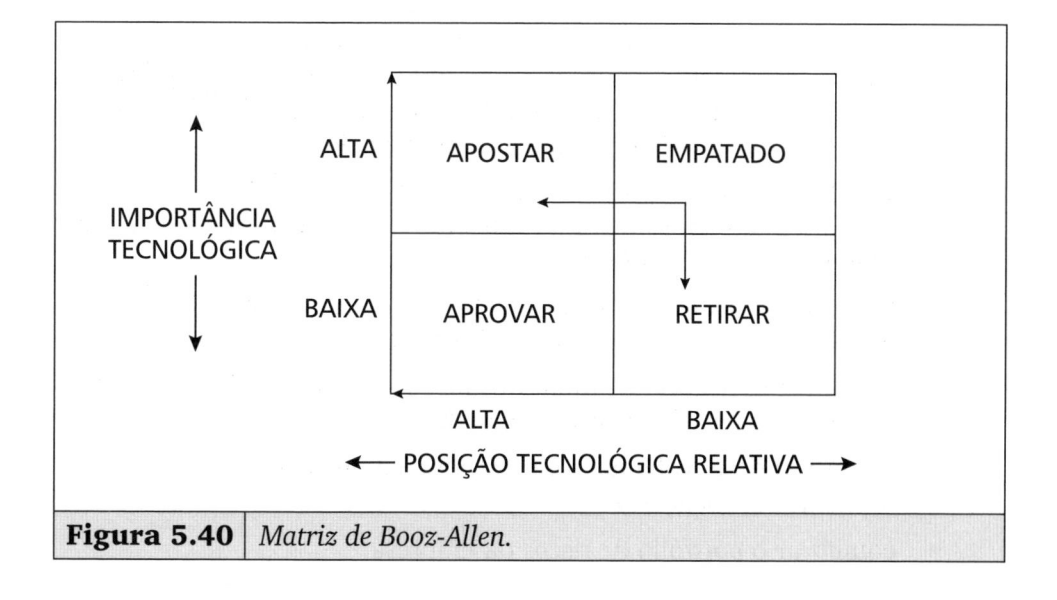

IMPORTÂNCIA TECNOLÓGICA	ALTA	APOSTAR	EMPATADO
	BAIXA	APROVAR	RETIRAR
		ALTA	BAIXA
		← POSIÇÃO TECNOLÓGICA RELATIVA →	

Figura 5.40 | *Matriz de Booz-Allen.*

Quando você estiver formulando a estratégia empresarial, resultante da análise comparativa entre o portfólio de negócio e o portfólio tecnológico, deve considerar os seguintes aspectos quanto aos investimentos:

- tipo de investimento necessário para alcançar os objetivos estabelecidos;
- montante e cronograma de aplicação dos investimentos;
- necessidade de reduzir ou eliminar alguns investimentos; e
- necessidade de adquirir algumas tecnologias para o portfólio tecnológico da empresa.

Dentro do processo de mudança tecnológica, você deve procurar responder a algumas perguntas básicas, tais como:

- qual é a tecnologia a adotar?
- qual é o momento oportuno para a mudança tecnológica?
- como organizar a transição entre uma velha tecnologia a ser abandonada e uma nova tecnologia a adquirir?
- como preparar a empresa para a mudança tecnológica?

E, nesse processo de mudança tecnológica, você pode formular algumas estratégias, entre as quais são citadas:

- otimizar o portfólio de tecnologias, explorando as sinergias possíveis. E, quando se analisam as unidades estratégicas de negócios e a administração corporativa, sempre existirá um conflito estrutural entre a estratégia corporativa, tentando racionalizar via economias de escala ou compartilhamento de custos, e as tendências de individualismo das divisões ou unidades de negócios;
- desenvolver ou adquirir novas tecnologias, o que poderá ser feito mediante aquisições de empresas ou patentes, convênios, *joint ventures* e políticas de contratação de especialistas;
- alocar recursos tecnológicos, sendo que esses incluem não somente os financeiros, mas sobretudo os humanos;
- promover o entrosamento da função tecnologia com as demais funções da empresa (logística, qualidade etc.);
- monitorar desenvolvimentos externos à empresa, identificando oportunidades e ameaças; e
- equilibrar o portfólio de riscos da empresa.

Entretanto, você também deve considerar, para facilitar o processo decisório inerente à formulação de estratégias empresariais, a relação estruturada entre a posição tecnológica da empresa e a situação e velocidade evolutiva apresentada pela indústria ou setor.

Esses aspectos podem ser visualizados no Quadro 5.6:

Quadro 5.6 | *Relação entre a posição tecnológica e a situação do setor.*

SETORES EM FASES AVANÇADAS DE CRESCIMENTO OU MUDANÇA			SETORES EMBRIONÁRIOS OU EM FASE INICIAL DE CRESCIMENTO			
VELOCIDADE DE CRESCIMENTO						
BAIXO	MÉDIO	ALTO	BAIXO	MÉDIO	ALTO	
JOINT VENTURE	NICHO	LÍDER	NICHO	LÍDER	LÍDER	FORTE
RACIONALIZAÇÃO	AQUISIÇÃO OU JOINT VENTURE	SEGUIDOR	JOINT VENTURE	SEGUIDOR DE NICHO	LÍDER	FAVORÁVEL
DESINVESTIMENTO	RACIONALIZAÇÃO	AQUISIÇÃO	RACIONALIZAÇÃO	AQUISIÇÃO	SEGUIDOR	SUSTENTÁVEL
POSIÇÃO TECNOLÓGICA						

5.4.5 Modelo de Abell

Esse modelo, desenvolvido em 1980, tem por finalidade a definição das atividades e da estrutura competitiva na qual as estratégias das empresas devem ser delineadas.

A definição do negócio da empresa representa o ponto de partida do processo de formulação de uma estratégia competitiva, o qual inicia sua fase analítica com o conceito de missão empresarial, que tem na definição do negócio sua deliberação mais crucial da fase decisória (Abell, 1980, p. 20).

No contexto desse modelo, a definição do negócio, o estabelecimento de objetivos e a elaboração de estratégias funcionais formam o tripé de sustentação de todas as decisões operacionais da empresa, conduzindo-a pelo caminho da eficácia, da eficiência e da efetividade empresarial.

Para proporcionar maior sustentação a esse processo decisório, os executivos da empresa devem considerar que essa decisão deve ser tomada em, pelo menos, três níveis, em decorrência da necessidade de planejamento estratégico e do potencial de sinergia existente nesses níveis: o nível de produto e mercado, o nível de unidade estratégica de negócio (UEN) e o nível de negócios vinculados por recursos em comum.

Os outros dois níveis estratégicos que podem ser considerados, ou seja, o de interesses comuns, mas não vinculados funcionalmente, e o da corporação em nível mundial, contendo também negócios distintos, já fogem ao escopo do conceito básico de definição do negócio, que se refere a atividades relativamente homogêneas e próximas em termos de recursos funcionais (Araujo, 1987, p. 4).

As origens do modelo de Abell estão correlacionadas à própria necessidade de estruturação do processo decisório em nível estratégico. Isso porque, até meados do século passado, os executivos podiam dar-se ao luxo de definir seu negócio de forma intuitiva, em função mais de seu tino empresarial do que de uma análise exaustiva e sistemática das oportunidades e pontos fortes à disposição da empresa. Os tempos eram outros, o ambiente era mais estável e compreensível e a regra do jogo era a aplicação de tecnologias relativamente simples, para a fabricação de produtos padronizados a serem colocados em mercados quase inexplorados.

No entanto, a partir da década de 1950 cresceu a instabilidade e a complexidade do ambiente empresarial. De um lado havia os consumidores, exigindo produtos e serviços mais adaptados às suas necessidades. De outro havia os concorrentes, cada vez mais numerosos e dispostos a brigar por cada espaço no mercado nacional e internacional. E havia, também, a conjuntura econômica cada vez mais difícil, os recursos cada vez mais escassos, as tecnologias cada vez mais complexas, dando origem a um número sem-fim de produtos análogos ou substitutos, bem como os movimentos sociais e políticos.

Como resposta a esse problema surgiram três técnicas que procuram estruturar o processo decisório inerente à definição dos negócios (Araujo, 1987, p. 6):

- a técnica de segmentação do mercado, desenvolvida a partir da década de 1950, que, com base na análise do comportamento do consumidor, procurava identificar e descrever os segmentos homogêneos de determinado mercado, para tornar possível uma adaptação mais precisa e racional do produto ou serviço e do esforço de marketing às necessidades dos consumidores (Smith, 1956, p. 24);
- a técnica de expansão e diversificação de Ansoff, desenvolvida em meados da década de 1960, que, fundamentada no conceito de sinergia, procurava definir o negócio da empresa em termos de produtos e mercados vinculados funcionalmente, adotando, portanto, uma perspectiva mais ampla do que a da técnica anterior; e
- a técnica de Abell, desenvolvida no início da década de 1980, que tem por finalidade a definição das atividades e da arena competitiva, na qual as estratégias são executadas.

Para dar sustentação a todo esse processo, o modelo de Abell baseia-se em quatro itens básicos: variáveis, dimensões, estratégias e fatores de influência, cujos aspectos fundamentais são apresentados a seguir:

I – Variáveis, que podem apresentar-se de três formas:
- grau de abrangência de suas atividades;
- grau de diferenciação entre segmentos; e
- grau de diferenciação entre concorrentes.

II – Dimensões, que correspondem à maneira como devem ser medidas as variáveis apresentadas.

De acordo com Abell, a abrangência e a diferenciação das atividades da empresa devem ser visualizadas em três dimensões:
- grupos de consumidores, ou quem está sendo satisfeito;
- funções dos consumidores, ou o que está sendo satisfeito; e

- tecnologias alternativas, ou como as funções ou necessidades dos consumidores estão sendo satisfeitas.

A definição do negócio não consiste na simples combinação de produtos e serviços existentes com mercados existentes. A escolha deve ser feita em termos de tecnologias, funções e consumidores a serem atendidos, e não em termos de produtos e serviços a oferecer. O produto ou serviço é o resultado dessas escolhas, e não uma decisão independente que resulta nessas escolhas.

Existem vários critérios que podem ser utilizados para segmentar as dimensões dos grupos de consumidores, funções de consumidores e tecnologias alternativas.

No Quadro 5.7 são apresentadas as dimensões relacionadas aos critérios que os executivos podem utilizar para análise adequada (Araujo, 1987, p. 9).

Quadro 5.7 *Dimensões e critérios de segmentação do modelo de Abell.*

DIMENSÃO	CRITÉRIOS DE SEGMENTAÇÃO
– Grupos de consumidores	– para produtos industriais: • "Indústria" usuária (ex.: extração da madeira, construção, mineração, agricultura, indústrias diversas) • tamanho do usuário • tipo de comprador (ex.: compradores mais sensíveis ao preço *versus* compradores mais sensíveis à qualidade) • localização geográfica – para produtos de consumo: • critérios geográficos • critérios demográficos • critérios psicográficos
– Funções de consumidores	– funções complementares (ex.: equipamentos para extração e preparação da madeira) – funções similares (ex.: transporte de grande quantidade/transporte de média quantidade/transporte de pequena quantidade) – funções não correlacionadas
– Tecnologias alternativas	– tecnologias altamente diferenciadas – tecnologias relativamente diferenciadas

Pelo Quadro 5.7 verifica-se que grupos de consumidores, funções de consumidores e tecnologias alternativas são três dimensões básicas que comportam várias possibilidades de subdivisão, considerando-se sua abrangência.

Alguns comentários complementares a respeito dessas três dimensões são apresentados a seguir:

a) Grupos de consumidores: os consumidores estão divididos em grupos de acordo com suas identificações. Alguns aspectos comumente considerados, que refletem identificações, são: geografia, demografia, classe socioeconômica, padrão de vida, características de personalidade – para produtos de consumo – ou da indústria e seu tamanho (para produtos de infraestrutura).

b) Funções de consumidores: produtos ou serviços executam algumas funções para os consumidores. Funções devem ser, conceitualmente, separadas da maneira pela qual a função é realizada – tecnologia – e dos atributos ou benefícios que o consumidor pode levar em consideração como fatores determinantes de uma escolha. Por exemplo: transporte é uma função; transporte de táxi é a maneira pela qual a função é realizada; e preço, conforto, rapidez e segurança são atributos ou benefícios associados à escolha. Após identificadas, as funções podem ser divididas em três grandes grupos: podem ser complementares, similares ou não correlacionadas entre si, cujos aspectos básicos são:

- funções complementares: aquelas nas quais a realização de uma está vinculada à realização de outra, tais como, planejar implica controlar e controlar implica algo que foi planejado. Em tais casos, funções diferentes, mas complementares, podem ser realizadas por um único produto multifuncional, ou um conjunto – família – de produtos;
- funções similares: aquelas cujas realizações são similares entre si, como, por exemplo, estabelecer estratégias e as grandes ações da empresa. Um único produto pode ser suficiente para a realização das duas funções essencialmente diferentes, mas similares; e
- funções não correlacionadas entre si: as várias funções que satisfazem a uma ampla gama de necessidades do consumidor, cada qual separada e diferente da outra.

c) Tecnologias alternativas: tecnologias descrevem as maneiras alternativas pelas quais determinada função pode ser realizada. Nesse sentido, tecnologia é uma forma de solução de um problema do consumidor. A classificação de tecnologias tem uma característica distintiva em relação às dimensões das funções e grupos de consumidores. Tecnologia é mais dinâmica; sendo que uma tecnologia pode, lentamente, substituir outra no decorrer do tempo. Às vezes essa substituição é completa, outras vezes existe um ponto de equilíbrio, onde duas ou mais tecnologias coexistem como soluções alternativas a uma função.

Portanto, um negócio pode ser definido ao longo de três eixos, conforme pode ser visualizado na Figura 5.41:

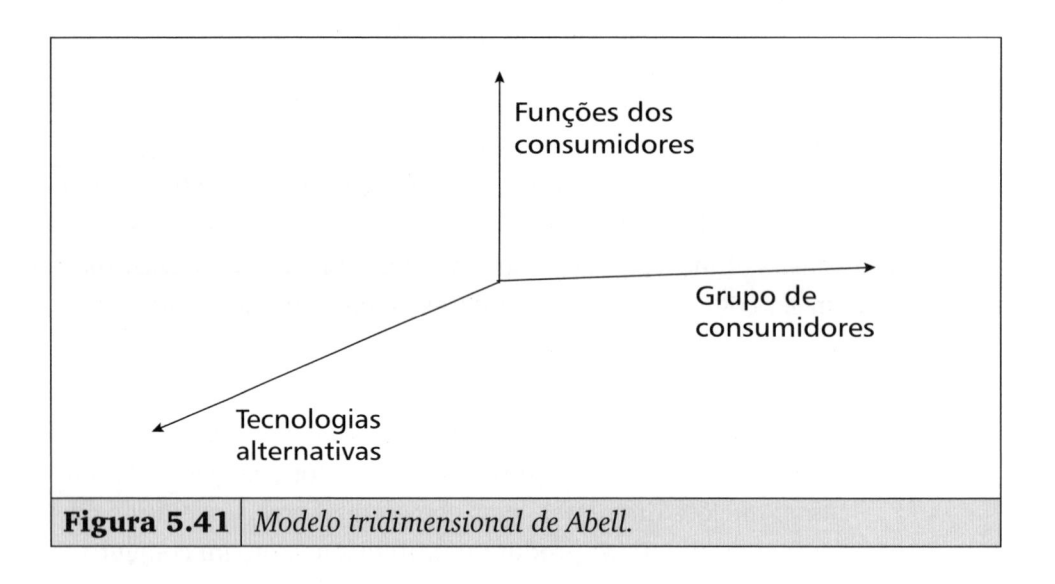

Figura 5.41 | *Modelo tridimensional de Abell.*

Um exemplo pode ser:

- grupos de consumidores: fabricantes de sistemas de alimentação de motores (quem está sendo satisfeito);
- funções de consumidores: fabricantes de sistemas de alimentação de motores para indústria automobilística (o que está sendo satisfeito); e

- tecnologias alternativas: fabricantes de carburadores e de injeção eletrônica (como as necessidades dos consumidores estão sendo satisfeitas).

III – Estratégias, que representam o terceiro item a ser considerado no modelo de Abell.

Uma estratégia de definição do negócio pode apresentar elevado desempenho por uma das seguintes razões:

- ou ela é mais eficiente do que as estratégias dos concorrentes, sendo a eficiência medida em termos de custos e preços relativos;
- ou ela é mais eficaz do que as estratégias dos concorrentes, sendo a eficácia medida em termos do nível de atendimento das necessidades dos consumidores;
- ou ela é mais eficiente e mais eficaz que as estratégias dos concorrentes.

O balanceamento entre eficiência e eficácia, abrangência e diferenciação, ao longo das três dimensões vistas anteriormente, é apresentado no Quadro 5.8, sob a forma de três estratégias genéricas de definição do negócio da empresa.

Pelo Quadro 5.8 verifica-se que existem três estratégias alternativas para definir um negócio:

a) Estratégia focalizada: um negócio pode optar por focalizar determinado grupo de consumidores, grupo de funções ou segmento tecnológico. Focalizar implica escolher uma base para segmentação – de uma ou mais dimensões –, com estreita abrangência e envolvendo apenas um ou poucos segmentos; implica, também, na diferenciação em relação à concorrência, mediante cuidadosa adaptação da oferta à necessidade específica dos segmentos escolhidos.

Quadro 5.8 Principais características das estratégias de definição do negócio da empresa.

Estratégia	Ênfase	Grau de abrangência	Grau de diferenciação entre segmentos	Grau de diferenciação entre competidores
Focalizada ou Concentrada	– eficácia (especialização em função das necessidades do consumidor)	– reduzido (focalização em um ou em apenas alguns grupos de consumidores, funções de consumidores ou tecnologias)	– reduzido (pequeno número de segmentos abrangidos)	– elevado (adaptação cuidadosa da oferta às necessidades específicas do segmento visado)
Diferenciada	– equilíbrio (entre eficácia e eficiência)	– elevado (participação de vários ou de todos os grupos de consumidores, funções de consumidores ou tecnologias)	– elevado (produto e/ou estratégia de marketing adaptados às necessidades de cada segmento)	– variável
Não diferenciada	– eficiência (efeitos de experiência e/ou economias de escala)	– elevado (participação de vários ou de todos os grupos de consumidores, funções de consumidores ou tecnologias)	– reduzido (produto e/ou estratégia de marketing praticamente inalterados ao longo dos segmentos visados)	– variável

b) Estratégia diferenciada: quando um negócio combina ampla abrangência com diferenciação por meio de algumas ou das três dimensões, tem-se uma estratégia diferenciada. Adaptando sua oferta às necessidades específicas de cada segmento, a empresa aumenta, automaticamente, sua chance de superioridade competitiva. No entanto, caso a concorrência também tenha adaptado seus produtos e serviços às necessidades específicas desses segmentos, a diferenciação de segmento pode ser considerada substancial, mas a diferenciação competitiva pode ser pequena. Como ocorre com a estratégia focalizada, o aspecto crucial de uma estratégia diferenciada pode ser a base sobre a qual as dimensões são segmentadas.

c) Estratégia não diferenciada: é aquela que combina ampla abrangência, por meio de qualquer das três dimensões, com uma abordagem não diferenciada em relação a qualquer uma das três dimensões estabelecidas.

Por esse processo Abell procura a descrição do negócio da empresa, e dos demais negócios do setor, em termos de seu grau de abrangência e de seu grau de diferenciação entre segmentos e entre concorrentes, em todos os níveis significativos de agregação, e considerando-se a evolução histórica desses negócios.

Como o modelo de Abell está alocado, nesse livro, como técnica estratégica interessante para a análise de novos negócios, é válido verificar as implicações sobre os mercados. Os comentários, a seguir, estão correlacionados às dimensões de funções dos consumidores e grupos de consumidores (Abell, 1980, p. 28). Se você julgar importante, pode aplicar seu raciocínio para a dimensão da tecnologia alternativa.

Nesse contexto, os mercados podem ser classificados em:

a) Mercados nos quais a grande maioria dos concorrentes adota estratégias focalizadas, tanto em termos de funções, como de grupos de consumidores. Os limites de mercado, nesse caso, são estreitos. Dada a especificidade de cada segmento de mercado, são muito escassas as oportunidades de obtenção de ganhos de escala, com base na ampliação do escopo dos negócios ou propósitos atuais e potenciais. Resulta disso alta especialização das empresas, que concentram seus esforços nos nichos específicos de mercado. O mercado de equipamentos cirúrgicos é um exemplo dessa categoria.

b) Mercados cujos maiores concorrentes possuem estratégias focalizadas em termos de funções de consumidores, adotando estratégias diferenciadas ou não diferenciadas quanto aos grupos de consumidores. Nesse caso, os limites de mercado são definidos de forma restrita por função, e de forma ampla por grupos de consumidores. Pequenas empresas que tentem concentrar-se em segmentos limitados dos consumidores encontram dificuldades para competir, dada a economia de escala alcançada pelas empresas com grande participação de mercado. As empresas de sucesso nesse mercado tendem a ser aquelas com alta participação no segmento funcional. Um exemplo é o negócio de máquinas operatrizes para injeção de plástico.

c) Mercados cujos maiores concorrentes adotam estratégias focalizadas nos grupos de consumidores, sendo essas diferenciadas ou não em relação às suas funções. Os concorrentes, portanto, tendem a vender ampla linha de produtos e serviços para grupos bem definidos. As pequenas empresas têm dificuldades de competição nesse mercado, em função de baixas economias de escala. As empresas de sucesso são aquelas que dominam os segmentos de consumidores. O mercado de concessionárias de automóveis de luxo é um exemplo dessa categoria.

d) Mercados nos quais os maiores concorrentes adotam estratégias diferenciadas ou não diferenciadas, tanto em relação aos grupos, quanto às funções de consumidores. A maioria dos concorrentes vende ampla linha de produtos e serviços aos mais variados grupos de consumidores. Esse mercado é impraticável para as pequenas empresas, devido à impossibilidade de obtenção de substanciais economias de escala. As empresas de sucesso tendem a ser aquelas com alta participação no mercado inteiro. O mercado de *commodities* é um exemplo desse tipo de categoria.

e) Mercados nos quais os diferentes concorrentes definem seus negócios de maneiras variadas. Tecnologias simples, similaridades nas necessidades de recursos, aspectos particulares de sensibilidade dos custos em relação aos volumes podem determinar essa hibridez. As empresas de sucesso, nesse caso, são as mais flexíveis e atentas para o peso relativo dos fatores estratégicos mais relevantes, em termos de grupos e funções de consumidores. Nesse mercado os fracassos e sucessos parecem distribuir-se igualmente entre os diferentes portes de empresas, bem como entre aquelas que adotam estratégias incisivas ou difusas em relação ao mercado. Um exemplo é o mercado de máquinas de sorvete.

De acordo com Abell (1980, p. 30), as mudanças na definição dos limites de mercado podem ocorrer em uma ou mais das três dimensões. O mercado pode ser ampliado pela incorporação de novos grupos de consumidores, pelo aparecimento de novos produtos e serviços que atendam às funções dos consumidores, já existentes ou não, ou pelo desenvolvimento de produtos e serviços baseados em nova tecnologia. Em cada um desses casos, desencadeia-se um processo com características específicas.

Por outro lado, o processo de diferenciação entre os grupos de consumidores, as funções dos consumidores ou as tecnologias alternativas pode ser correlacionado ao nível de agregação do ciclo de vida do negócio, produto ou serviço – ver seção 5.3.2 –, pela apresentação de um novo ciclo de vida toda vez que cada um dos três fatores mencionados apresentar-se em nível elevado de diferenciação.

A diferenciação, de maneira geral, tende a desagregar os ciclos de vida originalmente talhados para cada produto ou serviço, ao mesmo tempo que a padronização tende a agregá-los. Nesse raciocínio, você pode alinhar as seguintes hipóteses básicas sobre as mudanças no escopo e na diferenciação, ressaltando cinco forças conflitantes que atuam no sentido de alterar os limites do mercado (Abell, 1980, p. 34):

- a tendência à crescente diferenciação nas necessidades dos concorrentes, que aponta no sentido da diferenciação dos insumos necessários, o que corresponde a um movimento rumo ao mercado, no qual a grande maioria dos concorrentes adota estratégias focalizadas, tanto em termos de funções, como de grupos de consumidores;
- a tendência à padronização devido, principalmente, à pressão dos custos, correspondendo a um movimento rumo ao mercado, no qual os maiores concorrentes adotam estratégias diferenciadas ou não diferenciadas, tanto em relação a grupos, quanto às funções de consumidores;
- a tendência no sentido de aplicação de tecnologias para realizar as mesmas funções em novos mercados – processo de adoção e difusão –, o que corresponde a um movimento rumo aos mercados, cujos maiores concorrentes possuem estratégias focalizadas em termos de funções de consumidores, adotando estratégias diferenciadas ou não diferenciadas quanto ao grupo de consumidores;
- a tendência ao desenvolvimento de produtos e serviços que cubram funções diversas num mesmo grupo de consumidores – processo de sistematização –, o que corresponde a um movimento rumo ao mercado cujos maiores concorrentes adotam estratégias focalizadas nos grupos de consumidores, sendo essas diferenciadas ou não em relação às suas funções; e
- a tendência de substituição tecnológica, que implica na renovação de tecnologia ou sua coexistência, a qual é, na maioria das vezes, temporária.

Outro aspecto a considerar é que a evolução de uma empresa pode ou não estar sincronizada com a evolução do mercado em que essa se insere.

Uma forma de classificar a evolução das empresas e a maneira pela qual ela impacta a definição dos limites do mercado é dividir as situações de mudanças em dois grupos básicos:

- situações nas quais as empresas que já estão no mercado mudam a definição dos seus propósitos, à medida que o mercado se expande e muda. Nesse caso, as empresas que operam no mercado mudam-no por meio do lançamento de novos produtos e serviços ou da retirada de outros. Os limites do mercado mudam constantemente, acompanhando os fluxos e refluxos dos negócios; e

- situações nas quais a estrutura do mercado muda em virtude de entrada e saída de empresas. Nesse caso, as exigências do mercado sobre a empresa são tão fortes que ela pode tornar-se desqualificada para atuar no mercado. Ao mesmo tempo, essas mudanças podem credenciar concorrentes, ou um conjunto deles, a ingressar no mercado com possibilidade de sucesso. Esse movimento de seleção natural realizado pelo mercado também atua no sentido de redefinição de seus próprios limites.

IV – Fatores de influência do sucesso

O quarto aspecto a ser considerado como sustentação ao modelo de Abell são os fatores de influência que procuram explicar por que algumas estratégias são mais bem-sucedidas que outras.

De acordo com Abell, você pode considerar quatro fatores de influência sobre o nível de sucesso das estratégias:

- o comportamento de compra dos consumidores em termos de:
  - sensibilidade ao preço;
  - interesse na compra de produtos conexos, ou de um sistema integrado, de um mesmo fornecedor; e
  - grau de diferenciação de suas necessidades.
- o grau de diferenciação dos recursos – produção, pesquisa e desenvolvimento, marketing, distribuição etc. – necessários ao atendimento dos vários segmentos de mercado;
- a importância dos componentes de custo e sua sensibilidade em relação ao volume da atividade nos vários segmentos, o que corresponde

ao efeito de experiência e/ou economias de escala ao longo de uma ou mais dimensões; e

- o conjunto de competências, diferenciadas em relação ao mesmo recurso, à disposição da empresa.

Esses quatro fatores podem assumir valores distintos de situação, valores esses que determinam as probabilidades de sucesso de uma estratégia específica.

Verifica-se que a proposição de uma ou mais estratégias de redefinição do negócio da empresa pode ser efetuada com base na combinação das diferentes alternativas de abrangência e de diferenciação existentes no setor de atuação da empresa, que têm boas chances de ser bem-sucedidas.

Para tanto, deve-se levar em conta, também, uma série de aspectos referentes à evolução do mercado considerado, tais como:

- o estágio do ciclo de vida desse mercado;
- as tendências dominantes de consumo, de oferta, de políticas sociais, econômicas e tecnológicas; e
- os possíveis novos concorrentes.

Note-se, no entanto, que o modelo de Abell apresenta duas limitações:

- ocupa-se da definição das atividades correlacionadas entre si em termos dos recursos – produção, pesquisa e desenvolvimento, marketing, distribuição, serviços etc. – necessários à sua consecução, e correlaciona as decisões de diversificação ao nível da corporação; as decisões de expansão das atividades ao nível da divisão ou negócio individual; e as decisões de segmentação e posicionamento ao nível da gerência de produto e mercado ou programa de atividades (Abell, 1980, p. 185); e
- aborda a definição de negócio em termos horizontais, ou seja, no estágio em que a empresa vende seu produto final, não se ocupando, portanto, da definição das atividades em termos de integração vertical, ou seja, em outros níveis de produção e distribuição (Day, v. 2, 1981, p. 281).

Salienta-se que esses fatores de influência de sucesso podem ser tratados de forma interagente com os fatores críticos de sucesso e a força-motriz da empresa (ver seção 4.5).

5.5 TÉCNICAS ESTRATÉGICAS PARA O ESTABELECIMENTO DE VANTAGENS COMPETITIVAS

No processo de estabelecimento das vantagens competitivas, você pode utilizar as seguintes técnicas estratégicas:

- matriz do posicionamento competitivo;
- matriz do perfil do negócio de ADL;
- matriz de análise da carteira de negócios de Hofer e Schendel;
- matriz de liderança;
- modelo de Porter; e
- modelo integrado de análise de posição competitiva – MIP.

É importante evidenciar que o apresentado nas seções 4.5 (fatores críticos de sucesso) e 4.6 (estabelecimento e aplicação das vantagens competitivas) representam sustentações para a aplicação dessas seis técnicas estratégicas.

5.5.1 Matriz do posicionamento competitivo

Essa é uma técnica, desenvolvida em 1985, que pressupõe, como as outras técnicas apresentadas neste capítulo, adequada análise de mercado.

Inicialmente, devem-se estabelecer os segmentos de mercado, dentro de uma visão ampla, conforme abordado na seção 2.3.1, quando do tratamento dos propósitos atuais e/ou potenciais dentro do processo de planejamento estratégico.

De maneira geral, pode-se afirmar que o número de segmentos em um mercado depende do número de diferentes grupos de consumidores, com diferentes atributos esperados ou diferentes exigências.

Numa análise extremista, pode-se supor que cada empresa constitui um segmento, já que suas exigências são únicas. Não obstante isso seja verdade, podem-se distinguir segmentos de maneira tal que as empresas desse grupo apresentem variabilidade muito baixa quanto aos atributos esperados, mas lembrando que a variabilidade é alta entre empresas de segmentos diferentes.

Na outra ponta da análise pode-se ter a diferenciação do produto ou serviço, que representa as variedades distintivas de produtos, serviços e negócios que a empresa coloca no mercado, ou que poderia potencialmente colocar.

Essa situação representativa da matriz de posicionamento competitivo pode ser visualizada na Figura 5.42. Salienta-se que os concorrentes indiretos compreendem os negócios, serviços ou produtos substitutos (a esse respeito, ver modelo de Porter na seção 5.5.5).

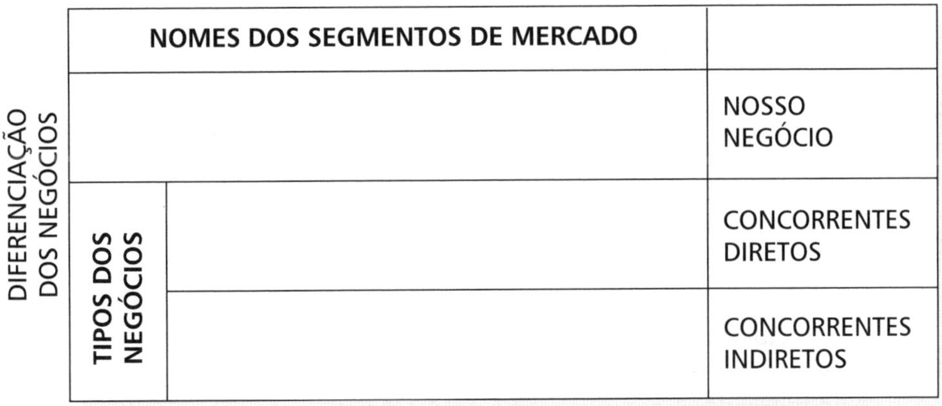

		NOMES DOS SEGMENTOS DE MERCADO	
DIFERENCIAÇÃO DOS NEGÓCIOS	TIPOS DOS NEGÓCIOS		NOSSO NEGÓCIO
			CONCORRENTES DIRETOS
			CONCORRENTES INDIRETOS

Figura 5.42 | *Matriz do posicionamento competitivo.*

Com base nessa análise, você deve estabelecer a estratégia de posicionamento competitivo, preocupando-se, basicamente, com o domínio procurado e a vantagem competitiva da empresa, ao atuar nesse domínio. Esse processo consolida a força estratégica, que é a manobra competitiva necessária para esse posicionamento diferenciado.

Todo esse processo deve estar dentro de um sistema de controle e avaliação, inclusive para propiciar condições de crescimento e evolução da empresa.

Para uma análise competitiva, você pode fazer algumas perguntas, tais como:

- que atributos tem nosso negócio, produto ou serviço em cada segmento?
- que atributos tem nosso concorrente nesse segmento?
- temos atributos que estão competitivamente neutralizados?

- como podem ser incorporados atributos em nosso negócio? Pode ser que realmente nossa empresa os tenha, mas que o mercado não os perceba?
- o que se pode fazer para que o mercado aprecie nossos atributos?
- o que pode fazer nosso concorrente com os atributos esperados de seu próprio negócio?
- o que fazer, se o concorrente usar atributos adicionais?

Nesse ponto deve-se salientar que a medida tradicional de participação de mercado – a porcentagem das vendas do produto, serviço ou negócio em relação às vendas totais de mercado – complica-se pela diversidade de possíveis medidas alternativas (Levy, 1986, p. 116):

a) Participação diferenciada absoluta: é a porcentagem das vendas da empresa em relação ao volume total de mercado, incluindo os concorrentes diretos e os concorrentes interceptadores, correspondendo a todas as marcas de todas as classes percebidas como configurações de atributos associáveis a qualquer unidade representativa. Se a empresa tem mais uma unidade diferenciada de produtos ou serviços no mercado, a complicação é ainda maior.

b) Participação diferenciada: é a porcentagem de venda das diferentes variedades de uma empresa, ao longo de todos os segmentos do mercado, em relação ao volume total de vendas de todos os concorrentes diretos – excluindo interceptadores –, isto é, a venda do produto ou serviço, em todas as variedades diferenciadas da empresa, em relação às vendas totais dessa classe de produto ou serviço.

c) Participação diferenciada própria: é a porcentagem de vendas de cada diferenciação da empresa em relação às vendas totais de todas as variedades da empresa, isto é, a venda de cada variedade em relação às vendas totais de todas as variedades da empresa.

d) Participação concentrada absoluta: é a porcentagem de venda de um segmento com relação à venda a esse segmento de todos os produtos diferenciados, incluindo concorrentes diretos e interceptadores. Essa medida proporciona informação mais útil para o executivo da empresa.

A matriz do posicionamento competitivo representa o resultado do cruzamento entre os diferentes segmentos do mercado que se consegue detectar, e as diversas diferenciações de produto que podem ser geradas, em forma real ou potencial. Desses cruzamentos surgem graus de compatibilização, grau de dominância, estimativas de receitas, de lucros e taxas de rentabilidade.

O problema consiste, em última análise, em encontrar ajustamento entre um segmento de mercado e uma diferenciação de negócio, de serviço ou de produto que torne máxima a taxa de rentabilidade da empresa.

Levy (1986, p. 122) salienta que, no caso de existirem suficientes fundos estratégicos para escolher mais de um posicionamento, isto é, mais de um cruzamento, essa análise permite priorizar todos os diferentes cruzamentos e poder, assim, decidir um posicionamento múltiplo. Isso é o que, na prática, realizam muitas empresas que aplicam seus recursos em mais de uma variedade de produtos orientados para mais de um segmento. Em muitos casos, inclusive, várias empresas costumam colocar, no mesmo segmento, mais de uma variedade, usando mais de uma marca.

Evidentemente, essa estratégia de multiposicionamento, com ou sem multimarca, é conveniente quando a rentabilidade total é aumentada, e quando existem efeitos sinérgicos entre os distintos posicionamentos, em que cada um beneficia os demais. Logicamente, uma estratégia de multiposicionamento pode fazer com que os distintos produtos de uma mesma empresa se canibalizem, ou seja, um produto acaba com o outro.

Contudo, uma boa análise dessa decisão implica ter em conta esse efeito e, se for escolhido esse caminho, é porque a rentabilidade total e a competitividade total da empresa analisada são maiores. Em outras palavras, toma-se uma decisão de multiposicionamento, se o potencial de gerar rentabilidade for maior.

5.5.2 Matriz do perfil do negócio de ADL

Essa matriz, desenvolvida em 1974 pela empresa de consultoria em gestão Arthur D. Little, tem forte sustentação para o delineamento das vantagens competitivas das empresas.

Com referência ao nível de abrangência, essa matriz faz parte de um sistema destinado a administrar a diversidade das empresas multissetoriais, ou seja, que atuam em vários segmentos de economia. Dessa forma, sua aplicação é efetivada, provavelmente, pela alta administração da empresa, quando essa analisar o desempenho de suas divisões ou unidades estratégicas de negócios, caracterizando, assim, o nível de abrangência do modelo estratégico, pois não são as linhas de produtos e serviços a serem classificadas nas diversas posições da matriz, e sim as unidades estratégicas de negócios ou divisões da empresa.

A matriz ADL está estruturada em duas dimensões que atuam de forma composta: estágio do ciclo de vida do setor – eixo horizontal – e posição competitiva da unidade estratégica de negócio – eixo vertical –, cujos aspectos básicos são apresentados a seguir:

- estágio do ciclo de vida ou nível de maturidade do setor ou da indústria, que é estabelecido por certas estratégias da empresa, sendo seu acompanhamento desenvolvido por determinados indicadores, como nível tecnológico, taxa de crescimento do setor comparada ao Produto Interno Bruto (PIB), grau de concentração do mercado e condições de saída e entrada de empresas no setor considerado. Os setores podem ser classificados em quatro estágios de maturidade, de modo análogo ao ciclo de vida do negócio, produto ou serviço conforme apresentado na seção 5.3.2: embrionário ou introdução, crescimento, maduro e declínio; e

- posição competitiva, na qual se considera que, à medida que uma unidade estratégica de negócio for adquirindo certos atributos ao longo do tempo e em relação a seus concorrentes, ela ganha ou perde competitividade e pode ser classificada, em dado momento, como tendo determinada posição estratégica, selecionada entre cinco alternativas possíveis: dominante, forte, favorável, ameaçada ou fraca. A posição competitiva estratégica é um dos mais complexos elementos da análise de negócios, havendo tendência de se considerar a participação de mercado como a medida mais adequada. No entanto, as próprias características do setor podem determinar os melhores indicadores, tais como tecnologia aplicada, relações especiais com o mercado etc.

Para a avaliação da posição competitiva estratégica é proposta a matriz apresentada na Figura 5.43.

Quanto às regras para a alocação de recursos, considera-se que a necessidade de recursos de certa unidade estratégica de negócio é função da posição que ela ocupa dentro da matriz da técnica ADL e daquela situação futura que o responsável pela unidade pretenda atingir. Assim, com base nos resultados alcançados no passado, nas perspectivas do setor e na posição que se pretende alcançar, são propostas as estratégias e as respectivas necessidades de recursos para que os resultados sejam alcançados.

		ESTÁGIO DO CICLO DE VIDA DO SETOR			
		EMBRIONÁRIO	CRESCIMENTO	MADURO	DECLÍNIO
POSIÇÃO COMPETITIVA	DOMINANTE				
	FORTE				
	FAVORÁVEL				
	AMEAÇADA				
	FRACA				

Figura 5.43 | *Matriz do perfil de negócios de ADL.*

Portanto, a canalização de recursos para aquelas unidades estratégicas de negócios que estão numa posição fraca num setor embrionário é mais defensável que aquela que ocupa posição dominante num setor em declínio. Em outras palavras, há certa analogia com a proposta da técnica da matriz BCG – ver seção 5.3.1 – e a respectiva situação dos produtos, serviços e negócios qualificados naquele modelo como *crianças-problemas* e *vacas de dinheiro*, respectivamente.

De maneira geral, pode-se afirmar que algumas estratégias inerentes à técnica ADL são:

- se a UEN estiver numa situação dominante, ou mesmo forte, para um setor em estágio embrionário, ou mesmo de crescimento, devem-se envidar todos os esforços possíveis para fortalecer a posição da UEN;
- se a UEN estiver numa posição competitiva forte ou favorável e o setor estiver no estágio de maturidade ou de declínio, deve tentar, de todas as formas possíveis, manter a posição da UEN;

- se a UEN estiver numa situação embrionária, ou mesmo de crescimento, e numa posição competitiva ameaçada ou fraca, deve selecionar, cuidadosamente, os produtos ou serviços e os segmentos de mercado em que vai atuar; e
- se a UEN estiver numa situação de maturidade ou de declínio, e a posição competitiva for a ameaçada ou a fraca, deve-se liquidar o negócio.

Esses vários aspectos são representados na Figura 5.44:

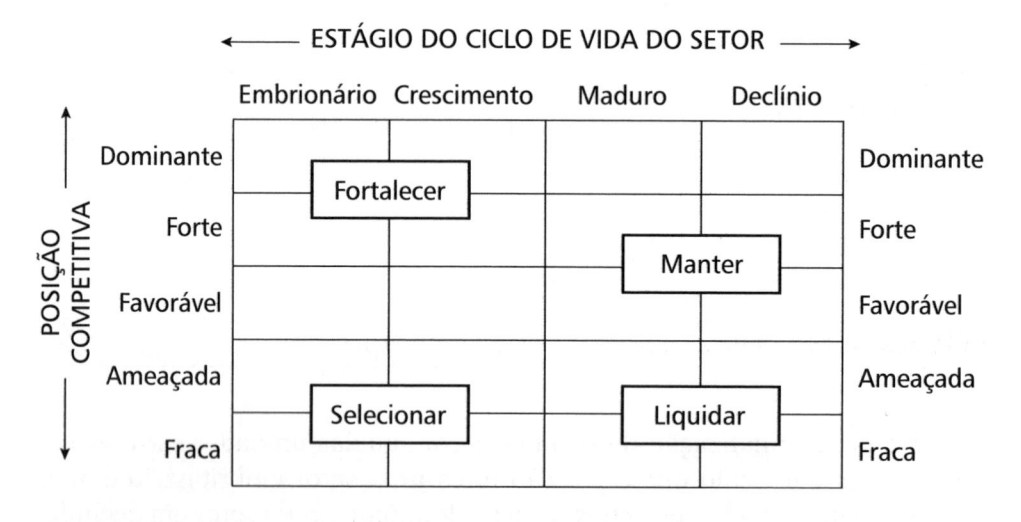

Figura 5.44 | *Estratégias baseadas na matriz de ADL.*

Na verdade, você pode trabalhar de forma mais ampla com a técnica ADL, por meio da determinação das zonas de opção estratégica, as quais possibilitam estudos mais livres e abrangentes, pois a abordagem de verificação do que é bom ou ruim para a empresa aparece em um *continuum*, possibilitando uma análise evolutiva – ou involutiva – do negócio, produto ou serviço considerado. Esta situação é apresentada na Figura 5.45:

Figura 5.45 | *Zonas de opção estratégica.*

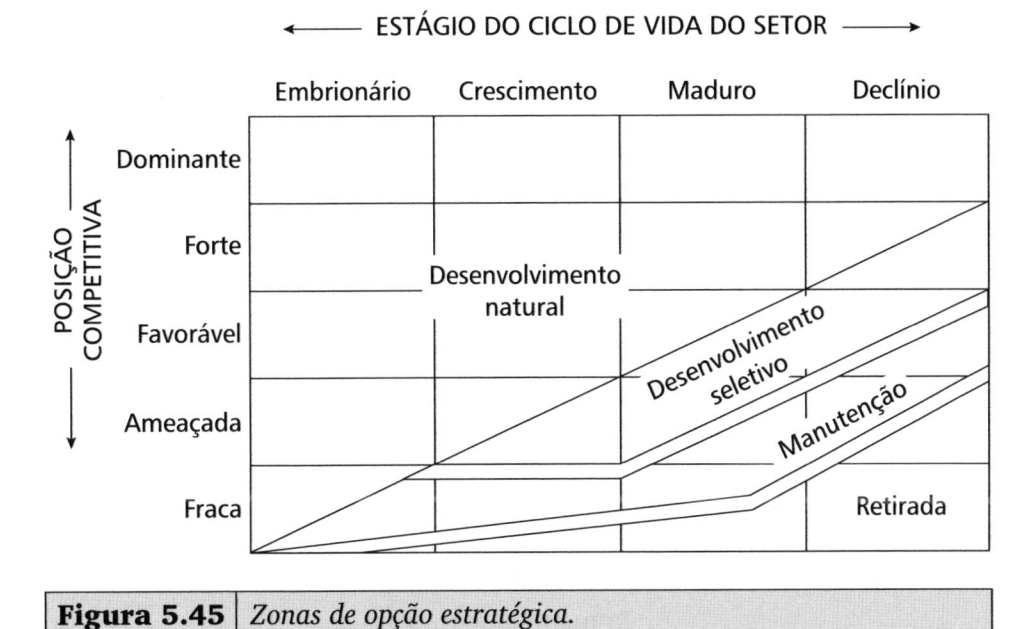

Eixo horizontal: ESTÁGIO DO CICLO DE VIDA DO SETOR — Embrionário, Crescimento, Maduro, Declínio.
Eixo vertical: POSIÇÃO COMPETITIVA — Dominante, Forte, Favorável, Ameaçada, Fraca.
Zonas: Desenvolvimento natural, Desenvolvimento seletivo, Manutenção, Retirada.

No desenvolvimento da técnica ADL devem-se considerar determinados fatores de risco, tanto internos quanto externos à UEN, a saber:

- fatores de risco interno, tais como maturidade do setor ou indústria no qual a UEN está localizada, posição competitiva, risco inerente ao setor considerado, objetivos, suposições estabelecidas, estratégias e nível de desempenho obtido pela equipe de executivos; e

- fatores de risco externo – incertezas –, tais como legislação, planos e atitudes governamentais, estabilidade política – e risco político –, economia nacional, ambiente de negócios, economia internacional, acontecimentos naturais, inovações tecnológicas, demanda futura, vácuos de suprimentos e ameaças que afetam o crescimento.

Para facilitar o processo decisório, você deve estabelecer as configurações das alternativas do portfólio de UEN, conforme modelo apresentado na Figura 5.46:

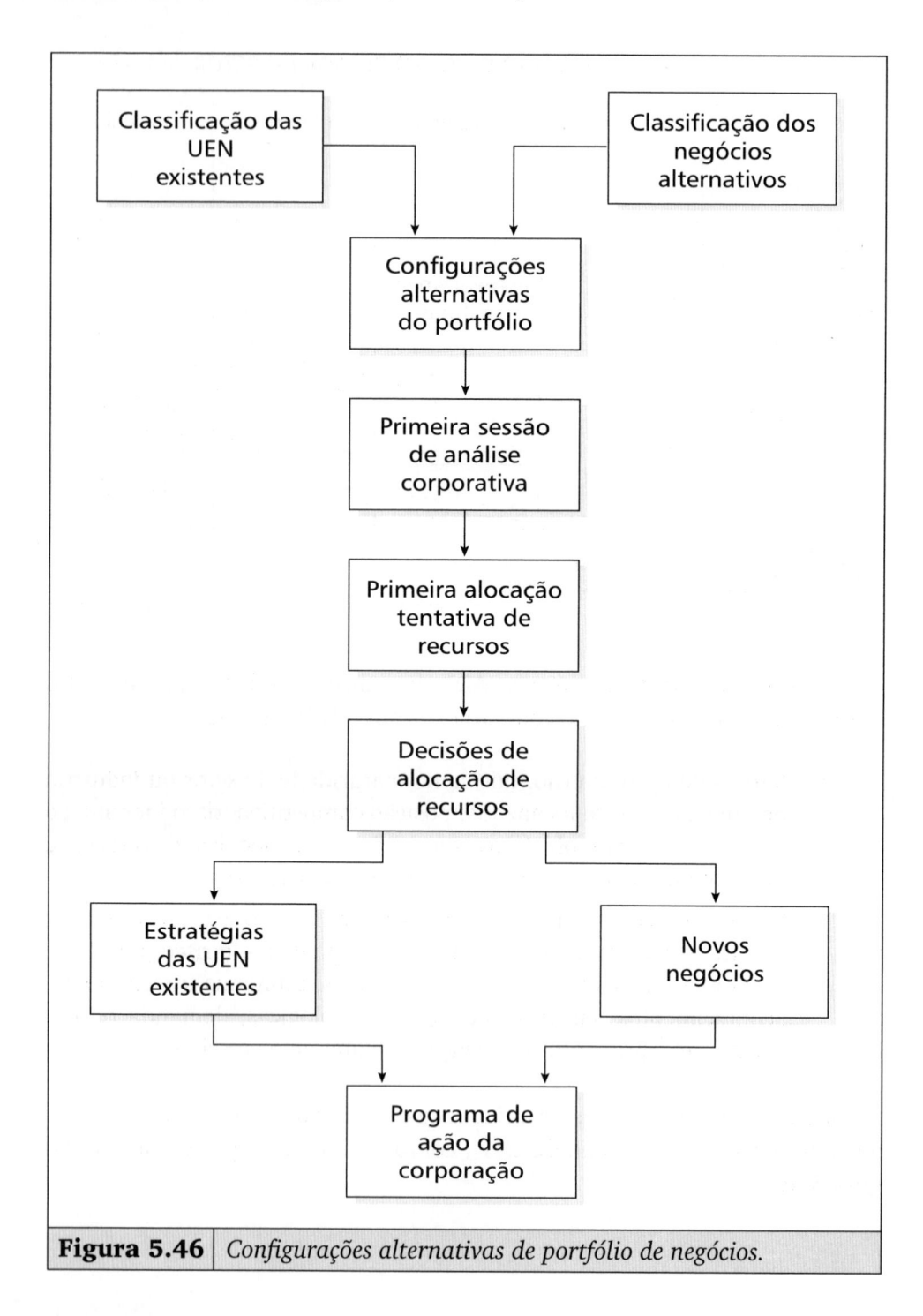

Figura 5.46 *Configurações alternativas de portfólio de negócios.*

A classificação das UEN é realizada com base em sua análise quantitativa, considerando sua posição competitiva, seu desempenho financeiro e o nível de risco envolvido, tudo isso acrescido do nível de atratividade do setor considerado.

A análise e classificação dos negócios alternativos é realizada com base nos negócios candidatos para inclusão no portfólio, no perfil do setor e estágio de maturidade, bem como na avaliação em relação aos critérios de configuração do portfólio.

Com referência à classificação dos negócios alternativos, você pode realizar uma análise básica por meio dos dados e informações apresentados na Figura 5.47. Salienta-se que a análise de importância pelo sistema GUT já foi explicada na seção 2.2.1.2.

PLANOS		ANÁLISE DOS NEGÓCIOS ALTERNATIVOS						DATA _/_/_			Nº
Nº	NOME DO NEGÓCIO	CICLO DE VIDA DO SETOR		POSIÇÃO COMPETITIVA		IMPORTÂNCIA		NOTA MÉDIA (N)	PESO MÉDIO (P)	DESEMPENHO PREVISTO (N x P)	ESTRA-TÉGIAS
		ESTÁGIO	NOTA	POSIÇÃO	NOTA	GUT	NOTA				

Figura 5.47 | *Análise dos negócios alternativos.*

Essa análise deve ser realizada de forma global e integrada, considerando outras técnicas de análise de posição competitiva apresentadas ao longo deste capítulo.

Nesse momento a intenção é, única e exclusivamente, apresentar, de maneira simplificada, uma estrutura básica de raciocínio para o estudioso do assunto ou o executivo da empresa.

5.5.3 Matriz de análise da carteira de negócios de Hofer e Schendel

Essa matriz, desenvolvida em 1978, analisa os negócios em função de sua posição competitiva e da evolução do produto ou serviço e do mercado, sendo este último um conceito integrado entre o ciclo de vida do produto (ver seção 5.3.2) e a matriz do BCG, quanto à evolução do mercado (ver seção 5.3.1).

As áreas dos círculos representam a magnitude dos segmentos de mercado, enquanto a parte indicada no interior do círculo é proporcional à participação da empresa no mercado total desse segmento de mercado.

A Figura 5.48 apresenta a matriz de análise da carteira de negócios de Hofer e Schendel:

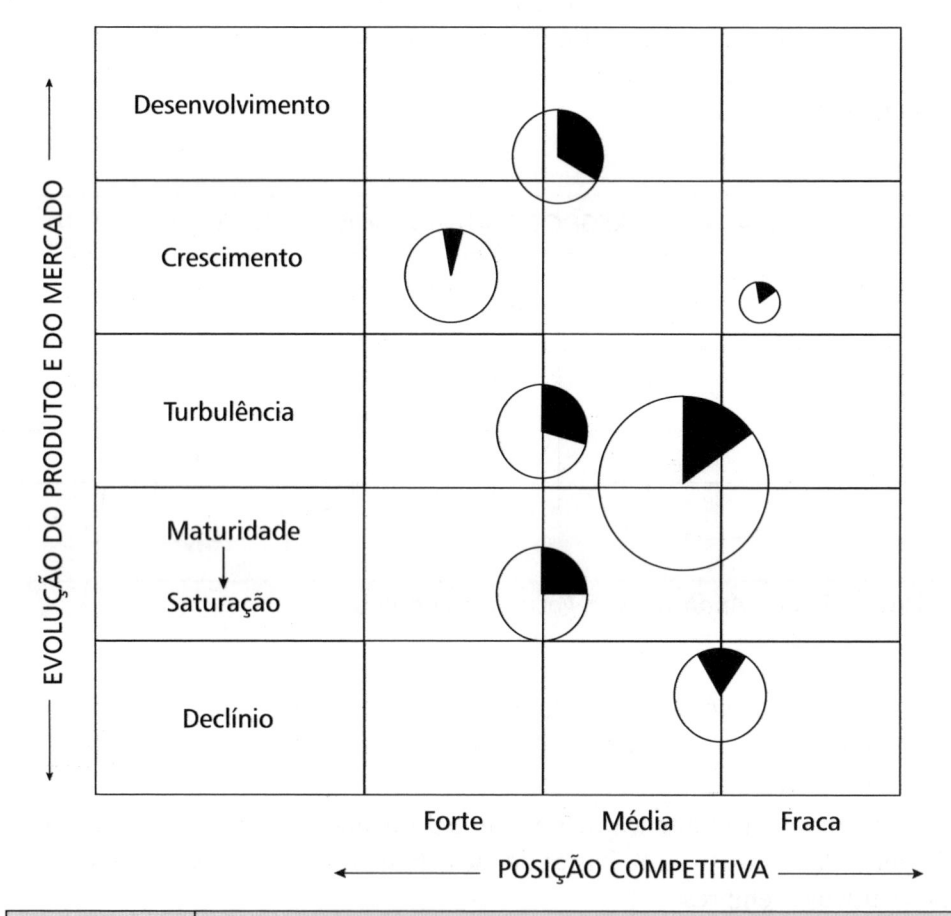

Figura 5.48 | *Matriz de análise da carteira de negócios de Hofer e Schendel.*

Essa matriz tem forte interação com a matriz do perfil de negócio de ADL – ver seção 5.5.2 –, sendo que existem algumas diferenças, tal como uma etapa de turbulência, dentro do processo de evolução do produto ou serviço e do mercado.

A matriz de análise da carteira de negócios de Hofer e Schendel desenvolve duas análises complementares:

- árvore decisória de áreas funcionais, para controlar o nível de capacitação profissional alocada nas unidades organizacionais da empresa, a estratégia que se implantou, assim como a estratégia dos principais concorrentes; e
- matriz de atribuição de recursos por área funcional, em que os recursos são alocados nas unidades organizacionais por meio de projetos, resultantes das estratégias empresariais estabelecidas.

Em relação à matriz do perfil de negócios de ADL, Hofer e Schendel detalharam a análise chegando ao nível de determinado negócio, isto é, à carteira de produtos e serviços que integram esse negócio. Para isso insistem em que se deve dar mais importância à etapa do ciclo da evolução do produto e do mercado, do que à atratividade do mercado. Para eles a etapa do ciclo indica o potencial de investimento do negócio, assim como a pauta para determinação das estratégias das áreas funcionais (Hofer e Schendel, 1978, p. 33).

A análise de Hofer e Schendel a respeito dos negócios específicos pode ser visualizada na Figura 5.49.

A matriz de Hofer e Schendel tem recebido algumas críticas por não considerar os aspectos sinérgicos entre os diversos produtos e, também, mercados. Na verdade, essa crítica é pertinente para a maior parte das técnicas estratégicas apresentadas neste capítulo. E, para amenizar esse problema, a proposta desse autor é trabalhar com várias técnicas estratégicas de forma interativa.

A matriz de Hofer e Schendel também recebe críticas por concentrar-se, demasiadamente, na etapa da turbulência; mas o maior enfoque nas turbulências ambientais pode contribuir para o delineamento de fortes estratégias e diferenciadas vantagens competitivas.

Para os autores, as etapas de desenvolvimento e de declínio também proporcionam profundas mudanças competitivas nas empresas que, no momento considerado, atuam no mercado.

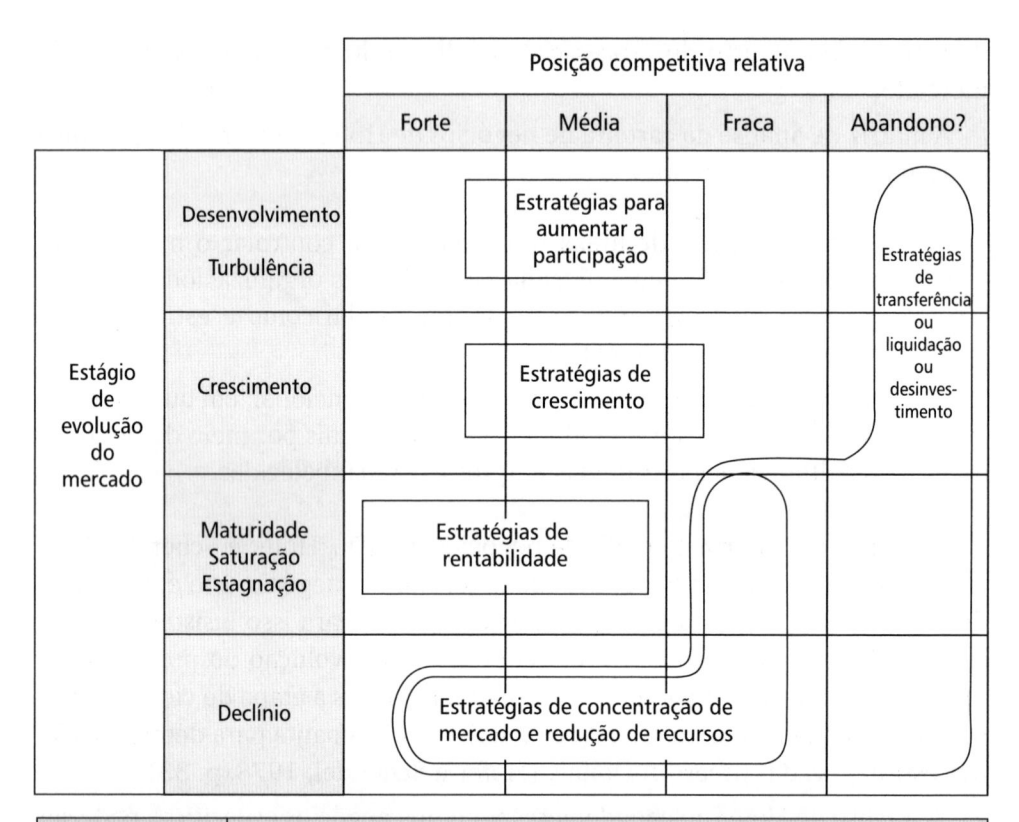

		Posição competitiva relativa			
		Forte	Média	Fraca	Abandono?
Estágio de evolução do mercado	Desenvolvimento Turbulência		Estratégias para aumentar a participação		Estratégias de transferência ou liquidação ou desinvestimento
	Crescimento		Estratégias de crescimento		
	Maturidade Saturação Estagnação	Estratégias de rentabilidade			
	Declínio		Estratégias de concentração de mercado e redução de recursos		

Figura 5.49 | *Análise de Hofer e Schendel de negócios específicos.*

5.5.4 Matriz de liderança

Outra técnica a ser considerada pelos executivos é a matriz de liderança, estruturada por Levy (1986), cuja formatação básica é apresentada na Figura 5.50.

As dimensões básicas inerentes a essa matriz são:

- compatibilização: é a capacidade de criar valor no negócio. Esse valor é alcançado pela capacidade de o negócio gerar satisfação no consumidor; e
- dominância: é a habilidade de inovar constantemente, criando vantagens competitivas que permitam ao negócio obter mais valor que os negócios concorrentes.

	Alto	Baixo
Alto	Líder absoluto	Líder precário
Baixo	Forte seguidor	Seguidor atrasado

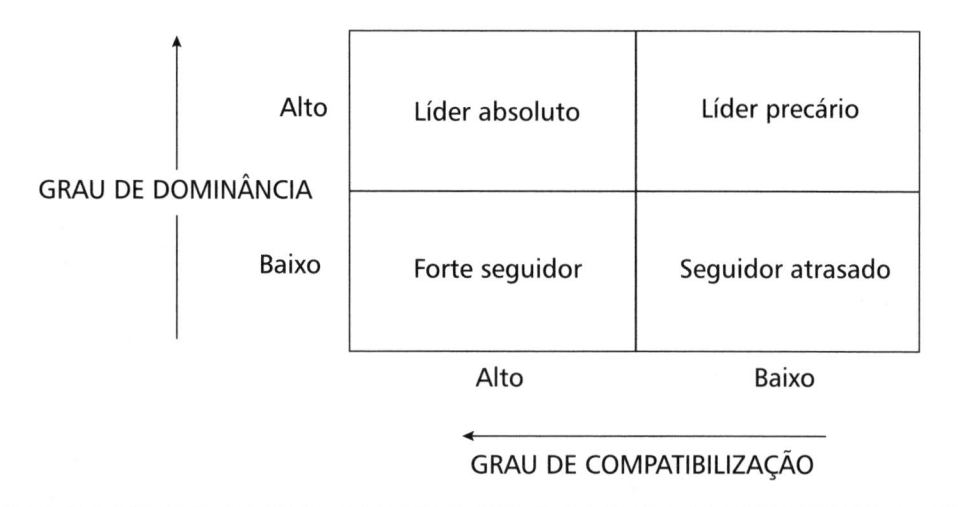

GRAU DE DOMINÂNCIA (eixo vertical) — GRAU DE COMPATIBILIZAÇÃO (eixo horizontal)

Figura 5.50 *Matriz de liderança.*

Da matriz de liderança podem ser categorizadas as seguintes estratégias competitivas para análise de cada empresa:

- líder absoluto: essa categoria implica alto grau de dominância e alto grau de compatibilização. Isso significa que a empresa se afasta da pressão competitiva das empresas restantes da indústria ou setor considerado, bem como que possui vantagens competitivas que a protegem das demais;
- forte seguidor: nesse caso, o seguidor consegue alta compatibilização em relação aos atributos esperados, mas menos compatibilização que a empresa-líder. O grau de dominância é, então, baixo. Nesse caso, é provável que uma inovação que possa ser percebida e esperada produza importante melhora na competitividade dessa empresa;
- líder precário: essa categoria representa alto grau de dominância, mas baixo grau de compatibilização. Isso significa que a empresa domina o mercado, mas com baixo desempenho em termos de satisfação do consumidor. Com uma configuração de atributos percebidos que obtém pouco valor em relação aos atributos procurados, essa empresa domina as outras. Qualquer outra empresa competitiva que seja capaz de incorporar mais atributos esperados pode eliminar essa empresa do mercado. Esse pode ser o caso de algum monopólio de serviço público, cujo mercado é *escravizado*; e

- seguidor atrasado: nesse caso, o seguidor tem baixo grau de compatibilização e baixo grau de dominância, o que indica posição estratégica competitiva altamente desinteressante nesse mercado.

Levy (1986, p. 101) salienta que a matriz se refere a uma única unidade representativa ótima, entre todas as que poderiam existir num mercado; isto é, a mesma análise deve ser desenvolvida em cada um, e em todos os segmentos. Em outras palavras, a mesma empresa pode ocupar, simultaneamente, mais de uma das tipologias competitivas, já que seu desempenho em seus distintos segmentos pode ser diferente.

5.5.5 Modelo de Porter

O modelo de Porter, desenvolvido em 1980, basicamente descreve por que e como a estratégia competitiva representa uma situação de posicionar uma empresa, visando maximizar o valor de suas capacitações que a distingue de seus concorrentes. Como resultado tem-se uma técnica que facilita o estabelecimento do direcionamento estratégico e competitivo de qualquer tipo de negócio ou empresa. Por ser, juntamente com o modelo de Abell – ver seção 5.4.5 –, a técnica mais utilizada pelas empresas, é a mais detalhada neste capítulo.

Porter (1986, p. 27) apresenta um sistema integrado de técnicas para ajudar a empresa a analisar todo o seu setor de atividades, e predizer sua evolução futura, entender seus concorrentes e sua própria posição, traduzindo essa análise para uma estratégia competitiva em um setor ou indústria – conjunto de empresas do mesmo ramo – em particular.

Para tanto, desenvolve o processo considerando três partes básicas:

a) Um sistema geral para análise da estrutura de um setor e dos concorrentes que dele participam. Considera-se setor ou indústria o conjunto de empresas que, de determinada forma, são concorrentes entre si. Portanto, esse aspecto é fundamental para a estruturação das estratégias competitivas, ou seja, as estratégias que uma empresa, uma UEN ou uma corporação deseja implementar para obter resultados otimizados em relação a seus concorrentes. O suporte do sistema é a análise de cinco forças competitivas que agem sobre um setor e suas implicações estratégicas. Para tanto, são apresentadas nesse sistema geral:

- técnicas para a análise dos concorrentes, fornecedores e compradores;
- técnicas para identificação e análise dos sinais no mercado;
- jogo de conceitos teóricos para fazer e responder a movimentos competitivos;
- uma abordagem para mapear os grupos estratégicos num setor e explicar as diferenças de seus desempenhos; e
- um sistema para predizer a evolução do setor.

b) Um sistema que pode ser usado para desenvolver a estratégia competitiva em determinados ambientes empresariais, tais como setores pulverizados, emergentes, em transição para a maturidade, em declínio, bem como setores globais.

c) Os tipos específicos de decisões estratégicas que confrontam empresas que operam no mesmo setor, a saber: integração vertical, expansão e entrada em novos negócios. Mediante esses aspectos, o modelo pretende ajudar a empresa a tomar essas decisões-chaves, e também dar-lhes conhecimento de como seus concorrentes, clientes, fornecedores e novos concorrentes potenciais poderiam tomá-las, facilitando, por meio dessa visão, o desenvolvimento do processo estratégico.

Porter considera duas premissas básicas para o desenvolvimento de seus conceitos:

- estratégia competitiva é um assunto de interesse básico para os executivos, mas requer profunda compreensão dos setores de atuação em que a empresa opera e, portanto, de sua concorrência; e
- as regras do jogo da estratégia competitiva só alcançam os efeitos pretendidos se forem capazes de antecipar, corretamente, a forma pela qual os negócios respondem, estrategicamente, às ameaças e às oportunidades no universo competitivo.

> Estratégia competitiva é a posição que uma empresa, uma UEN ou uma corporação adota, conscientemente ou não, dentro do setor ou indústria em que atua, e com base na qual ela se defende contra as forças competitivas ou procura influenciá-las a seu favor.

A finalidade da estratégia competitiva é encontrar a melhor posição da empresa, da UEN ou da corporação para sua ação eficiente, eficaz e efetiva nesse sentido.

Nesse ponto, devem-se considerar alguns aspectos básicos apresentados por Porter:

a) As relações-chaves entre os elementos da estratégia competitiva, que são descritas na Figura 5.51, demonstram que a estratégia competitiva é uma combinação dos fins – objetivos, desafios e metas – pelos quais a empresa está lutando, e dos meios – estratégias e políticas – pelos quais está procurando atingi-los. Como uma roda, os raios – estratégias e políticas – devem irradiar do eixo – objetivos, desafios e metas – e refleti-lo, e devem estar ligados entre si; caso contrário, a roda não girará.

Figura 5.51 | *Relações-chaves entre os elementos da estratégia competitiva.*

b) O contexto em que a estratégia competitiva deve *funcionar*, sendo que essa roda abrange quatro fatores básicos, descritos na Figura 5.52:

```
FATORES INTERNOS

Pontos fortes e fracos da empresa  ←→  Oportunidades e ameaças do setor
             ↑                              ↑
             ←→  ESTRATÉGIA COMPETITIVA  ←→
             ↓                              ↓
Valores pessoais dos executivos  ←→  Expectativas mais amplas da sociedade

FATORES EXTERNOS
```

Figura 5.52 | *Contexto da formulação da estratégia competitiva.*

c) O teste de consistência, para verificar se determinada estratégia competitiva é adequada ou não.

d) O processo de formulação da estratégia competitiva, baseado nas respostas às questões de consistência da estratégia. Normalmente, nesse processo você deve estar atento aos aspectos apresentados na Figura 5.53. Se possível, você deve fazer a interligação desses aspectos com o processo de planejamento estratégico da empresa (ver seção 2.3.1), proporcionando maior amplitude de análise e, portanto, melhor qualidade decisória. E se você quiser um processo mais detalhado para o estabelecimento e implementação das estratégias empresariais, rever a Figura 2.1 (seção 2.2). Essa questão de alternativas de análise é muito importante para você.

ANÁLISE DE NOSSO NEGÓCIO ATUAL

Identificação da(s) estratégia(s)
- Explícita
- Não explícita

Premissas e suposições sobre os condicionamentos da estratégia
- Ambiente
- Situação da empresa/UEN/corporação

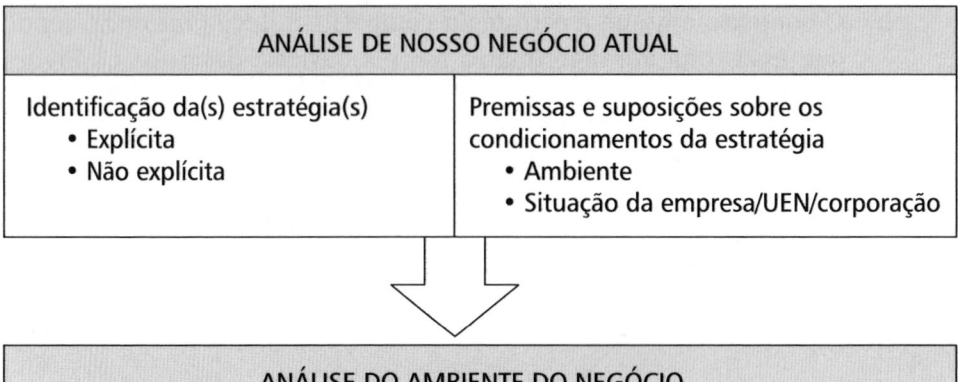

ANÁLISE DO AMBIENTE DO NEGÓCIO

- Oportunidades e ameaças do setor considerado
- Capacidades e limitações dos concorrentes
- Outros fatores ambientais (governamentais, sociais, políticos)

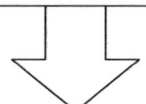

ANÁLISE DE NOSSA CAPACITAÇÃO

- Identificação e análise de nossos pontos fortes, fracos e neutros

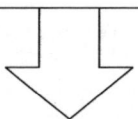

PROPOSTAS PARA NOSSO NEGÓCIO

- Tendo em vista as análises anteriores, definir as estratégias e suas alternativas
- Escolha da alternativa estratégica mais adequada
- Implementação da estratégia escolhida

Figura 5.53 *Processo de formulação da estratégia competitiva.*

e) O estabelecimento das forças que regem a concorrência do setor, pois dentro de um setor as forças competitivas combinam-se, dando como resultante um vetor que determina a situação da concorrência nesse setor. O estado e o grau de concorrência dentro de um setor são determinados por cinco forças identificadas na Figura 5.54. O lucro potencial de um setor – medido como o retorno a longo prazo sobre o capital investido – é determinado pelo vetor resultante da combinação dessas cinco forças, variando desde o vetor de concorrência alta/lucro potencial baixo até o vetor de concorrência baixa/lucro potencial alto.

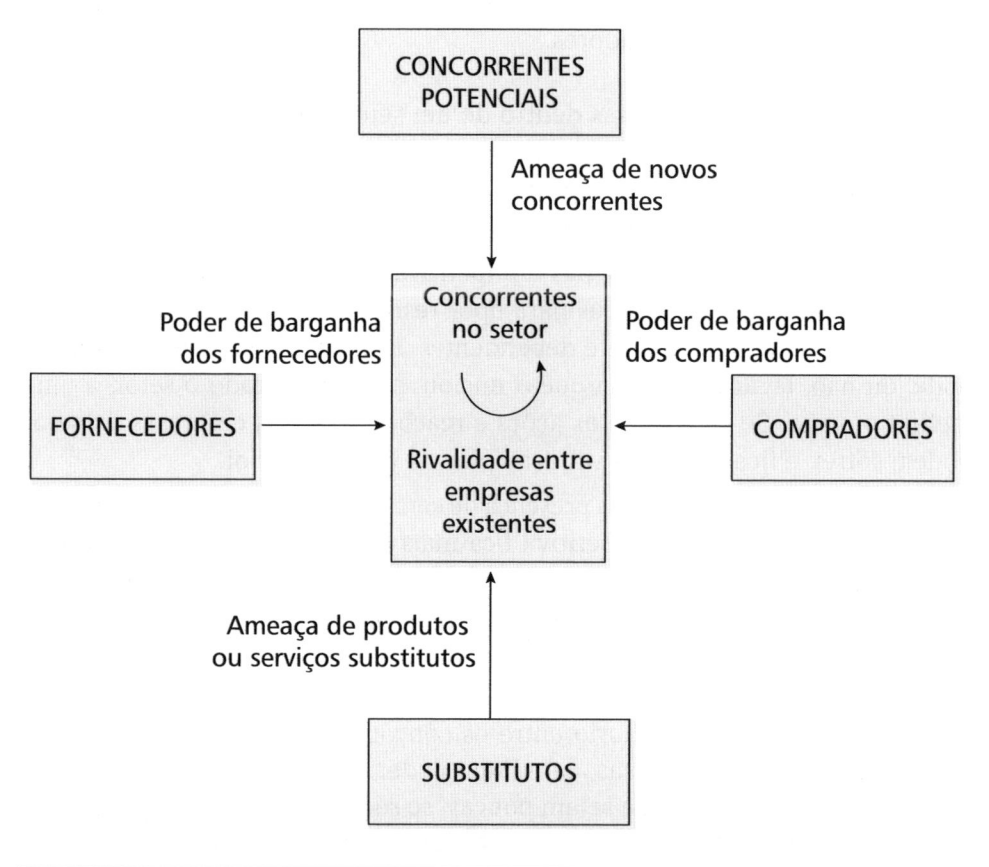

Figura 5.54 | *Forças que regem a concorrência no setor.*

Dentro da estrutura apresentada na Figura 5.54, pode-se estabelecer outro conceito de estratégia competitiva, como um conjunto de ações ofensivas ou defensivas que visa criar uma posição de longo prazo sustentável para a empresa, UEN ou corporação, dotá-la de meios adequados para enfrentar as cinco forças competitivas e maximizar seu retorno sobre o investimento.

A seguir são apresentados os aspectos básicos das cinco forças estabelecidas por Porter, que impelem a concorrência dentro de um setor de atividade.

São elas:

a) A rivalidade entre as empresas do setor. O setor de atividade compreende um grupo de empresas que desenvolve produtos bem próximos uns dos outros. É, essencialmente, uma escolha sobre o limite entre concorrentes estabelecidos e produtos substitutos, entre empresas existentes e novas, e entre empresas existentes e seus fornecedores e compradores.

A rivalidade entre empresas dentro de um setor considerado tem a forma tradicional de manobras para obter posição, por meio de estratégias como concorrências de preços, guerras de propaganda, lançamentos de novos produtos, bem como crescentes serviços e garantias aos clientes.

Em muitos setores, estratégias competitivas de uma empresa provocam efeitos de retaliação ou esforços para opor resistências a tais estratégias, isto é, as empresas são mutuamente dependentes. Esse esquema de ação e reação pode, ou não, levar a empresa que o iniciou, bem como todo o setor, a uma melhor posição. Se crescerem as ações e reações, todas as empresas do setor podem sofrer, e ficar em uma situação pior do que a anterior.

A rivalidade intensifica-se na presença de certos fatores estruturais. Inclusive, o conceito de estratégia competitiva fica mais claro com o entendimento do conceito básico de análise estrutural, o qual focaliza a concorrência de forma muito mais ampla do que a simples rivalidade entre empresas existentes.

Esses fatores apresentados por Porter são:

- quantidade e equilíbrio entre os concorrentes, pois, quando as empresas são numerosas, acreditam poder fazer mudanças sem ser notadas; e mesmo que sejam poucas, se são relativamente equilibradas em tamanho e recursos, pode haver instabilidade, porque tendem a lutar entre si, e têm os recursos para uma retaliação firme e vigorosa. Se o setor for altamente concentrado ou dominado por uma ou poucas empresas, haverá pouca discussão sobre quem é forte, e o líder – ou líderes – pode impor disciplina ou ter um papel de coordenador, por meio de liderança de preços;

- crescimento baixo do setor, e, nesse caso, a concorrência reduz-se a um jogo por fatias de mercado, entre as empresas que procuram expandir-se;

- custos fixos altos em relação ao valor adicionado, provocando aumento da pressão sobre as empresas, para evitar capacidade ociosa, o que leva, frequentemente, a cortes acentuados nos preços, quando há excesso de capacidade. Outra situação se caracteriza quando o produto fabricado tem estocagem difícil ou cara, tornando as empresas tentadas a mudar ou baixar seus preços, para assegurar agilidade nas vendas;

- ausência de diferenciação e/ou de custos de troca. Quando o produto é percebido como *commodity*, o comprador baseia sua escolha principalmente no preço e no serviço, resultando em alta pressão para concorrência em preços e serviços. Por outro lado, a diferenciação do produto impede a guerra entre concorrentes, já que os compradores têm preferências e lealdade para com certos fabricantes, bem como os custos de troca têm o mesmo efeito;
- problemas de economias de escala, provocando grandes aumentos na capacidade instalada, que podem quebrar o equilíbrio entre oferta e demanda do setor, no qual podem existir períodos de superoferta e queda nos preços;
- diversidade comportamental entre concorrentes, pois você deve saber que concorrentes com diferentes estratégias, origens, personalidades e relações com suas matrizes têm diferentes objetivos e diferentes estratégias para competir, podendo, continuamente, bater-se entre eles. Pode ser muito difícil ficar tentando adivinhar as intenções uns dos outros, e ajustando acordos de *regras do jogo* para o setor, pois as escolhas estratégicas que parecem certas para um deles podem parecer erradas para os demais;
- disposição, por parte de alguns concorrentes, de correr riscos elevados, o que pode tornar a rivalidade mais instável; e
- altas barreiras de saída da empresa do setor.

Barreiras de saída são fatores econômicos, estratégicos e emocionais que mantêm as empresas competindo em negócios nos quais os retornos sobre os investimentos são baixos ou até negativos. Algumas das principais barreiras de saída são os ativos altamente especializados para certo negócio, os altos custos fixos de saída, tais como acordos trabalhistas, a inter-relação estratégica da empresa a um grupo empresarial, cuja saída pode prejudicar a imagem institucional, a desconfiança sobre a veracidade das informações para a tomada de decisão de saída do setor, os aspectos emocionais, tais como orgulho, lealdade aos empregados, bem como as restrições governamentais e sociais, tais como o desemprego.

b) O poder de barganha dos compradores, isso porque eles competem no setor forçando os preços para baixo, lutando por maior qualidade ou mais serviços, e jogando os concorrentes uns contra os outros; tudo em detrimento da lucratividade do setor.

As empresas compradoras tornam-se poderosas quando:
- o processo é concentrado ou compram grandes volumes em relação às vendas da empresa vendedora, pois nesse caso a compradora cria dependências da vendedora que são tão mais fortes quanto mais o setor se caracteriza por custos fixos elevados, porque isso predispõe a empresa vendedora a aumentar seus riscos, para poder assegurar o uso de sua capacidade instalada;
- os produtos e serviços que compram do setor representam parcela significativa de seus custos ou das compras, sendo que, nesse caso, estão propensas a gastar os recursos necessários para comprar a preços favoráveis e de forma seletiva;
- os produtos e serviços que compram do setor são padronizados ou sem diferenciação, pois, nesse caso, tendo a certeza de encontrar fornecedores alternativos, jogarão as empresas vendedoras umas contra as outras;
- enfrentam poucos custos de troca, os quais são custos únicos que o comprador enfrenta ao querer mudar de um fornecedor para outro, e que amarram o comprador a determinados vendedores. Na contrapartida, o poder do comprador é mais intenso se o vendedor enfrenta altos custos de troca;
- têm lucros baixos, pois estes são grande estimulador de custos de compra mais baixos;
- apresentam ameaça de integração, pois, se os compradores são parcialmente integrados ou ostentam isso de forma a que se acredite, estão em posição de exigir concessões. Quando fabricam algo que também compram, têm um conhecimento detalhado dos custos, o que lhes dá grande ajuda nas negociações. Esse poder pode ser parcialmente neutralizado se as empresas do setor ameaçarem com uma integração no outro sentido;
- o produto do setor não pesa na qualidade dos produtos ou serviços do comprador, pois, quando a qualidade é muito afetada pelos produtos do setor, os compradores discutem menos o preço; e

- são muito bem informadas, inclusive sobre preços do mercado, e até sobre os custos do fornecedor, sendo que isso lhes dá muito maior poder de barganha do que se tivessem pouca informação.

c) O poder de barganha dos fornecedores, que procuram subir os preços, ou reduzir a qualidade dos produtos e serviços. Fornecedores poderosos podem, por esse meio, comprimir a lucratividade de um setor que não tenha capacidade de repassar seus aumentos de custos para seus clientes.

Um grupo de fornecedores é poderoso quando:
- poucas empresas dominam o setor, ou a concentração é maior do que a existente no setor para o qual vendem; isso porque fornecedores que vendem para compradores mais pulverizados têm, normalmente, melhores condições de exercer influência considerável sobre preços, qualidade e condições de venda;
- não está obrigado a lutar contra produtos substitutos para vender ao setor, pois o poder dos fornecedores, mesmo quando grandes e poderosos, pode ser questionado, se eles tiverem de concorrer com produtos substitutos;
- o setor não é seu cliente mais importante e, quando isso ocorre, os fornecedores estão mais propensos a exercer poder. Se o setor for um cliente importante, os fornecedores querem protegê-lo por meio de preços razoáveis e assistência em atividades, como pesquisa e desenvolvimento;
- seu produto ou serviço é um insumo importante no negócio do comprador;
- seus produtos ou serviços são diferenciados e/ou conseguem criar custos de troca, isso porque a diferenciação ou o custo de troca tiram do comprador a chance de jogar os fornecedores uns contra os outros; por outro lado, se enfrentar uma situação com custos de troca, o efeito será o contrário; e
- apresenta ameaça de integração *para frente*, e isso representa restrição à habilidade do setor em conseguir melhores condições naquilo que compra.

A análise do poder dos fornecedores, conjugada com uma aplicação contrária aos princípios de seleção de compradores, pode ajudar uma empresa a formular sua estratégia de compras, a qual apresenta alguns aspectos estruturais, como:

- estabilidade e competitividade do conjunto de fornecedores, pois, se os fornecedores mantêm ou aumentam sua posição competitiva, a empresa garante sua própria posição competitiva em relação a seus produtos e serviços. Por outro lado, selecionar fornecedores que têm condições de continuar atendendo às necessidades da empresa minimiza os custos de troca de fornecedores;
- otimização de sua capacidade de integração vertical (ver item "a.2" da seção 6.8);
- distribuição das compras entre fornecedores qualificados; e
- criação de alavancagem máxima entre os fornecedores escolhidos.

Existem situações em que o poder dos fornecedores está ligado à economia do setor, ficando fora do controle das empresas. Em muitos casos, porém, esse poder pode ser reduzido por meio de estratégias, tais como:

- ter compras dispersas entre vários fornecedores alternativos, aumentando, assim, o poder de barganha da empresa. Entretanto, a parte dada a cada fornecedor deve ser grande o bastante para que ele tenha medo de perdê-la;
- evitar custos de troca, resistindo à tentação de tornar-se excessivamente dependente de um fornecedor, ao procurar novas fontes de suprimentos, compras de fornecedores incomuns, resistir às compras que demandam treinamentos ou serviços especiais etc.;
- identificar fontes alternativas, e até encorajando essas fontes a entrar no negócio mediante contratos de financiamentos de desenvolvimento, e contratos para uma parte pequena das compras;
- promover a padronização para reduzir a diferenciação nos produtos e serviços dos fornecedores, o que corresponde a cortar, na base, o surgimento de custos de troca;
- criar ameaças de integração para trás, mesmo que não tenha a intenção de fazê-lo; e
- apresentar uso de integração lenta e ponderada pois, quando o volume das compras permite, muita força de barganha pode ser ganha pela integração parcial num único item, continuando os demais a ser comprados de fornecedores externos.

Fica fácil verificar que, ao se trabalhar as seis estratégias citadas – por exemplo: em vez de "compras dispersas", pensar em "vendas dispersas" –, tem-se algumas das estratégias específicas de como enfrentar os compradores para quem a empresa vende.

d) A ameaça dos produtos ou serviços substitutos, pois todas as empresas de um setor estão competindo, em sentido amplo, com setores que oferecem produtos e serviços substitutos. Quanto mais atrativa for a opção de preço oferecida ao mercado pelos substitutos, tanto mais ameaçados serão os lucros do setor afetado.

A identificação de produtos substitutos parte da busca de produtos que possam desempenhar a mesma função que o produto atualmente disponibilizado ao setor.

Produtos substitutos que merecem maior atenção são os que:

- estão sujeitos a tendências que podem melhorar sua competitividade de preço comparada ao produto do setor; ou
- são produzidos por empresas que apresentam altos lucros.

A análise de tais tendências pode ser importante para a decisão de enfrentá-las estrategicamente, ou para planejar a estratégia, incluindo-as como força inevitável.

Porter salientou que uma ameaça importante dos produtos substitutos sobre a demanda ocorre quando eles surgem com base em inovações tecnológicas (calculadoras × réguas de cálculo), ou adquirem importância em função de mudanças em custos relativos e qualidade (sintéticos × couro). Nesses casos, ameaçam os lucros do setor porque a substituição, normalmente, reduz as margens financeiras e, ao mesmo tempo, as vendas.

e) A ameaça de novas empresas concorrentes que podem entrar no setor, trazendo nova capacidade, desejo de conquistar fatias de mercado e, frequentemente, recursos substanciais, o que pode provocar uma situação em que os preços são puxados para baixo e os custos inflacionados, tendo como resultado redução da lucratividade das empresas.

A ameaça de entrada de novas empresas no setor depende das barreiras existentes, conjugadas à reação dos concorrentes já instalados.

Para Porter, existem sete tipos de barreiras de entrada:

- economia de escala, que força o novo concorrente a entrar em grande escala e arriscar-se a forte reação dos existentes, ou de entrar com pequena escala e aceitar a desvantagem de custos, sendo ambas as opções indesejáveis;

- diferenciação de produto, que obriga o novo concorrente a pesados gastos para sobrepujar as lealdades dos consumidores. Esses investimentos na construção de uma marca implicam alto risco, porque nada se recupera se a entrada de uma empresa em um setor não der certo;
- necessidade de capital, pois mesmo que a nova empresa tenha os recursos ou que eles estejam disponíveis no mercado, a entrada representa um risco, que se refletirá nas operações da nova empresa, constituindo-se em vantagem para as já instaladas;
- custos de troca ou custos únicos, que o comprador enfrenta ao mudar de um fornecedor para outro, os quais podem incluir custos de retreinamento dos empregados, de novo equipamento suplementar, de reprojetar o produto. O comprador resiste à mudança e, com isso, cria barreiras à entrada de novos fornecedores;
- acesso aos canais de distribuição, pois, à medida que os canais normais de distribuição do produto estão operando com as empresas existentes, a nova concorrente terá de persuadi-los a aceitar seu produto por meio de preço mais baixo, promoções especiais etc.;
- outras desvantagens de custo, como proteção de patentes e tecnologia, acesso à matéria-prima, localização favorecida, subsídios governamentais, curva de experiência; e
- ação governamental, pois essa também pode impor restrições à entrada, por meio de proibições em alguns casos, ao distribuir vantagens e favores sob forma não equitativa, ao comprar de fornecedores *prediletos*, ou exigir e dificultar a concessão de licenças.

Porter identifica três estratégias básicas que podem ser utilizadas sozinhas ou em combinação, capazes de dar à empresa essa posição de defesa contra seus concorrentes:

a) Menor custo, que é uma estratégia que requer a construção de instalações eficientes, busca incansável de reduções de custo pela experiência, controle rígido de custos e de despesas gerais, eliminação de clientes marginais e minimização de custos em áreas como pesquisa e desenvolvimento, assistência técnica, força de vendas, propaganda etc. Baixo custo em relação ao concorrente deve ser o tema central de toda estratégia, embora qualidade, assistência técnica e outros componentes estratégicos não possam ser deixados de lado.

A estratégia de menor custo coloca a empresa em vantagem competitiva no setor ou indústria, proporcionando os seguintes aspectos:

- proteção contra rivalidade intensa de outros concorrentes, pois, em razão de seus custos menores, a empresa ainda estará obtendo retornos quando seus concorrentes alcançarem o ponto de lucro zero;
- proteção contra clientes poderosos, pois o poder de barganha dos mesmos só é efetivo no sentido de forçar reduções de preços, até o nível dos da empresa mais eficiente;
- proteção contra fornecedores poderosos, pois os custos menores da empresa permitem-lhe maior flexibilidade na absorção de aumentos nos preços dos insumos;
- proteção contra a entrada de novos concorrentes no setor ou indústria considerada, pois fatores que conduzem a uma posição de menor custo, geralmente, criam poderosas barreiras para a entrada de novas empresas em termos de economias de escala ou vantagens comparativas de custo; e
- proteção contra produtos e serviços substitutos, pois a empresa com menor custo estará, certamente, mais bem preparada que seus concorrentes para enfrentar tais ameaças.

Em suma, os concorrentes da empresa-líder em custo são sempre os primeiros a sofrer, quando o setor ou a indústria considerada confrontar-se com as cinco forças competitivas descritas.

A obtenção de uma posição de menor custo, frequentemente, requer participação relativamente alta de mercado, ou outras vantagens, como acesso privilegiado a matérias-primas. Pode demandar, também, o *design* de produtos de processo produtivo simplificado, a manutenção de uma linha ampla de produtos afins, possibilitando a diluição de custos e a atenção aos principais grupos de clientes visando gerar volume de vendas.

Por outro lado, a implementação da estratégia de menor custo pode significar a necessidade de pesados investimentos iniciais em equipamentos modernos, política de preços agressiva, e mesmo prejuízos durante os primeiros anos para a conquista de mercado. Grande fatia de mercado pode, por sua vez, gerar economias na área de compras, as quais reduzem os custos ainda mais. Uma vez alcançadas, a posição de menor custo produz margens altas que podem ser reinvestidas em novos equipamentos e instalações, a fim de assegurar a liderança da empresa em termos de custo.

Entretanto, uma vez atingida a posição de menor custo, sua manutenção impõe pesada carga à empresa, pois a mesma terá de investir parte dos lucros em equipamentos modernos, eliminar ativos obsoletos, evitar a proliferação de sua linha de produtos e estar alerta em relação a inovações tecnológicas.

Você deve lembrar que reduções de custos, à medida que o volume de vendas cresce, não são, de forma alguma, obtidas automaticamente, e tampouco o são as economias potenciais de escala de produção e de vendas.

Alguns dos riscos aos quais a estratégia de menor custo é vulnerável, e para os quais você deve estar atento, são:

- mudanças tecnológicas que anulem investimentos efetuados e experiências adquiridas anteriormente;
- assimilação – via imitação ou investimentos em equipamentos modernos – da produção a custo reduzido por parte de concorrentes;
- incapacidade de detectar alterações nas necessidades do mercado em termos de produto e/ou marketing, em virtude da atenção exclusiva à área de custos; e
- inflação de custos, a qual reduz a capacidade da empresa de manter um nível de diferencial de preços tal que compense a diferenciação obtida por outros concorrentes.

O exemplo clássico dos riscos inerentes à liderança de custo é a Ford Motors Co., dos anos 1920. A Ford havia atingido uma posição cristalina de menor custo por meio da limitação de modelos, de agressiva integração vertical, fábricas altamente automatizadas e forte redução de custos via experiência, a qual era facilitada pela ausência de alterações nos modelos dos veículos. No entanto, à medida que a renda da população crescia, e com ela a demanda por um segundo carro, o mercado passou a valorizar carros fechados, bem como os aspectos estilo, novos modelos e conforto. Detectando tais tendências, a General Motors desenvolveu uma linha completa de novos modelos, tirando proveito de tais oportunidades, enquanto a Ford se via às voltas com enormes custos de reajustamento estratégico causados pela rigidez criada pelos altos investimentos na produção do modelo tornado obsoleto.

   b) Diferenciação, que corresponde a uma estratégia genérica inerente ao processo de diferenciar o produto ou serviço oferecido pela empresa, criando algo reconhecido como único no setor ou indústria. Essa diferenciação pode tomar várias formas: *design*, imagem da marca (Mercedes em automóveis), tecnologia (Hyster em transporte de materiais), capacidade de atender a necessidades particulares de grupos de clientes, rede de revendedores (Caterpillar em equipamentos) etc.

Quando alcançada, a diferenciação é uma estratégia viável para a obtenção de retornos superiores, uma vez que cria uma posição sustentável para a empresa em sua luta contra as cinco forças competitivas:

- proteção contra rivalidade intensa por parte de outros concorrentes, pois lealdade dos clientes em relação à marca da empresa faz com que se mostrem sensíveis à variável preço. Lealdade à marca permite ainda margens maiores, o que compensa o fato de a empresa não possuir uma posição de liderança em custo;
- proteção contra clientes poderosos, pois a diferenciação impede a proliferação – ou mesmo a existência – de alternativas comparáveis, reduzindo, significativamente, o poder de pressão de tais clientes;
- proteção contra fornecedores poderosos, pois as margens maiores comandadas pela empresa, resultantes da diferenciação alcançada, permitem maior flexibilidade na absorção de aumentos nos preços das matérias-primas;
- proteção contra a entrada de novos concorrentes no setor, pois a existência de forte lealdade em relação à marca cria poderosa barreira à entrada de novos concorrentes, uma vez que os mesmos terão de, forçosamente, suplantar tal obstáculo se desejarem buscar posição sustentável de longo prazo; e
- proteção contra produtos e serviços substitutos, pois a empresa diferenciada estará, certamente, mais bem preparada que seus concorrentes para enfrentar tais ameaças.

A obtenção de uma situação diferenciada significa, na maior parte das vezes, abrir mão de alta participação no mercado, a qual é, geralmente, incompatível com a percepção de exclusividade requerida pela estratégia de diferenciação.

Da mesma forma, uma posição diferenciada, geralmente, implica concessões em termos de custos, à medida que as atividades necessárias para criá-las tornam-se dispendiosas, como investimentos em pesquisa e no *design* de produtos, a utilização de materiais de alta qualidade, ou ainda a prestação de assistência técnica aos clientes.

A diferenciação também envolve uma série de riscos, entre os quais podem ser citados:

- o diferencial de custo entre os concorrentes de baixo custo e a empresa diferenciada torna-se excessivo para sustentar a lealdade para com a marca. Nesse ponto, os clientes tornam-se dispostos a sacrificar os aspectos pelos quais a empresa alcançou a diferenciação em troca de ganhos substanciais na variável preço;
- a necessidade de diferenciação por parte dos clientes se reduz, situação que pode ocorrer à medida que os clientes tornam-se mais sofisticados, como, por exemplo, na área de assistência pós-venda; e
- a imitação por parte de concorrentes aproxima a empresa diferenciada das demais, por meio da menor percepção pelo mercado dos aspectos que, originalmente, colocaram a empresa numa posição singular e vantajosa.

c) Foco ou especialização estratégica, que consiste em concentrar esforços em determinado grupo de clientes, segmento da linha de produtos, ou mercado geográfico. Enquanto as estratégias de menor custo e diferenciação têm por alvo o setor ou indústria como um todo, a estratégia de foco resume-se em servir, de maneira superior, determinado segmento, com os objetivos, estratégias e políticas da empresa orientados para esse fim. A premissa básica da estratégia é que a empresa pode servir esse alvo estratégico de forma mais completa e efetiva que seus concorrentes que competem em áreas mais amplas. Como resultado, a empresa atinge ou um *status* diferenciado por melhor atender às necessidades do segmento-alvo, ou uma posição de menor custo nesse segmento, ou ainda ambos, embora não seja diferenciada e nem líder em custo na perspectiva do mercado em sua totalidade.

Você deve considerar que retornos superiores para a empresa que implemente, com sucesso, a estratégia de foco advêm das mesmas proteções contra as forças competitivas e barreiras de entrada criadas pelas estratégias de menor custo e de diferenciação descritas anteriormente.

A estratégia de foco pode, ainda, ser utilizada para a seleção de segmentos-alvos menos vulneráveis a produtos substitutos, ou naqueles casos em que os concorrentes sejam menos poderosos.

A estratégia de foco implica em efetivar concessões em termos de fatia de todo o mercado, e pode também significar concessões em termos de custos, se o objetivo for diferenciar-se em determinado segmento com os consequentes dispêndios necessários.

A estratégia de foco apresenta alguns riscos, para os quais você deve estar atento:

- o diferencial de custo entre a empresa especializada e os concorrentes que competem em todo o setor se amplia, de forma a eliminar a diferenciação obtida pela empresa; ou então o diferencial – de custo – reduz-se, eliminando as vantagens de custo proporcionadas pela empresa para o segmento-alvo;
- as necessidades do segmento-alvo em termos de produtos e/ou serviços aproximam-se das necessidades do mercado como um todo, tornando menos importante a presença da empresa que adota a estratégia de foco; e
- os concorrentes encontram subsetores dentro do segmento estratégico, e tornam-se mais especializados do que a empresa que utiliza a estratégia de foco.

Para Porter, as três estratégias genéricas interagem em função de vantagens e alvos estratégicos que a empresa deseja alcançar, conforme demonstra a Figura 5.55:

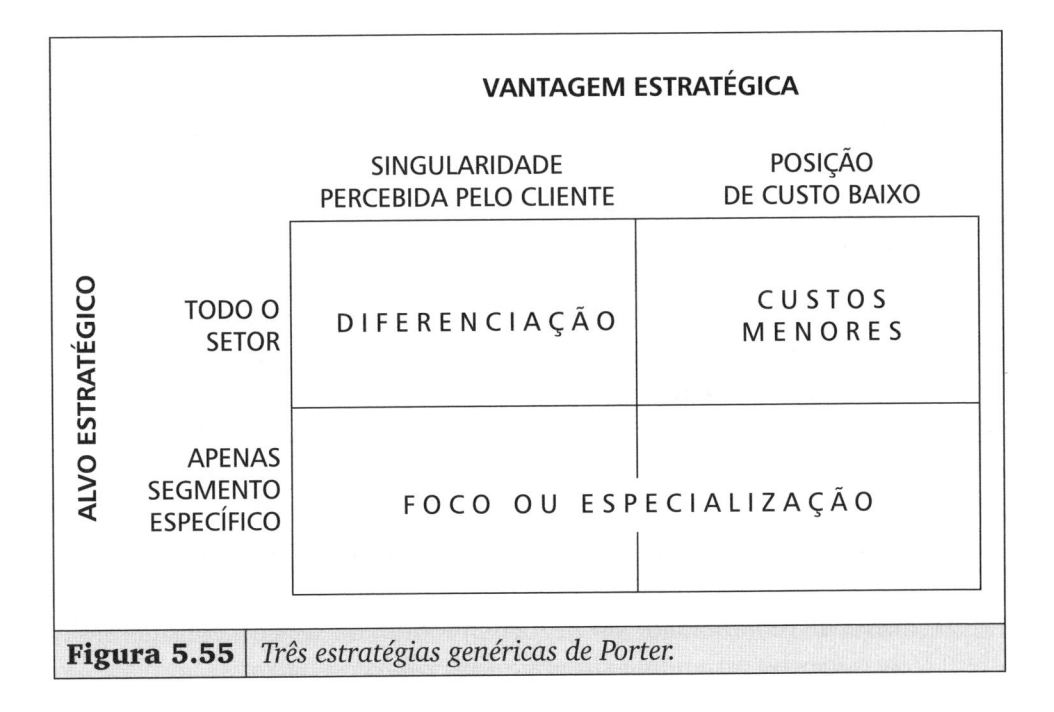

		VANTAGEM ESTRATÉGICA	
		SINGULARIDADE PERCEBIDA PELO CLIENTE	POSIÇÃO DE CUSTO BAIXO
ALVO ESTRATÉGICO	TODO O SETOR	DIFERENCIAÇÃO	CUSTOS MENORES
	APENAS SEGMENTO ESPECÍFICO	FOCO OU ESPECIALIZAÇÃO	

Figura 5.55 *Três estratégias genéricas de Porter.*

Na quase totalidade da vezes, a implementação, de forma efetiva, de qualquer das estratégias genéricas requer comprometimento total da empresa, bem como uma série de suportes organizacionais, os quais se diluem caso a empresa tente adotar mais de uma estratégia ao mesmo tempo.

As estratégias aqui analisadas constituem métodos genéricos para suplantar a concorrência num setor ou indústria; em algumas delas, a estrutura apresenta-se de tal modo que todas as empresas podem obter altos retornos, enquanto em outras o sucesso com uma das estratégias pode ser vital para a mera obtenção de retornos aceitáveis em termos absolutos.

Você também deve considerar que formular uma estratégia competitiva dentro de um setor pode ser encarado como a decisão de escolher em que grupo estratégico a empresa deve competir.

> Grupo estratégico é um conjunto de empresas que segue uma estratégia igual ou semelhante em termos das dimensões estratégicas, dentro do setor de atuação ou indústria considerado.

Normalmente, encontra-se um pequeno número de grupos estratégicos que representam as diferenças essenciais nas estratégias das empresas do setor. Muito frequentemente, os grupos estratégicos diferem entre si no que se refere ao produto ou ao posicionamento perante o mercado, pois eles não são equivalentes aos segmentos de mercado ou à estratégia de segmentação.

5.5.6 Modelo integrado de análise de posição competitiva – MIP

Esta técnica tem a vantagem de ser bastante completa e, portanto, estrutura e facilita o processo decisório estratégico do executivo da empresa.

Naturalmente, este autor teve a oportunidade de elaborar este modelo, considerando que a empresa esteja, pelo menos, razoavelmente desenvolvida no que se refere à obtenção, tratamento e aplicação de informações estratégicas (ver seção 4.3).

Para tanto, você deve considerar, no mínimo, os seguintes sete aspectos:

- nível de rentabilidade do negócio, produto ou serviço, considerando se o mesmo está numa situação alta, média ou baixa;

- situação do mercado, considerando se está embrionária, em crescimento, manutenção ou declínio, bem como se a situação apresentada é alta, média ou baixa;
- participação do negócio, produto ou serviço no *mix* da empresa, considerando sua representatividade como alta, média ou baixa;
- participação do negócio, produto ou serviço no mercado, considerando a sua representatividade como alta, média e baixa;
- quantidade envolvida, a qual pode estar numa situação adequada – proporciona economia de escala –, média ou ruim;
- diferencial de preço com a concorrência, principalmente quando se consideram produtos intercambiáveis, para os quais esses diferenciais podem estar altos, médios ou baixos. Evidentemente, nesse aspecto devem ser consideradas as políticas de descontos aplicados; e
- estrutura competitiva, considerando o nível de risco do negócio e as vantagens competitivas atuais e potenciais identificadas. Esse aspecto também está fortemente correlacionado à tecnologia aplicada e à evolução tecnológica.

Por outro lado, considera-se como ideal, sempre que possível, trabalhar os fatores indicados de forma separada por produto ou família de produto, e segmento de mercado e/ou cliente. Por exemplo, um fabricante de autopeças referentes ao sistema de injeção eletrônica deve separar por determinada família de injeção múltipla ou simples, com referência ao segmento de montadoras e, dentro dessas, a GM em particular e, nessa, um modelo específico de automóvel.

Na apresentação deste modelo são considerados três níveis de situação: alta, média e baixa. Entretanto, nada impede, desde que seja considerada a relação custos *versus* benefícios da informação, que você trate o modelo com, por exemplo, cinco níveis de situação: alta, média alta, média, média baixa e baixa.

Para cada uma dessas situações, você deve considerar:

- a situação real apresentada durante um período de tempo anterior, por exemplo, dois anos; e
- a situação projetada ou, preferencialmente, idealizada por um período de tempo razoável para a estruturação do processo decisório estratégico, tal como, por exemplo, um período de cinco anos.

Verifica-se que o modelo procura trabalhar com as questões quantitativas e qualitativas inerentes ao processo decisório estratégico nas empresas.

Os insumos básicos do modelo integrado de análise de posição competitiva (MIP) podem ser visualizados na Figura 5.56:

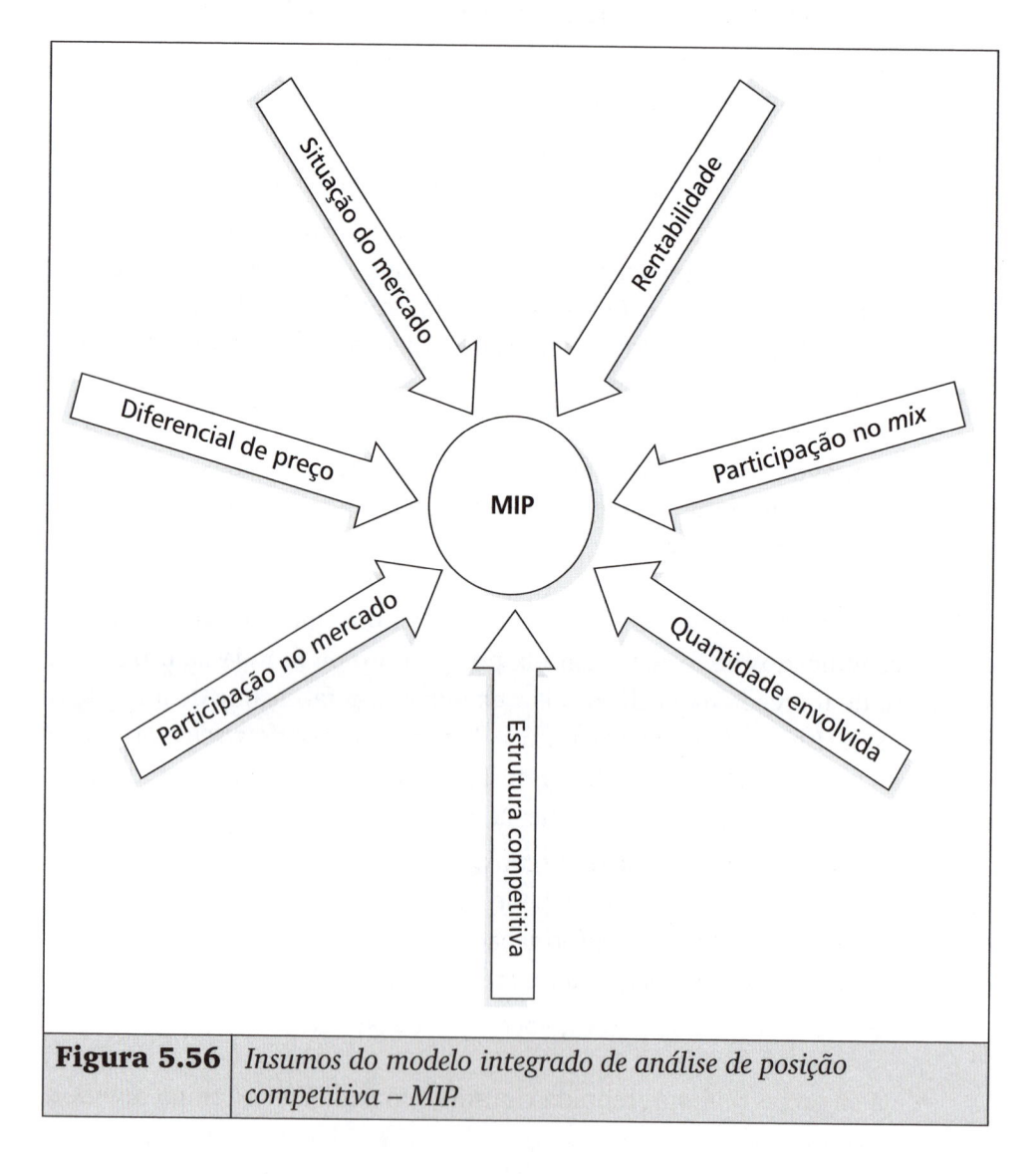

Figura 5.56 | *Insumos do modelo integrado de análise de posição competitiva – MIP.*

Fica evidente que você deve *alimentar* o sistema que trata essa técnica estratégica com todas as políticas necessárias, tais como preços, descontos, quantidades econômicas de produção, segmentação e participação no mercado, atuação competitiva e tecnologia.

Neste ponto, são apresentadas algumas considerações gerais sobre a operacionalização do MIP. A ideia não é esgotar o assunto, mas apresentar um esquema geral de raciocínio, o qual você poderá extrapolar e operacionalizar em sua empresa.

Pode-se começar estabelecendo os pesos dos vários fatores quanto a seu nível de importância no MIP. Como exemplo, citam-se:

- Fatores classe A (peso 3) (extremamente importantes):
    - rentabilidade;
    - situação do mercado (crescimento, manutenção ou declínio); e
    - estrutura competitiva.
- Fatores classe B (peso 2) (importantes):
    - participação no *mix* de negócio; e
    - participação no mercado.
- Fatores classe C (peso 1) (relativamente importantes):
    - quantidade envolvida; e
    - diferencial de preço.

Caso essa distribuição seja válida para a empresa, você pode iniciar sua análise considerando as interligações entre rentabilidade e situação do mercado, conforme apresentado a seguir, numa situação hipotética (Figuras 5.57 e 5.58).

PLANOS	NÍVEL DE RENTABILIDADE			DATA __/__/__		Nº
NEGÓCIOS, PRODUTOS OU SERVIÇOS	RENTABILIDADE			ESTRATÉGIAS		
	ALTA	MÉDIA	BAIXA			

Figura 5.57 | *Indicação do nível de rentabilidade.*

PLANOS	SITUAÇÃO DE MERCADO			DATA __/__/__	Nº
NEGÓCIO OU PRODUTO:					
SEGMENTO DE MERCADO:					
SITUAÇÃO / MUDANÇAS	EMBRIONÁRIO	CRESCIMENTO	MANUTENÇÃO	DECLÍNIO	ESTRATÉGIAS

Figura 5.58 Indicação da situação de mercado.

O próximo passo é, por meio do cruzamento desses dois fatores, fazer o enquadramento dos negócios, produtos ou serviços da empresa em sua situação atual (considerando os dados históricos), e em sua situação projetada ou idealizada (considerando os dados projetados e futuros).

O mesmo acontece com o fator estrutura competitiva.

Esse mesmo procedimento pode ser realizado para os fatores alocados nas classes 2 e 3, proporcionando enquadramento geral dos negócios, produtos ou serviços da empresa em sua realidade atual e nas situações alternativas planejadas pela alta administração da empresa. Ver resumo do processo de planejamento estratégico na seção 2.3.1.

O resultado final deste trabalho é um instrumento de administração que proporciona aos executivos da empresa o dimensionamento de suas estratégias, de maneira geral, e uma base de sustentação decisória para o estabelecimento das vantagens competitivas, em particular.

Na Figura 5.59 é apresentado um formulário para a estruturação do perfil ideal do MIP, sendo que esta análise pode ser efetuada por propósito atual ou potencial, por segmento de mercado ou por produto da empresa, UEN ou corporação.

Toda a análise e questionamento estratégico inerente ao MIP deve ser efetuado de forma interativa, ainda que parcialmente, com as outras técnicas estratégicas apresentadas, para consolidar forte nível criativo que é uma premissa para a boa estratégia.

As técnicas de análise estratégica e de posição competitiva são, principalmente, instrumentos de administração que auxiliam, e muito, o processo decisório dos executivos. Contudo, para você ter uma boa decisão, é necessário saber trabalhar com as referidas técnicas, bem como ter uma sistematização de acompanhamento e avaliação de resultados.

PLANOS	ESTRUTURA DO PERFIL IDEAL DO MIP						DATA __/__/__		Nº
PROPÓSITO/SEGMENTO/PRODUTO:									
ITENS	SITUAÇÃO ATUAL			SITUAÇÃO DESEJADA			ESTRATÉGIAS		
	Alta	Média	Baixa	Alta	Média	Baixa			
Rentabilidade									
Situação do mercado									
Participação no *mix*									
Participação no mercado									
Quantidade envolvida									
Diferencial de preço									
Estrutura competitiva									

Figura 5.59 | *Estrutura do perfil ideal do MIP.*

5.6 ANÁLISE INTEGRADA ENTRE AS DIVERSAS TÉCNICAS ESTRATÉGICAS

Neste capítulo, foram apresentadas 21 técnicas para que você realize a análise estratégica e da posição competitiva de seu produto, serviço ou de seu negócio.

No Quadro 5.9 é efetuado um estudo comparativo das técnicas estratégicas e de análise de posição competitiva, abordando seu grau de adaptabilidade para seu uso em diferentes situações, suas principais dimensões e algumas premissas a serem consideradas por você quando de sua operacionalização. Salienta-se que a ideia não é esgotar o assunto mas, simplesmente, proporcionar visão geral para os executivos da empresa, UEN ou corporação.

Quadro 5.9 — Estudo comparativo entre as técnicas estratégicas.

TÉCNICA	GRAU DE ADAPTABILIDADE	DIMENSÕES	PREMISSAS
BCG	Baixo	1. Participação relativa de mercado 2. Taxa de crescimento do mercado	Permite considerar mudanças estratégicas futuras
CVP	Baixo	1. Estágios do CVP 2. Respostas e efeitos	
PIMS	Baixo	1. Taxa de retorno sobre investimentos	a) participação de mercado b) quantidade c) intensidade de investimentos d) características da empresa
Atratividade	Médio	1. Atratividade de mercado 2. Posição do negócio (ou empresa)	Não leva em consideração as relações internas de caixa entre diferentes mercados
McKINSEY/GE	Relativamente baixo	1. Atratividade do setor 2. Força do negócio	Não tem validade p/ linhas de produtos; cada dimensão é o resultado de uma combinação de variáveis
LORANGE e VANCIL	Relativamente baixo	1. Atratividade de mercado 2. Força competitiva 3. Atratividade de consolidação	
Desempenho dos produtos ou negócios	Alto	1. Venda da indústria 2. Venda da empresa 3. Participação de mercado 4. Rentabilidade	Não oferece orientação para as futuras decisões estratégicas
Processo dos negócios	Alto	1. Negócio considerado 2. Fatores específicos	
Massa crítica	Alto	1. Fatores de sucesso 2. Análise da concorrência 3. Análise de recursos	
Custo/Valor	Baixo	1. Grau de sensibilidade ao preço 2. Grau de diferenciação	Aplicável a produtos
Retorno/risco	Relativamente alto	1. Retorno esperado 2. Grau de risco	
SHELL	Relativamente baixo	1. Perspectiva de rentabilidade para o setor 2. Capacidade competitiva no setor	Perspectiva de rentabilidade em termos de crescimento e qualidade do mercado; capacidade competitiva avaliada em termos de: posição de mercado, capacidade de produção e P&D do produto
Petrov	Médio	1. Atratividade tecnológica 2. Posição tecnológica relativa	Análise dos portfólios tecnológicos e de negócios
Booz-Allen	Médio	1. Importância tecnológica 2. Posição tecnológica relativa	a) nível e tipo de investimento b) cronogramas
Abell	Relativamente alto	1. Grupo de consumidores 2. Funções dos consumidores 3. Tecnologias alternativas	
Posicionamento competitivo	Relativamente alto	1. Tipos de negócio 2. Segmentos de mercado	Separar os concorrentes diretos e indiretos
ADL	Relativamente baixo	1. Posição competitiva 2. Estágios do ciclo de vida no setor	Trabalha com UEN'S
Hofer e Schendel	Relativamente baixo	1. Evolução do mercado 2. Posição competitiva relativa	
Liderança	Baixo	1. Grau de dominância 2. Grau de compatibilização	
Porter	Relativamente alto	1. Rivalidade entre empresas 2. Concorrentes potenciais 3. Poder de fornecedores 4. Poder de compradores 5. Produtos substitutos	Aplicável às empresas industriais
MIP	Alto	1. Rentabilidade 2. Situação do mercado 3. Participação no *mix* 4. Participação no mercado 5. Quantidade envolvida 6. Diferencial de preço 7. Estrutura competitiva	

Como são várias as técnicas estratégicas, você pode ter algumas dúvidas. Portanto, duas questões que podem angustiá-lo são: quais técnicas deve utilizar? E em que fases do processo de planejamento estratégico?

Não é intenção responder a essa questão de forma direta e única, pois *cada caso é um caso*, tendo em vista aspectos temporais e específicos de cada empresa. Para ajudar você com essa situação, a proposta do autor é apresentada a seguir, de maneira resumida.

Com referência a quais técnicas utilizar, a resposta é muito simples: "todas". Entretanto, você pode e deve consolidar esse processo de maneira gradativa e acumulativa.

Também é apresentado, para facilitar, as fases do processo de planejamento estratégico nas quais algumas das diversas técnicas devem ser alocadas. Essa situação pode ser visualizada na Figura 5.60.

A alocação das técnicas nas fases do processo de planejamento estratégico é muito importante, pois de nada vale você saber quais técnicas vai utilizar, se não souber em que momentos sua utilização é a mais adequada para o processo decisório estratégico.

A alocação de uma técnica estratégica em determinada fase do processo de planejamento estratégico não significa que a referida técnica só tenha aplicação e utilização na específica fase do processo. Na realidade, o ideal é que o processo seja acumulativo, ou seja, que toda a contribuição que uma técnica de análise proporcione para o desenvolvimento de determinada fase do processo de planejamento estratégico também sirva para as fases seguintes do referido planejamento estratégico.

Esse procedimento consolida, inclusive, a situação em que os executivos das empresas não precisam preocupar-se em estabelecer técnicas estratégicas para todas as fases do processo de planejamento estratégico.

As fases do processo de planejamento estratégico apresentadas na Figura 5.60 são inerentes à metodologia desenvolvida por este autor, e são apresentadas, com detalhes, no livro *Planejamento estratégico*: conceitos, metodologia e práticas, também editado pela Atlas. E as referidas propostas de alocação das técnicas estratégicas correspondem a um primeiro momento, pois em um processo evolutivo é altamente válido utilizar todas as técnicas estratégicas, principalmente por sua abordagem comparativa.

ETAPAS DA METODOLOGIA	TÉCNICA BÁSICA PROPOSTA
Visão e valores	Atratividade do mercado Liderança
Análise externa (e dos concorrentes)	BCG
Análise interna	CVP
Missão	ADL
Propósitos e cenários	Atratividade do mercado Shell
Postura estratégica	—
Macroestratégias	Porter Abell
Macropolíticas	—
Objetivos	Vantagens competitivas Desempenho do produto
Desafios/Metas	—
Estratégias funcionais	MIP
Políticas	—
Projetos e planos de ação	—

Figura 5.60 | *Alocação das técnicas estratégicas no processo de planejamento estratégico.*

RESUMO

Neste capítulo, você teve a oportunidade de entender o conceito inerente às principais técnicas estratégicas.

As técnicas estratégicas podem ser classificadas de algumas formas, mas neste livro foram separadas de acordo com sua melhor interação na análise dos negócios atuais, dos negócios futuros e no estabelecimento das vantagens competitivas.

Geralmente, existe uma dificuldade normal para você determinar qual a técnica mais adequada para sua empresa. Entretanto, deve-se partir do princípio de que todas as técnicas são válidas, sendo realizadas análises específicas para se determinar qual se ajusta mais facilmente à empresa considerada. Foi com base nesse princípio que o autor deste livro apresentou uma técnica que teve a oportunidade de aplicar em algumas empresas que foram suas clientes em planejamento estratégico e estratégia competitiva.

QUESTÕES PARA DEBATE

1. Com base na empresa em que você trabalha ou conhece adequadamente, aplicar duas das técnicas estratégicas apresentadas neste capítulo. Fazer comentários a esse respeito.
2. Identificar e debater as questões comuns entre as várias técnicas estratégicas apresentadas. Idem com referência aos aspectos divergentes.
3. Pesquisar, em outras referências bibliográficas, outras técnicas estratégicas menos conhecidas, mas de igual importância para as empresas.

CASO: Dúvidas com a abordagem estratégica básica na TV News

A TV News é uma empresa de comunicação que tem uma agência de notícias e uma retransmissora de televisão, que aluga espaços em dois canais de televisão cujos sinais alcançam os Estados de São Paulo e Mato Grosso do Sul.

Ela tem sofrido forte concorrência de uma agência de notícias nacional e de outra multinacional, sendo que sofreu queda média de 10% nos índices de audiência de seus programas de notícias.

A TV News elaborou um plano estratégico há dez anos atrás, sendo que esse perdeu sua validade pela não atualização sistemática, bem como não foi elaborado de forma completa, pois não considerou nenhuma das técnicas estratégicas existentes.

De forma geral, tem-se a seguinte situação de participação de mercado (nível de audiência):

EMPRESA	10 ANOS ATRÁS	5 ANOS ATRÁS	HOJE
TV News	40%	38%	36%
Concorrente A (Multinacional)	30%	32%	35%
Concorrente B (Nacional)	30%	30%	29%

Por outro lado, a população global de telespectadores nos dois Estados de atuação da TV News cresceu em 12% nos últimos dez anos.

Por meio da pesquisa de mercado, verificou-se que os principais itens que levam o telespectador a gostar deste tipo de programa é a apresentação de notícias diversas e atualizadas nos segmentos de economia, fatos gerais relevantes, clima, política e notícias gerais internacionais.

Nessa questão, as três emissoras estão apresentando programas adequados, inclusive porque têm parceiros internacionais de elevada qualidade.

O problema está sendo a forma de apresentação, pois a concorrente A – multinacional – tem tomadas de acontecimentos e notícias próprias em várias localidades do mundo onde tem correspondentes próprios.

Outro aspecto é quanto à tecnologia dos equipamentos empregados. Embora as três emissoras tenham equipamentos modernos, especificamente a TV News já começa a ter dificuldade de manter atualizados esses equipamentos por falta gradativa de recursos próprios, pois a lucratividade da empresa está diminuindo ao longo dos últimos anos.

Com a abertura do mercado brasileiro, o governo federal está analisando eliminar determinadas vantagens – poucas – que são concedidas às empresas nacionais de telecomunicações.

Por outro lado, está ocorrendo uma tendência das empresas de televisão aberta, em geral, e as empresas de televisão por assinatura, em particular, de montarem suas próprias agências de notícias, com parcerias junto a agências internacionais.

No entanto, nem tudo está ruim, pois o governo federal decidiu aumentar o número de concessões de televisão aberta no país, sendo que está dando preferência às agências de notícias e às empresas de transmissão esportiva que locam espaço nas televisões abertas e pagas, pois foi constatado que as transmissoras de programas esportivos e, principalmente, as agências de notícias são as mais estruturadas e tecnologicamente avançadas, comparando com outros setores (programas de auditório, programas infantis etc.).

Diante dessas informações gerais, a TV News contratou você para delinear e implementar a estratégia básica da empresa, considerando as seguintes situações, de forma alternativa ou complementar:

- análise de seu negócio atual;
- verificação da entrada em novo negócio (ampliação para televisão aberta, abrangendo, neste caso, todos os outros programas de um canal de televisão); e
- idem anterior, para o caso de um canal de televisão pago.

Além desse trabalho, é necessário estabelecer a vantagem competitiva que a TV News deverá ter em sua nova situação (mantendo seu negócio atual ou ampliando seu negócio).

Essas foram as informações gerais que o proprietário da TV News passou para você.

Com base em seu conhecimento de análise e aplicação das diferentes técnicas estratégicas, você deve:

a) Listar e apresentar, para o dono da TV News, todas as informações complementares que você vai precisar para seu serviço de consultoria

Salienta-se que a identificação e a quantificação de todas essas informações é de sua responsabilidade neste estudo; inclusive para você se autoavaliar quanto às informações necessárias.

b) Aplicar as técnicas mais adequadas para a análise do negócio atual da TV News, de seu novo negócio, bem como para o estabelecimento de sua vantagem competitiva

Para cada uma dessas análises, pode ser proposto o uso conjunto de duas ou mais técnicas estratégicas.

E não se esqueça de apresentar as devidas justificativas – e sustentação – para cada uma de suas propostas inerentes às duas questões do caso.

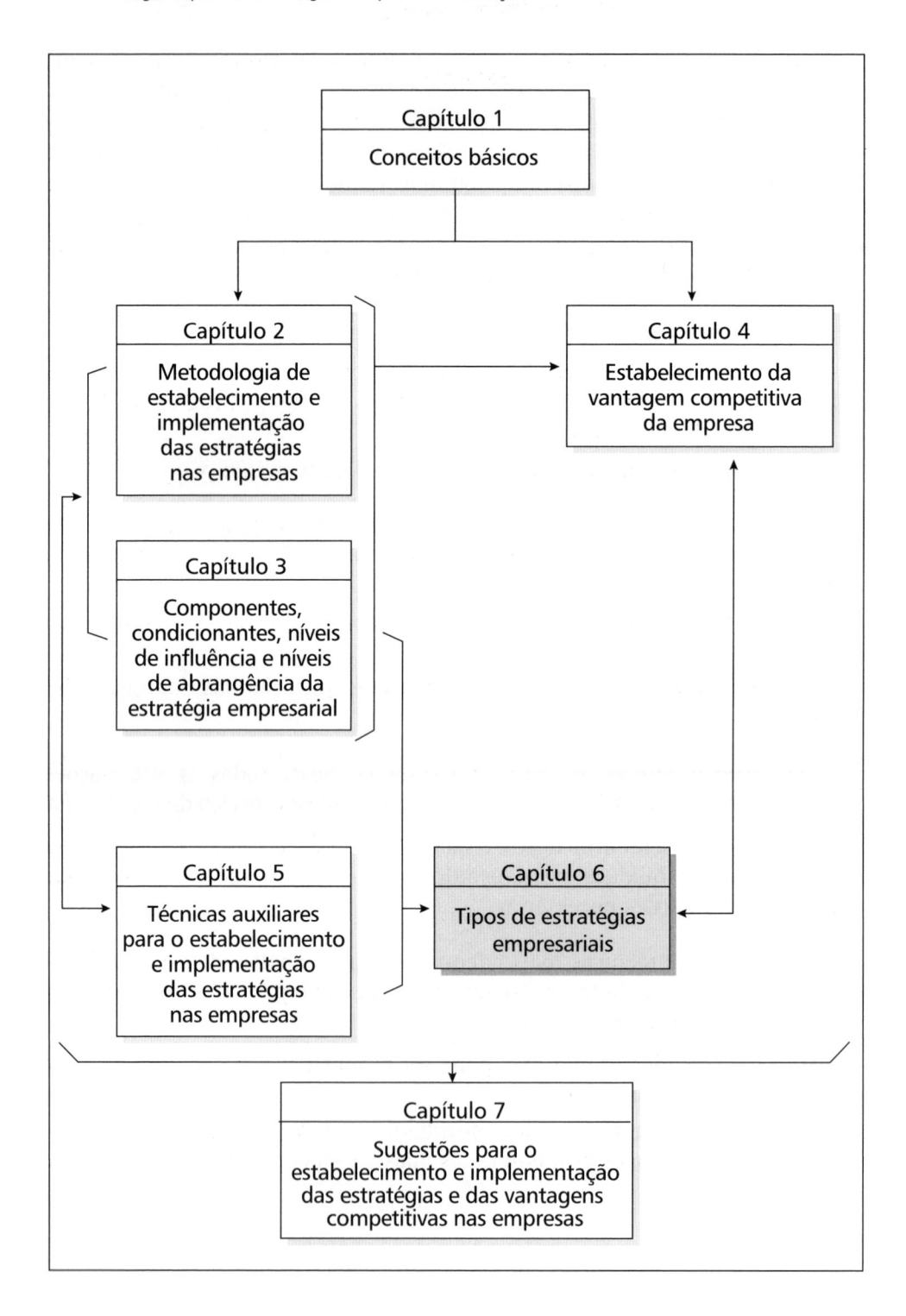

```
┌─────────────────────────────────────────────────────────────┐
│                                                             │
│                    ┌─────────────────────┐                  │
│                    │     Capítulo 1      │                  │
│                    │  Conceitos básicos  │                  │
│                    └──────────┬──────────┘                  │
│              ┌────────────────┴────────────────┐            │
│              ▼                                 ▼            │
│    ┌───────────────────┐            ┌───────────────────┐   │
│    │    Capítulo 2     │            │    Capítulo 4     │   │
│    │  Metodologia de   │──────────▶ │ Estabelecimento da│   │
│    │  estabelecimento e│            │vantagem competitiva│  │
│    │   implementação   │            │    da empresa     │   │
│    │   das estratégias │            └───────────────────┘   │
│    │    nas empresas   │                                    │
│    └───────────────────┘                                    │
│                                                             │
│    ┌───────────────────┐                                    │
│    │    Capítulo 3     │                                    │
│    │   Componentes,    │                                    │
│    │condicionantes,níveis│                                  │
│    │de influência e níveis│                                 │
│    │  de abrangência da │                                   │
│    │estratégia empresarial│                                 │
│    └───────────────────┘                                    │
│                                                             │
│    ┌───────────────────┐      ┌───────────────────┐         │
│    │    Capítulo 5     │      │    Capítulo 6     │         │
│    │ Técnicas auxiliares│────▶│ Tipos de estratégias│◀──── │
│    │para o estabelecimento│   │    empresariais   │         │
│    │  e implementação  │      └───────────────────┘         │
│    │   das estratégias │                                    │
│    │    nas empresas   │                                    │
│    └───────────────────┘                                    │
│                                                             │
│                    ┌─────────────────────┐                  │
│                    │     Capítulo 7      │                  │
│                    │    Sugestões para o │                  │
│                    │estabelecimento e implementação│        │
│                    │das estratégias e das vantagens│        │
│                    │competitivas nas empresas│              │
│                    └─────────────────────┘                  │
└─────────────────────────────────────────────────────────────┘
```

6
Tipos de estratégias empresariais

"A criatividade consiste em descobrir o desconhecido."
Jerzi Grotowski

6.1 INTRODUÇÃO

Neste capítulo, são apresentados os principais tipos de estratégias, com a finalidade de *orientar* você no processo de formulação e implementação das estratégias, em complemento, principalmente, aos Capítulos 3 e 5.

As classificações apresentadas não são as únicas, nem poderiam ser, principalmente quando se lembra que a formulação das estratégias envolve elevados níveis de criatividade e de diferenciação, bem como complexa abordagem multidisciplinar.

De qualquer forma, ao final da leitura deste capítulo, você terá condições de responder às seguintes perguntas básicas:

- Qual a tipologia genérica das estratégias empresariais?
- Quais são algumas estratégias básicas para compra e para venda de empresas?
- Quais são algumas estratégias básicas para fusões e para alianças de empresas?
- Quais são algumas estratégias básicas para o processo de globalização de empresas?
- Quais são algumas estratégias básicas para o processo de diversificação de negócios?

6.2 TIPOS GENÉRICOS DE ESTRATÉGIAS EMPRESARIAIS

Antes da apresentação de tipos de estratégias específicas para determinadas situações das empresas, é válida a classificação genérica das estratégias, dentro de uma abordagem mais ampla, visando facilitar o processo decisório estratégico dos executivos das empresas.

Essa classificação geral das estratégias empresariais é de elevada contribuição no estudo dos negócios atuais e futuros da empresa, pois ajuda no delineamento dos grandes *lances* da referida empresa.

As estratégias podem ser classificadas das mais diferentes formas, as quais ajudam você a enquadrar-se em uma ou mais situações.

Algumas das formas mais genéricas de classificação de estratégias empresariais são:

I – Quanto à amplitude, as estratégias empresariais são classificadas em:
- macroestratégia, que corresponde à ação maior que a empresa adota perante o ambiente, tendo em vista sua visão, missão e os propósitos – principalmente os potenciais –, bem como o resultado do diagnóstico estratégico com a identificação das oportunidades, ameaças, pontos fortes e pontos fracos;
- estratégia funcional, que corresponde à forma de atuação de uma área funcional da empresa, normalmente correlacionada ao nível tático; e
- microestratégia ou subestratégia, que corresponde à forma de atuação em termos operacionais, normalmente correlacionada a um desafio ou a uma meta da empresa. Em termos conceituais, normalmente essa situação não se caracteriza como um tipo de estratégia.

Como as estratégias funcionais ainda são muito utilizadas nas empresas, apresentam-se, a seguir, algumas considerações sobre as mesmas.

Essa situação pode estar em queda nos próximos anos, devido ao desenvolvimento dos processos administrativos nas empresas. De qualquer modo, é válida a consideração das áreas funcionais, pois sua representatividade, no contexto geral da análise dos negócios, ainda apresenta elevada importância.

As estratégias funcionais podem ser classificadas, de maneira geral, em estratégias de marketing, estratégias financeiras, estratégias de produção e estratégias de recursos humanos.

a) Estratégias de marketing.

Alguns tipos que podem ser considerados nessa situação são:
- estratégias de produtos ou serviços, que estão correlacionadas a alguns aspectos, tais como a natureza da linha de produto, o desenvolvimento de novo produto, a qualidade, o desempenho e obsoletismo, a eliminação de antigos produtos, bem como a distribuição de produtos; e
- estratégias de mercados, que podem considerar, entre outros, os canais de distribuição, os serviços aos clientes, as pesquisas de mercado, a determinação de preços, o processo de venda, promoção,

propaganda e publicidade, o sistema de embalagem, a definição da marca, bem como a seleção de mercados.

As principais tendências da função de marketing, que as empresas devem considerar em seu processo estratégico, são (Kotler, 1997, p. 11):

- direcionamento prioritário para marketing de relacionamento (cultivar um cliente de longo prazo) em detrimento do marketing de transações (procurar vendas rápidas);
- maior ênfase na manutenção e satisfação do cliente atual do que na conquista de novos clientes;
- maior ênfase no aumento da quantidade de clientes, e não apenas em sua participação de mercado;
- estruturação de sistemas de marketing apoiados em bancos de dados, incluindo informações profissionais e pessoais dos clientes;
- maior automação das vendas, representada por computadores portáteis, fax, telefones celulares, *pagers* e outros instrumentos auxiliares;
- deslocamento do poder das marcas dos fabricantes para as marcas das grandes redes varejistas; e
- abordagem mais abrangente das comunicações integradas de marketing, que congregam os serviços de publicidade, promoção de vendas, relações públicas, marketing direto e pós-venda.

Essas tendências, e outras que os executivos debatam na realidade de suas empresas e negócios, facilitam o processo de formulação de estratégias.

b) Estratégias financeiras.

Você pode considerar que uma estratégia é bem-sucedida, dependendo de sua influência na posição financeira da empresa. Alguns dos aspectos considerados nessas estratégias são o desinvestimento, a obtenção de fundos, a extensão do crédito ao consumidor, bem como o nível de financiamento.

c) Estratégias de produção.

Nesse caso, podem-se considerar, entre outros, a logística industrial, os custos industriais, a engenharia de produto, a engenharia do processo, o arranjo físico, a manutenção, o controle de qualidade, os estoques intermediários e finais, bem como a expedição do produto.

Naturalmente, essas estratégias podem ser adaptadas para serviços, e passam a ser denominadas de estratégias de operação.

d) Estratégias de recursos humanos.

As estratégias funcionais de recursos humanos são de grande importância por sua abrangência na empresa; alguns dos aspectos a serem considerados, neste momento, são o quadro de pessoal e a capacitação interna, os sistemas de transferências e promoções, de desenvolvimento e treinamento, e de remuneração e benefícios.

II – Quanto à concentração, as estratégias empresariais podem ser classificadas em:

- estratégia pura, na qual se tem o desenvolvimento específico de uma ação numa área de atividade. Exemplo: uma empresa oferecer mais serviços aos consumidores, com o objetivo de neutralizar a alteração de preços de microcomputadores por parte de um concorrente importante; e
- estratégia conjunta, que corresponde a uma combinação de estratégias empresariais. Exemplo: uma empresa fabricante de microcomputadores pode, de forma conjunta, adotar as seguintes estratégias: aumentar despesas com propaganda, se o aumento dos serviços aos consumidores não alcançar os resultados esperados, aprimorar a qualidade dos microcomputadores, com maiores despesas em pesquisa e desenvolvimento, bem como manter o preço dos microcomputadores, mas concedendo descontos por quantidade comprada.

A principal análise para você consolidar uma estratégia pura, ou conjunta, está relacionada ao nível de sinergia proporcionada e à alavancagem dos resultados globais.

III – Quanto à qualidade dos resultados, as estratégias podem ser classificadas em:

- estratégias fortes, que apresentam alterações de elevada amplitude, ou alterações de impacto para a empresa; e
- estratégias fracas, cujos resultados são mais amenos para a empresa.

Naturalmente, toda e qualquer estratégia deve proporcionar resultados fortes, efetivos e diferenciados para a empresa. Entretanto, na prática, não é isso o que ocorre na totalidade das vezes, pois existe um nível de dificuldade para se identificar a efetiva contribuição de cada estratégia, para cada um dos objetivos da empresa.

Uma forma de amenizar esse problema é decompor as estratégias em projetos, e esses em planos de ação, para sua efetiva operacionalização e avaliação dos resultados. Entretanto, essa situação não elimina a dificuldade apresentada, pois no delineamento das estratégias sempre existe um nível de criatividade que foge da objetividade decisória.

IV – Quanto à fronteira, as estratégias empresariais podem ser classificadas em:
- estratégias internas à empresa, tal como a reorganização para alterar a forma como a alta administração deve lidar com os funcionários da empresa. Esse tipo de estratégia pode sofrer restrições dos executivos, pois uma estratégia deve fazer a interligação entre aspectos internos e externos da empresa;
- estratégias externas à empresa, que correspondem, por exemplo, à descoberta de novas oportunidades, à ação diante de um concorrente etc.; e
- estratégias internas e externas à empresa, que correspondem à situação adequada das estratégias, ou seja, proporciona a interligação entre aspectos internos e externos da empresa. Essa interligação propicia a estruturação de uma rede escalar de estratégias, em que são verificadas suas interligações e sinergias.

V – Quanto aos recursos aplicados, as estratégias empresariais podem ser classificadas em:
- estratégias de recursos humanos, em que o grande volume de recursos considerado refere-se ao fator humano;
- estratégia de recursos não humanos, em que existe predominância de aplicação de recursos materiais e/ou financeiros; e
- estratégias de recursos humanos e não humanos, em que ocorre determinado equilíbrio entre os diversos tipos de recursos aplicados.

Naturalmente, esse tipo de classificação de estratégias pode ser enfocado para outros tipos de recursos básicos, a saber: financeiros, materiais, equipamentos e tecnológicos.

O foco de classificação das estratégias deve estar correlacionado ao assunto básico que vai dar sustentação à vantagem competitiva da empresa.

Se, por exemplo, a empresa atuar no setor de informática e a sustentação de sua vantagem competitiva for da tecnologia obtida e aplicada, suas estratégias básicas devem ter o foco da tecnologia; as demais estratégias são complementares e auxiliares a essa situação.

VI – Quanto ao enfoque, as estratégias são classificadas em:
- estratégias pessoais, que representam valores, motivações, proteções contra o ambiente concorrencial predatório, métodos de mudar os hábitos de consumo, técnicas para lidar com o pessoal, execução de tarefas pelos executivos e proprietários da empresa; e
- estratégias empresariais, que representam as ações da empresa perante seu ambiente (conjunto de fatores externos e não controláveis).

As estratégias empresariais são as que, normalmente, têm grande importância em todo o processo estratégico.

Muitas vezes, o estilo administrativo do principal executivo pode viesar o delineamento estratégico da empresa, proporcionando resultados interessantes em alguns momentos, mas provocando uma série de problemas ao longo do tempo. Isso porque as estratégias pessoais perdem sua sustentação – e carisma – quando seus idealizadores se afastam da empresa.

A partir da mudança de um técnico de time de futebol, é muito difícil – e conflitante – a equipe continuar jogando do mesmo jeito, mesmo que esteja ganhando a maioria dos jogos.

VII – Quanto à postura estratégica

Essa é a forma mais completa de classificar as estratégias empresariais, pois são estabelecidas de acordo com a situação da empresa, ou seja, estar voltada para sobrevivência, manutenção, crescimento ou desenvolvimento, conforme a postura estratégica da empresa no momento considerado. Isso porque a combinação de estratégias deve ser feita de forma que aproveite todas as oportunidades possíveis, bem como utilizando a estratégia certa no momento certo.

A postura estratégica pode ser estabelecida de várias maneiras. Entretanto, este autor considera como a mais interessante a seguinte situação:

a) A empresa está na postura estratégica de sobrevivência quando existe predominância externa de ameaças e predominância interna de pontos fracos. Verifica-se que é uma situação nada fácil para seus proprietários e executivos.

Esse tipo de estratégia deve ser adotado pela empresa quando não existe outra alternativa, ou seja, apenas quando o ambiente e a empresa estão em situação inadequada ou apresentam perspectivas nebulosas, com alto índice de pontos fracos internos e ameaças externas. Em qualquer outra situação, quando a empresa adota essa estratégia *por medo*, as consequências podem ser desastrosas.

Numa postura estratégica de sobrevivência, a primeira decisão do executivo é parar os investimentos e reduzir, ao máximo possível, as despesas. Naturalmente, uma empresa tem dificuldades de utilizar essa estratégia por período de tempo muito longo, pois será *engolida* pelo ambiente.

A sobrevivência pode ser uma situação adequada como condição mínima para a empresa alavancar outros objetivos mais tangíveis no futuro, como lucros maiores, vendas incrementadas, maior participação no mercado etc., mas não como um objetivo único da empresa, ou seja, estar numa situação de *sobreviver por sobreviver*.

b) A empresa está na postura estratégica de manutenção quando existe predominância externa de ameaças e predominância interna de pontos fortes; ou seja, a empresa procura se *manter viva* com base em seus pontos fortes, principalmente se esses derem sustentação direta para sua vantagem competitiva.

Nesse caso, a empresa identifica um ambiente com predominância de ameaças; entretanto, possui uma série de pontos fortes – disponibilidade financeira, recursos humanos, tecnologia etc. – acumulados ao longo do tempo, que possibilitam à empresa, além de querer continuar sobrevivendo, também manter sua posição conquistada até o momento.

Para tanto, deve sedimentar e usufruir, ao máximo, seus pontos fortes, tendo em vista minimizar seus pontos fracos, bem como maximizar os pontos fortes, e evitar ou minimizar a ação dos pontos fortes da concorrência. Diante desse panorama, a empresa deve continuar investindo, embora de maneira moderada.

Portanto, a estratégia de manutenção é uma postura preferível quando a empresa está enfrentando ou espera encontrar dificuldades; e, a partir dessa situação, prefere tomar uma atitude defensiva diante das ameaças do ambiente empresarial.

c) A empresa está na postura estratégica de crescimento quando existe predominância externa de oportunidades, mas a empresa não tem sustentação para usufruir dessas oportunidades em sua plenitude, pois existe predominância interna de pontos fracos.

Nessa situação, embora exista na empresa predominância de pontos fracos, o ambiente empresarial está proporcionando situações interessantes que podem transformar-se em oportunidades, quando efetivamente é usufruída a situação favorável pela empresa. Normalmente, o executivo da empresa procura, nessa situação, lançar novos produtos, aumentar o volume de vendas etc.

d) A empresa está na postura estratégica de desenvolvimento quando existe predominância externa de oportunidades e predominância interna de pontos fortes. É, portanto, a situação ideal. Entretanto, para que essa situação ideal se consolide, é necessário que ocorra perfeita e plena interligação entre as oportunidades e os pontos fortes, de acordo com uma *malha estratégica*.

O desenvolvimento da empresa é realizado em duas direções principais. Pode-se procurar novos mercados e clientes, diferentes dos conhecidos atualmente, ou então procurar novas tecnologias, diferentes daquelas que a empresa domina. A combinação desses dois eixos – mercadológico e tecnológico – permite ao executivo da empresa construir novos negócios no mercado.

A identificação da postura estratégica é um aspecto muito importante quando você estiver delineando as estratégias alternativas, pois, como uma das influências da postura estratégica são os aspectos internos controláveis – pontos fortes e pontos fracos –, ele pode idealizar outras estratégias que poderão ser operacionalizadas, à medida que houver alterações na postura estratégica básica.

VIII – Quanto à abrangência

Nesse caso, as estratégias são classificadas em:
- estratégias corporativas, que demonstram as ações que uma corporação, representada por algumas empresas, e uma possível *holding* provocam em seu ambiente;

- estratégias de unidades estratégicas de negócios (UEN), que representam as ações desenvolvidas por uma unidade de negócios específica da empresa ou da corporação; e
- estratégias empresariais, que representam as estratégias que são desenvolvidas pela empresa para com seu ambiente. Naturalmente, neste livro, o conceito de estratégia empresarial não está restrito a essa amplitude, procurando significar qualquer tipo de estratégia apresentada nesta seção de classificação das estratégias.

6.3 ESTRATÉGIAS PARA COMPRA DE EMPRESAS

Para o processo de compra de empresas, você pode considerar, de forma isolada ou conjunta, as estratégias de aquisição, de nicho, de especialização e de expansão.

Essa e as outras classificações apresentadas são, basicamente, orientativas para o processo decisório dos executivos das empresas. O ideal é você *passar* por todas as questões estratégicas apresentadas neste livro, antes da formulação das estratégias.

Os principais aspectos das estratégias para compra de empresas são:

a) Estratégia de aquisição.

Corresponde à situação em que uma empresa ou um grupo de investidores adquire, total ou parcialmente, o controle acionário de uma outra empresa, que pode ou não atuar no mesmo ramo de negócio.

A onda de fusões – ver seção 6.5 – e aquisições sofreu forte evolução nos últimos anos, por duas razões básicas:

- a necessidade das empresas adequarem-se a determinadas novas realidades decorrentes das mudanças da economia, principalmente da globalização; e
- a vontade dos executivos de criarem grandes grupos empresariais, talvez pelo fato de consolidar poder e prestígio, mas, principalmente, pela remuneração dos principais executivos das empresas ser, até há pouco tempo, mais uma consequência do tamanho e faturamento da empresa, e não de sua lucratividade ou da rentabilidade de seus negócios, produtos e serviços.

De qualquer forma, as fusões e aquisições devem ocorrer quando a rentabilidade total da empresa compradora for relativamente elevada, bem como o aumento da rentabilidade total da empresa compradora, comparada com a situação de não se realizar a aquisição, for superior ao custo do capital investido na referida fusão ou aquisição.

A estratégia de aquisição apresenta uma análise diferenciada, pelo fato da compra não adicionar, no sentido direto, mais uma empresa ao setor. No entanto, alguns dos fatores que atraem a entrada de um novo concorrente são os mesmos que afetam um candidato à compra. O primeiro elemento a ser analisado é o fato de que o preço de uma compra é definido no próprio mercado das empresas.

A essência de um mercado de empresas bem organizado é que ele funciona no sentido de eliminar ganhos acima da média. Se uma empresa tem boa administração e possibilidades futuras atraentes, seu preço de mercado sobe; caso contrário, ele desce.

A compra em si dificilmente levará o comprador a obter ganhos, porém, a importância da análise deve estar na atenção dada às condições que determinam se essa aquisição tem chance de dar um retorno acima da média.

As aquisições são vantajosas se:

- o preço-base fixado para o vendedor sair do negócio for baixo;
- o mercado de empresas for imperfeito, não eliminando retornos acima da média no processo; e
- o comprador tiver habilidade especial para operar o negócio que vai adquirir.

Entretanto, quando uma empresa estiver analisando seu ingresso em novos mercados, pode adotar uma estratégia sequencial de entrada, evoluindo primeiro em um grupo, e depois em outro, até atingir seu objetivo maior. Esse procedimento por etapas frequentemente reduz os riscos de entrada, além de expor menos a empresa aos concorrentes. Isso ocorre, por exemplo, quando ela produz primeiro uma marca própria, para somente entrar efetivamente no grupo estratégico quando seu lançamento inicial for bem-sucedido (Porter, 1986, p. 52).

b) Estratégia de nicho.

Nesse caso, a empresa procura dominar um segmento de mercado em que ela atua, concentrando seus esforços e recursos em preservar algumas vantagens competitivas.

Pode ficar entendido que, nesse caso, a empresa tem ambiente empresarial bem restrito, não procura expandir-se geograficamente, e segue a estratégia do menor risco, excetuando-se a situação de uma empresa que se encontra num só segmento. Portanto, aqui a empresa se dedica a um único produto, ou único mercado, ou única tecnologia, ou único negócio, sendo que não há interesse em desviar seus recursos para outras oportunidades.

A necessidade de escolher nichos propícios relaciona-se com a definição, pela empresa, das necessidades do mercado e dos clientes, por meio do uso hábil e adequado de seus recursos específicos e diferenciados, tornando seus produtos ou serviços distintos, de modo que lhes propicie uma postura de atuação competitiva para satisfazer a essas necessidades.

A estrutura de informações da estratégia de nicho é direcionada de fora para dentro da empresa. Nesse contexto, a qualidade das informações pode ser mais problemática do que no caso da estratégia de especialização, apresentada a seguir, em que a estrutura de informações é direcionada de dentro para fora da empresa.

A estratégia de nicho, assim como a estratégia de especialização, enquadra-se, em primeira instância, no grupo de estratégias para compra de empresas, pelo contexto do foco, em que o direcionamento de atuação da empresa se torna mais rápido. Mas, em um contexto mais amplo, essas duas estratégias – nicho e especialização – podem ser alocadas nos tipos para vendas, fusões, ou mesmo para alianças de empresas.

Esse aspecto de flexibilidade de formulação estratégica é muito importante, pois facilita a consolidação de estratégias diferenciadas.

c) Estratégia de especialização.

Nesse caso, a empresa procura conquistar ou manter liderança no mercado por meio da concentração dos esforços de manutenção numa única ou em poucas atividades da relação produto e serviços *versus* segmentos de mercado.

A principal vantagem da estratégia de especialização é a redução dos custos unitários pela economia de escala. Sua principal desvantagem é a vulnerabilidade pela alta dependência de poucas modalidades de fornecimento de produção e vendas. A validade da aplicação da estratégia de especialização condiciona-se ao fato de a empresa, efetivamente, possuir grandes vantagens sobre seus concorrentes, como, por exemplo, uma tecnologia aprimorada.

A estratégia de especialização tem sido uma das mais utilizadas pelas empresas em geral, inclusive as brasileiras.

d) Estratégia de expansão.

Nesse caso, você deve ter um processo muito bem planejado; caso contrário, sua empresa pode ser absorvida por outras empresas nacionais ou multinacionais.

Muitas vezes, a não expansão na hora certa pode provocar forte perda de mercado, em que a única solução acaba sendo a venda ou associação com empresas de maior porte. Esses fatos indicam a necessidade de a empresa manter um acompanhamento constante de seu vetor de crescimento, e executar um planejamento de cada fase do processo de expansão. Deve, também, fazer suas expansões de forma que, preferencialmente, coincidam com a expansão de outras empresas da indústria ou setor de atuação.

Normalmente, a decisão de investir na expansão é mais comum que investir na diversificação – ver seção 6.8 –, pois essa envolve mudança mais radical dos produtos e de seus usos atuais, enquanto a expansão aproveita uma situação de sinergia potencial muito forte.

Geralmente, as empresas que se situam numa indústria ou setor de atuação em que existem grandes ganhos em aprendizado e em experiência, tal como a indústria fabricante de microcomputadores, em que o ritmo de evolução tecnológica tem provocado grandes reduções nos custos, têm preferido a estratégia de expansão. Nesse caso, o custo de entrada no setor, medido em termos de capital e/ou tecnologia necessária, é extremamente alto para as empresas que estejam entrando no setor agora, e isso porque houve acumulação gradativa, por meio de expansões, realizadas pelas empresas que já estão operando no setor.

Na realidade, esse custo do capital e/ou tecnologia também deve ser considerado para a empresa verificar se é capaz ou não de reunir recursos para as expansões que serão necessárias, tendo em vista manter-se no mercado. Isso porque, caso os recursos disponíveis não sejam suficientes, a empresa deve abandonar os sucessivos e acumulativos prejuízos.

As estratégias para compra de empresas podem colocar a empresa compradora em uma situação de confronto direto com as duas fontes de barreiras de entrada num setor, ou seja, as estruturais e a reação esperada das empresas prejudicadas.

Nesse caso, as variáveis que a empresa compradora precisa levar em conta nessa estratégia são (Porter, 1986, p. 48):

- a problemática da ultrapassagem das barreiras de entrada e o enfrentamento do risco de retaliação das empresas existentes;
- o efeito da nova capacidade dessa empresa sobre o equilíbrio da relação entre oferta e demanda do setor;
- o impacto das reações prováveis das empresas existentes, inclusive a retaliação e sua força; e
- a identificação de setores-alvos para entrar, pois é importante identificar as situações dos diversos setores, buscando alcançar retornos acima da média, quando da entrada nos setores escolhidos.

Para facilitar sua entrada ou incremento de participação em um segmento de mercado, a empresa pode cogitar, entre outras, das seguintes estratégias:

- reduzir o custo do produto ou serviço;
- comprar no mercado com preço baixo e com sacrifício dos lucros a curto prazo, para forçar os concorrentes a entregar alguma participação de mercado;
- produzir um produto ou serviço superior, superando barreiras de diferenciação;
- encontrar e usufruir um nicho de mercado;
- introduzir uma inovação de marketing no produto ou serviço oferecido; e
- aproveitar-se de sistemas de distribuição de terceiros.

6.4 ESTRATÉGIAS PARA VENDA DE EMPRESAS

Algumas das estratégias que podem ser enquadradas no contexto de vendas de empresas são a redução de custos, os desinvestimentos, bem como a liquidação do negócio.

Seus principais aspectos são:

a) Estratégia de redução de custos.

Essa é a estratégia mais utilizada em período de recessão. Consiste na redução de todos os custos possíveis para que a empresa possa subsistir.

Algumas ações importantes que você pode implementar, correlacionadas a essa estratégia, são reduzir pessoal e níveis de estoque, diminuir compras, efetuar *leasing* de equipamentos, melhorar a produtividade, reduzir custos de promoção.

Na verdade, esse tipo de estratégia não precisa se restringir a um período de recessão, pois o atual elevado nível de competitividade também tem obrigado as empresas a reduzirem drasticamente seus custos. Portanto, a estratégia de redução de custos pode – e deve – aparecer de forma conjunta com outras estratégias da empresa.

b) Estratégia de desinvestimento.

Essa estratégia é comum nas empresas que se encontram em conflito quanto a determinadas linhas de produtos e serviços, que deixam de ser interessantes. Um exemplo típico é a indústria de microcomputadores, que pode passar a fabricar equipamentos de telecomunicações, e chegar o momento em que a segunda linha não corresponde às expectativas de lucro, passando a comprometer toda a empresa; nesse momento, a melhor saída é desinvestir, para não sacrificar o todo, mantendo apenas o negócio original da empresa.

c) Estratégia de liquidação de negócio.

Essa é a estratégia usada em último caso, quando não existe outra saída, a não ser fechar o negócio. Normalmente, ocorre quando a empresa se dedica a um único negócio, produto ou serviço, e esse, depois do estágio de declínio, não foi substituído ou reativado. Naturalmente, essa estratégia só deverá ser adotada em última instância.

6.5 ESTRATÉGIAS PARA FUSÕES DE EMPRESAS

As estratégias que mais se enquadram nesse contexto são as estratégias de fusão propriamente dita, bem como a estratégia de inovação, cujos aspectos principais são apresentados a seguir:

a) Estratégia de fusão.

Corresponde à combinação de dois ou mais negócios, na qual um adquire os direitos e obrigações do outro, em troca de ações ou dinheiro, ou ambos;

ou as empresas são dissolvidas e direitos e obrigações são combinados e novas ações são emitidas.

A fusão pode apresentar-se nas seguintes situações:

- fusão horizontal é uma combinação de duas ou mais empresas com os mesmos negócios e aspectos comuns do processo de produção;
- fusão concêntrica é a combinação de duas ou mais empresas com negócios correlacionados por tecnologia, processos de produção ou atuação nos mercados; e
- fusão conglomerada é a combinação de duas ou mais empresas com negócios não tão intimamente correlacionados, quanto à tecnologia ou processos de produção ou atuação nos mercados.

A fusão é uma estratégia diferente de *joint venture* – ver item b da seção 6.6 –, pois esta última envolve um arranjo equitativo entre duas ou mais empresas independentes na criação de uma nova entidade empresarial.

É possível ocorrer elevada resistência à estratégia de fusão, pois a cultura de uma empresa, com seus valores e crenças, pode ter problemas para ser *absorvida* por outra empresa.

As fusões podem representar importante instrumento para consolidação de nova realidade nas empresas. Entretanto, é necessário verificar *de que lado* a empresa se encontra no momento da compra – ver seção 6.3 –, venda – ver seção 6.4 – e fusão de empresas.

Muitas vezes, ela está do lado mais fraco, que pode ser o da empresa vendedora, pois, geralmente, não tem recursos para comprar outras empresas. Se ela não tem recursos, mas quer se colocar na posição compradora, do outro lado pode estar outra empresa, normalmente pequena, a qual os bancos de negócios, geralmente os intermediários desse tipo de transação, não têm qualquer tipo de interesse. Portanto, muitas vezes, as empresas pequenas, mesmo que tenham algum nível de tecnologia, ficam sem saber para qual estratégia devem se direcionar.

As fusões são válidas para os clientes e consumidores, desde que não reduzam a competição em mercados locais, bem como a eficiência operacional gerada seja transferida para o usuário final, quer seja em preço ou qualidade. O que deve ser evitado são funções horizontais entre concorrentes na mesma região, resultando em restrições de produtos e aumento de preços.

Entretanto, muitas fusões não dão certo, como mostrou Porter (1991, p. 98) em pesquisa realizada para a Universidade Harvard, que de mais de três dezenas de grandes fusões em um período de quase 40 anos, duas dezenas dessas fusões foram vendidas ou liquidadas no espaço de 10 anos. É por isso que alguns pesquisadores do assunto afirmam que uma fusão só mostra se foi boa ou não após um período de cinco a 10 anos de realizada a referida fusão entre empresas.

    b) Estratégia de inovação.

Nesse caso, a empresa está sempre procurando antecipar-se a seus concorrentes, com frequentes desenvolvimentos e lançamentos de novos produtos e serviços, pois a empresa deve ter acesso rápido a todas as informações necessárias num mercado de rápida evolução tecnológica. Portanto, consiste no desenvolvimento de nova tecnologia, ou na procura do desenvolvimento de novas necessidades de mercado, ou na procura do desenvolvimento de um produto inédito ou milagroso.

A estratégia de inovação é uma das mais adequadas aos momentos de incerteza, pois novos produtos, mercados e processos são as saídas para superar situações de turbulência e incerteza.

Entretanto, nenhuma estratégia em momentos de incerteza deve pressupor a estagnação ou a involução tecnológica; deve ser mantido o objetivo de crescimento da empresa, consolidando-se, com isso, a atitude de busca de oportunidades. Inclusive, períodos de incerteza e turbulência podem acabar com posições aparentemente inabaláveis; daí a necessidade da empresa manter-se criativa e estruturada, bem como em profunda vigilância.

6.6 ESTRATÉGIAS PARA ALIANÇAS DE EMPRESAS

As estratégias que se enquadram, com maior facilidade, no contexto das alianças de empresas são a de estabilidade, de *joint venture* e de consórcio, cujos aspectos principais são abordados a seguir:

    a) Estratégia de estabilidade.

Nesse caso, a empresa procura, principalmente, a manutenção de um estado de equilíbrio ameaçado, ou, ainda, o retorno desse estado em caso de perda do equilíbrio. Geralmente, o desequilíbrio que está incomodando é o financeiro, provocado, por exemplo, pela relação entre a capacitação produtiva e seu poder de colocar os produtos e serviços no mercado.

Numa posição de estratégia de estabilidade, a empresa busca equilibrar os fluxos de receitas e de despesas, para alcançar os objetivos desejados de lucro e de participação no mercado. Tanto os mercados como os produtos existentes, geralmente, estão em níveis de maturidade – ver seção 5.3.2 – e a concorrência está bem estabelecida. Normalmente, a alta administração da empresa já deve ter acumulado ampla base de conhecimento e experiência a respeito dos segmentos de mercado e dos produtos e serviços.

O foco de análise do ambiente da empresa está sobre o monitoramento das influências externas, para identificar possíveis oportunidades e ameaças. Porém, essa análise do ambiente não implica, necessariamente, que as mudanças de estratégias sejam sempre desejáveis.

A análise da oportunidade de mercado, no âmbito de uma estratégia de estabilidade, procura aprimorar o conhecimento da empresa a respeito de seus mercados. Como exemplo, pode-se citar que, frequentemente, as estratégias de segmentação de mercado podem ser adequadas para capacitar a empresa a concentrar seus esforços sobre certos grupos de usuários finais, obtendo, assim, vantagens sobre os concorrentes, por meio da especialização (ver item c da seção 6.3).

Uma posição de estratégia de estabilidade necessita, basicamente, do estabelecimento claro de prioridades, para os grupos de clientes que estão dentro do mercado agregado da empresa; é dada mais ênfase ao controle do que ao planejamento; o uso eficiente dos recursos é crítico, pois o crescimento do mercado costuma ser modesto; a concorrência pelos novos clientes é forte; bem como o monitoramento do desempenho dos produtos e serviços deve ser uma atividade contínua, para identificar os produtos e serviços que devem ser eliminados.

b) Estratégia de *joint venture*.

Trata-se de uma estratégia usada para entrar em novo mercado, onde duas empresas se associam para consolidar um novo negócio ou para produzir um produto. Normalmente, uma entra com a tecnologia, e a outra com o capital. Isso é comum em países em que as empresas multinacionais sofrem restrições.

Alguns dos fatores a serem considerados nessas associações são a estrutura de capitais, propriedades industriais e de patentes, modelo de gestão, rentabilidade, tecnologia, concorrência e mecanismos de controle pelo governo.

A *joint venture* pode ser considerada como uma associação estratégica entre empresas, por período de tempo indeterminado, para explorar um ou mais negócios resguardando a situação em que nenhuma das empresas perde sua personalidade jurídica.

Muitas empresas são relutantes em consolidar *joint ventures*, pois, nesses casos, podem estar perdendo poder de mando em suas empresas. Entretanto, a atual globalização dos mercados pode efetivar uma situação em que as empresas fechadas, que não interagem com outras empresas nos mais diversos aspectos, podem *perder o trem da história*.

As *joint ventures* não aparecem, na legislação comercial brasileira, como modelo formal de sociedade juridicamente definida.

A *joint venture* pode advir da manifestação contratual de parceiros que, por sua vez, podem ter objetivos de curto, médio ou longo prazo, associando-se contratualmente para um fim específico, sem a constituição de uma nova empresa, ou por meio da constituição de sociedade com personalidade jurídica, isto é, por meio de constituição de uma nova empresa.

Uma das características fundamentais das associações sob a forma de *joint venture* reside na equivalência proporcional entre os sócios participantes, em relação ao investimento e à gestão do negócio, de modo a não provocar vantagens desproporcionais a uma das partes.

A constituição de uma empresa *joint venture* deve estar baseada em alguns importantes instrumentos jurídicos:

- carta ou acordo de intenções, que deve ser elaborado, preliminarmente, pelas empresas sócias no investimento, e deve conter os indicativos básicos do funcionamento da futura empresa, tais como identificação das partes, manifestação da vontade de atuarem conjuntamente, objetivos da sociedade, prazo de existência, valor e forma de investimento, constituição da empresa, partilha de recursos e riscos, bem como a gestão da nova empresa;

- contratos ou estatuto social da nova empresa, o qual possibilita a concepção jurídica e formal da nova empresa a ser constituída; e

- outros instrumentos, tais como o estudo de viabilidade do novo empreendimento, acordos de obtenção e transferência de tecnologia, contratos de licença para uso de marcas e, se já existir, o que seria altamente válido, o plano estratégico do novo negócio.

c) Estratégia de consórcio.

Corresponde à combinação de empresas, geralmente de porte considerável, com a finalidade de somar esforços para negócios de elevada magnitude, por um período de tempo determinado.

Muitas vezes, esses consórcios são formados por grandes empresas que não querem perder sua condição individual de influência e atuação no mercado.

A administração dos negócios decorrentes da formação do consórcio é realizada por adequadas estruturações de projetos.

Verifica-se que as três formas de estratégias para alianças de empresas têm forte abordagem de interação de diferentes culturas entre as empresas.

As culturas que aceitam e exercitam de maneira mais forte o planejamento, o qual representa o início do processo administrativo, têm maior facilidade de interagir conhecimentos e expectativas pessoais e, portanto, maior possibilidade de consolidar alianças mais estruturadas e fortalecidas, as quais proporcionam sustentação para uma administração mais flexível e inovadora, pois a criatividade e a interação pessoal tornam-se cada vez mais fortes.

Empresas cujas culturas obrigam a ir mais *diretamente ao problema*, pois não querem perder tempo, apresentam maior dificuldade de interagir alianças adequadas, pois cada lado quer levar a sua realidade pura e simples.

6.7 ESTRATÉGIAS PARA GLOBALIZAÇÃO DE EMPRESAS

Nesse contexto, podem-se ter as estratégias de globalização propriamente dita, bem como a estratégia de desenvolvimento de mercados, cujos aspectos básicos são apresentados a seguir:

a) Estratégia de globalização.

Aqui a empresa estende suas atividades para fora de seu país de origem. Embora o processo seja lento e, geralmente, arriscado, é uma estratégia que pode ser bastante interessante para as empresas de maior porte, pela atual situação evoluída dos sistemas logísticos e de comunicações.

No atual momento da globalização da economia, essa estratégia pode ser considerada uma premissa para o sucesso da empresa.

O processo de globalização tem *mexido* com as empresas atuantes no mercado brasileiro, pois essas estiveram, durante longo período, acostumadas a sobreviver e crescer em um mercado protegido por barreiras alfandegárias, com inflação alta e descontrolada, bem como competitividade restrita à concorrência local.

Entretanto, quando se aborda a globalização, você deve se lembrar de que não existe uma única forma de administrar. Isso porque as culturas regionais e, principalmente, de diferentes países, influem na realidade administrativa de cada empresa.

Atualmente, a globalização chegou a tal ponto que as interações não são apenas *para frente*, junto aos clientes, mas também *para trás*, junto aos fornecedores. Nesse contexto, surgiu o *follow-sourcing,* em que os fornecedores globais seguem seus clientes em qualquer país ou região onde eles estejam.

Para os clientes, o *follow-sourcing* transformou-se em importante instrumento de logística, pois é capaz de acelerar a produção e de reduzir custos, mantendo os níveis de qualidade esperados. E também ajuda no processo de *just in time*, pois, quanto mais próximos os fornecedores estiverem de seus clientes, no contexto mais amplo, maiores serão as chances de integração do processo produtivo.

b) Estratégia de desenvolvimento de mercados.

Essa estratégia ocorre quando a empresa procura maiores vendas, levando seus produtos e serviços a novos mercados. Portanto, pode-se ter a abertura de novos mercados geográficos, ou a atuação em outros segmentos de mercado.

Essa estratégia pode levar uma empresa para além de suas capacidades atuais na relação mercados *versus* produtos e, provavelmente, exige realinhamentos das relações e dos procedimentos organizacionais. São exigidos, frequentemente, recursos adicionais, tanto financeiros, como humanos.

O desenvolvimento do mercado é uma estratégia importante, e dificilmente encaixa-se bem nos padrões operacionais existentes. Os compromissos com novos mercados ou novos produtos colocam a alta administração da empresa diante de análises vitais quanto à sua estruturação organizacional.

Deve-se fazer cuidadosa avaliação da exequibilidade de se adotar essa estratégia, em termos de influências ambientais, potencial de mercado, situação competitiva e viabilidade financeira.

A estratégia de desenvolvimento de mercado aparece, na maior parte das vezes, interligada com outras estratégias, tais como as estratégias para compra de empresas – ver seção 6.3 –, estratégias para fusões de empresas – ver seção 6.5 – e de estratégias para alianças de empresas – ver seção 6.6.

Verifica-se, também, que se procurou dar uma abordagem mais ampla à estratégia de desenvolvimento de mercados, enfocando o contexto da globalização, mas não se esquecendo de que esse contexto pode ser mais restrito, em nível exclusivo do mercado interno brasileiro. Entretanto, esse contexto pode ser altamente problemático na atual realidade da economia brasileira, pois a globalização já é uma realidade irreversível para nosso país.

6.8 ESTRATÉGIAS PARA DIVERSIFICAÇÃO DE NEGÓCIOS

Nesse contexto, enquadram-se as estratégias de diversificação propriamente dita, e a de desenvolvimento, tanto de produtos e serviços, como de mercados.

a) Estratégia de diversificação.

Essa é a estratégia mais forte para o desenvolvimento de negócios de uma empresa. Entretanto, como, nesse caso, os produtos e seus usos são diferentes, você deve fazer minuciosa análise para decidir sobre a diversificação.

Normalmente, uma empresa procura oportunidades no ambiente para iniciar um processo de diversificação, quando (Ansoff, 1990, p. 109):

- a empresa começa a ter dificuldades em atingir seus objetivos, pelas alterações no contexto interno e na conjuntura externa à empresa, geralmente provocados por falta de oportunidades para investir nos segmentos atuais, pela saturação de mercados, bem como pela queda da taxa de retorno dos projetos de expansão;
- a empresa visualiza uma situação de retorno para os projetos de diversificação maiores de que para outras estratégias;
- a empresa tem disponibilidade de recursos, depois de já ter investido o suficiente para manter-se numa posição adequada de mercado; e

- as informações disponíveis não forem suficientemente confiáveis, para permitir comparação concludente entre estratégias de expansão – ver item *d* da seção 6.3 – e de diversificação; isso porque uma empresa, normalmente, possui muito mais informações sobre as possibilidades de expansão do que sobre o amplo campo externo para diversificação de negócios.

Quando você estiver pensando em diversificar seus negócios, pode fazer determinadas perguntas estabelecidas por Markides (1997, p. 27):

- o que nossa empresa pode fazer melhor do que qualquer uma das empresas concorrentes em seu mercado atual? (Obs.: pode-se incluir na análise o mercado potencial futuro.)
- de que recursos estratégicos nossa empresa precisa para conseguir sucesso no novo mercado?
- podemos alcançar ou superar os atuais concorrentes em sua atuação nesses mercados?
- a diversificação pode separar competências e recursos estratégicos que só funcionam juntos?
- seremos apenas mais um participante no novo mercado, ou poderemos efetivamente vencer?
- o que nossa empresa pode aprender com a diversificação? Estamos adequadamente organizados e capacitados para aprender com essa nova situação?

Salienta-se que a expansão, ao contrário da diversificação, corresponde ao desenvolvimento da empresa com seus atuais produtos e serviços, bem como os atuais usos dos referidos produtos e serviços.

A diversificação, com base em adaptações desenvolvidas por Porter (1985, p. 41), pode estar correlacionada a seis estratégias – horizontal, vertical, concêntrica, conglomerada, interna e mista –, cujos aspectos principais são apresentados a seguir:

> a.1) Estratégias de diversificação horizontal: por meio dessa estratégia, a empresa concentra seu capital, pela compra ou associação com empresas similares. Portanto, a empresa atua em ambiente econômico que lhe é conhecido, porque os consumidores são do mesmo tipo.

O potencial de ganho de sinergia, nesse tipo de diversificação, é baixo, com exceção da sinergia comercial, uma vez que são usados os mesmos canais de distribuição.

Na diversificação horizontal ocorre a divisão da empresa em subsistemas ou departamentos, uma vez que cada um desempenha uma tarefa especializada em contexto ambiental também diferenciado ou especializado.

Portanto, cada subsistema ou departamento da empresa diferencia-se, ou diversifica-se dos demais, e tende a seguir, única e exclusivamente, a parte do ambiente que é relevante para sua própria estratégia diferenciada. Esses subsistemas da empresa podem estar correlacionados aos planejamentos táticos, ou mesmo aos planejamentos operacionais da empresa.

> a.2) Estratégia de diversificação vertical ou estratégia de integração *para frente* ou *para trás*: ocorre quando a empresa passa a produzir novo produto ou serviço, que se acha entre seu mercado de matérias-primas, e o consumidor final do produto que é fabricado.

Nesse caso, a empresa investe *para frente e/ou para trás*, de modo que tenha domínio da sequência de seu processo de produção e de comercialização. Entretanto, apresenta a desvantagem de tornar a empresa inflexível às oscilações econômicas, pois as empresas muito integradas verticalmente acabam dependentes de um segmento específico da demanda global.

Normalmente, na diversificação vertical, as forças ambientais provocam uma situação em que é mais interessante para a empresa manter uma unidade de esforço, bem como uma coordenação mais efetiva, entre as várias unidades organizacionais da empresa.

> a.3) Estratégia de diversificação concêntrica: trata-se da diversificação da linha de produtos, com aproveitamento da mesma tecnologia ou força de vendas, oferecendo-se uma quantidade maior de produtos no mesmo mercado.

Com a diversificação concêntrica, a empresa pode ter ganhos substanciais em termos de flexibilidade. O sucesso desse tipo de diversificação, entretanto, depende do grau de efeitos sinérgicos positivos associados aos conhecimentos de tecnologia e/ou comercialização.

> a.4) Estratégia de diversificação conglomerada: consiste na diversificação de negócios em que a empresa não aproveita a mesma tecnologia ou força de vendas. Nesse caso, o grupo de empresas apresenta,

como um todo, um risco menor, pois está envolvido em diversos setores de atuação diferentes. A diversificação conglomerada não apresenta sinergias elevadas em termos de comercialização e/ou tecnologia, mas pode contribuir, em muito, para aumentar a flexibilidade da empresa, principalmente se os setores escolhidos para a diversificação forem de flutuações econômicas complementares.

A diversificação conglomerada é particularmente bem-sucedida, se a empresa possuir sinergia administrativa – centralização decisória, sobretudo as financeiras, com descentralização operacional –, bem como se a empresa investir em setores com características econômicas mais favoráveis do que aqueles em que ela opera atualmente.

> a.5) Estratégia de diversificação interna: corresponde a uma situação em que a diversificação da empresa é, basicamente, gerada pelos fatores internos, e sofre menos influência dos fatores externos.

É uma situação que, em termos estratégicos, pode ser considerada inadequada, pois a consolidação de um processo de diversificação sem a efetiva análise e consolidação de fatores externos à empresa pode levar a uma situação em que a diversificação seja *um fim em si mesma*, a qual pode provocar situações desinteressantes para a empresa.

> a.6) Estratégia de diversificação mista: trata-se de uma situação em que a empresa apresenta mais do que um dos tipos anteriormente citados de diversificação.

Entretanto, antes de diversificar, a empresa deve concretizar algumas estratégias básicas, a saber (Porter, 1986, p. 60):

- identificar oportunidades, pois os fundadores, proprietários e executivos, no primeiro estágio de evolução da empresa, acumulam recursos e procuram identificar oportunidades de negócios para iniciar a consolidação de um empreendimento;
- atender a uma necessidade específica de mercado, pois identificada uma oportunidade, e vencidas as barreiras à entrada no negócio, a empresa desenvolve-se, promovendo e atendendo a uma necessidade do mercado. No segundo estágio da evolução da empresa, a necessidade é uma oportunidade que pode desaparecer, no terceiro estágio ela se consolida num nicho e, no quarto estágio, abrange todo o mercado; e

- desenvolver um negócio dominante, pois uma vez consolidado o negócio no terceiro estágio de evolução num nicho de mercado, a empresa desenvolve-se explorando todo o potencial desse negócio, desde sua expansão para todo o mercado, que é realizada no quarto estágio, até a diversificação para negócios com sinergia, no quinto estágio. Toda a evolução da empresa nos terceiro, quarto ou quinto estágios desenvolve-se com um único negócio, sendo por isso que se chama essa estratégia de desenvolvimento de negócio dominante. Mesmo a diversificação para negócios com sinergia é uma complementação do negócio dominante.

Portanto, uma empresa não deve diversificar por *diversificar*. Por exemplo, uma empresa não deve diversificar sem ter, anteriormente, um negócio dominante.

Para Rumelt (1974, p. 47), as empresas diversificadas podem ser divididas em empresas de negócios dominantes, empresas de negócios correlacionados e empresas de negócios não correlacionados. As primeiras derivam 70% a 95% de suas receitas de um único ramo ou cadeia de negócios. As empresas de negócios correlacionados são as que se diversificam para atividades que utilizam, de forma tangível, os conhecimentos e experiências adquiridos pela empresa, sendo que ainda nenhuma unidade estratégica de negócio, individualmente, é responsável por mais de 70% das vendas de toda a empresa. Por fim, as empresas de negócios não correlacionados, normalmente denominadas conglomerados, são as que diversificam para atividades não necessariamente dentro do domínio de seus negócios tradicionais, sendo que seus modelos de gestão estão baseados, normalmente, em unidades estratégicas de negócios, sob a coordenação de uma administração corporativa.

De qualquer maneira, os executivos das empresas devem procurar usufruir de uma situação vantajosa de diversificação, que ocorre quando existem retornos maiores do que os possíveis de ser auferidos por investimentos específicos das atividades consideradas, ou então ocorre redução nas flutuações dos retornos maior do que a possível de ser obtida por investimentos nas atividades consideradas.

De acordo com Porter (1986, p. 80), existem sete maneiras básicas pelas quais as empresas diversificadas podem criar condições favoráveis para seus acionistas e executivos. Verifica-se que as quatro primeiras são relevantes nos casos de diversificações não correlacionadas.

São elas:

i) Uma aquisição diversificada pode aumentar a produtividade do capital quando os conhecimentos e recursos de uma das partes são aplicados aos problemas e oportunidade enfrentados pelo outro sócio. Tal transferência de recursos e conhecimentos é denominada sinergia. Um exemplo disso é o caso da BIC, que aplica uma estratégia de produtos padronizados, propaganda maciça voltada ao consumidor e produção integrada de baixo custo, a uma variedade de negócios distintos como canetas, isqueiros descartáveis e lâminas de barbear.

ii) Investimentos em mercados altamente correlacionados às áreas atuais de operação da empresa podem reduzir custos a longo prazo. Uma redução nos custos médios pode derivar de efeitos de escala, da racionalização da produção, de inovações tecnológicas etc. Por exemplo, o orçamento das atividades de marketing pode ficar reduzido em proporção às vendas, se os recursos existentes puderem ser utilizados para a promoção de novos produtos correlacionados.

iii) A expansão dos negócios pode viabilizar a geração da massa crítica de recursos necessários para enfrentar a concorrência com possibilidades de sucesso. Em muitos setores, as empresas participantes necessitam alcançar certo porte – ver modelo da massa crítica na seção 5.3.9 – antes que possam concorrer de forma efetiva. Isso se verifica, por exemplo, na indústria eletrônica, onde tamanho e fluxo de caixa estão tornando-se essenciais para o financiamento dos programas de pesquisa e desenvolvimento de novos produtos e serviços.

iv) O processo de diversificação para os mercados e os produtos correlacionados pode permitir à empresa reduzir uma série de riscos. Um aspecto importante para os acionistas estará sendo criado, caso a diversificação possibilite redução de riscos, tais como os tecnológicos, de produção ou de marketing, desde que tais reduções possam ser realizadas com menores flutuações nos retornos dos investimentos realizados pela empresa.

v) A empresa diversificada pode transferir recursos das unidades superavitárias para as deficitárias, reduzindo, dessa forma, as necessidades globais de recursos externos. Por meio da centralização da administração de caixa, as necessidades cíclicas e/ou sazonais de capital de giro das unidades estratégicas de negócios podem ser administradas de maneira otimizada, beneficiando toda a empresa.

vi) A alta administração da empresa diversificada pode transferir recursos para investimentos, das unidades geradoras de fluxo de caixa para as unidades não geradoras, mas com perspectivas de crescimento no conjunto das unidades estratégicas de negócios da empresa.

O objetivo aqui é aumentar a rentabilidade de longo prazo da empresa considerando todos os seus negócios. Outro aspecto é ter acesso às informações não disponíveis para todo o mercado. Tais informações são obtidas internamente de cada setor de negócios em que a empresa atua, e referem-se à posição competitiva e potencial de cada empresa na indústria ou setor. Com tais dados, as empresas diversificadas podem avaliar projetos de investimentos, e alocar recursos de forma mais eficiente que a possível de ser alcançada pelos investidores individuais.

> vii) Por meio da diversificação, a empresa pode obter redução no custo do capital de terceiros, e adotar uma política financeira mais agressiva. Em consequência, o custo total de capital da empresa pode diminuir, propiciando aos acionistas retornos superiores aos possíveis de ser obtidos por meio de um conjunto de estratégias equivalentes.

À medida que o número de negócios de uma empresa com diversificação não correlacionada aumenta, e a instabilidade de seus retornos diminui, sua condição creditícia e capacidade de endividamento devem evoluir. E uma política de endividamento mais agressiva pode reduzir o custo de capital da empresa, desde que um possível menor custo de capital de terceiros não seja compensado por aumento do custo de capital próprio, resultante dos riscos associados ao endividamento mais elevado.

Em suma, a diversificação pode oferecer benefícios significativos para a empresa. Nas diversificações correlacionadas, tais benefícios ocorrem quando os conhecimentos e recursos de uma das partes são transferíveis e aplicados nas oportunidades e problemas competitivos enfrentados pela outra parte.

Por outro lado, os acionistas beneficiam-se das diversificações não correlacionadas – conglomerados – quando uma administração mais eficiente do capital por parte da empresa gera retornos maiores do que os possíveis de serem obtidos pelos acionistas por meio de um conjunto de negócios diversificados de risco comparável.

Pode-se considerar, à medida que se parte das diversificações correlacionadas para as não correlacionadas, que a natureza e o impacto dos benefícios potenciais se alteram. Em geral, sinergias operacionais advindas da integração de atividades funcionais estão presentes de forma mais frequente nas diversificações correlacionadas, enquanto benefícios resultantes de eficiência de administração, em geral, são mais habitualmente encontrados nas diversificações não correlacionadas.

b) Estratégia de desenvolvimento.

Ocorre, normalmente, quando a empresa tem uma situação favorável de oportunidades externas e de pontos fortes internos, tal como no caso da estratégia de diversificação; mas a empresa não julga válido partir para a diversificação de negócios, geralmente por causa do nível de risco envolvido.

Normalmente, a estratégia de desenvolvimento ocorre de duas formas básicas:

b.1) Estratégia de desenvolvimento de produtos e serviços: ocorre quando a empresa procura maiores vendas mediante o desenvolvimento de melhores produtos e/ou serviços para seus mercados atuais. Esse desenvolvimento pode ocorrer por meio de novas características do produto ou serviço, de variações de qualidade, ou mesmo de diferentes modelos e tamanhos, levando à proliferação do produto ou serviço no mercado. Entretanto, para consolidar essa situação, a empresa deve ter sustentação tecnológica no processo, no produto e no serviço, o que nem sempre é viável.

b.2) Estratégia de desenvolvimento de mercados: ocorre quando a empresa procura consolidar novos campos de utilização de seus produtos e serviços com base em forte segmentação e tratamento do mercado. Salienta-se que esse tipo de estratégia foi colocado no item *b* da seção 6.7 (Estratégias para globalização de empresas).

Complementando o anteriormente apresentado, pode-se considerar que a estratégia de desenvolvimento, geralmente está ligada a uma questão básica da realidade da empresa no momento considerado.

Por exemplo, a questão pode ser financeira e, nesse caso, a estratégia será de desenvolvimento financeiro, a qual pode corresponder à situação de duas empresas de um mesmo grupo empresarial, ou mesmo empresas autônomas e/ou concorrentes, sendo que uma apresenta poucos recursos financeiros (pontos fracos em recursos financeiros) e grandes oportunidades ambientais, e a outra empresa, o inverso (ponto forte em recursos financeiros e poucas oportunidades ambientais). Essas empresas juntam-se, associam-se ou fundem-se em nova empresa, que passa a ter tanto ponto forte em recursos financeiros quanto oportunidades ambientais.

Verifica-se que essa é uma situação variante da estratégia básica de desenvolvimento, pois apenas após a associação entre as duas empresas é que se fica em uma situação de predominância de oportunidades externas e de pontos fortes internos.

Naturalmente, esse tipo de estratégia também ocorre em outras questões básicas da empresa, tais como a estratégia de desenvolvimento de capacidade, a qual ocorre quando a associação é realizada entre uma empresa com ponto fraco em tecnologia e alto índice de oportunidades usufruídas e/ou potenciais, e outra empresa com ponto forte em tecnologia, mas com baixo nível de oportunidades no mercado.

Verifica-se que essas estratégias de desenvolvimento financeiro e de desenvolvimento de capacidade ocorrem de forma interativa com a estratégia de alianças de empresas (ver seção 6.6). Esse aspecto é importante, porque todo o processo de formulação de estratégias é altamente criativo e, portanto, analisando-se todas as suas possibilidades de forma interativa, torna-se o processo estratégico, bem como seu resultado, muito mais interessantes para a empresa.

Como exemplo, pode-se fazer a interligação dos tipos de estratégias genéricas baseadas na postura estratégica, com as estratégias para compra, venda, fusões, alianças, globalização de empresas e diversificação de negócios.

Nesse caso, as estratégias empresariais que se enquadram na postura estratégica de sobrevivência são as de redução de custos, desinvestimentos e liquidação de negócios.

Quanto à postura estratégica de manutenção tem-se as estratégias de estabilidade, de nicho e de especialização.

As que se enquadram na postura estratégica de crescimento são as estratégias de inovação, de *joint venture*, de expansão e de fusão.

No caso da postura estratégica de desenvolvimento têm-se as estratégias de desenvolvimento de mercado, de produtos e serviços, financeiro e de capacidade, bem como a estratégia de diversificação com suas várias abordagens.

Portanto, essa análise interativa entre os diferentes tipos de estratégias é de elevada importância no processo decisório estratégico nas empresas, tendo em vista otimizar e consolidar suas vantagens competitivas perante os concorrentes.

Verifica-se a importância de você escolher a estratégia básica certa para a situação que cada momento apresenta. Mas, naturalmente, essa flexibilidade estratégica não deve ser exagerada, pois a empresa deve estar preparada para tal.

Com referência aos vários tipos de estratégias apresentadas, pode-se adotar um conjunto delas, de maneira ordenada, desde que seus aspectos gerais não sejam conflitantes.

RESUMO

Neste capítulo foram apresentados os principais tipos de estratégias empresariais.

De forma genérica, as estratégias podem ser classificadas quanto à amplitude (macroestratégia, estratégia funcional e microestratégia), quanto à concentração (pura e conjunta), quanto à qualidade dos resultados (fortes e fracas), quanto à fronteira (internas e externas), quanto aos recursos aplicados (separados por tipos), quanto ao enfoque (pessoais e empresariais), quanto à postura estratégica (sobrevivência, manutenção, crescimento e desenvolvimento) e quanto à abrangência (corporativas, de unidades estratégicas de negócios e empresariais).

As estratégias para a compra de empresa podem ser de aquisição, de nicho e de especialização.

As estratégias para a venda de empresas podem ser a de redução de custos, a estratégia de desinvestimento, bem como a liquidação do negócio.

As estratégias para fusões de empresas podem ser a de fusões propriamente ditas, e a estratégia de inovação.

As estratégias para alianças de empresas são as de estabilidade, de *joint venture* e de consórcio.

As estratégias para globalização de empresas são a de globalização propriamente dita, bem como a estratégia de desenvolvimento de mercados.

As estratégias para a diversificação de negócios são a estratégia de diversificação propriamente dita, bem como a estratégia de desenvolvimento de produtos ou serviços.

QUESTÕES PARA DEBATE

1. Identificar outras maneiras de se classificar as estratégias empresariais.

2. Com base em uma empresa de seu conhecimento, identificar suas estratégias básicas. Debater o processo de formulação e implementação dessas estratégias.

CASO: Estabelecimento das estratégias na Madeiral Papel e Celulose S.A. após sua reestruturação

A Madeiral Papel e Celulose S.A. é pertencente a seis amigos, antigos funcionários da mesma, que a compraram de um grupo multinacional que encerrou suas atividades no Brasil.

O organograma da Madeiral, quando era uma empresa multinacional, é apresentado a seguir:

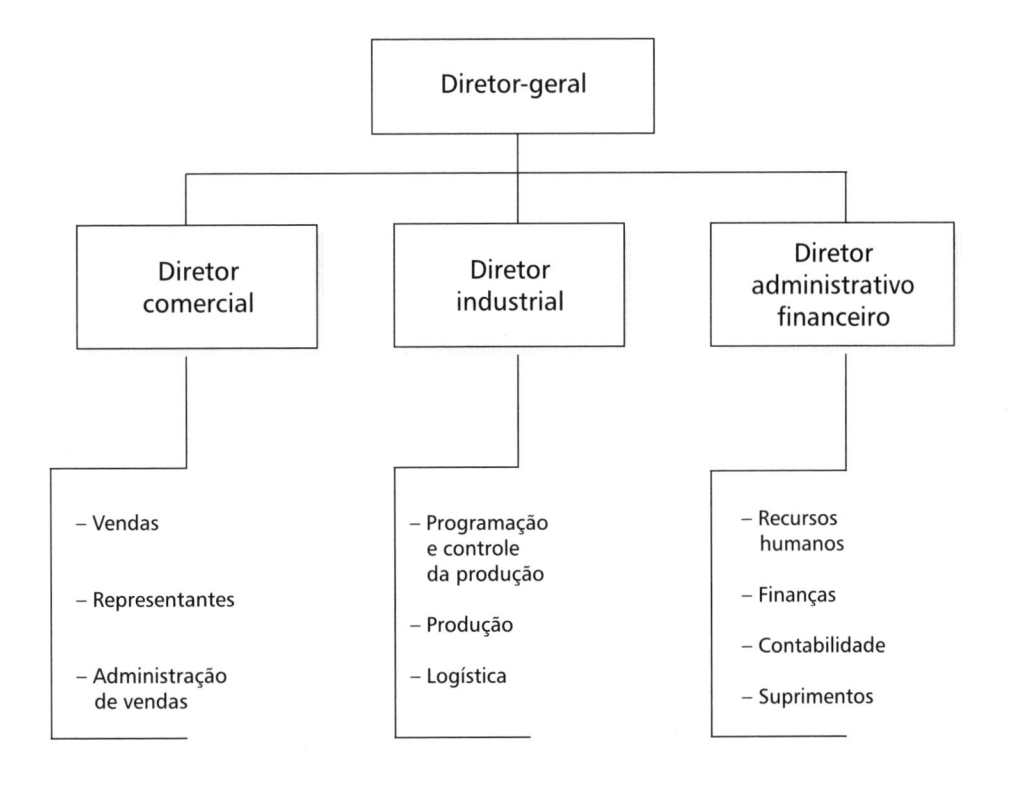

```
                        Diretor-geral
           ┌─────────────────┼─────────────────┐
       Diretor            Diretor           Diretor
      comercial          industrial       administrativo
                                           financeiro

    – Vendas          – Programação       – Recursos
                        e controle          humanos
                        da produção
    – Representantes                      – Finanças
                      – Produção
                                          – Contabilidade
    – Administração   – Logística
      de vendas                           – Suprimentos
```

Embora você saiba que a reformulação da estrutura organizacional deva ocorrer apenas após o delineamento da nova estratégia básica da empresa, esse fato não era do conhecimento dos atuais seis donos da Madeiral.

Nesse contexto, eles alteraram o organograma conforme apresentado a seguir:

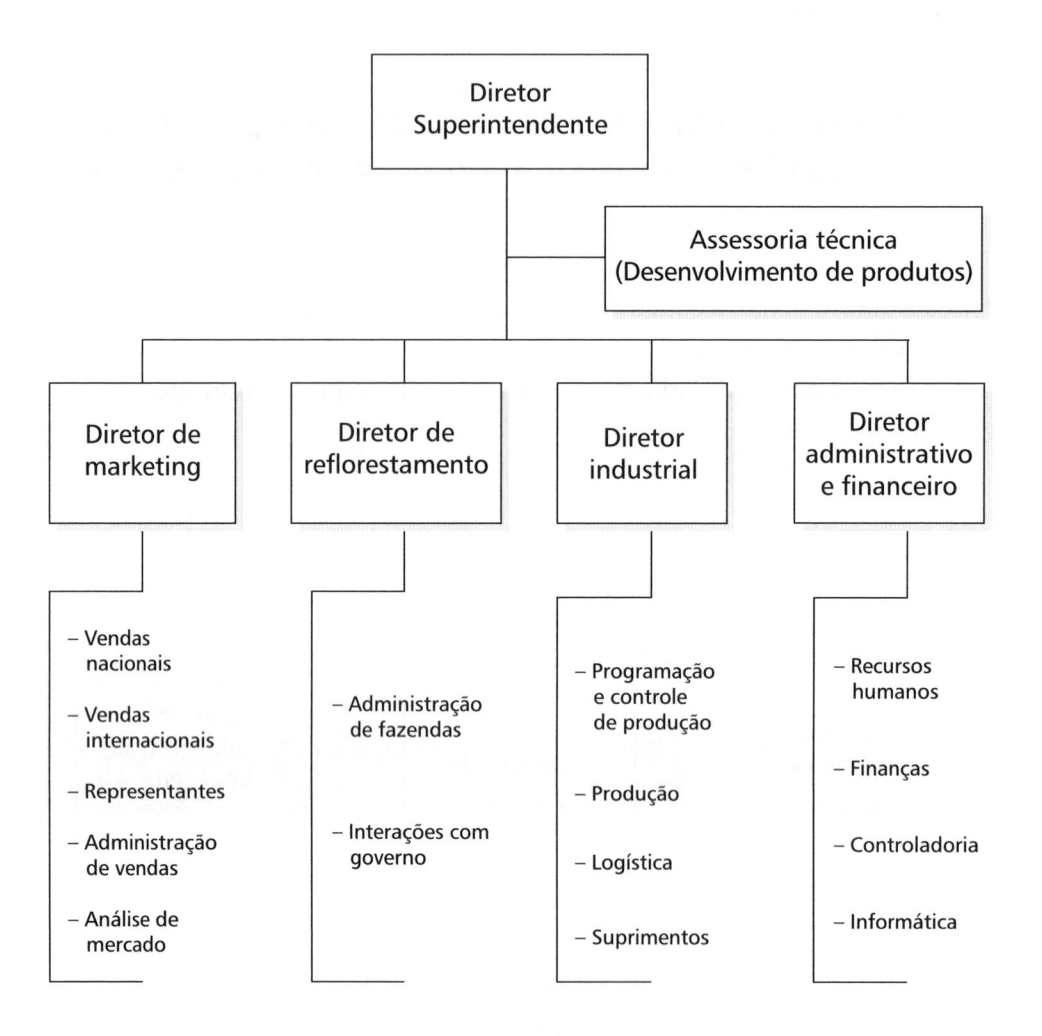

```
                    ┌─────────────────┐
                    │    Diretor      │
                    │ Superintendente │
                    └─────────────────┘
                            │
                            ├──────────────┬──────────────────────────────┐
                            │              │  Assessoria técnica          │
                            │              │ (Desenvolvimento de produtos)│
                            │              └──────────────────────────────┘
        ┌───────────┬───────┴───────┬────────────────┐
   ┌─────────┐ ┌─────────────┐ ┌──────────┐ ┌──────────────┐
   │Diretor de│ │  Diretor de │ │ Diretor  │ │   Diretor    │
   │marketing │ │reflorestamento│ │industrial│ │administrativo│
   └─────────┘ └─────────────┘ └──────────┘ │ e financeiro │
                                             └──────────────┘
```

- Diretor de marketing:
  - Vendas nacionais
  - Vendas internacionais
  - Representantes
  - Administração de vendas
  - Análise de mercado

- Diretor de reflorestamento:
  - Administração de fazendas
  - Interações com governo

- Diretor industrial:
  - Programação e controle de produção
  - Produção
  - Logística
  - Suprimentos

- Diretor administrativo e financeiro:
  - Recursos humanos
  - Finanças
  - Controladoria
  - Informática

O faturamento médio anual da Madeiral é de R$ 280 milhões, com uma participação média de mercado em 7%.

Seus principais produtos são o papel ofício e o papel para impressora de computador.

A Madeiral está analisando a entrada no segmento de papéis especiais, com gramaturas diversas, visando atender às necessidades de clientes com atividades mais sofisticadas.

O nível de concorrência no Brasil deverá se intensificar, com a ampliação da produção das grandes empresas do setor, bem como a entrada de algumas empresas multinacionais.

A Madeiral pretende consolidar uma vantagem competitiva que a coloque em uma situação diferenciada de atendimento a seus clientes atuais, inclusive na busca de novos clientes.

As tecnologias de produtos e de processos da Madeiral estão atualizadas, mas existe a preocupação de, gradativamente, ir perdendo essa situação ao longo do tempo. Existem determinadas máquinas operatrizes de elevada capacidade e tecnologia, que são fabricadas por grandes empresas multinacionais de papel e celulose, as quais costumam decidir para quem devem vender essas máquinas.

Por outro lado, o forte e adequado estilo comercial e de interação com seus clientes já é perfeitamente conhecido pelo mercado de clientes atuais e potenciais, bem como das empresas concorrentes.

Considerando todas as informações apresentadas neste caso, você deve delinear, com fortes justificativas, três estratégias alternativas para a Madeiral Papel e Celulose S.A.

Para facilitar a análise, você pode – e deve – completar o caso com todas as informações que julgar necessárias, tornando a solução para a Madeiral como algo que tenha a sua *personalidade*.

```
                    ┌─────────────────────┐
                    │      Capítulo 1     │
                    │   Conceitos básicos │
                    └─────────────────────┘
```

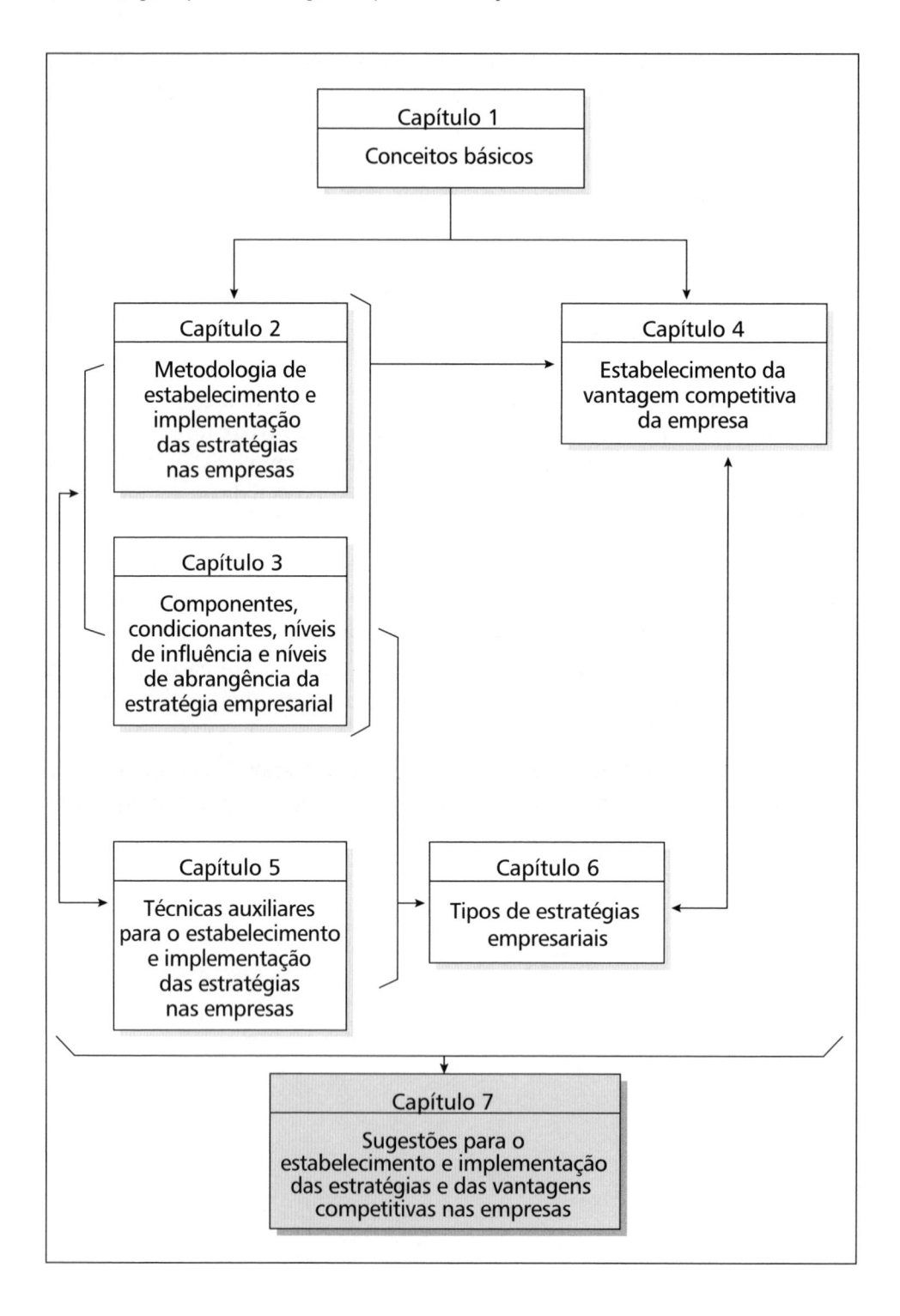

Capítulo 2
Metodologia de estabelecimento e implementação das estratégias nas empresas

Capítulo 4
Estabelecimento da vantagem competitiva da empresa

Capítulo 3
Componentes, condicionantes, níveis de influência e níveis de abrangência da estratégia empresarial

Capítulo 5
Técnicas auxiliares para o estabelecimento e implementação das estratégias nas empresas

Capítulo 6
Tipos de estratégias empresariais

Capítulo 7
Sugestões para o estabelecimento e implementação das estratégias e das vantagens competitivas nas empresas

7
Sugestões para o estabelecimento e implementação das estratégias e das vantagens competitivas nas empresas

"Quem não tem nenhuma missão na vida é a mais pobre das pessoas."

Albert Schweitzer

7.1 INTRODUÇÃO

Neste capítulo final do livro são apresentadas as principais sugestões que você deve considerar para a adequada formulação da estratégia empresarial e da vantagem competitiva.

Como ao longo de todo o livro foram apresentadas várias sugestões para os diversos aspectos abordados em cada capítulo, procurou-se, neste momento, o reforço de algumas precauções, agrupadas em três momentos: antes, durante e após o estabelecimento das estratégias empresariais e das vantagens competitivas.

A vantagem dessa estruturação é que permite *cruzar* com os vários assuntos abordados nos diversos capítulos, facilitando a elaboração de possível plano de trabalho por parte dos executivos das empresas.

A sequência das sugestões apresentadas em cada um dos três momentos abordados não representa qualquer ordem de importância, e o nível de detalhamento das sugestões refere-se, única e exclusivamente, à maior ou menor necessidade de complementação ao que foi anteriormente evidenciado nos outros capítulos do livro.

Ao final da leitura deste capítulo, você terá condições de responder às seguintes questões:

- Quais são as principais sugestões que você deve considerar no momento anterior ao estabelecimento das estratégias empresariais e das vantagens competitivas?
- E no caso do específico momento do estabelecimento das estratégias empresariais e das vantagens competitivas?
- E no caso do momento posterior ao estabelecimento das estratégias empresariais e das vantagens competitivas?

7.2 SUGESTÕES PARA O MOMENTO ANTERIOR AO ESTABELECIMENTO DAS ESTRATÉGIAS E DAS VANTAGENS COMPETITIVAS

Algumas das principais sugestões que você deve considerar para este momento são:

a) Ter uma metodologia estruturada para formulação e implementação das estratégias empresariais e estabelecimento das vantagens competitivas.

A prática tem demonstrado a importância da empresa ter uma metodologia estruturada e lógica para a formulação das estratégias empresariais e das vantagens competitivas.

Isso porque essas formulações podem ter três abordagens genéricas:

- estabelecimento das estratégias empresariais e das vantagens competitivas de uma forma não estruturada, baseado no *achismo* e na intuição dos executivos e demais profissionais da empresa. Embora essa situação seja criticada por alguns segmentos da administração, pode ser julgada interessante, pelo simples fato de representar uma realidade *sentida* em determinados momentos;
- estabelecimento das estratégias e vantagens competitivas de forma semiestruturada, interligado com os cenários delineados e aceitos pela empresa – ver seção 4.4; e
- estabelecimento das estratégias e vantagens competitivas de forma estruturada, utilizando técnicas estratégicas – ver Capítulo 5.

Naturalmente, o ideal é a utilização interagente dessas três abordagens estratégicas, na ordem apresentada, visando consolidar uma situação de máxima criatividade e de busca do *algo mais* que vai efetivar uma nova realidade para a empresa.

b) Ter processo estratégico global na empresa.

A formulação e implementação das estratégias empresariais e o estabelecimento das vantagens competitivas – da empresa e de seus concorrentes – devem ser realizados sob o *guarda-chuva* de um processo estratégico global e estruturado na empresa. Isso porque o estabelecimento das estratégias e das vantagens competitivas necessita de uma análise global de todas as questões estratégicas.

Essa sugestão, portanto, está correlacionada ao fato de muitas empresas formularem suas estratégias e vantagens competitivas de maneira direta, esquecendo que esses dois itens, obrigatoriamente, fazem parte de um todo muito maior, que é o processo de planejamento estratégico.

c) Ter efetivo envolvimento e *patrocínio* da alta administração.

Muito tem-se afirmado que o efetivo envolvimento da alta administração é fundamental para o sucesso de toda e qualquer questão estratégica.

Além desse aspecto, a prática tem demonstrado a validade de cada um dos executivos da alta administração ser o *patrocinador* de determinada questão estratégica, tais como, no caso deste livro, um executivo ser o catalisador e facilitador das estratégias empresariais e outro executivo das vantagens competitivas.

Esse *patrocínio* também inclui o acompanhamento da evolução das metodologias e técnicas a respeito do assunto sob sua responsabilidade.

O modelo de gestão das empresas sustentado por *patrocinadores* tem-se mostrado como o mais barato e de melhor resultado quanto à atualização, disseminação e aplicação do conhecimento e de modernas e adequadas metodologias e técnicas administrativas nas empresas. Entretanto, esse processo deve ser muito bem planejado e administrado, caso contrário, os resultados serão inadequados.

d) Ter adequação à realidade e à cultura da empresa.

O processo de formulação das estratégias empresariais e, principalmente, das vantagens competitivas deve ser adequado à realidade e à cultura da empresa no momento considerado.

A cultura representa o conjunto de valores e crenças da empresa, os quais *formatam* seu modelo de gestão.

As possíveis alterações e evoluções da realidade da empresa e, principalmente, de sua cultura, sendo este último um processo bastante complexo, devem ter forte atuação de todos os executivos e profissionais da empresa.

Lembre-se! Somente uma nova realidade da empresa, resultante, principalmente, de adequadas estratégias e vantagens competitivas, é que pode proporcionar sustentação para a consolidação de uma nova cultura organizacional.

e) Ter estruturação do processo de identificação de necessidades e saber contratar serviços de consultoria.

Em todo processo de estabelecimento das estratégias e das vantagens competitivas é necessário identificar as necessidades atuais e potenciais dos mercados atuais e potenciais, e saber atuar de forma diferenciada nesse contexto.

Essa interação da empresa perante os fatores externos é que proporciona a abordagem estratégica, ou seja, a atuação dos fatores controláveis – pontos fortes e pontos fracos – da empresa frente aos fatores não controláveis – oportunidades e ameaças – do ambiente.

No tratamento das questões estratégicas, as empresas têm que trabalhar com várias metodologias e técnicas, as quais, nem sempre, são especialidades e responsabilidades de seus executivos. Nesse contexto, pode-se considerar a necessidade de contratação de consultores para auxiliar no processo. Entretanto, deve-se considerar algumas precauções nessas contratações. A esse respeito, ver o livro *Manual de consultoria empresarial* dos mesmos autor e editora.

7.3 SUGESTÕES PARA O MOMENTO DO ESTABELECIMENTO DAS ESTRATÉGIAS E DAS VANTAGENS COMPETITIVAS

As principais sugestões a serem consideradas são:

a) Ter equipe competente e comprometida.

Essa pode ser considerada uma premissa para a consolidação de todo e qualquer processo administrativo. Entretanto, quando se abordam as questões estratégicas, devem-se tomar alguns cuidados extras, pois elas têm uma abordagem muito ampla, considerando toda a empresa.

Além da necessidade dos estrategistas terem elevado quociente de inteligência, devem ter outros atributos, apresentados por Goleman (1999, p. 41), tais como confiança, automotivação, empatia, capacidade de aprender sozinho e de *se virar* nas mais diversas situações.

Entretanto, mais complexa que a consideração da competência das pessoas é a questão do comprometimento, o qual representa o processo interativo em que se consolida a responsabilidade isolada e solidária pelos resultados esperados.

Deve-se procurar adequado equilíbrio entre participação e comprometimento das pessoas. Entretanto, não é isso que se observa na grande maioria das empresas que apresentam amplos programas de participação. As pessoas solicitam, e até exigem, elevado nível de participação no processo decisório e nos resultados da empresa. Entretanto, qual é o efetivo comprometimento para o alcance desses resultados?

O comprometimento é algo intrínseco à realidade de cada pessoa; portanto, as pessoas são mais ou menos comprometidas com os resultados da empresa, de acordo com suas realidades pessoais. Nesse contexto, o máximo que a empresa pode fazer é operacionalizar determinados instrumentos administrativos que possam facilitar o incremento do nível de comprometimento das pessoas para com os resultados da empresa.

b) Ter adequados níveis de simplicidade, formalidade e flexibilidade.

Os executivos têm observado, pelos resultados apresentados em diferentes situações, que as empresas que apresentam adequados níveis de simplicidade, formalidade e flexibilidade no tratamento das questões estratégicas, também apresentam adequados modelos de gestão e melhores resultados empresariais.

Naturalmente, a melhor adequação desses níveis está correlacionada à realidade e à cultura da empresa (ver item *d* da seção 7.2). Entretanto, os executivos das empresas devem efetuar amplo debate para consolidar o melhor *mix* dos três níveis evidenciados.

c) Ter *padrinhos* das competências da empresa.

Quando das sugestões para o melhor desenvolvimento do momento anterior à formulação da estratégia e das vantagens competitivas, já foi evidenciada a questão do *patrocínio* (item *c* da seção 7.2).

Entretanto, essa questão dos *patronos* ou *padrinhos* deve ser reforçada para o momento da formulação e implementação das estratégias empresariais e das vantagens competitivas, pelo simples fato que é nesse momento que os níveis das competências individuais e das equipes de trabalho são evidenciados, proporcionando diferentes resultados para a empresa.

A questão dos *padrinhos* das competências da empresa deve ter uma abordagem a mais ampla possível, para interligá-las de forma estruturada e na busca de resultados comuns.

d) Ter estruturação interativa com os fatores externos.

Essa também pode ser considerada uma premissa necessária para o tratamento de toda e qualquer questão estratégica da empresa.

Aqui o problema reside, para a grande maioria das empresas, em como estruturar essa interligação entre os fatores externos – não controláveis – com os fatores internos – controláveis – da empresa, sendo que, neste livro, essa questão foi abordada em alguns momentos, tais como nos sistemas de informações estratégicas, cenários, fatores críticos de sucesso, vantagens competitivas e técnicas estratégicas.

e) Ter conhecimento e saber trabalhar com cenários e suas técnicas.

Na seção 4.4 foram apresentados os principais aspectos inerentes à estruturação de cenários e à utilização de algumas técnicas auxiliares.

Embora possa ser considerada uma unanimidade pelas empresas que os cenários são fundamentais para o estabelecimento das estratégias e das vantagens competitivas, na prática, não é essa situação que se observa na grande maioria das empresas.

f) Ter conhecimento e saber aplicar as técnicas auxiliares para formulação e implementação das estratégias empresariais e das vantagens competitivas.

Aqui a situação é um pouco diferente que a dos cenários, pois as técnicas auxiliares para formulação e implementação das estratégias empresariais – ver Capítulo 5 – não são de maior conhecimento das empresas, o que dificulta seriamente a formulação das estratégias de maneira estruturada e, portanto, mais eficiente, eficaz e efetiva.

Essa situação também prejudica o posterior estabelecimento das vantagens competitivas.

g) Ter interligação com todos os sistemas administrativos da empresa.

Essa pode ser considerada uma premissa básica, quando se pretende otimizado nível de qualidade no tratamento das questões estratégicas. Isso porque essas questões necessitam interagir com todos os sistemas da empresa.

Na prática, muitas empresas não fazem isso e, portanto, suas estratégias e vantagens competitivas não respeitam a realidade atual total da empresa e, muito menos, uma situação futura desejada total da empresa.

A interligação de todos os sistemas administrativos também tem a vantagem de propiciar um processo estratégico mais barato para a empresa. A esse respeito, analisar o livro *A moderna administração integrada*, dos mesmos autor e editora.

h) Ter perfeita interação com o processo de inovação e de visão do futuro da empresa.

A forte atuação para o processo inovativo e a efetiva visão do futuro, juntamente com o otimizado pensamento estratégico por parte dos principais executivos da empresa, representam a sustentação de um modelo de administração estratégica da empresa. A esse respeito, analisar o livro *Administração estratégica na prática*, dos mesmos autor e editora.

7.4 SUGESTÕES PARA O MOMENTO DA IMPLEMENTAÇÃO DAS ESTRATÉGIAS E DAS VANTAGENS COMPETITIVAS

As principais sugestões que podem ser consideradas neste momento são:

a) Ter sistema estruturado de acompanhamento, avaliação e aprimoramento de resultados.

Assim como a empresa deve ter um estruturado conjunto de metodologias e técnicas para o adequado desenvolvimento de estratégias e de vantagens competitivas, também deve ter, para consolidar e aprimorar o processo estratégico, um sistema estruturado de acompanhamento, avaliação e aprimoramento de resultados, constituído de eficientes procedimentos e eficazes indicadores de desempenho e de capacitação.

b) Ter capacitação para alavancar os resultados da empresa.

No momento da implementação das estratégias empresariais e das vantagens competitivas, os executivos e demais profissionais da empresa devem comprovar efetiva capacitação para, não só operacionalizar essas questões estratégicas, mas, principalmente, por meio delas, conseguirem alavancar os resultados da empresa.

RESUMO

Neste capítulo, foram apresentadas as principais sugestões para o estabelecimento e implementação das estratégias e das vantagens competitivas nas empresas.

Para o momento anterior ao estabelecimento das estratégias e das vantagens competitivas, as empresas devem-se preocupar em ter uma metodologia estruturada para sua formulação e implementação, ter processo estratégico global, ter envolvimento e *patrocínio* da alta administração, ter adequação à realidade e à cultura da empresa, bem como ter estruturação do processo de identificação de necessidades e saber contratar serviços de consultoria.

Para o momento do estabelecimento das estratégias e das vantagens competitivas nas empresas, deve-se ter equipe competente e competitiva, ter adequados níveis de simplicidade, formalidade e flexibilidade, ter *padrinhos* das competências da empresa, ter estruturação interativa com os fatores externos, ter conhecimento e saber trabalhar com cenários e suas técnicas, ter conhecimento e saber aplicar as técnicas estratégicas, ter interligação com todos os sistemas administrativos da empresa, bem como ter perfeita interação com o processo de inovação e de visão do futuro da empresa.

Para o momento de implementação das estratégias e vantagens competitivas nas empresas, deve-se ter um sistema estruturado de acompanhamento, avaliação e aprimoramento de resultados, bem como capacitação para alavancar os resultados da empresa.

QUESTÕES PARA DEBATE

1. Debater a aplicação das diversas sugestões apresentadas para os três momentos abordados (antes, durante e depois do estabelecimento e implementação das estratégias empresariais e das vantagens competitivas).

2. Identificar outras sugestões para otimizar o estabelecimento e implementação das estratégias empresariais e das vantagens competitivas. Separar essas novas sugestões entre os três momentos apresentados.

3. Para uma empresa de seu conhecimento, identificar e debater as precauções apresentadas para melhor estabelecer e implementar suas estratégias e vantagens competitivas.

CASO: Implementação e avaliação da estratégia básica na ZYX Serviços Ltda., como sustentação de sua vantagem competitiva

A ZYX é uma empresa familiar que atua no segmento de prestação de serviços gerais para empresas e, principalmente, residências, quanto à entrega de produtos, serviços de limpeza e reparos em geral – eletricidade, hidráulica, pintura etc. –, jardinagem, dedetizações e outros pequenos serviços.

A ZYX é dirigida pelo Sr. Manoel, sendo que sua esposa cuida da parte administrativa e financeira, e sua filha mais velha cuida do atendimento aos clientes (pessoalmente e por telefone).

A filha caçula realiza serviços de telemarketing para a ZYX, principalmente na prospecção de novos clientes, sendo que, periodicamente, faz pesquisas sobre a qualidade dos serviços efetuados junto aos atuais clientes.

O filho do Sr. Manoel supervisiona, de maneira aleatória, os serviços realizados pela equipe da ZYX. Essa equipe é constituída de profissionais liberais cadastrados e que recebem por hora de locomoção e trabalho junto aos clientes.

Os equipamentos utilizados são de propriedade de ZYX e os materiais são fornecidos pelos clientes.

A ZYX atua no Estado de São Paulo, especificamente na região de Osasco, Barueri e Jandira, incluindo os loteamentos de Alphaville, Tamboré e Aldeia da Serra.

Seu faturamento médio anual é de R$ 8 milhões, correspondente à média de 40.000 atendimentos (aproximadamente 110 atendimentos por dia), com o valor médio de R$ 200,00 por atendimento.

Aproximadamente 70% desses pedidos são programados em clientes fixos.

Com a atual realidade de mercado, alguns profissionais da área estão procurando ser concorrentes da ZYX.

A partir de informações complementares que julgue necessárias, você deve elaborar um plano para o estabelecimento e implementação de uma estratégia básica para a ZYX e que consolide forte, sustentada e duradoura vantagem competitiva.

Glossário

"A consciência não é mais do que outras pessoas dentro de você."

Luigi Pirandello

A seguir, são apresentados os conceitos básicos dos principais termos técnicos utilizados neste livro.

Não é intenção do autor considerar que as conceituações e definições apresentadas são as únicas, mas simplesmente que, na maior parte das vezes, são as mais utilizadas nas empresas.

ADMINISTRAÇÃO DE PROJETO: esforço no sentido de melhor alocar os recursos da empresa, tendo em vista alcançar os objetivos estabelecidos.

ADMINISTRAÇÃO ESTRATÉGICA: administração moderna que, de forma estruturada, sistêmica e intuitiva, consolida um conjunto de princípios, normas e funções para alavancar, harmoniosamente, o processo de planejamento da situação futura desejada de toda a empresa e seu posterior controle perante os fatores ambientais, bem como a organização e direção dos recursos empresariais de forma otimizada com a realidade ambiental, sustentada pela maximização das relações interpessoais.

AGENTE DE DESENVOLVIMENTO ORGANIZACIONAL: profissional capaz de desenvolver comportamentos, atitudes e processos que possibilitem à empresa transacionar, proativa e interativamente, com os diversos aspectos do ambiente empresarial e da questão estratégica considerada.

AMBIENTE DIRETO: conjunto de fatores externos, os quais a empresa tem condições não só de identificar, mas também de avaliar ou medir, de forma mais efetiva e adequada, o grau de influência recebido e/ou proporcionado.

AMBIENTE EMPRESARIAL: conjunto de todos os fatores externos à empresa que, de forma direta ou indireta, proporcionam ou recebem influência da referida empresa.

AMBIENTE INDIRETO: conjunto de fatores externos, os quais a empresa identificou, mas não tem condições, no momento, de avaliar ou medir o grau de influência entre as partes.

AMEAÇAS: forças ambientais incontroláveis pela empresa, que criam obstáculos à ação estratégica, mas que podem ou não ser evitadas, desde que reconhecidas em tempo hábil.

AMEAÇAS ACEITÁVEIS: são as que a empresa permite aceitar, sendo importante analisar até que ponto a situação é aceitável.

AMEAÇAS INACEITÁVEIS: são as que a empresa não se permite aceitar em razão de sua incapacidade em explorar uma situação de êxito quando essa ameaça existir.

AMEAÇAS NATURAIS: são as incorporadas à natureza das atividades básicas da empresa.

ANÁLISE DA POSIÇÃO COMPETITIVA: metodologia estruturada que considera determinadas técnicas que fornecem as informações básicas para o processo decisório inerente ao melhor delineamento estratégico da empresa.

ANÁLISE DE VALOR: possibilita a análise crítica se o custo do produto ou serviço se justifica perante seu preço no mercado.

ANÁLISE EXTERNA: tem por finalidade estudar a relação existente entre a empresa e seu ambiente em termos de oportunidades e ameaças, bem como sua atual posição produtos *versus* mercados e, prospectivamente, quanto a sua posição produtos *versus* mercados no futuro.

ANÁLISE INTERNA: tem por finalidade colocar em evidência as deficiências e qualidades da empresa que está sendo analisada, ou seja, os pontos fortes e fracos da empresa devem ser determinados diante de sua atual posição produtos *versus* mercados. Essa análise deve tomar como perspectiva para comparação as outras empresas de seu setor de atuação, sejam elas concorrentes diretas ou apenas concorrentes potenciais.

ARQUITETURA ESTRATÉGICA: vínculo entre o hoje e o amanhã. Mostra à empresa que competências essenciais ela precisa começar a desenvolver agora para interceptar o futuro.

ATIVIDADE: menor unidade ou parte administrável dentro de um projeto.

BARREIRAS DE ENTRADA: fatores econômicos, estratégicos e aspectos emocionais que dificultam a possível entrada de uma empresa em um setor de seu interesse.

BARREIRAS DE SAÍDA: fatores econômicos, estratégicos e aspectos emocionais que mantêm a empresa competindo em negócios nos quais os retornos sobre os investimentos são baixos ou até negativos.

CAPACITAÇÃO ESTRATÉGICA: sustentação operacional que os recursos da empresa proporcionam para a formulação e a implementação da estratégia, frente aos cenários previamente estabelecidos.

CENÁRIOS ESTRATÉGICOS: representam situações, critérios e medidas para a preparação do futuro da empresa.

CLIMA ORGANIZACIONAL: qualidade ou propriedade do ambiente empresarial que é percebida ou experimentada pelos profissionais da empresa e que tem influência sobre seu comportamento.

COMPROMETIMENTO: processo interativo em que se consolida a responsabilidade isolada e solidária pelos resultados esperados.

CONTROLE, AVALIAÇÃO E APRIMORAMENTO: função do processo administrativo que, mediante a comparação com padrões previamente estabelecidos, procura medir e avaliar o desempenho e o resultado das ações e estratégias, com a finalidade de realimentar os tomadores de decisões, de forma que possam corrigir ou reforçar esse desempenho ou interferir em outras funções do processo administrativo, para assegurar que os resultados satisfaçam aos objetivos estabelecidos.

CULTURA ORGANIZACIONAL: composta de padrões prevalecentes de valores, crenças, sentimentos, atitudes, interações, tecnologia, métodos e procedimentos de execução de atividades e suas influências sobre as pessoas e os resultados da empresa.

DESAFIO: realização que deve ser continuadamente perseguida, perfeitamente quantificável e com prazo estabelecido, que exige esforço extra e representa a modificação de uma situação, bem como contribui para ser alcançada uma situação desejável.

DESENVOLVIMENTO ORGANIZACIONAL (DO): metodologia estruturada para se trabalhar proativamente com as crenças, atitudes, valores e a estrutura organizacional, de modo que o posicionamento estratégico da empresa esteja melhor sustentado pelos conhecimentos, capacitações e motivações de seus profissionais, reduzindo o nível de resistências aos processos de mudanças.

EFETIVIDADE: relação entre os resultados alcançados e os objetivos propostos ao longo do tempo.

EFICÁCIA: contribuição dos resultados para o alcance dos objetivos globais da empresa.

EFICIÊNCIA: otimização dos recursos utilizados para a obtenção dos resultados da empresa.

ESTRATÉGIA: ação ou caminho mais adequado e, preferencialmente, diferenciado, a ser executado para alcançar os objetivos, desafios e metas da empresa. É importante procurar estabelecer estratégias alternativas para facilitar as alterações dos caminhos ou ações de acordo com as necessidades. Em um contexto mais amplo, representa o melhor posicionamento da empresa perante seu ambiente.

FATOR: aspecto externo ou interno da empresa que apresenta elevada relevância para a análise da situação e posterior delineamento do processo estratégico.

FORÇA MOTRIZ: principal fator determinante do âmbito atual e, principalmente, futuro dos produtos e serviços e dos mercados da empresa.

GRUPO ESTRATÉGICO: conjunto de empresas que seguem uma estratégia igual ou semelhante em termos das dimensões estratégicas, dentro do setor ou indústria considerada.

INTENÇÃO ESTRATÉGICA: visa gerar novos desafios para a empresa, os quais interpelem os profissionais a fazer mais do que eles acham possível.

MACROESTRATÉGIAS: grandes ações ou caminhos que a empresa deve adotar para melhor interagir, usufruir e gerar vantagens competitivas no ambiente.

MACROPOLÍTICAS: grandes orientações que servem como base de sustentação e de balizamento para as decisões, de caráter geral, que a empresa deve tomar para melhor interagir com o ambiente.

META: passo ou etapa perfeitamente quantificado e com prazo para alcançar os desafios e objetivos estabelecidos pela empresa.

MISSÃO: determinação do motivo central do planejamento estratégico, ou seja, o estabelecimento de "onde a empresa quer atuar" ou de sua "razão de ser". Corresponde a um horizonte dentro do qual a empresa atua ou poderá atuar.

MODELO: qualquer representação abstrata e simplificada de uma realidade, em seu todo ou em parte dela.

OBJETIVO: alvo ou situação que se pretende alcançar. Aqui se determina para onde a empresa deve direcionar seus esforços.

OBJETIVO FUNCIONAL: objetivo intermediário, correlacionado às áreas funcionais, que deve ser atingido com a finalidade de se alcançar os objetivos da empresa.

OPORTUNIDADES: forças ambientais incontroláveis pela empresa que podem favorecer sua ação estratégica, desde que conhecidas e aproveitadas satisfatoriamente enquanto perduram.

OPORTUNIDADES DE EVOLUÇÃO: proporcionadas à empresa por meio da formação e consolidação gradativa de condições e circunstâncias que tendem a concretizar uma vantagem competitiva real, sustentada e duradoura.

OPORTUNIDADES DE INOVAÇÃO: modificam as características fundamentais e a capacidade da empresa; requerem grandes esforços, recursos de primeira classe, dispêndios em P&D e/ou grandes investimentos em tecnologia de ponta; apresentam grande nível de risco para a empresa, e são capazes de criar uma nova indústria, em vez de apenas um produto ou serviço adicional.

OPORTUNIDADES NATURAIS: são as incorporadas à natureza das atividades básicas da empresa.

OPORTUNIDADES SINÉRGICAS: proporcionam situações complementares para a empresa e exigem novo setor de conhecimento.

PENSAMENTO ESTRATÉGICO: postura do executivo voltada para a otimizada interação da empresa com o ambiente em *tempo real*.

PLANEJAMENTO ESTRATÉGICO: metodologia administrativa que possibilita ao executivo estabelecer o rumo a ser seguido pela empresa, visando obter um nível de otimização na interação da empresa com seu ambiente, onde estão os fatores externos ou não controláveis.

PLANEJAMENTO OPERACIONAL: corresponde à formalização, principalmente por meio de documentos escritos, das metodologias de desenvolvimento e implementação estabelecidas para o alcance de resultados específicos. Portanto, nessa situação têm-se, basicamente, os planos de ação ou planos operacionais. Os planejamentos operacionais correspondem a um conjunto de partes homogêneas do planejamento tático.

PLANEJAMENTO TÁTICO: metodologia administrativa que tem por finalidade otimizar determinada área de resultado e não toda a empresa, visando a uma situação futura desejada.

POLÍTICA: definição dos níveis de delegação, faixas de valores e/ou quantidades-limites e de abrangência das estratégias para a consecução dos objetivos. A política fornece parâmetros ou orientações para a tomada de decisões. Corresponde a toda base de sustentação para o planejamento estratégico.

PONTO FORTE: diferenciação conseguida pela empresa que lhe proporciona vantagem operacional no ambiente empresarial (variável controlável).

PONTO FRACO: situação inadequada da empresa que lhe proporciona desvantagem operacional no ambiente empresarial (variável controlável).

PONTO NEUTRO: variável identificada pela empresa, mas que, no momento, não existem critérios e parâmetros de avaliação para sua classificação como ponto forte ou ponto fraco.

POSTURA ESTRATÉGICA: corresponde à maneira ou postura mais adequada para a empresa alcançar seus propósitos dentro da missão, respeitando sua situação interna e externa atual, estabelecida no diagnóstico estratégico.

PROCESSO: conjunto de atividades sequenciais que apresentam relação lógica entre si, com a finalidade de atender e, preferencialmente, suplantar as necessidades e expectativas dos clientes externos e internos da empresa.

PROGRAMA: conjunto de projetos homogêneos quanto a seu objetivo maior.

PROJETO: trabalho a ser executado com responsabilidades de execução, resultados esperados com quantificação de benefícios e prazos para a execução preestabelecidos, considerando os recursos humanos, financeiros, tecnológicos, materiais e de equipamentos, bem como as áreas envolvidas em seu desenvolvimento.

PROPÓSITOS: correspondem à explicitação dos setores de atuação dentro da missão, em que a empresa já atua ou está analisando a possibilidade de entrada no setor, ainda que esteja numa situação de possibilidade reduzida.

QUALIDADE TOTAL: capacidade de um produto ou serviço de satisfazer – ou suplantar – às necessidades, exigências e expectativas dos clientes externos e internos da empresa.

RISCO DE COMPATIBILIDADE: diz respeito à necessidade de a empresa transformar-se acompanhando a evolução do ambiente, pois, caso contrário, apresentará compatibilidade decrescente até ficar incompatível com seu ambiente.

RISCO DE EVOLUÇÃO: está relacionado com a situação de conseguir detectar qual o direcionamento das mudanças ou evolução que irá ocorrer no ambiente e qual sua intensidade. Isso porque, quando uma empresa assume riscos na suposição de que determinada evolução irá ocorrer, nesse momento está correndo risco de que essa evolução ocorra antes ou depois do momento esperado.

RISCO DE PODER: está relacionado com a capacidade de a empresa vencer as resistências do ambiente, tornando bem-sucedida uma inovação.

SETOR OU INDÚSTRIA: conjunto de empresas que, de determinada forma, são concorrentes entre si.

SINERGIA ESTRATÉGICA: efeito combinado de duas ou mais estratégias levando a um resultado maior que a soma dos resultados individuais das estratégias escolhidas.

SISTEMA DE INFORMAÇÕES ESTRATÉGICAS: processo de obtenção de dados do ambiente empresarial, sua transformação em informações, bem como sua interação com as informações internas da empresa, consolidando uma estrutura decisória estratégica que sustente o direcionamento da empresa para seus resultados.

SISTEMA DE INFORMAÇÕES GERENCIAIS: processo de transformação de dados em informações, as quais são utilizadas na estrutura decisória da empresa, bem como proporcionam a sustentação administrativa para otimizar os resultados da empresa.

SISTEMA DE VALORES DA EMPRESA: composição estruturada das cadeias de valores dos fornecedores, da referida empresa, dos canais de distribuição e dos clientes.

TÉCNICA ESTRATÉGICA: forma estruturada e interativa para o tratamento das informações básicas inerentes ao processo decisório no estabelecimento das estratégias das empresas.

VALORES: representam princípios e questões éticas que a empresa deve respeitar e consolidar ao longo do tempo e que têm forte influência no seu modelo de gestão.

VANTAGEM COMPETITIVA: aquele *algo mais* que identifica os produtos e serviços, bem como os mercados para os quais a empresa está, efetivamente, capacitada a atuar de forma diferenciada. É o que faz o mercado comprar os produtos e serviços de uma empresa, em detrimento de seus concorrentes.

VISÃO: limites da empresa que se consegue enxergar, dentro de um período de tempo mais longo e uma abordagem mais estratégica e ampla possível.

Bibliografia

"Você não pode ensinar qualquer coisa a nenhum homem, você apenas pode auxiliar-lhe a encontrá-la em si mesmo."

Galileo

A seguir, são apresentadas as principais referências bibliográficas utilizadas no desenvolvimento deste livro, bem como outras obras que, embora não tenham sido utilizadas como referência, são de utilidade para você aprimorar seu conhecimento a respeito dos assuntos *estratégia empresarial* e *vantagem competitiva*.

ABELL, Derek F. *Defining the business*: the starting point of strategic planning. Englewood Cliffs: Prentice Hall, 1980.

_____ ; HAMMOND, John S. *Strategic market planning*: problems and analytical approaches. Englewood Cliffs: Prentice Hall, 1979.

_____. *Managing with dual strategies*: mastering the present preempting the future. New York: Free Press, 1993.

ACKOFF, Russel L. *Redesigning the future*: a systems approach to societal problems. New York: John Wiley, 1974.

_____. *Planejamento empresarial*. Rio de Janeiro: Livros Técnicos e Científicos, 1974.

ADIZES, Ichak. *Os ciclos de vida das organizações*: como e por que as empresas crescem e morrem e o que fazer a respeito. São Paulo: Pioneira, 1996.

_____. *Gerenciando as mudanças*: o poder da confiança e do respeito mútuos. São Paulo: Pioneira, 1998.

AMARA, Roy; LIPINSKI, A. *Business planning for a uncertain future*: scenarios & strategies. Londres: Pergamon, 1983.

AMIT, Raffi; SCHOEMAKER, Paul J. H. Strategic assets and organizational rent. *Strategic Management Journal*, p. 33-46, Jan. 1993.

ANDERSON, Carl R.; PAINE, Frank T. Managerial perception and strategic behavior. *Academy of Management Journal*, 18, p. 811-823, 1985.

_____. PIMS: a reexamination. *Academy of Management Review*, p. 602-612, July 1978.

ANDREWS, Kenneth R. *The concept of corporate strategy*. Homewood: Dow-Jones Irwin, 1971.

ANSOFF, H. Igor. *Estratégia empresarial*. São Paulo: McGraw-Hill, 1977.

_____. *A nova estratégia empresarial*. São Paulo: Atlas, 1990.

ANSOFF, H. Igor; BOSMAN, Aart; STORM, Peter H. *Understanding and managing strategic change*: contributions to the theory and practice of general management. New York: North Holland, 1982.

_____; MCDONNELL, Edward J. *Implantando a administração estratégica*. São Paulo: Atlas, 1993.

ARAUJO, Eduardo B. *Uma introdução teórica ao modelo de Abell*. São Paulo: EAESP/FGV, mar. 1987. (Mimeo.)

ARTHUR D. LITTLE INC. *A system for managing diversity*. Editado por Robert G. L., Wright, Boston, 1974.

_____. *Um sistema de administração para a década de 80*. São Paulo, 1982. (Mimeo.)

ÁVILA, Jorge. *O papel do marketing nas universidades brasileiras*: um estudo prospectivo fundamentado no método Delphi. Dissertação (Mestrado em Administração) – Universidade Federal do Rio Grande do Sul. Porto Alegre: UFRS, 1990.

BARNARD, Chester I. *The functions of the executive*. Cambrigde, Mass: Harvard University Press, 1983.

BASIL, W. D.; COOK, D. (Org.). *Corporate planning selected concepts*. Londres: McGraw-Hill, 1971.

BATEMAN, Thomas S.; SNELL, Scott A. *Administração*: construindo vantagem competitiva. São Paulo: Atlas, 1998.

BATTELLE MEMORIAL INSTITUTE. *Computer and information symposium*: Columbus, Ohio. Editado por Julius T. Tou. New York: Academic Press, 1967.

BECK, P. W. Corporate planning for an uncertain future. *Long Range Planning*, v. 15, nº 4, p. 12-21, 1982.

BECKER, Henk A. Scenarios: a tool of growing importance to policy analysts in government and industry. *Technological Forecasting and Social Change*, v. 23, p. 95-120, 1983.

_____ ; VAN DOORN, Joseph W. M. Scenarios in an organizational perspective. *Futures*, Butterwoth, p. 669-677, Dec. 1987.

BENNIS, Warren G. *Desenvolvimento organizacional*: sua natureza, origens e perspectivas. São Paulo: Edgard Blücher, 1972.

_____. *Líderes e lideranças*. Rio de Janeiro: Campus, 1998.

_____; BIEDERMAN, Patricia Ward. *Os gênios da organização*. Rio de Janeiro: Campus, 1998.

_____; NANUS, Burt. *Leaders*: the strategies for taking charge. New York: Harper & Row, 1985.

BERNSTEIN, Peter L. *Desafio aos deuses*: a fascinante história do risco. Rio de Janeiro: Campus, 1998.

BETHLEM, Agricola S. Os conceitos de política e estratégia. *Revista de Administração das Empresas*, São Paulo: FGV, jan./mar. 1980.

BLOOM, Paul N.; KOTLER, P. Nem sempre uma alta participação no mercado é vantajosa. *Exame*, São Paulo, 22 dez. 1976.

BLUET, J. C.; ZEMOR, J. Prospective géographique, méthode et directions de recherche. Paris: Metra, 1970.

BOISANGER, Pierre de. Reduire l'imprévu a l'imprevisible: du bon usage de scenarios. *Futuribles*, Paris, nº 119, mars 1988, p. 59-68.

BOSTON CONSULTING GROUP. *Perspectives on experience*. Boston: The Boston Consulting Group, 1968.

_____. *The product portfolio*. Boston: The Boston Consulting Group, 1970.

BOWER, Joseph L. *Managing the resource allocation process*: a study of corporate planning and investment. Division of research, Graduate School of Business Administration. Boston: Harvard University, 1970.

BOYNTON, Andrew C.; ZMUD, Robert W. An assesment of critical sucess factors. *Sloan Management Review*, nº 25, Summer 1984, p. 17-27.

BUZZELL, Robert D. *Strategic marketing management*. Graduate School of Business Administration. Boston: Harvard University, 1977.

_____; GALE, Bradley T. *The PIMS principles*: linking strategies to performance. New York: Free Press, 1987.

_____; GALE, B.; SULTAN, R. Marketing share: a key of profitability. *Harvard Business Review*, p. 98, Jan./Feb. 1975.

CHAMPY, James. *Reengenharia da gerência*. Rio de Janeiro: Campus, 1997.

CHANDLER JR., Alfred D. *Strategy and structure*: chapters in the history of industrial enterprise. Cambridge, Massa.: MIT Press, 1962.

CHIMERINE, Lawrence. A mágica do planejamento. *HSM Management*, São Paulo, p. 20-24, set./out. 1997.

CHRISTENSEN, H. Kurt. Corporate strategy: managing a set of business. In: FAHEY, Liam; RANDALL, Robert M. *The portable MBA in strategy*. New York: John Wiley, 1994.

COASE, Ronald N. The nature of the firm. *Ecomica*, nº 4, p. 386-405, 1937. (Reimpresso em COASE, Ronald R. *The firm, the market and the law*. Chicago: University of Chicago Press, 1988.)

COLLINS, James C.; PORRAS, Jerry I. Purpose, mission and vision. In: RAY, M.; RINZLER, A. *The new paradigm in business*. New York: G. P. Putnam's Sons, 1993.

COLLINS, James C.; PORRAS, Jerry I. *Feitas para durar*: práticas bem-sucedidas de empresas visionárias. São Paulo: Makron, 1996.

COLLIS, David J.; MONTGOMERY, Cynthia A. Competing on resources strategy in the 1990's. *Harvard Business Review*, July/Aug. 1995.

COX, William F. Product porfolio: an analysis of the Boston Consulting Group. Boston: Proceedings of The American Marketing Association, 1974.

CRAIG, G. D. A simulation system for corporate planning. *Long Range Planning*, p. 43-56, Oct. 1980.

CURRILL, D. L. Technological forescasting in six major U.K. companies. *Long Range Planning*, Mar. 1972.

DALKEY, Norman C. The Delphi method: an experimental study of group opinion. Santa Monica, Calif: Rand Corp, 1969.

D'AVENI, Richard A. *Hipercompetição*: estratégias para dominar a dinâmica do mercado. Rio de Janeiro: Campus, 1995.

DAVENPORT, Thomas; PRUSAK, Lawrence. *Conhecimento empresarial*: como as organizações gerenciam o seu capital intelectual. Rio de Janeiro: Campus, 1998.

DAY, George S. Diagnosing the product portfolio. *Journal of Marketing*. New York, 1977.

_____. Strategic market analysis and definition: an integrated approach. *Strategic Management Journal*, v. 2, p. 281-299, 1981.

_____. *Estratégia voltada para o mercado*. São Paulo: Record, 1990.

_____. Evaluating strategic alternatives. In: FAHEY, L.; RANDALL, R. M. *The portable MBA in strategy*. New York: John Wiley, 1994.

_____; REIBSTEIN, David J. *A dinâmica da estratégia competitiva*. Rio de Janeiro: Campus, 1999.

DEEP, Sam; SUSSMAN, Lyle. *Torne-se um líder eficaz*: 130 dicas para você resolver seus problemas de liderança. Rio de Janeiro: Campus, 1988.

DESCARTES, René. Discurso do método. Porto Alegre: L&PM Editores, 2005.

DRUCKER, Peter. *Administrando em tempos de grandes mudanças*. São Paulo: Pioneira, 1995.

DUPERRIN, J.; GODET, Michael. SMIC 74: a method of constructing and raking scenarios. *Futures*, v. 7, nº 4, 1975.

DURAND, J. A new method for constructing scenarios. *Futures*, nº 4, p. 325-330, Dec. 1972.

EDMUNDS, Stahrl W. The rule of future studies in business strategic planning. *Journal of Business Strategy*, p. 40-46, Fall 1982.

EISENSTAT, Russel A.; BEER, Michael. Strategic change: realigning the organization to implement strategy. In: FAHEY, L.; RANDALL, R. M. *The portable MBA strategy*. New York: John Wiley, 1994.

ERICKSEN, Gregory. *Doze histórias de sucesso*: a força das ideias audaciosas, da inovação e da sorte. São Paulo: Makron, 1998.

FAHEY, Liam. Strategic management: today's most important business challenge. In: FAHEY, L.; RANDALL, R. M. *The portable MBA in strategy*. New York: John Wiley, 1994.

FERGUNSON, Charles R. *Measuring corporate strategy*. Homewood, Ill: Dow-Jones-Irwin, 1974.

FOST, Dan. How to think about the future. *American Demographics*, v. 20, nº 2, p. 6, Feb. 1998.

FRANCIATTO, Claudir. *O desafio da liberdade*. São Paulo: Makron Books, 1998.

FRIEDMAN, Michel; FRIEDMAN, Scott. *How to run a family business*. Ohio: Better Way Books, 1994.

GALBRAITH, Jay R. Strategy and organization planning (originalmente publicada em 1983). In: MINTZBERG, H.; QUINN, J. B. *The strategy process*. 3. ed. New Jersey: Prentice Hall, 1996.

_____ ; LAWLER III, Edward (Coord.). *Organizing for the future*. San Francisco: Jossey-Bass, 1993.

GEORGANTZAS, Nicholas C.; ACAR, William. *Scenario-driven planning*. Westport: Quorum Books, 1995.

GERSHUNY, Jonathan. The choise of scenarios. *Futures*, v. 8, p. 496-508, Dec. 1976.

GILMORE, Frank F. Formulando estratégia em empresas pequenas. *Biblioteca Harvard de Administração de Empresas*, Artigo 7, v. 4, 1972.

GLUECK, Frederick W.; KAUFMAN, Stephen; WALLECK, A. Steven. Strategic management for competitive advantage. *Harvard Business Review*, July/Aug. 1980.

GODET, Michael. Reducing the blunders in forescasting. *Futures*, nº 15, p. 181-192, June 1983.

GOLDRATT, Elyahu M.; COX, Jeff. *A meta*. São Paulo: Imam, 1991.

GOLEMAN, Daniel. *Inteligência emocional*. São Paulo: Objetiva, 1996.

_____. *Trabalhando com a inteligência emocional*. São Paulo: Objetiva, 1999.

GORDON, Ronaldson; LORSCH, Jay W. Decision making at the top: the shaping of strategic direction. New York: Basic Books, 1983.

GORDON, Theodore; BECKER, Henk A.; GERJUOY, Herbert. *Trend impact analysis*: a new forescasting tool. Glastonbury, Connecticut: The Futures Group, 1974.

GOSS, Tracy; PASCALE, Richard; ATHOS, Anthony. Re-inventing strategy and the organization: managing the present from the future. In: FAHEL, L.; RANDALL, R. M. *The portable MBA in strategy*. New York: John Wiley, 1994.

GRANGER, Charles H. The hierarchy of objetives. *Harvard Business Review*, May/June 1964.

GREEN, Alan. *Uma empresa descobre sua alma*. São Paulo: Negócio Editora, 1996.

GUPTA, Mahesi; ZHENDER, Dana. Outsourcing and its impacts on operations strategy. *Production and Inventory Management Journal*, Chicago, v. 35, nº 3, 1994, p. 70-76.

HAMEL, Gary. Strategy as revolution. *Harvard Business Review*, Boston, July/Aug. 1996.

_____; PRAHALAD, Coimbatore K. *Competindo pelo futuro*. Rio de Janeiro: Campus/Harvard Business School Press, 1995.

_____. Strategic intent. *Harvard Business Review*, Boston, p. 10-17, May/June 1989.

HAMERMESH, Richard G. *Making strategic work*: how senior managers produce results. New York: John Wiley, 1986.

HAMMER, Michael; CHAMPY, James. Reengenharia: revolucionando a empresa em função dos clientes, da concorrência e das grandes mudanças na gerência. 26. ed. Rio de Janeiro: Campus, 1994.

HANDY, Charles. *A era do paradoxo*. São Paulo: Makron Books, 1995.

HARRIGAN, Kathryn Rudie. *Strategies for declining business*. Lexington, Mass.: D. C. Heath, 1980.

HAX, Arnoldo C. *The strategy concept and process*: a pragmatic approach. Englewood Cliffs: Prentice Hall, 1991.

_____; MAJLUF, Nicolas S. *Strategic management*: an integrative perspective. Englewood Cliffs: Prentice Hall, 1984.

HELMER, Olaf. *Analysis of the future*: the Delphi method – technological forecasting for industry and government. Ed. James Brigt. Englewood Cliffs: Prentice Hall, 1968. p.116-133.

_____; RESCHER, Nicholas. On the epistemology of the inexact sciences. *Management Science*, v. 6, nº 1, 1959.

HENDERSON, Bruce. *The logic of business strategy*. Cambrigde, Mass.: Ballinger Publishing Company, 1975.

HENDERSON, John C.; VENKATRAMAN, N. Strategic alignment: leveraging technology for transforming organizations. *IMB System Journal*, v. 32, nº 1, p. 4-15, 1993.

HEWINGS, Geoffrey. *Social and demographic accounting*. Cambridge: Cambridge University Press, 1988.

HRONEC, Steven M. *Sinais vitais*: usando medidas de desempenho da qualidade, tempo e custos para traçar a rota para o futuro de sua empresa. São Paulo: Makron Books, 1994.

HICKMAN, Craig R. *O jogo da estratégia*. São Paulo: Makron Books, 1997.

HINRICHS, John R. Personnel training. In: DUNNETE, Marwin D. (Org.). *Handbook of industrial and organizational psychology*. Chicago: Rand MacNally College, 1976.

HOBBS, John; HEANY, D. F. Integrando a estratégia com os planos operacionais. *Biblioteca Harvard de Administração de Empresas*, São Paulo, série temática 49, 1977.

HOFER, Charles W. Toward a contingency theory of business strategy. *Academy of Management Journal*, 18, p. 784-810, 1975.

_____; SCHENDEL, Dan. *Strategic formulation*: analitical concepts. St. Paul: West, 1978.

HUSS, William R.; HONTON, Edward. J. Alternatives methods for developing business scenarios. *Technological Forecasting and Social Change*, Elsevier Science Publishing, nº 31, p. 219-238, 1987.

ITAMI, Hiroyuki; ROEHL, Thomas W. Mobilizing invisible assets. Cambridge, Mass: Havard University Press, 1987.

JEANNET, Jean Pierre; HENNESSEY, David H. *Global marketing strategies*. Londres: Houghton Miffin, 1997.

JEFFREY, Jaclyn R. Capacitar a linha de frente. *HSM Management*, p. 70-76, 1997.

JOBA, Cynthia; MAYNARD JR., Herman Bryant; RAY, Michael. Competition, cooperation and co-creation: insights from the world business academy. In: RAY, M.; RINZLER, A. *The new paradigm in business*. New York: G. P. Putnam's Sons, 1993.

JOHNSON, Gerry. Strategic change: managing cultural process. In: FAHEL, L.; RANDALL, R. M. *The portable MBA in strategy*. New York: John Wiley, 1994.

JONES, Harry; TWISS, Brian C. *Previsão tecnológica para decisões de planejamento*. Rio de Janeiro: Zahar, 1986.

JORDAN, Lewis. *Alianças estratégicas*. São Paulo: Pioneira, 1992.

KAHN, Herman; WIENER, A. J. *O ano 2000*: uma estrutura para especulação sobre os próximos trinta e três anos. São Paulo: Melhoramentos, 1967.

KANTER, Rosebeth Moss. *When giants learn to dance*: managing the challenges of strategy, management and carreers in the 1900's. Londres: Simon and Schuster, 1989.

KAO, John. *Jamming*: a arte e a disciplina da criatividade na empresa. Rio de Janeiro: Campus, 1997.

KAPLAN, Robert; NORTON, David. *Estratégia em ação*: balanced scorecard. Rio de Janeiro: Campus – KPMG, 1998.

KAPNER, Charles H.; TREGOE, Benjamin B. *Manual de aplicação do sistema Apex II*. New Jersey: Princeton Research Press, 1978.

KATZENBACH, Jon R. *Os verdadeiros líderes da mudança*: como promover o crescimento e alto desempenho em sua empresa. Rio de Janeiro: Campus, 1997.

KEENEY, Ralph L. Decision analisys: how to cope with increasing complexit. *Management Review*, Amacon, v. 68, nº 9, Sept. 1979.

KIERNAN, Matthew J. *The eleven commandments of 21st century management*: what cutting-edge companies are doing to survive and florish in today's chaotic business world. Englewood Cliffs: Prentice Hall, 1996.

KOTLER, Philip. *Marketing*: edição compacta. São Paulo: Atlas, 1980.

_____. Pensar globalmente, atuar localmente. *HSM Management*, São Paulo, ano 1, nº 2, maio/jun. 1997.

KOTTER, John P. *As novas regras*. São Paulo: Makron Books, 1997.

_____. *Liderando mudanças*. Rio de Janeiro: Campus, 1998.

KUCZMARSKI, Thomaz D. *Innovation*: leadership strategies for the competitive edge. Chicago: NTC Business Books, 1996.

LAMBIN, Jean Jacques. *Le marketing strategique*: fondements, méthodes et applications. Paris: Prentice Hall, 1989.

LAMMING, Richard. *Beyond partnership*: strategies for innovation and lean supply. Londres: Prentice Hall, 1993.

LAWLER II, Edward; GALBRAITH, Jay R. *Organizando para competir no futuro*. São Paulo: Makron Books, 1997.

LAWRENCE, Paul R.; LORSCH, Jay William. *Organization and environment*: managing diferenciation and integration. Graduate School of Business. Boston: Harvard University, 1967.

LEARNED, Edmund Philip; CHRISTENSEN, Carl Roland; ANDREWS, Kenneth Richmond; GUTH, W. D. *Business policy*: text and cases. Homewood: Richard D. Irwin, 1965.

LEVY, Alberto R. *Estratégia em ação*. São Paulo: Atlas, 1986.

LEWIS, Jordan D. *Alianças estratégicas*: estruturando e administrando parceiras para o aumento da lucratividade. São Paulo: Pioneira, 1997.

LINCOLN, Sarah; PRICE, Art. O que os livros de benchmarking não dizem. *HSM Management*, São Paulo, p. 70-74, jul./ago. 1997.

LINNEMAN, Robert; KLEIN, Harold. The use of scenarios in corporate planning: eight case histories. *Long Range Planning*, nº 14, p. 69-77, 1981.

_____ ; _____ . The use of multiple scenarios by U.S. industrial companies: a comparasion study 1977-1981. *Long Range Planning*, Great Britain. Perganon Press, v. 16, nº 6, p. 94-101, Dec. 1983.

LORANGE, Peter. Divisional planning: setting effective directions. *Sloan Management Review*, Fall 1975.

LORANGE, Peter. VANCIL, Richard F. How to design a strategic planning systems. *Harvard Business Review*, Sept./Oct. 1976.

LYLES, Marjorie A. Identifying and developing strategic alternatives. In: FAHEL, L.; RANDALL, Robert M. *The portable MBA in strategy*. New York: John Wiley, 1994.

MACMILLAN, Ian C. *Strategy formulation*: political concepts. St. Paul: West, 1978.

MAHON, John F.; BIGELOW, Barbara; FAHEY, Liam. Political strategy: managing the social and political environment. In: FAHEL, L.; RANDALL, R. M. *The portable MBA in strategy*. New York: John Wiley, 1994.

MAHONEY, Joseph T. The management of resources and the resource of management. *Journal of Business Research*, New York, v. 33, nº 2, p. 91-101, 1995.

_____ ; PANDIAN, Rajendran. T. A resource-based view within the conservation of strategic management. *Strategic Management Journal*, v. 13, p. 363-380, 1992.

MARKIDES, Constantinos C. To diversify or not diversify. *Harvard Business Review*, Boston, p. 24-31, Nov./Dec. 1997.

MARKOWITZ, Harry. Portfolio selection. *Journal of Finance*, 2 (1), p. 77-91, May 1952.

MARTINO, Joseph P. *Technological forecasting for decison making*. New York: Elsevier, 1975.

MASON, David H. Scenario-based planning: decison model for the learning organization. *Planning Review*, v. 22, nº 2, p. 6-12, Mar./Apr. 1994.

MATTHYSSENS, Paul; VAN DEN BULTE, Christophe. Getting close and nicer: partnerships in the supply chain. *Long Range Planning*, New York, v. 21, nº 1, p. 72-83, Jan./Feb. 1994.

MCKENNA, Regis. *Competindo em tempo real*: estratégias vencedoras para a era do cliente nunca satisfeito. Rio de Janeiro: Campus, 1998.

MELLO, Fernando A. Faria. *Desenvolvimento das organizações*: uma opção integradora. Rio de Janeiro: Livros Técnicos e Científicos, 1978.

MICKLETHWAIT, John; WOOLDRIDGE, Adrian. *Os bruxos da administração*: como se localizar na babel dos gurus empresariais. Rio de Janeiro: Campus, 1998.

MILLET, S. M. Battelle's scenario analysis of a european high-teck market in. *Planning Review*, p. 20-23, Mar./Apr. 1992.

MILLS, Daniel Quinn. *O renascimento da empresa*. Rio de Janeiro: Campus, 1993.

MINTZBERG, Henry. *The nature of managerial work*. New York: Harper & Row, 1973.

_____. What is planning anyway. *Strategic Management Journal*, New York, nº 2, Oct. 1983.

MINTZBERG, Henry. Crafting strategy. *Harvard Business Review*, Boston, v. 65, nº 1, p. 66-75, July/Aug. 1987.

_____. *Structure in fives*: designing effective organizations. New Jersey: Prentice Hall, 1993.

_____. *The rise and fall of strategic planning*. New York: Free Press, 1993.

_____. Five P's for strategy. (Originalmente publicado na *California Management Review*, 1987.) In: MINTZBERG, H.; QUINN, J. B. *The strategy process*. 3. ed. New Jersey: Prentice Hall, 1996.

_____; QUINN, James B. *The strategy process*. New York: Prentice Hall, 1996.

_____; RAISINGHANI, Duru; THEORET, Andre. The structure of unstructured decision process. *Administrative Science Quarterly*, 1976.

MITCHELL, R.; TYDEMAN, J.; GEORGIADES, J. Structuring the future: application of a scenario – generation procedure. *Technological Forecasting and Social Change*, nº 14, p. 410-414, 1979.

MOORE, James F. *The death of competition*: leardship & strategy in the age of business ecosystems. Cambridge, Mass.: Harper Business, 1996.

MORGAN, Gareth. *Riding the waves of change*: developing managerial competencies for a turbulent world. Londres: Sage, 1988.

MORRIS, Tom. *A nova alma do negócio*: como a filosofia pode melhorar a produtividade de sua empresa. São Paulo: Makron Books, 1998.

MORRISON, Ian. *A segunda curva*: estratégias revolucionárias para enfrentar mudanças aceleradas. Rio de Janeiro: Campus, 1997.

NAIR, Keshavan; SARIN, Rareshi. Generating future scenarios: their use in strategic planning. *Long Range Planning*, v. 12, p. 57-62, June 1979.

NAISBITT, John. *Megatendências*: as dez grandes transformações na sociedade moderna. São Paulo: Amana, 1987.

_____. *Paradoxo global*. Rio de Janeiro: Campus, 1994.

NALEBUFF, Barry; BRANDENBURGER, Adam. *Co-opetição*. Rio de Janeiro: Campus, 1996.

NARAYANAN, V. K.; FAHEY, Liam. Macroenvironmental analysis: understanding the environment outside the industry. In: FAHEY, L.; RANDALL, Robert M. *The protable MBA strategy*. New York: John Wiley, 1994.

NONAKA, Ikujiro; TAKEUCHI, Hirotaka. *Criação de conhecimento na empresa*. São Paulo: Makron Books, 1998.

NORTH, Douglas C. *Institutions, institutional change and economic performance*. Cambridge: Cambridge University Press, 1990.

NOVICK, David. Long-range planning throug program budgeting: a better way to allocate resources. In: DENNING, Basil (Org.). *Corporate planning*: selected readings. Londres: McGraw Hill, 1971.

OHMAE, Kenichi. *O estrategista em ação*. São Paulo: Pioneira, 1985.

PARSON, Mary Jean; CULLIGAN, Matthew J. *Planejamento*: de volta às origens. São Paulo: Best Sellers, 1991.

PASCALE, Richard T.; ATHOS, Anthony G. *As artes gerenciais japonesas*. Rio de Janeiro: Record, 1982.

PATTON, Arah. Top management's strake in the product life cicle. *Management Review*, New York, June 1959.

PETERS, Tom J. *Rompendo as barreiras da administração*: a necessária desorganização para enfrentar a nova realidade. São Paulo: Harbra, 1993.

_____; WATERMAN JR., Robert H. *Vencendo a crise*: como o bom-senso empresarial pode superá-la. São Paulo: Harper & Row, 1983.

PETTIGREW, Andrew M.; WHIPP, R. *Managing chance for competitive sucess*. Oxford, Inglaterra: Basil Blackwell, 1991.

PORTER, Michael. *Competitive advantage*. New York: The Free Press, 1985.

_____. *Estratégia competitiva*: técnicas para análise da indústria e da concorrência. Rio de Janeiro: Campus, 1986.

_____. Towards a dynamic theory of strategy. *Strategic Management Journal*, New York, v. 12, p. 95-117, 1991.

PORTER, Michael. Global strategy: winning in the world-wide market place. In: FAHEY, L.; RANDALL, R. M. *The portable MBA in strategy*. New York: John Wiley, 1994.

_____. *Vantagem competitiva das nações*. Rio de Janeiro: Campus, 1996.

_____; MONTGOMERY, Cynthia. *A busca da vantagem competitiva*. São Paulo: Makron Books, 1990.

PRAHALAD, Coimbatore K.; HAMEL, Gary. The core competence of the corporation. *Harvard Business Review*, Boston, v. 68, nº 3, p. 79-91, May/June 1990.

_____; FAHEY, Liam; RANDALL, Robert M. A strategy for growth: the role of core competencies in the corporation. In: FAHEY, Liam; RANDALL, Robert M. *The portable MBA in strategy*. New York: John Wiley, 1994.

PÜMPIN, Cuno. *Estratégia empresarial*: como conquistar posições de excelência estratégica. 2. ed. Lisboa: Monitor, 1990.

QUIGLEY, Joseph V. *Vision*: how leaders develop it, share it & sustain it. New York: McGraw Hill, 1993.

QUINN, James B. *Strategies for change*: logical incrementalism. Homewood, Ill: Richard D. Irwin, 1980.

_____. *Intelligent enterprise*. New York: The Free Press, 1992.

_____; HILMER, Frederick G. Core competencies and strategic outsourcing. In: MINTZBERG, H.; QUINN, J. B. *The strategy process*. 3. ed. New York: Prentice Hall, 1996.

_____; VOYER, John. Logical incrementalism: managing strategy formation. (Originalmente publicado em 1994.) In: MINTZBERG, H.; QUINN, J. B. *The strategy process*. 3. ed. New Jersey: Prentice Hall, 1996.

RATTNER, Henrique. *Estudos do futuro*: introdução à antecipação tecnológica e social. Rio de Janeiro: FGV, 1979.

_____. Inovação tecnológica e planejamento estratégico na década de 80. *Revista de Administração de Empresas*, Rio de Janeiro, jan./mar. 1983.

RICHERS, Raimar. Deixe o mercado orientar o seu investimento. *Exame*, São Paulo, 24 set. 1982.

RICKETTS, Martin J. *The economics of business enterprise*: new approaches to the firm. Havest, 1987.

RIES, Al. *Foco*: uma questão de vida ou morte para a sua empresa. São Paulo: Makron Books, 1996.

RINGLAND, Gill. *Scenario planning*: managing for the future. Chichester: John Willey, 1998.

ROBBINS, Gordon C. Scenarios planning: a strategic alternative. *Public Management*, v. 77, nº 3, p. 4-9, Mar. 1995.

ROBINSON, S. J. Q.; HICHENS, R. E.; WADE, D. P. The directional policy matrix: tool for strategic planning. *Long Range Planning*, 22, nº 3, June 1978.

ROCKART, John Fralick; BULLAN, Christine V. *The rise of managerial computing*. Boston: MIT Press, 1986.

RODRIGUES FILHO, Lino Nogueira. *A orientação para marketing e a utilização dos modelos de portfólio de produtos*. Tese (Doutorado) – Faculdade de Economia, Administração e Contabilidade. São Paulo: FEA/USP, 1985.

ROTHCHILD, William E. *Putting it all together*: a guide to strategic thinking. New York: Amacon, 1976.

_____. *Strategic alternatives*. New York: Amacon, 1979.

_____. *How to gain – and maintain*: the competitive advantage in business. New York: McGraw Hill, 1984.

RUMELT, Richard P. *Strategy, structure and economic performance*. Division of Research, Graduate School of Business Administration. Boston: Harvard University, 1974.

RUMELT, Richard P. Evaluating business strategy. (Original: 1980.) In: MINTZBERG, H.; QUINN, James Brian. *The strategy process*. 3. ed. New Jersey: Prentice Hall, 1996.

RUMMLER, Geary; BRANCHE, Alan. *Melhores desempenhos das empresas*. São Paulo: Makron, 1992.

SACKMAN, Harold. *Delphi critique*. New York: Lexington Books, 1975.

SCHEIN, Edgar H. *Psicología de la organización*. Madri: Prentice Hall, 1969.

SCHENDEL, Dan E.; HOFER, C. W. *Strategic management*: a new view of business policy and planning. Boston: Little Brown, 1979.

SCHNAARS, Steven P. How to develop and use scenarios. *Long Range Planning*, v. 20, nº 1, p. 105-114, 1987.

_____. *Administrando as estratégias da imitação*. São Paulo: Pioneira, 1997.

SCHOEFFLER, Sidney; BUZZELL, Robert Dow; HEANY, Donald F. The impact of strategic planning on profit performance. *Harvard Business Review*, 52 (2), p. 137-145, 1974.

SCHRIEFER, Audrey. Getting the most out of scenarios: advice from the experts. *Planning Review*, Planning Forum, v. 23, nº 5, p. 33-36, Sept./Oct. 1995.

SCHWARTZ, Peter. The future of american business. *Journal of Business Strategy*, v. 18, nº 16, p. 40-44, Nov./Dec. 1997.

SCHWARTZ, Peter. Using scenarios to navigate the future. *Journal of Business Strategy*, v. 20, nº 18, p 51-57, Mar./Apr. 1998.

_____. *A arte da previsão*. São Paulo: Scritta, 1995.

SENGE, Peter. *A quinta disciplina*. São Paulo: Best Seller, 1997.

SHARPLIN, Arthur. *Strategic management*. New York: McGraw-Hill, 1985.

SHELL, Atul. Monte Carlo simulations and scenarios analysis: decision-making tools for hoteliers. *Cornell Hotel & Restaurant Administration Quartely*, v. 36, nº 5, p. 18-26, Oct. 1995.

SHOEMAKER, Paul. Scenarios planning: a tool for strategic thinking. *Sloan Management Review*, v. 36, nº 2, p. 25-40, Winter 1995.

SIMON, Herbert A. *Comportamento administrativo*. 2. ed. Rio de Janeiro: FGV, 1971.

SIMON, Hermann. *Lessons from hidden champins*: lessons from 500 of the world's best unknow companies. Boston: Harvard Business School Press, 1996.

SLYWOTZKY, Adrian J. *Migração do valor*: como se antecipar ao futuro e vencer a concorrência. Rio de Janeiro: Campus/Harvard Business, 1997.

SMITH, Wendell R. Product differentiation and market segmentation as alternative marketing strategies. *Journal of Marketing*, July 1956.

SPECTOR, Bert. *Como criar e administrar empresas horizontais*: lições práticas e valiosas para garantir mudanças bem-sucedidas. São Paulo: Makron Books, 1998.

STALK JR., George; HOUT, Thomas M. *Competindo contra o tempo*. Rio de Janeiro: Campus, 1993.

_____ ; EVANS, Philip; SHULMAN, Lawrence. E. Competing on capabilities: the new rules of corporate strategy. *Harvard Business Review*, Boston, p. 57-69, Mar./Apr. 1992.

STANDERSKI, Paulo. Um sistema de apoio direcional para escolha de *portfólio* de estratégias. *Revista de Administração*, 21 (3), jul./set. 1986.

STEINER, George A. *Strategic planning*. New York: The Free Press, 1979.

STONER, James A. F.; FREEMAN, R. Edward. *Administração*. Rio de Janeiro: Prentice Hall, 1995.

STOVER, John; GORDON, Theodore. Using percepctions and data about the future to improve simulation of complex systems. *Technological Forecasting and Social Change*, 1976.

SWALM, O. Ralph. Utility theory insistis in the risk taking. *Harvard Business Review*, Boston, p. 123-136, Nov./Dec. 1966.

THOMAS, Charles E. St. *A prática do planejamento empresarial*. São Paulo: McGraw-Hill, 1974.

THOMAS, Charles W. Learning from imagining the years ahead. *Planning Review*, v. 22, nº 3, May/June, 1994.

THOMAS, Howard; O'NEAL, Don (Coord.). *Strategic integration*. Chichester, Inglaterra: John Wiley, 1996.

THOMPSON, James D. *Dinâmica organizacional*. São Paulo: McGraw-Hill, 1976.

TILLES, Seymon. How to evaluate corporate strategy. *Harvard Business Review*, New York, July/Aug. 1963.

_____. Strategic for allocating funds. *Harvard Business Review*, Jan./Feb. 1966.

TOFLER, Alvin. *O choque do futuro*. Rio de Janeiro: Artenova, 1972.

_____. *A terceira onda*. Rio de Janeiro: Record, 1980.

TOMASKO, Robert. *Rethinking*: repensando as corporações. São Paulo: Makron Books, 1994.

TRAXLER, Franz; UNGER, Brigitte. Governance, economic restructuring and international competitiviness. *Journal of Economic Issues*, v. XXVIII, nº 1, p. 1-23, Mar. 1994.

TREGOE, Benjamin B.; ZIMMERMAN, John W. *A estratégia da alta gerência*: o que é e como fazê-la funcionar. (Original publicado em 1980.) Rio de Janeiro: Zahar, 1982.

TSUJI, Tetsuo. *Cenários do Maranhão para o ano 2007*. Tese (Doutorado) – Faculdade de Economia, Administração e Contabilidade da Universidade de São Paulo. São Paulo: FEA/USP, 12 fev. 1993.

TUROFF, Murray. *The policy Delphi*. The Delphi method: techniques and applications. Addison-Wesley, 1975. p. 84-101.

TUSHMAN, Michael L.; NEWMAN, William H.; ROMANELLI, Elaine. Convergence and upheaval: managing the unsteady pace of organizational evolution (Originalmente publicado em 1986.) In: MINTZBERG H.; QUINN, J. B. *The strategy process*. 3. ed. New Jersey: Prentice Hall, 1996.

UNRUCH, James. *Bons clientes – ótimos negócios*: construindo relações duradouras com seus clientes. São Paulo: Makron Books, 1998.

VANSTON JR., John H.; FRISBIE, W. Parker. Alternate scenarios planning. *Techonogical Forecasting and Social Change*, Elsevier North Holland, nº 10 p. 159-180, 1977.

_____; _____; LOPREATO, S. C.; POSTON JR., D. L. Alternate scenario planning. *Technological Forecasting and Social Change*, nº 10, p. 159-180, 1977.

VON BÜLOW, Dietrich H. Strategical and tactical ideas. London: John Wiley, 1807.

VON NEUMANN, John V.; MORGENSTERN, Oskar. *Theory of games and economic behavior*. Princeton: Princeton University Press, 1947.

VROOM, Victor H. (Org.) *Gestão de pessoas, não de pessoal*. Rio de Janeiro: Campus, 1997.

WACK, Pierre. Scenarios: uncharded waters ashead. *Harvard Business Review*, Sep./Oct. 1985.

_____. Scenarios: shooting the rapids. *Harvard Business Review*, Nov./Dec. 1985.

WANDERLEY, José Augusto. Pecados capitais do executivo no processo decisório. *Fórum OPC*, São Paulo, set. 1986.

WARSCHAW, Tessa Albert. *Winning by negotiations*. New York: McGraw Hill, 1980.

WATERMAN JR., Robert H. *O fator renovação*: como os melhores conquistam e mantêm a vantagem competitiva. São Paulo: Harbra, 1989.

WEBSTER, Frederick E. The changing role of marketing in the corporation. *Journal of Marketing*, New York, v. 56, nº 4, p. 1-17, 1992.

WEIHRICH, Heinz. The tows matriz: a tool for situational analysis. *Long Range Planning*, p. 54-66, Apr. 1982.

WEITZ, Bartin; WENSLEY, Robin. *Strategic marketing*: planning, implementation and control. Boston: Kent, 1984.

WICK, Calhoun W.; LEON, Lu Staton. *O desafio do aprendizado*. São Paulo: Nobel, 1997.

WILLIAN, F. C. Product portfolio: an analisys of the Boston Consulting Group. *Proceedings of American Marketing Association*, Boston, 1974.

WILLIAMSON, Olivier E. *The economic institutions of capitalism*: firms, markets and relational contracting. New York: The Free Press, 1985.

_____. *The mechanisms of governance*. New York: Oxford, University Press, 1996.

WIND, Y. Product portfolio: a new approach to the product mix decisions. In: CUKTHAN, Roland C. (Ed.). *Proceedings of the August*, 1974.

_____; CLAYCAMP, H. Planning product line strategy: a matrix approach. *Journal of Marketing*, Jan. 1976.

_____; MAHAJAN, Vijay. Designing product and business portfolio. *Harvard Business Review*, p. 165-180, 1981.

_____; ROBERTSON, T. S. Marketing strategy: new directions for theory and research. *Journal of Marketing*, v. 47, p. 12-25, Spring 1983.

_____; MAHAJAN, Vijay; SWIRE, D. J. An empirical comparison of standardized portfolio models. *Journal of Marketing*, v. 47, p. 89-99, Spring 1983.

WOMACK, James; JONES, Daniel; ROSS, Daniel. *A máquina que mudou o mundo*. Rio de Janeiro: Campus, 1992.

WOOD, Stephen J. Buscando a renovação: a nova onda administrativa. *Revista de Administração de Empresas*, São Paulo, nº 30, p. 5-21, out./dez. 1990.

WRAPP, Edward H. Good managers don't make policy decisions. *Harvard Business Review – Review on Management*, Boston: Harper e Row, p. 5-18, Nov./Dec. 1967.

YIP, George S. Global strategy in a world of nations. (Originalmente publicado em 1989.) In: MINTZBERG H.; QUINN, J. B. *The strategy process*, 3. ed. New York: Prentice Hall, 1996.

YOSHINO, Michel; RANGAN, U. Srinivasa. *Alianças estratégicas*: uma abordagem empresarial à globalização. São Paulo: Makron Books, 1996.

ZACCARELLI, Sérgio B. A formulação de alternativas estratégicas. *Revista de Administração*, São Paulo: FEA/USP, 1980.

ZENTNER, René. Scenarios in forecasting. *Harvard Business Review*, p. 22-33, 6 Oct. 1975.

Formato	17 x 24 cm
Tipografia	Charter 11/14
Papel	Offset Sun Paper 75 g/m² (miolo)
	Supremo 250 g/m² (capa)
Número de páginas	512
Impressão	Geográfica Editora

Sim. Quero fazer parte do banco de dados seletivo da Editora Atlas para receber informações sobre lançamentos na(s) área(s) de meu interesse.

Nome: _____
_____ CPF: _____ Sexo: ○ Masc. ○ Fem.
Data de Nascimento: _____ Est. Civil: ○ Solteiro ○ Casado

End. Residencial: _____
Cidade: _____ CEP: _____
Tel. Res.: _____ Fax: _____ E-mail: _____

End. Comercial: _____
Cidade: _____ CEP: _____
Tel. Com.: _____ Fax: _____ E-mail: _____

De que forma tomou conhecimento deste livro?
☐ Jornal ☐ Revista ☐ Internet ☐ Rádio ☐ TV ☐ Mala Direta
☐ Indicação de Professores ☐ Outros: _____

Remeter correspondência para o endereço: ○ Residencial   ○ Comercial

Indique sua(s) área(s) de interesse:

- ○ Administração Geral / Management
- ○ Produção / Logística / Materiais
- ○ Recursos Humanos
- ○ Estratégia Empresarial
- ○ Marketing / Vendas / Propaganda
- ○ Qualidade
- ○ Teoria das Organizações
- ○ Turismo
- ○ Contabilidade
- ○ Finanças
- ○ Economia
- ○ Comércio Exterior
- ○ Matemática / Estatística / P. O.
- ○ Informática / T. I.
- ○ Educação
- ○ Línguas / Literatura
- ○ Sociologia / Psicologia / Antropologia
- ○ Comunicação Empresarial
- ○ Direito
- ○ Segurança do Trabalho

Comentários

_____
_____
_____

ISR-40-2373/83

U.P.A.C Bom Retiro

DR / São Paulo

CARTA - RESPOSTA
Não é necessário selar

O selo será pago por:

editora atlas

01216-999 - São Paulo - SP

REMETENTE:
ENDEREÇO: